Annegret Bohmert
Lebendige Ernährung

Widmung und Dank

Dieses Ernährungs- und Kochlehrbuch der Getreideküche verdanke und widme ich all den unzähligen Mithelfern, die mir mit Ideen, Rezepten, Themenanregungen, mit fachlicher und geistiger Hilfe uneigennützig und mit Enthusiasmus zur Seite standen.

Eure Freude ist der schönste Dank !

Das Kochen ist ein Privileg des Menschen, also eine Kunst!

Annegret Bohmert

Annegret Bohmert

Lebendige Ernährung

Theorie und Praxis der Getreideküche

mit über 400 Rezepten, umfassender Ernährungs- und Nahrungsmittellehre sowie zahlreichen Hinweisen zur Diätetik.

Novalis Verlag

Umschlag: Typografik Schaffhausen, Ulrika Hampl
unter Verwendung eines Fotos von Armin Seeholzer
Druck: Meier & Cie AG Schaffhausen
ISBN 3-7214-0565-X

Inhaltsverzeichnis

Vorwort

Dieses Ernährungsbuch möge jedem Interessierten als Anregung der eigenen Phantasie und als Basis für den sinnvollen Umgang mit unserer Nahrung dienen. Rezepte haben ihren Sinn darin, Sicherheit zu geben und zu freiem, schöpferischem und begeistertem Wirken zu verhelfen.

Über Generationen hinweg vermitteltes altes Wissen ist mit neuesten ernährungsphysiologischen Erkenntnissen in dieses Buch eingebracht worden. Es widerspiegelt eine jahrelange gemeinsame Arbeit mit vielen Mitmenschen, denen ich als Kochschullehrerin oder Kursleiterin begegnen durfte. Aus tiefer Dankbarkeit gebe ich dieses Wissen und diese Erfahrungen weiter.

Mögen sich die Vielfalt der Natur und die individuellen Möglichkeiten der Menschen in einer Kochkunst widerspiegeln, die durch das praktische Tun zu einer unmittelbaren, wertvollen Begegnung von Mensch und Umwelt führen. Durch dieses sensible Zwiegespräch lernen wir wieder aus Liebe zum »Du« zu handeln, Verantwortung zu tragen und in Freiheit zu teilen.

Welches für den einzelnen Menschen die geeignete Ernährungsweise ist, muss jeder für sich selbst entscheiden und verantworten können. Oft hängt diese Entscheidung von den gegenwärtigen Lebensumständen ab. Je natürlicher und lebendiger wir unser Leben zu gestalten vermögen, desto mehr Aufmerksamkeit werden wir auch der Ernährung schenken. Im schöpferischen Umgang mit den Naturgesetzen wird das Kochen dann zur Kunst. Dieser freie und schöpferische Umgang wird uns durch die Druidenpriester vermittelt:

Lernen, die Wahrheit zu suchen.
Lernen, die Wahrheit zu verstehen.
Lernen, der Wahrheit zu dienen.

In der Ernährungschichte war der Mensch, während er in der paradiesischen Pflanzenwelt der Urzeit lebte, ein reiner Vegetarier (1. Mose/3). In der Zeit nach der Sintflut begann der Mensch mit der Kultivierung von Feldern (4. Mose/3). Das Bauerntum hielt Einzug in der Menschheitsgeschichte.

Bis heute wirkt das Prinzip der Abhängigkeit des Menschen von Naturgewalten. Wenn eine Heuschreckenplage die Ernte zerstört, bedeutet dies Elend und Not. Gute Ernten bringen Wohlstand mit sich. Die Vielfältigkeit unserer Speisen verdanken wir der geographischen und kulturellen Vielfalt der Erde und Völker. In Bergregionen ernährt sich der Mensch z.B. von Fleisch, Milch und Milchprodukten, wenig Getreide, Gemüse und Obst. Im Mittelmeerraum hingegen assen die Römer Fleisch nur in Notzeiten.

Wenn wir nun heute aus modernen ernährungsphysiologischen Erkenntnissen und kulturellen Bedürfnissen heraus mehr Vollkorngerichte in unseren täglichen Speisezettel aufnehmen wollen, so bedingt dies eine Reduktion an Milch, Milchprodukten und Fleisch, da Getreide und Milchprodukte zusammen zu einem Phosphorüberschuss führen können.

Die Nahrungsmittelauswahl erfordert heute für eine ausgewogene Ernährung Kenntnisse über Ernährungszusammenhänge. Dazu kommt der weitere Aspekt, dass unser Verhältnis zur Natur durch die Nahrungsmittelindustrie durchbrochen wurde. Wir haben die High-food-Technologie zu unserer Gegenwart und Zukunft gemacht.

Ist der Mensch damit die Versuchung eingegangen, aus Steinen Brot zu machen (Matthäus 3/3)? Werden wir den Hunger in der Welt mit qualitativ schlechteren High-food-Produkten besiegen können?

Tatsache ist, dass wir heute zuviel produzieren. Der Mensch steht nicht mehr im Einklang mit der Natur. Wir bemühen uns auch nicht mehr genügend, dieses Verhältnis zu pflegen. Die verbreitete Grundhaltung, die Erde für egoistische, wirtschaftliche Zwecke auszubeuten, hat ihren hohen Preis, den wir in den heutigen Umweltproblemen in aller Deutlichkeit erkennen.

Dem grössten Geschenk der Natur an unsere heutige Zeit – die Freiheit, die uns gut tuende Nahrung selbst auswählen zu können – steht die »Manipulierbarkeit« durch die Nahrungsmittelindustrie gegenüber. Dazu gehören auch die zur Einseitigkeit führenden Ideologien von »Gesundheitsaposteln«.

Ein eigener Kochstil im Zwiegespräch mit der Natur lässt die Auswahl aus der Nahrungsmittel- und Rezeptvielfalt sowie das Kochen einfacher und uns selbst bescheidener und dankbarer werden.

Und wenn wir wieder gelernt haben, reines klares Wasser zu trinken, dann bewahren wir dieses Erlebnis in uns als grosses Geschenk!

In besonders verdankenswerter Weise wirkten mit:

Bartha	Bela	Geschichtliches zum Getreide
Bohmert	Familie	Konstruktive Anregungen
Dätwyler	Bernhard	Wissenschaftliche Beratung
Feierabend	Arthur	Computerarbeit
Frei-Glaus	Elisabeth	Kräuter und Gewürze
Gschwend	Marianne	Bildgestaltung
Haller-Bernhard	Margit	Fotos
Kunz	Peter	Getreidezüchtung
Meili	Armin	Fotos
Novalis Verlag		Unterstützung einer aussergewöhnlichen Realisierung
Orlando	Antonio	gemalte Bilder
Schüler der Oberstufe Zollikon		Versuchsküche
Seeholzer	Armin	Fotos
Spinnler	Elisabeth	Getreidegeflechte
Stutz	Elisabeth	Korrektur
Zeltner	Kurt	Computerarbeit
Zeltner	Familie	Versuchsküche
Zumsteg	Max	Fotos

Mein ganz herzlicher Dank gilt auch all jenen Mitwirkenden, die an dieser Stelle nicht namentlich erwähnt werden können. So haben z.B. viele Mitmenschen mit Rezeptanregungen ganz wesentlich zum guten Gelingen beigetragen.

Allgemeine Erläuterungen

Im Mittelpunkt dieses Buches stehen vollwertige, ovolactovegetabile Menüs, zusammengestellt nach ernährungsphysiologischen Gesichtspunkten. Vegetarische Kostformen werden wie folgt eingeteilt:

vegetabil	rein pflanzliche Nahrungs- und Lebensmittel
lactovegetabil	pflanzliche Nahrungmittel und Milchprodukte
ovolactovegetabil	pflanzliche Nahrungsmittel, Eier und Milchprodukte

Ovolactovegetabile Kost basiert auf:

- menschlich verantwortbarem Nahrungsmitteleinkauf
- Nahrungsmittel, vorwiegend aus kontrolliert biologischem Anbau
- Halbfertig- und Fertigprodukte in lebensschonenden Verfahren hergestellt
- Nährstoffanteile: weniger Eiweiss, Fett und Zucker, dafür mehr Faserstoffe
- sehr wenig raffinierte Produkte wie Genussmittel, Öle, Weissmehl und Zucker
- Kochform: Rohkost und schonendes Garen als Reifungsprozess, nicht »Totkochen«

Auf Fleischrezepte wurde bewusst verzichtet. Darüber ist genügend fachkompetente Literatur vorhanden.

Masse, Gewichte, Abkürzungen, Umrechnungen

1 kJ	= 1000 Joule	=	238 cal	
1 kcal	= 1000 cal	=	4,2 kJ	

1 Lf	= 1 Esslöffel	Löffel-Angaben sind stets flachgestrichen zu verstehen.
1 Tlf	= 1 Teelöffel	In der Schweiz sind spezielle Messlöffel erhältlich. Zu beachten ist, dass neue Suppenlöffel kleiner sind.

6 Lf	Wasser	=	1 dl	l	= Liter
1 Lf	Getreidekörner	=	12 g	dl	= Deziliter
1 Lf	Flocken	=	10 g	1 dl	= 100 ccm
1 Lf	Griess	=	13 g	g	= Gramm
1 Lf	Mehl	=	15 g	kg	= Kilogramm
1 Lf	Zucker	=	12 g	Std.	= Stunden
1 Tlf	Salz	=	6 g	Min.	= Minuten
1 Ts	= 1 Tasse			ø	= Durchmesser
1 Bl	= 1 Blatt				
1 Prs	= 1 Prise	=	Menge, welche mit 3 Fingern gehalten werden kann		
1 Msp	= 1 Messerspitze	=	Menge, welche auf einer Messerspitze ein gleichseitiges Dreieck bildet		

Mengenberechnung pro Person

Bratkartoffeln	200-250 g
Brotscheibe	ca. 10-20 g
Butter für 1 Brotscheibe	ca. 5 g
Creme	1½ dl
Fisch ganz	200 g
Fisch-Filet	100-120 g
Fleisch	50-150 g
Fleisch, gehacktes	50-80 g
Fleisch, geschnetzeltes	100-120 g
Fleisch mit Knochen	150 g
Fleisch-Plätzli	100-120 g
Fleisch-Voressen	100-120 g
Früchte roh	100-150 g
Früchte gekocht	150-200 g
Gemüse ungerüstet	150-200 g
Getreide, ganz oder geschrotet	30-50 g
Getränke	2-3 dl
Griess	40-60 g
Hülsenfrüchte	30-50 g
Kartoffeln	250 g
Mehl für Teig	50-80 g
Salat ungerüstet	50-80 g (davon ca. 30 g oder 3 Lf Sauce)
Salzkartoffeln	150 g
Sauce	½-1 dl
Suppe	2-2½ dl
Suppe als Hauptgericht	2-4 dl
Teig fertig	100 g
Teigwaren als Beilage	50-80 g
Teigwaren als Hauptgericht	100-120 g
Tortellini	100-150 g

Alle Rezepte sind für 4 Personen berechnet.

Glossar

anbraten nicht über 130 °C; Eiweisshaltige Nahrungsmittel dürfen nicht verbrennen

andünsten ohne Deckel auf kleiner Hitze, damit unerwünschte Stoffe entweichen können

andämpfen mit Deckel auf kleiner Hitze; Aromen werden intensiver und bleiben im Kochgut

aufgreifen Zutaten sorgfältig zu einem Teig mischen

aussieden Kochgut ins kalte, ungesalzene Wasser geben; die Aromen und Stoffe werden ins Wasser gezogen

auswallen mit Wallholz bzw. Nudelholz den Teig ausrollen

backen Backen mit Dampfstössen verhindert das Austrocknen des Backgutes

Unterschiedlich dickes Backgut wird bei 180 - 200 °C gleichmässiger durchgebacken

Aufläufe, Kuchen, Pâte, Terrinen entfalten bei 150 - 180 °C ein volleres Aroma

Hefegbäcke bei 200 °C backen

Eiweissgebäcke bei 220 °C backen

Geriebene Teige bei 200 - 220 °C backen

Backtrennfolie ist ein bewachstes Pergamentpapier

Ballaststoff neu: Faserstoff

blanchieren Kochgut in kochendem, gesalzenem Wasser ohne Deckel 2 - 3 Min. kochen lassen, sofort in kaltem Wasser abschrecken

Birnel eingedickter Birnensaft, jedoch dünner als Birnendicksaft

Blindbacken vorbacken

Bouillon Gemüsebrühe

Bouquet garni Begriff für einen Bund Würzkräuter, der sich entsprechend dem jeweiligen Gericht unterschiedlich zusammensetzt, z.B. aus Bohnenkraut, Lorbeer, Majoran, Peterli gekraust und glattblättrig, Rosmarin, Thymian, ev. Knoblauchzehe, Macis, Selleriekraut, Zimtrinde

Buntschneidemesser spezielles Tranchiermesser, für besondere Schnittformen

Büürli Ruchmehl-Brötchen

Cake Kuchen in rechteckiger, hoher Form gebacken

caramelisieren eingedickter Zuckersirup

cremig sämig

Dampfstösse Backen mit Dampfstössen verhindert das Austrocknen des Backgutes

Dextrin gespaltene Stärkeketten

Dünne Obst- oder Gemüsekuchen

Faserstoff bisher Ballaststoff

gardämpfen mit wenig Wasser und geschlossenem Deckel Kochgut 15 - 30 Min. bei kleiner Hitze garen

garsieden Kochgut ins warme, gesalzene Wasser geben und leicht köcheln oder simmern lassen; Aromen und Inhaltsstoffe bleiben im Kochgut

gerebelt vom Blattstiel abgestreifte, getrocknete Blätter

Glacé	Eis, Gelati
Gschwellti	Frühjahrs-Kartoffeln, Schalen-Kartoffeln, Pellkartoffeln
Guetzli	Kleingebäck
Italienische Kräuter	griechischer Oregano, griechischer Thymian. Passt besonders gut zu italienischen Gerichten.
Jh.	Jahrhundert
Julienne	ca. 2 cm lange, hauchdünne Gemüsestreifen
Jus	Saft
Kabis	weisser Kohl
Kelle	Kochlöffel
Knödel	Klösse
Kohlräbli	Erdkohlrabi
Konfitüre	Marmelade aus geschnittenen Früchten
Marroni	essbare Edelkastanien
Müesli	Verkleinerung von Mues = Mus
Nidle	Rahm, Sahne
Nüsslisalat	Feldsalat, Rapunzel
Orangeat	kandierte Orangenschalen
Passe-vite	Flotte Lotte, zum Pürieren
Peterli	Petersilie
Pfanne	Topf
Pfannkuchen	Omeletten
Provence-Kräuter	Basilikum, Bohnenkraut, Estragon, Fenchel, Majoran, griechischer Oregano, Oregano, Rosmarin, Thymian, Ysop. Passt besonders gut zu französischen Gerichten.
Püree	pürierte Masse
Quiche	Gemüsefüllung
Radiesli	Radieschen
Rahm	Sahne
Randen	Rote Beete
ranzig	verdorbenes, übelriechendes Öl oder Fett
Riegel	Getreidegebäck
röllen	spezielles Verfahren zum Entfernen des Getreidespelz
Rübensirup	Zuckerrübenmelasse
Rüebli	Karotten (im Frühsommer) oder Möhren (im Herbst)
Schoggi	Schokolade

Semmeli	Halbweissmehl-Brötchen
Strudel	Gebäck aus dünn ausgezogenem Kuchenteig
Vermicelle	weichgekochte, passierte oder pürierte Kastanien
Wähe	Obst- oder Gemüsekuchen
Wasserbad	Schüssel mit Inhalt in eine Pfanne mit Wasser stellen, erwärmen
Weggli	leicht süssliches Halbweissmehl-Brötchen
Würze	Cenovis, Shoyu, Tamari
Zitronat	kandierte Zitronenschalen
Z'morge	Frühstück
Z'nüni	Pausenbrot, Zwischenverpflegung um ca. 9^{00} Uhr
Z'mittag	Mittagessen
Z'vieri	Vesper um ca. 16^{00} Uhr
Z'nacht	reichhaltiges Abendessen
Zwetschgen	Zwetschen, Zwetschken

Kochtheorie

Schläft ein Lied in allen Dingen,
die da träumen fort und fort.
Und die Welt fängt an zu singen,
triffst Du nur das Zauberwort. J. Eichendorff

Über die Küchenarbeit

Die Küche ist ein persönlicher Bereich, in dem wir eigene Gedanken und Ideen umsetzen können. Dadurch schaffen wir ein Umfeld, in dem wir uns wohl fühlen und das die Freude für unser tägliches Wirken wachsen lässt. Die Arbeit soll uns ja nicht erdrücken, sondern ein kreatives Schaffen sein, in der unsere geistige Haltung sichtbar wird. Dadurch kann echte, wertvolle Begegnung und Kommunikation mit unserer Umwelt stattfinden.
In diesem Sinne tut es gut, die eigene Küche einmal mit nachfolgenden Überlegungen zu betrachten:

- Was für ein Stil kommt zum Ausdruck?
- Stimmt der Kochstil mit meiner Weltanschauung überein?
- Welche persönlichen Gedanken werden darin sichtbar mitgeteilt: Ordnung oder Chaos? Wirre oder klare Gedankenstrukturen? »Die Handlung offenbart den Menschen«.
- Stimmen die Hilfsmittel wie Pfannen, Töpfe, Schüsseln, Messer usw., mit unseren Fähigkeiten, Interessen und unserem fachlichen Wissen überein?
- Liebgewonnene Sachen sind bereichernde Darstellungen von Erinnerungen. Unnütz herumstehende Gegenstände sind dagegen eine Belastung.

Hygiene

Ordnung, Sauberkeit, Sorgfalt und hygienische Verhältnisse sind Voraussetzungen für Gesundheit und Wohlbefinden. Dies schafft zudem Übersicht und hilft mit, dass Lebensmittel nicht unnötig verderben.

Überlegungen und Wege dazu sind:
- Ausguss und Abwaschlappen sauber halten
- Abfälle möglichst klein halten und umweltbewusst entsorgen
- weniger Verpackungsmaterial reduziert die Entsorgungsprobleme
- Entsorgungsregelungen können auf der Gemeinde erfragt werden
- Vorräte vom Arbeitsplatz getrennt, überschaubar und geschützt unterbringen
- nach getaner Arbeit ziehen wir uns zurück und schaffen dadurch Raum für das Wirken anderer Mitmenschen

Kühlschrank

Die ideale Kühlschranktemperatur beträgt für:
- Gemüse und Obst 4-8 °C
- Eiweisshaltige Lebensmittel wie Milch, Milchprodukte, Fleisch, Früchte und gekochte Speisen 2-4 °C
- Ananas, Bananen und andere tropische Früchte vertragen keine Kälte
- Kühlschrank wöchentlich reinigen oder dann, wenn er verunreinigt ist

Im Kühlschrank bilden sich die meisten lebensfeindlichen Mikrokulturen unter Luftabschluss und bei Temperaturen zwischen 4-18 °C. So ist z.B. im Kühlschrank sauer gewordene Milch ungeniessbar.

Vorratsraum

Zu empfehlen ist ein Vorratsraum oder Vorratsschrank an der Nordseite des Hauses, mit einer direkten Lüftung nach aussen. Diese sorgt für einen guten Ausgleich an lebenserhaltenden und lebensfeindlichen Mikrokulturen bei Temperaturen von 4-18 °C.

Weitere Informationen über eine biologische Küchengestaltung sind erhältlich bei:

Markus Rüegg, Bioküchen, Badstrasse 13, 8340 Hinwil

Arbeitsschritte

Jede überlegte Arbeit erfolgt in den 3 Schritten: **Denken, Ausführen, Aufräumen.**

1. Klares Überdenken und Bereitstellen der benötigten Utensilien erleichtert alles Tun.
2. Durch geschicktes Handhaben und wiederholtes Üben erwerben wir Fähigkeiten, die wir unseren Mitmenschen als Bestandteil unserer Kultur weitergeben können. Gekonntes Umgehen mit Lebensmitteln – dem Lebendigen – erübrigt die Zugabe von chemischen Hilfsmitteln und ist die beste Garantie für eine gute Qualität.
3. Durch die Art unseres Aufräumens werden wir für unsere Umwelt zur Bereicherung oder Belastung. Ein Kontrollblick auf den Arbeitsplatz gibt uns selbst die Antwort und schützt uns vor unangenehmen Überraschungen.

Möge in solchem Sinne jeder seinen eigenen Kochstil finden, den er für sich und seine Umwelt verantworten kann!

Kochherd und Kochtopf

Die Hüter des Feuers gestalten das Leben und wirken auf die Gesundheit!

Die Qualität des Kochprozesses hängt von folgenden 4 wichtigen Faktoren ab:

Energiequelle	Holz-, Gas-, Elektro-, Glaskeramikherde, Steamer, usw.
Umhüllung	Pfannen bezüglich Art, Form, Material und Deckel
Kochvorgang	schonendes dämpfen, sieden, braten
Wasserqualität	kalkarmes Wasser, Mineralwasser

Kochtöpfe

Durch die **Art und das Material einer Pfanne** kann die Nahrungsqualität verbessert oder verschlechtert werden. Zudem sind Kochtöpfe auch auf die Energiequelle abzustimmen.

- Für Elektro- oder Glaskeramikherde eignen sich emailliertes Gusseisen und Chromstahl. Die Wirkung der Elektrizität kann dadurch abgeschwächt werden, da sich die Wärme besser verteilt.
- Für Gas oder Holz eignen sich alle Töpfe. Zu beachten ist, dass die Hitze nicht zu hoch wird. Die Gasflamme verteilt sich auf kleiner Stufe besser, wenn ein Metallgitter unterlegt wird.

Bratpfannen

Eine gut behandelte Gussbratpfanne ist der Stolz einer guten Küche!
Wird eine Gussbratpfanne ausgewaschen, so muss sie mit 3 Lf Salz gut erhitzt und ausgerieben werden. Dadurch bildet sich ein matter Glanz auf der Oberfläche, welcher das Anbrennen von Speisen verhindert.
Eine so behandelte, gute Gussbratpfanne muss normalerweise nur mit Seidenpapier ausgerieben werden. Das Auswaschen mit Wasser zerstört diese Schutzschicht.

Verschiedene Energiequellen erfordern verschiedene Kochtöpfe.

Mikrowellen

Mikrowellenöfen gehören mit zu den modernsten Haushaltsgeräten. In Fachkreisen spricht man im Zusammenhang mit Mikrowellen auch von der Hochfrequenztechnik und Satelittenkommunikation, die in den letzten Jahren eine unentbehrliche Stütze unserer hochtechnisierten Welt geworden sind.
Mikrowellenöfen sind für moderne Ernährungs- und Haushaltsideologien nach dem Motto »gesund«, schnell und einfach im Gebrauch erdacht worden. Sie sind ein Glied in der Kette, mit neuen Produkten den Absatz zu sichern und neue Bedürfnisse zu schaffen, z.B. von der Friteuse über den Grill zum Mikrowellenofen und Steamer.
Mittels Mikrowellen werden in den Nahrungsmitteln unter anderem Wassermoleküle angeregt, sodass Reibungswärme entsteht, welche die Speisen erwärmen. Dabei kann es

zu verhängnisvollen Situationen kommen, indem z.B. ein mittels Mikrowellen aufgewärmter Heidelbeerpie wie folgt erlebt wird: Der äussere Teig wird als lauwarm empfunden, während man sich an den heissen Heidelbeeren die Zunge verbrennen kann.

Ein ganzheitlicher Prozess im Sinne einer Kochkunst zur Veredelung von Nahrungsmitteln findet bei diesem Kochverfahren nicht mehr statt. Der Verlust an Vielfalt, Individualität und Freiraum zu kreativem, schöpferischem Kochen ist offensichtlich. Eine Verarmung der Ernährung ist die Folge.

Untersuchungen haben ergeben, dass Mikrowellenfrequenzen im Bereich von 300 MHz - 300 GHz »verwildern« können, da solche Geräte diese Energien aus technischen und Kostengründen nicht vollständig zurückhalten können. Es gibt keine Garantie, dass alle Geräte während ihrer gesamten Einsatzdauer störungs- und leckstrahlungsfrei arbeiten. Aus diesem Grunde werden in Flugzeugen oder Eisenbahnen keine Mikrowellenherde mitgeführt. Das Risiko, dass verwilderte Strahlen das Radarsystem stören könnten, ist zu hoch. Diese nach aussen gelangenden Energien verursachen aber nicht nur im Bereich der Elektronik bekannte Störungen, sondern auch in der Natur und im Menschen.

Wissenschaftliche Untersuchungen verschiedenster Forschungsstellen lassen zudem die Begeisterung für Mikrowellenöfen auch in einem anderen Lichte erscheinen wie z.B.:

- Die Gefahr von Vergiftungen durch Salmonellen und Listerien ist bei Hühnerfleisch höher, da das Fleisch nicht genügend durchgegart wird.
- Es besteht die Möglichkeit, dass durch die Einwirkung von Mikrowellen in den Zellen neue chemische Verbindungen entstehen, welche zellfremd und funktionsstörend sind.
- Die essentiellen Fettsäuren in sogenannten cis-Formen werden in trans-Fettsäuren umgewandelt. Da diese aber nicht mehr resorbiert werden können, führt dies unter anderem zu einem Mangel an Prostaglandinen. Diese werden heute bei Depressionen und Nervenleiden empfohlen und sind vor allem im Nachtkerzenöl enthalten.
- Im menschlichen Körper beeinflussen Mikrowellen vor allem das Blutbild, die Schilddrüse und die Nebenniere mit ihren Hormonen.
- Weiterführende Literatur dazu:
  Brodeur Paul, Mikrowellen, die verheimlichte Gefahr, Augustus Verlag, 1989
  Kühne Andreas, Mikrowellen, Institut für Mensch und Natur, Verden/D, 1989

Ingredienzien, Zutaten, Vorrat

Welche Lebensmittel verwenden wir für die Rezepte in diesem Buch?

Frischprodukte 1-2 mal wöchentlich einkaufen

Milch
Buttermilch, Sauermilch
Rahm, Sauerrahm
Joghurt, Molke

Quark, verschiedene Käse

Butter

Freilandeier, ev. Fleisch und Fisch

Gemüse und Obst nach Jahreszeit

Getreide

Dinkel, Dinkelflocken,
Dinkelgrütze, Dinkelmehl

Nacktgerste, Spelzgerste,
Gerstenflocken, Thermogerste

ganzer Hafer, Hafergrütze, feine Haferflocken

Hirse, Hirseflocken

Maisgriess, weisses Maismehl,
Bramatamais, Cornflakes

4-Kornflocken

Roggen, Thermoroggen, gereiftes Roggenmehl

Basmati-Reis, Camargue-Reis,
Rundkorn-Reis, Vialone-Reis

Weizen, Weizenflocken,
Bulgur, Cous-Cous, Pil-Pil,
Thermoweizen, gereiftes Haushaltsmehl

Vorsicht: Hafer, Hirse und Reis werden bei zu langer Lagerung ranzig!

Dazu: Eine Handmühle (z.B. Farina),
eine Elektro-Getreidemühle (z.B. Osttiroler Getreidemühlen)
oder Flocken-/Getreidequetsche (z.B. Ravensburger Flocker).
Individuelle Beratung und Verkauf z.B. durch:

Kornladen Kempten, CH-8623 Wetzikon

Zerealien/ Ackerfrüchte

Zerealien bzw. Ackerfrüchte sind nach der römischen Göttin Ceres benannt. Ceres ist identisch mit der Göttin Demeter, der Göttin der Fruchtbarkeit und des Ackerbaus, der Mutter Erde.

Zu den Zerealien/Ackerfrüchten zählen:
Quinoa,
Buchweizen, Buchweizenmehl

Bohnen, Erbsen, Linsen

Kerne

Kürbiskerne, Sonnenblumenkerne
Pistazien an Weihnachten
Pinienkerne im Sommer

Nüsse

Baumnüsse, Haselnüsse, Kernels, Mandeln, Paranüsse

Vorsicht: Nüsse ohne Schalen im Kühlschrank aufbewahren!

Dazu: eine Nussmühle

Samen

Leinsamen, Mohn, Sesam

Dörrfrüchte	Äpfel, Aprikosen, Birnen, Datteln, Feigen, Pfirsiche, Zwetschgen Korinthen, Rosinen, Sultaninen, ev. Weinbeeren Ananas, Bananen, Mango, Papaya
Pasten und Eingemachtes	Essiggurken, Mixed Pickles, Kapern, Oliven, Pesto, Sesam, Tomaten, usw. Konfitüren, Mandelpüree, Nussmus
Esssig	Kräuteressig, Obstessig, Molkosan, Rotweinessig, Balsamico (Spezial-Rotweinessig)
Öl	Olivenöl »extra vergine« selbstgemachtes Chiliöl oder Kräuteröl
Zum Anbraten:	Maiskeim-, Sesam-, Soja- oder Traubenkernen-Öl
Für die kalte Küche:	kaltgepresstes Sonnenblumenöl, Leinöl, ev. Rapsöl, Saflor-Distelöl Von diesen wertvollen, aber auch empfindlichen Ölen ist eine Auswahl zu treffen, damit sie nicht ranzig werden.
Gewürze gemahlen:	Anis, Cayenne, Chili, Curry, Fenchel, Galgant, Ingwer, Kardamom, Koriander, Kümmel, Kurkuma, Meerrettich, Macis bzw. Muskatblüte, Nelken, Paprika, Piment, Safran, Senf, echte Vanille (Bourbon), Zimt
Gewürze ganz:	Anis, Fenchel, Ingwer, Kardamom, Koriander, Kümmel, Macis, Muskat, Nelken, weisser oder schwarzer Pfeffer, Senf, Wacholder, Zimt
Dazu:	ein Mörser und eine Pfeffermühle
Kräuter getrocknet oder frisch:	Ananassalbei, Basilikum, Beifuss, Beinwell, Bibernelle, Bohnenkraut (ein- oder mehrjährig), Borretsch, Dill, Dost, Estragon (Bertram), Kerbel, Lavendel, Liebstöckel, Lorbeerblätter, Majoran, Marienblatt, Muskatellersalbei, verschiedene Minzenarten, Oregano, Petersilie, Quendel, Rosmarin, Safran, Salbei, Schnittlauch, Thymian, Weinraute, Zitronenthymian
Heilkräuter getrocknet:	Brennessel, Eisenkraut, Kamille, Kornblumen, Ringelblumen, Zinnkraut, usw.
Würzmittel	Cenovis, Kräutersalz, Meerrettichpaste, Senf Shoyu für kalte Saucen, Tamari für warme Saucen Vollmeersalz (Biomaris), ev. Tiefenmeerwasser (Biomaris)

	Hefewürzmittel oder Hefeflocken als Vitamin B12-Ergänzung für die vegetarische Kost
	Gemüsepasten, Hefe Bouillon (Vanadis), Miso
Stärke- und Bindemittel	Agar-Agar, Buchweizenmehl, feine Haferflocken, Kastanienmehl, Kuzu, Marantamehl, Tapioka
Süssungsmittel	Honig aus der Gegend oder aus der 3. Welt, z.B. Mexikanischer Blütenhonig
	Akazienhonig, wenn weniger Honiggeschmack erwünscht ist
	Ahornsirup, Apfelkraut, Birnel, Dattelgold, Latwerge
	eine Sorte Rohrzucker wie z.B. Jacutinga, Mascopado, Palmzucker, Succanat oder Syramena
	Malz, Melasse, Zuckerrübensirup

Elektrische Getreidemühle

Handgetreidemühle

Getränke

Wasserqualität abklären bezüglich Mineralsalz, Spurenelemente, Reinheitsgrad und Kalkgehalt.

Bei kalkhaltigem Wasser empfiehlt es sich, dieses 2-3 Min. zu kochen, damit der Kalk ausgefällt wird. Abgekochtes Wasser absieben oder filtern.

Eingenommener Kalk wird im Magen von der Salzsäure aufgelöst und kann vom Körper wieder aufgenommen werden.

Kalkhaltiges Wasser erstickt die Aromen und Düfte der Speisen und fördert die Osteoporose.

Mineralwasser mit Kohlensäure dient zum Lockern der Gerichte.

Der Jahreszeit entsprechend:

Fruchtsäfte	Grapefruitsaft, Orangensaft
	Birkenelixier, Heidelbeer-, Sanddorn-, Sauerkirschen-, Schlehen-, Holunderblütensaft
	Molkana, Most, Rivella, Sirup
Milchzusätze	Kakao, Ovomaltine, Sojamalt, 13+13, u.a.m.
Kaffee, Tee	Bohnenkaffee, Getreidekaffee
	Tees je nach Jahreszeit und Trinkgewohnheit

Einkauf

Einkaufen soll Freude bereiten, Erholung und Begegnung fördern. Die verschiedenen Stimmungen z.B. auf dem Wochenmarkt oder in einem Einkaufszentrum können sowohl Freude wie auch Stress bedeuten. Die Kunst liegt darin, sich entsprechend einzustellen. Für einen Menschen, welcher den ganzen Tag gearbeitet hat, sollte der Einkauf entspannend und abwechslungsreich sein. Auch wenn wir mit niemandem sprechen, ist der Einkauf sehr kommunikativ.
Eine Einkaufsliste über fehlende Vorräte, Milch, Milchprodukte und Frischprodukte entlastet unser Denken und schafft wertvollen Freiraum zum Erspüren der Lebensmittel, welche für unseren Speiseplan stimmen und uns auch gut tun.

Fragen und Gedanken zum Kaufentscheid:

Was brauche ich wirklich? Was ist eine Bereicherung? Was kann ich weglassen?

Was will ich mit meinem Einkauf wo und wie unterstützen? Mit jedem Produkt, das ich kaufe, unterstütze ich dessen weitere Produktion.

Nicht immer ist nur das Teuerste gut genug für mich. Meine Haltung sollte mit einem globalen Weltverständnis übereinstimmen, welches z.B. den Hunger in der Welt sowie naturgerechte Anbaumethoden berücksichtigt.

Kaufe ich tierische Produkte, so stellt sich die Frage nach der Tierhaltung. Den Tieren und der Umwelt gegenüber trage ich Mitverantwortung.

Je naturbelassener ein Produkt ist, desto klarer und direkter ist der Bezug zu seinem Ursprung.

In der Lebensmittel-Deklaration fehlen bis heute wichtige Rohmaterialangaben und deren Herkunft. Gerade solche Angaben schaffen aber Transparenz und unterstützen die Eigenverantwortlichkeit. Zudem kann eine freundliche, sachgerechte Beratung durch das Verkaufspersonal Vertrauen schaffen und viele Missverständnisse vermeiden.

Zusatzstoffe

Bei der Herstellung, Verarbeitung und Behandlung werden den Lebensmitteln aus technologischen Gründen Zusatzstoffe zugesetzt. Dazu zählen Stoffe wie:

- Alkalien, Säuren, Salze
- Emulgatoren, Stabilisatoren, Enzympräparate
- Oberflächenbehandlungsmittel, Antioxydantien
- Gelier-, Verdickungsmittel, Konservierungsmittel
- Aromen-, Farb- und Süßstoffe, Geschmacksverstärker, usw.

Ob diese Zusatzstoffe für die menschliche Verdauung geeignet sind, ist eine andere Frage. Das Lebensmittelgesetz überwacht zwar die Lebensmittelindustrie, der einzelne Mensch trägt aber die Eigenverantwortung für die Auswahl der Lebensmittel und seine Gesundheit selber.

Eine handliche Tabelle über die Bedeutung der E-Nummern im Zutatenverzeichnis erleichtert uns die Lebensmittelauswahl. Tabellen sind beziehbar bei:

Zusatzstoffe – alles nur Chemie?, Faltblatt, Format A2, 1991
Coop Schweiz, Public Relations, Postfach 2550, CH-4002 Basel

Die europäischen Nahrungsmittelzusätze, Taschenbuch, Format A6, 1989
Reuille Verlag AG, Grand Montfleury 6, CH-1290 Versoix

Lebensmittel-Zusatzstoffe, Deklaration der Zusazstoffe, Faltblatt, Format A4, 1991
WWF Schweiz, Konsum & Umwelt, Postfach, CH-8037 Zürich

Lebensmittelpreise

Eine undurchschaubare Marktlenkungs-, Preis- und Subventionspolitik verunmöglicht oft eine lebensmittelgerechte Wertschätzung. Wieviel ein Lebensmittel wirklich kostet, erfordert deshalb immer wieder ein danach Fragen.
Die zunehmende Zahl der Halbfertig- und Fertigprodukte bringen dem einzelnen zwar eine Einsparung an Arbeit und Kochzeit. Umfassendere Überlegungen zu Energie-, Zeitaufwand, Ausgaben und sozialisierten Kosten (Abfallentsorgung, Raubbau an der Natur, Krankheit durch Fehlernährung, u.a.), welche nicht direkt über den Preis bezahlt werden, sind ebenso entscheidend. Wenn nur wenig Zeit zum Kochen zur Verfügung steht, sind auch einfachere Menüs eine Alternative. Festmenüs benötigen mehr Vorbereitungszeit. Durch unser Kauf- und Ernährungsverhalten beeinflussen wir direkt, wieviel Kraft, Zeit und Geld wir für unsere Ernährung aufwenden wollen. Siehe dazu auch:

Studie des deutschen Bundesministeriums für
Ernährung, Landwirtschaft und Forsten
»Angewandte Wissenschaft«, Heft 406

Diese Studie bestätigt, dass auch mit den teureren biologischen Produkten die Rechnung aufgeht, da wir bescheidener und bewusster einkaufen, essen und mit diesen Lebensmitteln sorgfältiger umgehen.

> Von einem Drittel dessen, was der Mensch isst, lebt er.
> Von den restlichen zwei Dritteln leben die Ärzte.
>
> Altägyptisches Sprichwort

Mit dieser Sensibilisierung ist oft auch der sparsamere Umgang mit dem Trinkwasser und der Energie verbunden. Dass mit diesen Kostbarkeiten, welche unser Leben erhalten, häufig nicht verantwortungsbewusster umgegangen wird, verdanken wir der Ironie des Lebens und noch mehr der Unvernunft des Menschen. Untersuchungen decken ein schreckliches Bild unserer Zivilisation auf: Täglich wird eine gewaltige Menge Lebensmittel vernichtet.

High-tech-food und Gentechnologie

High-tech-food ist die Antwort der Nahrungsmittelindustrie, Abfallprodukte zu verwerten, um billigere Rohprodukte und Nahrungsmittel herzustellen. Dadurch wird der Weltmarkt massiv beeinflusst.

Jährlich kommen ca. 10'000 neue Produkte aus der High-food-Technologie auf den Markt! Es lohnt sich, verschiedenste Artikel zu diesem Thema zu lesen. Sie vermitteln einen Einblick in die Labors der Food-Designer und weisen diese Produkte als gesundheitsschädigend aus.
Durch Massenmedien wie Radio, TV, Tageszeitungen und Magazine werden immer wieder deutlich warnende Informationen abgegeben. Es gilt, sich immer wieder neu zu informieren, aufmerksam und wach zu bleiben.

Über die Gentechnologie ein Urteil zu wagen, ist heute noch nicht möglich.
Positive Beispiele der Gentechnologie sind alle Antibiotika, welche mit genetisch veränderten Mikroorganismen hergestellt werden.
Die Auswirkungen und Konsequenzen veränderter, irreversibler Gene auf Mensch und Umwelt sind aber auch für den Fachmann noch nicht abschätzbar.
Die Wissenschaft wird so zur Machenschaft. Man muss annehmen, dass die Triebkraft bei der Gentechnik eine fatamorganische Vision des Menschen als Schöpfer ist.
Raphael Heinrich erläutert dazu:
»Wir müssen wissen, dass wir uns weit vorgewagt haben und wieder wissen lernen, dass es ein Zuweit gibt.« Es ist also schon eine Überlegung wert, inwieweit der Genetiker tatsächlich Schöpfer wird.
Jedes Tier, jede Pflanze unterlag in ihrem Werden – und unterliegt zu jeder Zeit – der Wirkung der Naturkräfte: dem Wind, der Sonne, und dem so verschiedenen Flimmern des Lichtes in der Atmosphäre, den Sternen, dem Geruch und den Ausstrahlungen der Erde, der Gesamtheit alles sich ständig wandelnden Umkreiswirkens, den wir Kosmos nennen. Kann der Genetiker diese Tätigkeit des Kosmos, die immer umfänglich, umkreishaft, also »Umarmung« ist, ersetzen? Diese Frage könnte wie folgt beantwortet werden: Der Kosmos ist es, der auf dem genetischen Klavier bei der Entstehung jedes Lebewesens spielt. Was man im Genlabor tut, ist – wenn man so will – dem Kosmos die einzelne Taste oder ganze Klaviaturen zu vertauschen. Wie kann man auf den Gedanken kommen, durch ein willkürliches Verwirren der Klaviatur die Musik zu verändern, ausser in negativem Sinne? Jedes solche Eingreifen muss ein Lebewesen niederer Qualität

schaffen, welches ausserhalb und im Widerspruch zur Welt leben muss. Es ist verurteilt, ein Schattendasein zu führen, zur Qual geschaffen an seiner eigenen Natur – denn diese verbleibt in der kosmischen Konstellation, zu dem die Neuschöpfung des Körpers in Spannung gerät – zum Aussterben verurteilt oder zum brutalen Einbrecher in das gegebene Lebensgefüge seiner Umwelt.

Konsumverhalten

Dem Konsumieren steht das sich Abgrenzen gegenüber, um innerlich aktiv werden zu können. Diese beiden Pole harmonisch zu leben, ist die Herausforderung der heutigen Zeit.
In der Ernährung bedeutet dies, ein Gleichgewicht herzustellen zwischen Nahrungsangebot und Verdauungskraft.

Ernährung = Nahrung x Verdauung

Darin liegt der Sinn einer gesunden Ernährungsweise. Alle extremen Ernährungsformen führen leicht in eine Einseitigkeit und verursachen häufig Unsicherheit und Verwirrung. Um das Gleichgewicht herzustellen, muss jeder sein Mass finden. Dabei soll die Ernährung weder über- noch unterbewertet werden. Das in Notzeiten erforderliche Quantitätsdenken ist heute um die Aspekte der Qualität im weitesten Sinne zu erweitern.

Unsere heutigen, ernährungsbedingten Zivilisationskrankheiten liegen in der Schwächung der Verdauungsseite. Diese Tatsache geht aus dem Schweizerischen Ernähungsbericht aus dem Jahre 1984 hervor:

Der Schweizer isst zu viel, zu süss und zu fett!

Daraus resultierende Ernährungsempfehlungen lauten:
- so wenig wie möglich essen
- jeder sollte selbst erkennen, was, wann und wieviel ihm gut tut
- einfache, klare Rezepte und gute Qualität vor die Quantität stellen
- auf ausgeglichene, abwechslungsreiche Nahrung achten, Einseitigkeiten meiden

Die Nahrung ist ebenso natürlich wie unser Körper. Wenn wir uns selbst kennen, so sagt uns unser Instinkt genau, was wir benötigen, um gesund zu sein. Diese Haltung kann uns aber auch in einen starken Egoismus führen. Demgegenüber steht ausgleichend das gemeinsame Mahl als sozialer Akt. Mit einem gemeinsamen Mahl und wohlwollenden Gedanken stärken wir die Verdauungskraft.

Die Ernährung ist aber nur ein Aspekt unserer Gesundheit. Ebenso wichtig sind die Atmung, die Bewegung und unser Denken.

Die Träger unserer Gesundheit sind die 4 Grundpfeiler:

Bewegung	**Ernährung**
Denken	**Atmung**

Ernährungs-Rhythmus

Rhythmus bedeutet Leben! Der Wechsel von Wachen und Schlafen, Ein- und Ausatmen oder Systole und Diastole beim Herzschlag aktiviert die Lebensdynamik. Auf die Er-

nährung bezogen bedeutet dies Essen und Fasten. So haben sowohl Fastenzeiten wie auch ein Erntesegen ihren Stellenwert im Jahresrhythmus.
So sind gefüllte Supermarktregale zwar verlockend, stimmen aber mit den Rhythmen der Natur nicht mehr überein. Der Jahreszeitenrhythmus lässt uns ein wichtiges Lebensgesetz erkennen:

Warten, bis die Nahrungsmittel reif sind, ermöglicht uns, Wünsche zu entwickeln und mit Freude geniessen zu können.

Durch dieses Warten, Wünschen, und »In-Freude-geniessen-können«, entwickeln wir eine vorwärtstreibende Kraft, welche unser Interesse am Weltgeschehen weckt. Der durch das Verzichten entstehende Freiraum ist für unsere innere Aktivität notwendig. Durch das freudige Tun erwachen wir und nehmen wahr, was sich um uns herum alles abspielt. Dies ist dies die Philosophie des:

Carpe Diem! Geniesse den Tag – lebe jetzt!

Stetes Konsumieren schläfert uns hingegen ein. Wir werden passiv und verlassen uns auf unsere Gewohnheiten. Diese vermitteln ein falsches Gefühl der Sicherheit, des Vertrautseins und der Geborgenheit. Daraus ensteht ein Verhalten, welches im sogenannten »Frosch-Syndrom« ein sehr bedenkliches Bild unserer Zivilisation festhält. Der Frosch symbolisiert das Leben, da er sich in Erde, Wasser, Luft und Wärme aufhalten kann.
Das »Frosch-Syndrom-Verhalten« beinhaltet:

Wirft man einen Frosch ins heisse Wasser, so will er sich retten. Gibt man ihn in kaltes Wasser und erwärmt es langsam, so lässt er sich totkochen, ohne sich zu wehren!

Rezeptvorschlag für ein ganzes Jahr :
Man nehme 12 Monate, putze sie
ganz sauber von Bitterkeit, Pedanterie und Angst
und zerlege jeden Monat in 30 oder 31 Teile,
so dass der Vorrat genau für 1 Jahr reicht.

Jeder Tag wird einzeln angerichtet
aus 1 Teil Arbeit und 2 Teilen Frohsinn und Humor.

Dazu gebe man 3 gehäufte Esslöffel Optimismus,
1 Teelöffel Toleranz, 1 Körnchen Ironie und 1 Prise Takt hinzu.
Dann wird das Ganze reichlich mit Liebe übergossen.

Das fertig gekochte Gericht schmücke man
mit Sträusschen kleiner Aufmerksamkeiten
und serviere es täglich mit Heiterkeit und
einer guten, erquickenden Tasse Tee!

Katharina Elisabeth Goethe (1731 - 1808), Mutter von Johann Wolfgang Goethe

Fastenzeiten im Jahresrhythmus

40 Tage vor Ostern In dieser Zeit geht es um eine Selbsteinschätzung. Bin ich in der Lage, auf etwas Liebgewonnenes zu verzichten? Dieses Loslassen bewirkt eine innere Sensibilisierung.

Im Mai/Juni Im Mai/Juni heisst es warten können, bis der Reifegrad und die

Qualität der Nahrungsmittel stimmen. Durch dieses Warten entwickeln wir die Fähigkeit der Vorfreude, bis uns das Wasser im Munde zusammenfliessst und damit anzeigt, dass die Verdauung angeregt ist. Durch solches Verhalten bewahren wir uns die natürlichen Farben, Formen und Aromen als bildhaftes Erlebnis. Dieses ermöglicht uns wiederum das Unterscheiden der natürlichen Farben, Formen und Aromen von den synthetisch hergestellten, im Handel als naturidentische Stoffe bezeichnet.

Im Herbst

Im Herbst nehmen wir Abschied vom Erntesegen und schaffen Raum für Neues und innere Freiheit.

Diese Fastenzeiten, welche uns die Jahreszeiten geben, führen unsere Seele zum Ursprung und können auf die persönlichen Bedürfnisse abgestimmt werden.

Im Verlaufe der Jahreszeiten werden uns auch jeweils die Lebensmittel geschenkt, welche unserer Gesundheit dienlich sind.

Reichlicher Erntesegen ist kein Zufall! Jeder Mensch findet in seiner Umgebung auch seine Hausapotheke. Es liegt nur an uns zu lernen, aus dem Buch der Natur zu lesen. Wenn jemand über eine lange Zeit am selben Ort wohnt, bildet sich eine Pflanzenwelt, die genau seinen Bedürfnissen entspricht! (nach Rudolf Steiner)

Menügestaltung im Jahresrhythmus

Mit einer jahreszeitgerechten Menügestaltung können wir zu den einzelnen Jahreszeiten tief einprägsame Bilderwelten vermitteln. So sind z.B. das kalte Johanni- und das Herbstbüffetrezept eine Möglichkeit, bestimmte Jahresfeste zu einem besonderen Ereignis werden zu lassen.

Festliches Frühjahrsmenü

leichtgebundene Liebstöckel-Dinkelsuppe

gemischter Salat mit Chicorée, Rüebli, Kresse
und Sonnenblumenkerne

Gschwellti/Pellkartoffeln mit Kapern in Olivenöl,
Eier-Butter-Paste, Kräuterquark

Grapefruit-Papaya-Avocados-Salat
oder Dörrobstcreme mit Zimt-Sauerrahm

Im Frühjahr werden unsere Drüsen aktiviert, welche uns neue Lebenskräfte schenken. Alte Gifte und Schlacken lösen sich und werden ausgeschieden. Genügendes Trinken unterstützt diesen Reinigungsprozess.

Erfrischendes Sommermenü

rohe, feingeschnittene Fenchel-, Gurken-, Kohlräbli-
und Rüeblistengel mit einer feinen Salattunke

Risotto
Tomaten-Mozzarella-Salat mit Basilikum und Zwiebelringen

frische Beeren mit Schlagrahm

Im Sommer wird das Blut aufgebaut und der Kreislauf angeregt. Ebenso muss die Zirkulation und Ausscheidung unterstützt werden.

Buntes Herbst-Menü

Kürbissuppe

Blinis, Rotkraut mit Kastanien und gefüllten Halbäpfeln

Früchtegelee oder Kompott

Caramelhörnchen

Im Herbst ist auf die Reinheit der Nahrung zu achten, damit sich keine Mikroorganismen in unserm Körper einnisten. Mit der Herbstnahrung speichern wir Sonnenwärme.
Wir leben in einer Fülle. In weiser Selbstbeherrschung dürfen wir von allem Gebrauch machen, um dem Gesetz der Ökonomie sowie der Verantwortung unserem Körper und der Umwelt gegenüber gerecht zu werden.

Wohltuendes Wintermenü

Barley-Water

Weizenschrotbraten
mit verschiedenen Gemüsen gratiniert

Meerrettichsauce

Orangensalat mit Datteln und Pistazienkerne

Hildegardguetzli

Der Winterspeiseplan stärkt unsere Nerven und unterstützt unser Denken.

Johanni-Buffet **kalt, für 24 Personen**

Vorspeisen:

Tarator (2 fache Rezeptmenge)

Kräuterquarktrüffel (1½ fache Rezeptmenge)

1 kg Rüebli,
1 kg Fenchel in feine Stengel schneiden
Sauerrahmtunke

Hauptplatten:

Potpourri in 4 cm grosse Würfel schneiden
Kapern, Peterli zum Garnieren

Blinis
Avocadossauce (1½ fache Rezeptmenge)
Grapefruitscheiben zum Garnieren

Kräuterroulade (1½ fache Rezeptmenge)
schwarze Oliven,
verschiedene Kräuter zum Garnieren
Kapernsauce

Salate:

Dinkelsalat
Eier, Tomaten zum Garnieren

Blumenkohl-Erbslisalat
Mandelmayonnaisesauce

Kohlräblisalat
Nüsse grob gehackt und geröstet

Schwarze Bohnensalat
Kopfsalat, Kresse, Portulack, Radiesli

Stärke-Beilagen:

Olivenbrot

Pumpernickel
mit Brotaufstrich

Buchweizen-Nüssli

Sonnenblumenkerne geröstet

Dessert:

Erdbeerschaum (2 fache Rezeptmenge)

Rote Grütze

Dattelkonfekt

frische Aprikosen,
Erdbeeren, Kirschen,
Johannisbeeren

Kuchen:

Rhabarberkuchen (2 fache Rezeptmenge)

Haselnusskuchen (2 fache Rezeptmenge)

Hildegardguetzli

Getränke:

Barley-Water

Erfrischungsgetränk

Holderblüten-Limonade

Herbst-Buffet kalt, für 24 Personen

Vorspeisen:

Gaspacho (2 fache Rezeptmenge)

gesalzene Haferbiskuits

Mandel-Crakers

Hauptplatten:

Pâte
rote Peperoni,
blaue Trauben zum Garnieren
Wacholdersauce

Gemüsesulz
Eier, Petersilie,
Tomaten zum Garnieren
Baumnuss-Gorgonzola-Sauce

gefüllte Tomaten
Zitronensauce

Salate:

griechischer Salat

Waldorfsalat
Nüsslisalat zum Garnieren

Gurkensalat
mit Pfefferminzblättern

Taboulehsalat

Lollosalat
mit Kürbiskernenöl,
Zitronensaft und
Kürbiskerne

Beilagen:

Sonnenblumenkernen-
Backlinge

geröstete Linsen

Comasio

Dessert:

Agar-Agar-Fruchtspeise
aus 2 kg Früchten und
2 l Cassis-Saft

Zuckerrübensirup-Birnen
(2 fache Rezeptmenge)

frische Äpfel,
Birnen, Trauben, Nüsse

Kuchen:

Traubentorte (2 fache Rezeptmenge)

Vermicelle-Cake (2 fache Rezeptmenge)

Berliner Plunder

Getränke:

Quittensaft
mit Mineralwasser

Hagebuttenpunsch

Wochenplan für den Kleinhaushalt

Ein Wochenplan für den Kleinhaushalt erleichtert den Überblick für eine gesunde Ernährung.

So **morgens**
Brunchauswahl nach Belieben:
gekochtes Ei
Käse, Geräuchertes
Kräuterquark, Joghurt, Sauermilch
rohes oder eingemachtes Gemüse
Brotaufstrich, Honig, Konfitüre
Nüsse, Trockenfrüchte
Früchte, Fruchtsaft
Butter
Brot, Knäckebrot, Zopf
Flocken, Müesli, Brei
Tee, Getreidekaffee, Kaffee

So **mittags/abends**
2-3 gedünstete Gemüse mit Fisch,
Plätzli oder Weichkäse
Konfekt oder Kuchen

Mo **morgens**
Morgenmüesli
Tee

Mo **mittags**
Bouillon
Sandwiches
Naturjoghurt mit Früchten

Mo **abends**
Kohlräblisalat oder
anderer roher Gemüsesalat
mit gehackten, gerösteten Nüssen
Blinis oder Getreideomeletten

Di **morgens**
Vollkornbrot
Kräuterquark, Käse
Tee

Di **mittags**
gemischter Maiskörnersalat
garniert mit Ei oder
Tomaten-Mozzarella-Salat mit Oliven
frische Früchte

Di **abends**
Salat
Teigwaren al pesto,
al sugo oder Carbonara

Mi **morgens**
Corn-flaces
Orangensaft

Mi **mittags**
Pita mit Falaffel
Buttermilch mit Früchten

Mi **abends**
Gschwellti mit Beilage

Do **morgens**
Sauermilch mit Früchten
und Granola-Flocken
Tee

Do **mittags**
gemischter Salat mit Buchweizennüssli,
Sonnenblumenkernen und Hüttenkäse
Brot

Do **abends**
Risotto, Mais mit Mascarpone,
Hirsotto oder Quinoa-Eintopf

Fr **morgens**
Vollkornbrot mit rohem Gemüse
und gerösteten Linsen
Tee

Fr **mittags**
Wähen
Dessertcreme oder Gebäck

Fr **abends**
Suppe
Brot

Sa **morgens**
Milchshake
Gipfeli
Tee

Sa mittags
traditionelles Menü
je nach Bedürfniss
oder Erinnerungswunsch

Sa abends
Molkegetränk
Crakers

Tagesmenüplan

Z'morge / Morgens

Das Frühstück beinhaltet zwei Schwerpunkte. Einerseits ist es ein Fasten-Brechen – ein Breakfast – welches eine leicht verdauliche Kost aufweist, z.B. Tee, Brei, Müsli, Sauermilchprodukte und nicht allzu saure Früchte. Anderseits arbeitet die Niere nach der chinesischen Organuhr bis 09^{00} Uhr intensiv und ermöglicht dadurch eine gute Ausscheidung. Ebenfalls werden Mineralstoffe und Eiweisse gut verdaut. Deshalb kann der Menüplan als 2. Frühstück erweitert werden mit Vollkornbrot, Butter, Käse, Eier, Kräuterquark, Gemüse, Linsen, ev. Wurst oder Geräuchertes. Aus dieser Vielfalt ist die eigene Auswahl zu treffen, welche unserem persönlichen Bedürfnis entspricht. Auf eine gleiche, sich wiederholende Frühstückszusammensetzung und Regelmässigkeit stellt sich unsere Magenverdauung ein! Menschen mit Nierenproblemen, welche Rheuma, Arteriosklerose usw. verursachen, ist zu empfehlen, den Kaffee erst ab 11^{00} Uhr zu geniessen. Dadurch wird die Niere in ihrer Ausscheidungsarbeit nicht behindert. Empfehlenswert ist auch ein diätetisches Rezept, z.B. Apfelmus mit Sauermilch, Budwigcreme oder Früchte-Molke-Kur, welches in rhythmischen Abständen eingenommen wird.

Ernährungsphysiologisch ist zu beachten, dass der Blutzuckerspiegel ausgeglichen ist, um eine Übersäuerung des Blutes zu vermeiden.
Darüber haben zahlreiche Ernährungswissenschafter wie M.O. Bruckner, J. Diamond, G. Fraser, U. Renzenbrink und H. Tönnies geforscht und vielfältige Ratschläge gegeben. Wenn auch ihre Ergebnisse nicht immer übereinstimmen, so bin ich ihnen doch zutiefst dankbar für ihren menschlichen Einsatz. Sie ermöglichen uns gerade dadurch ein besseres Kennenlernen unseres eigenen Körpers, welcher auf die Nahrung so geheimnisvoll und individuell zu reagieren vermag. Wenn wir auch nicht alle Zusammenhänge ganz verstehen können, so dürfen wir doch zuversichtlich sein, dass es uns zu jener Diät bzw. Ernährungsform hinziehen wird, welche in uns das Gleichgewicht und die innere Ordnung wieder herzustellen vermag.

Z'nüni

Für Kinder bedeutet der Z'nüni Nachschub und Unterstützung durch die Mutter. Ein Z'nünigruss von zu Hause stärkt sein Vertrauen zu sich und seiner Umwelt.

Z'nüni-Ideen: Vollkornbrot mit Überraschungsinhalt, Crakers,
Gewürzbrötli, Reiswaffeln, Vollkornriegel
Apfel, Birne, Nüsse, Saisonfrüchte
Gurke, Kohlräbli, rote Peperoni, Rüebli, usw.

Kinder, welche vor dem Mittagessen noch einen langen Schulweg haben, sollten auf dem Heimweg noch eine Frucht essen, damit der Blutzuckerspiegel nicht zu stark abfällt. Bei starker Übermüdung können nach dem Essen die Verdauungskräfte nicht richtig eingesetzt werden, was Blähungen, Appetitlosigkeit und Magenschwere verursacht. 60 % der Blutzuckerenergie werden zum Denken oder Verdauen benötigt. Die restliche Energie fliesst zu den rhythmischen Organen.

Wir unterschätzen wohl, wieviel Blutzucker z.B. eine Rechenstunde erfordert. In Erinnerung ist uns aber vielleicht, wie wir in einer Schulstunde nach dem Mittagessen mit der Müdigkeit zu kämpfen hatten. Daran erkennen wir deutlich, wieviel Blutzucker zum Denken und Verdauen benötigt werden.

Z'mittag / Mittags- oder Hauptmenü

Eine Mahlzeit gestalten heisst »Mahl halten«, im bewegten Alltagsleben eine Oase der Ruhe, Erholung und Entspannung zu schaffen. Die Kunst besteht darin, die verschiedensten Aspekte des Lebens zu berücksichtigen und so zu integrieren, dass Liebe und Freude als Bereicherung des Lebens erfahrbar werden.

Ein Menü wird aufgegliedert in Gänge, Gerichte, Rezepte und Zutaten.

Reinigung

Bevor wir mit dem Kochen beginnen, geniessen wir einen Entschlackungstee, Grüntee, Blutreinigungstee, Bittertee oder ein Birkenelixier mit Mineralwasser, um die Verdauung anzuregen. Wir können auch vereinzelte Fastentage einbauen, indem wir weniger essen.

Suppe

Durch die Wärme verbinden wir uns psychisch und physisch mit der Nahrung. Wie beim Kochen müssen wir vorher unseren »Verdauungsofen einheizen«. Durch eine warme Suppe werden die Verdauungssäfte angeregt. Oft vergessen wir, dass der Kochende durch die Herdwärme bereits eine Anregung in sich erfahren hat, und der kalte Bauch der übrigen Familienmitglieder nicht gern verdaut!
Mit der Wärme ist auch die Esskultur verbunden. Mit Liebe und Sorgfalt gekochte Nahrung sowie eine wohltuende Atmosphäre am Familientisch helfen mit, dass sich jeder wohl fühlt und die Nahrung gut verdauen kann.

Rohkost

Rohkost besteht aus Frucht-, Blatt- und Wurzelgemüse. Durch die Rohkost wird der persönliche Instinkt angesprochen. Dieser weiss sehr genau, was der Körper benötigt. Hier melden sich die persönlichen Wünsche und Bedürfnisse, auf die wir Rücksicht nehmen müssen!
Die Rohkost sollte im Magen innnerhalb von 3 Std. verdaut sein, um ein Gären zu vermeiden. Deshalb soll Rohkost nach der warmen Suppe und vor der gekochten Hauptnahrung gegessen werden.

Hauptgang

Ein Hauptgang besteht aus:

Hauptgericht
ergänzende Beilage
Bereicherung

Mit dem Anrichten auf runden Tellern schaffen wir Mandalas (Meditationsbilder)! Eine wertvolle, schöne Tätigkeit, für die es sich lohnt, mit Liebe zu geben und mit Aufmerksamkeit zu danken!
Mit schön Angerichtetem regen wir die Hypophyse an, welche das Immun- und Funktionssystem aktiviert.

Kombinationen	Fisch (ev. 1 - 2 mal / Woche)	Reis, Kartoffeln Teigwaren	Gemüse Dessert, da Fisch nicht lange sättigt
	Fleisch (ev. 1 - 2 mal / Woche) für Fleischesser	Gemüse	ev. Kartoffeln, Reis, Teigwaren, Mais, Buchweizen
	Eier (1 - 2 / Woche / Person)	Kartoffeln, Reis Teigwaren, Mais Buchweizen	Käse, wenig Gemüse
	Reis, Mais, Buchweizen, ev. Hirse	Hülsenfrüchte, Pilze, Käse, Eier Fleisch, Milch	Gemüse oder Obst
	Weizen, Dinkel, Roggen, Gerste, Hafer, ev. Hirse	Nüsse, Samen, grünes Gemüse	Gemüse wenig Milchprodukte
	Milchprodukte	Obst und Früchte	
Ideale Kombinationen	Eiweiss und Obst Kohlenhydrate und Gemüse		

Nachspeise

Leicht verdaulicher Zucker aus Nachspeisen wird schnell in Blutzucker umgewandelt und unterstützt die Verdauungsaktivität. Wir fühlen uns gestärkt. So können wir uns nach dem Mittagessen wieder leichter auf die Denkfähigkeit umstellen. Die Nachmittagsmüdigkeit kann somit überbrückt werden!

Die Menüzusammenstellung soll auf die eigenen Bedürfnisse abgestimmt werden. Es gilt der Grundsatz:

> So einfach wie möglich, dafür möglichst naturbelassene Lebensmittel kunstvoll veredeln und für die menschliche Verdauung zubereiten!

Z'vieri / Vesper

Um diese Zeit haben süsse Vollkorngebäcke ihre optimale Wirkung. Die Leber baut damit Blutzucker auf.

Früchtetees, Grapefruitsaft und Molkegetränke helfen bei der Blutreinigung mit, um die Nachmittagsmüdigkeit zu überwinden.

Z'nacht / Abendbrot

Der Z'nacht soll eine süsse Komponente enthalten, welche den Blutzucker aufbaut. Ein zu niedriger Blutzuckerspiegel kann unruhigen Schlaf, Morgenübelkeit oder Kopfschmerzen verursachen. So ist auch ein »Bettmümpfeli« oder »Heimwehzucker« bei Seelenschmerzen vertretbar.

Die Denkfähigkeit sowie das Nerven-Sinnessystem werden durch mineralhaltige Nahrungsmittel unterstützt und verhelfen uns zu einem frischen Erwachen am nächsten Morgen, z.B. durch:

- Gemüsesuppe, Salat
- gekochtes Gemüse mit einer leichtverdaulichen Sauce

Schwerverdauliche Eiweiss-Mahlzeiten sind zu meiden. Diese verursachen einen schlechten Schlaf und verderben die Freude am Frühstück!

Eine beachtenswerte Lebensweisheit lautet:

Iss morgens wie ein König,
geniesse mittags wie ein Bürger,
verzichte abends wie ein Bettler!

Ernährungslehre

Das Nahrungs- und Lebensmittelrad

Eine gesunde Nahrungsmittel- und Lebensmittel-Zusammenstellung kann mit Hilfe eines Rades dargestellt werden. Dabei muss die Nahrungs- und Lebensmittel-Auswahl alle Segmente umfassen. Andernfalls kann unser »Gesundheitswagen« nicht fahren. Diese Tatsache wurde von J. Liebig im Gesetz des Minimums festgehalten:

Derjenige Faktor ist entscheidend, welcher in der kleinsten Menge vorhanden ist!

Nahrungs- und Lebensmittel enthalten:

Nährstoffe **Wirkstoffe** **Begleitstoffe**

Die Farben der Nähr- und Wirkstoffe sind international gültig.

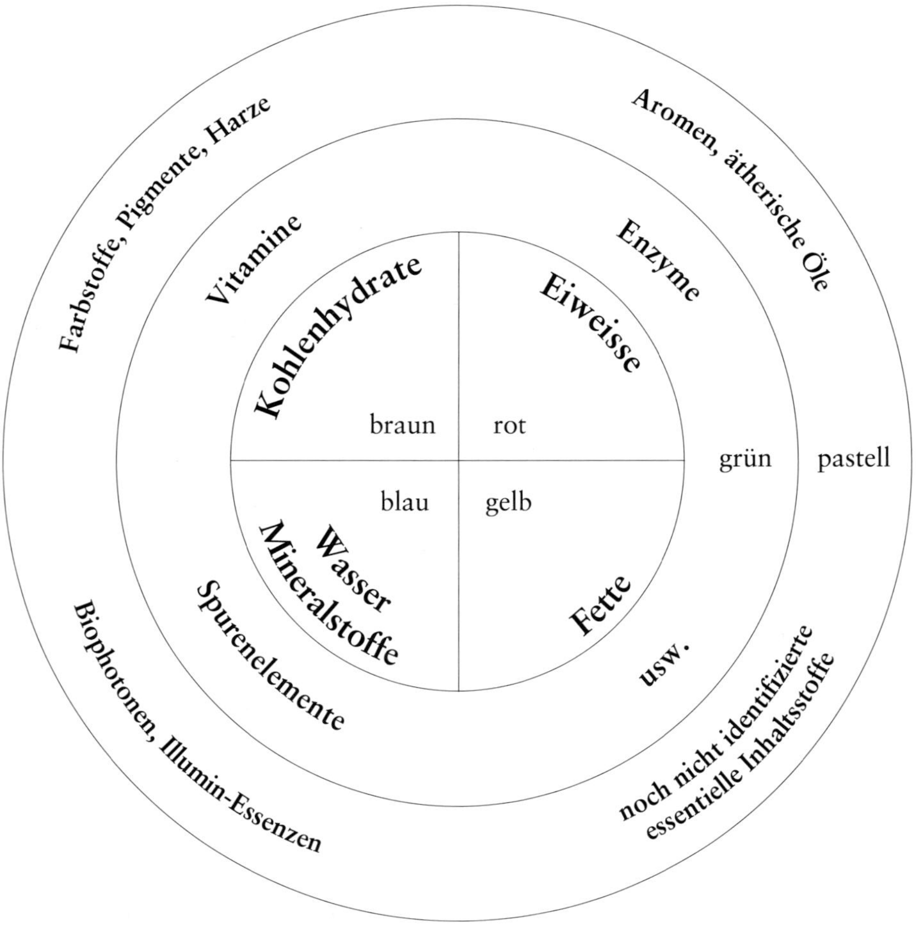

Nähr-, Wirk- und Begleitstoffe

Nährstoffe	sind zuständig für :	erfassbar durch :
Eiweisse	Baumaterial für den physischen Körper, das Abwehr-, Funktions- und Immunsystem	**Wissen** Klarheit im **Kopf**
Fette	Lebensenergie	
Kohlenhydrate	verdauliche: Zucker und Stärke nähren den Licht- und Energiestoffwechsel unverdauliche: Faserstoffe aktivieren und reinigen den Verdauungsbereich	
Mineralsalze	Intelligenz- und Funktionssystem	

Nährstoffe ergeben eine **Nahrungsmittel-Quantität** und werden in Gewichten oder Kalorien gemessen.

Wirkstoffe	achten auf :	erfassbar durch :
Enzyme, Vitamine, Spurenelemente	Orthomolekulare Verhältnisse, d.h.: Diese **Stoffe stehen zueinander in Beziehung,** indem sie aktivierend oder hemmend aufeinander reagieren.	**Weisheit** Demut im **Herz**

Wirkstoffe werden in einer **Lebensmittel-Qualität** erfasst und in der entsprechenden Biographie gemessen. Sie sind die biologische Schicht des im Organismus arbeitenden Lichtes.

Begleitstoffe	unbestimmt :	erfassbar durch :
ätherische Öle, Farbstoffe, Pigmente, Aromen, Biophotonen, Harze, Illumin-Essenzen, noch nicht identifizierte essentielle Inhaltsstoffe	Begleitstoffe erleben wir in der unmittelbaren **Beziehung von Mensch und Umwelt.** Sie sind als einzelne Begleitstoffe wissenschaftlich nur teilweise erfassbar und werden durch die Anbaumethode und Zubereitung bestimmt.	**Wille** liebevolles Tun mit der **Hand**

Energieumsatz

Für Lebensvorgänge benötigt jedes Lebewesen Energie. Der Mensch bezieht seine Energie via Nahrung, Atmung und Sinnesorgane. Aus Lebensmitteln wird die Energie über die Oxydation der Nährstoffe durch den Sauerstoff der Atemluft gewonnen:

$C_6H_{12}O_6 + 6\ O_2 = 6\ H_2O + 6\ CO_2$

Traubenzucker oder Blutzucker ($C_6H_{12}O_6$) wird mit Sauerstoff ($6\ O_2$) zu Wasser ($6H_2O$), welches als Endprodukt von jedem Stoffwechselprozess in der Zelle zurückbleibt und zu Kohlendioxyd ($6\ CO_2$), welches ausgeatmet wird.

Die als Wärmemenge und Arbeit messbare Energie wird international als Joule »J« bzw. Kilojoule »**kJ**« (= 1000 Joule) bezeichnet.
Früher wurde diese Energie in Kalorien »cal« bzw. Kilokalorien »kcal« (= 1000 Kalorien) gemessen.

- 1 Joule ist die Energiemenge, die benötigt wird, um 100 Gramm um 1 Meter zu heben
- 1 Kalorie ist die Wärmemenge, die nötig ist, um 1 Liter Wasser um 1 °C von 14,5 °C auf 15,5 °C zu erwärmen.

Umrechnungsfaktoren

1	kJ		=	238	cal			
1	kcal		=	1000	cal			
1	kcal		=	4,2	kJ			
1	g	Fett	=	39	kJ	=	9	kcal
1	g	Eiweiss	=	17	kJ	=	4	kcal
1	g	Alkohohl	=	30	kJ	=	7	kcal
1	g	Kohlenhydrat	=	17	kJ	=	4	kcal

Die Energiemenge, welche ein Mensch pro Tag in Form von Nahrung benötigt, wird als Gesamtumsatz bezeichnet und setzt sich wie folgt zusammen:

Gesamtumsatz = Grundumsatz + Arbeitsumsatz

Der Grundumsatz ist die Energiemenge, die ein Mensch in 24 Std. benötigt, 12 Std. nach der letzten Nahrungsaufnahme im Ruhezustand gemessen, abhängig von Körpergewicht, Alter und Geschlecht. Als Faustregel gilt:

Körpergewicht in kg x 100

Als Arbeits- bzw. Leistungsumsatz gilt die Energiemenge, welche für eine entsprechende körperliche Aktivität benötigt wird.

Tätigkeit	Frau	Mann
leichte Arbeit	unter 250 kJ/Std.	unter 315 kJ/Std.
mittelschwere Arbeit	250 - 500 kJ/Std.	315 - 600 kJ/Std.
schwere Arbeit	über 500 kJ/Std.	630 - 840 kJ/Std.
Schwerarbeit		über 840 kJ/Std.

Durchschnittlicher Tagesbedarf an Nährstoffen

Der durchschnittliche Nährstoffbedarf beträgt pro Tag 470 g = 10'000 kJ und verteilt sich wie folgt:

30-40 g Eiweisse	80 g Fette	350 g Kohlenhydrate davon 30-50 g Faserstoffe	10 g Mineralsalze und Vitamine
=		($^2/_3$ Stärke, $^1/_3$ nat. Zucker)	
510-680 kJ	3120 kJ	5100 kJ	
12-15 %	25-30 %	55-60 %	

Einteilung der Nahrungsmittel und Lebensmittel nach den entsprechenden Nährstoffgruppen.

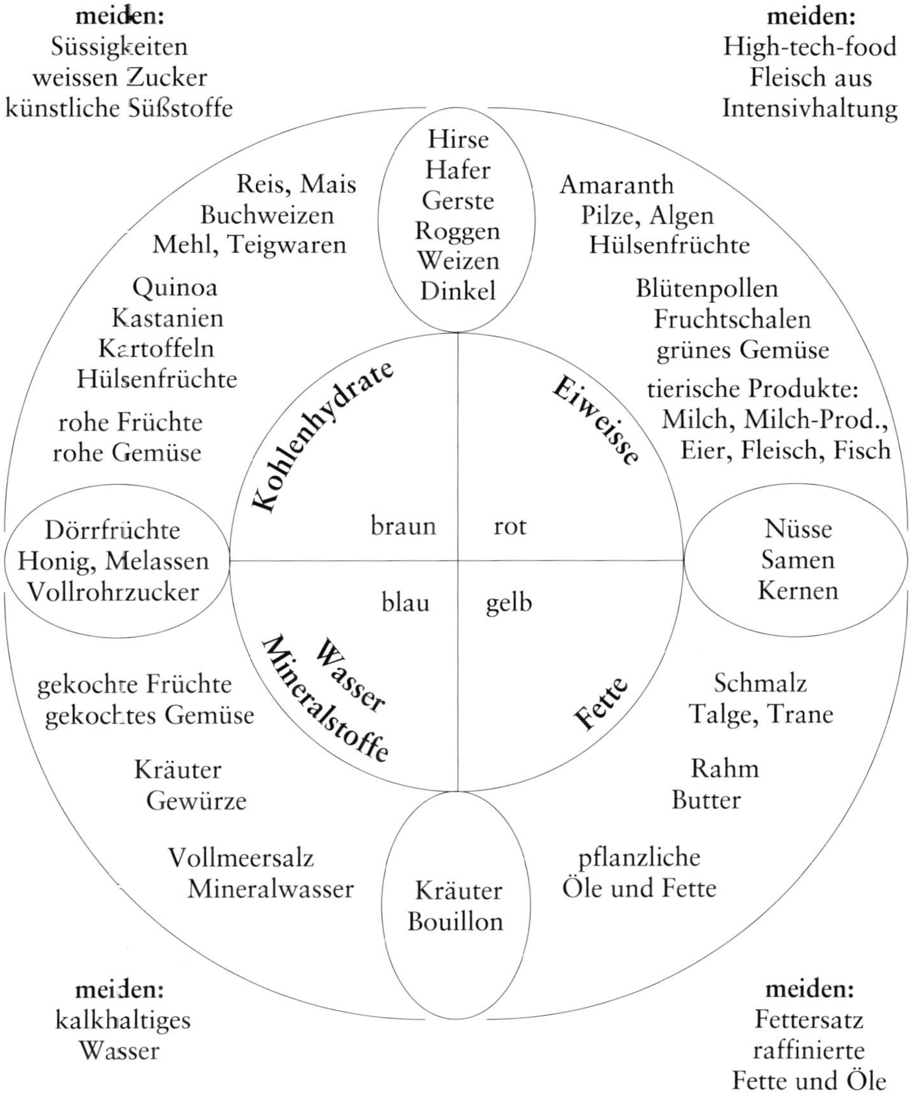

Durchschnittliche Nahrungsmittel-Art und Menge pro Person und Tag

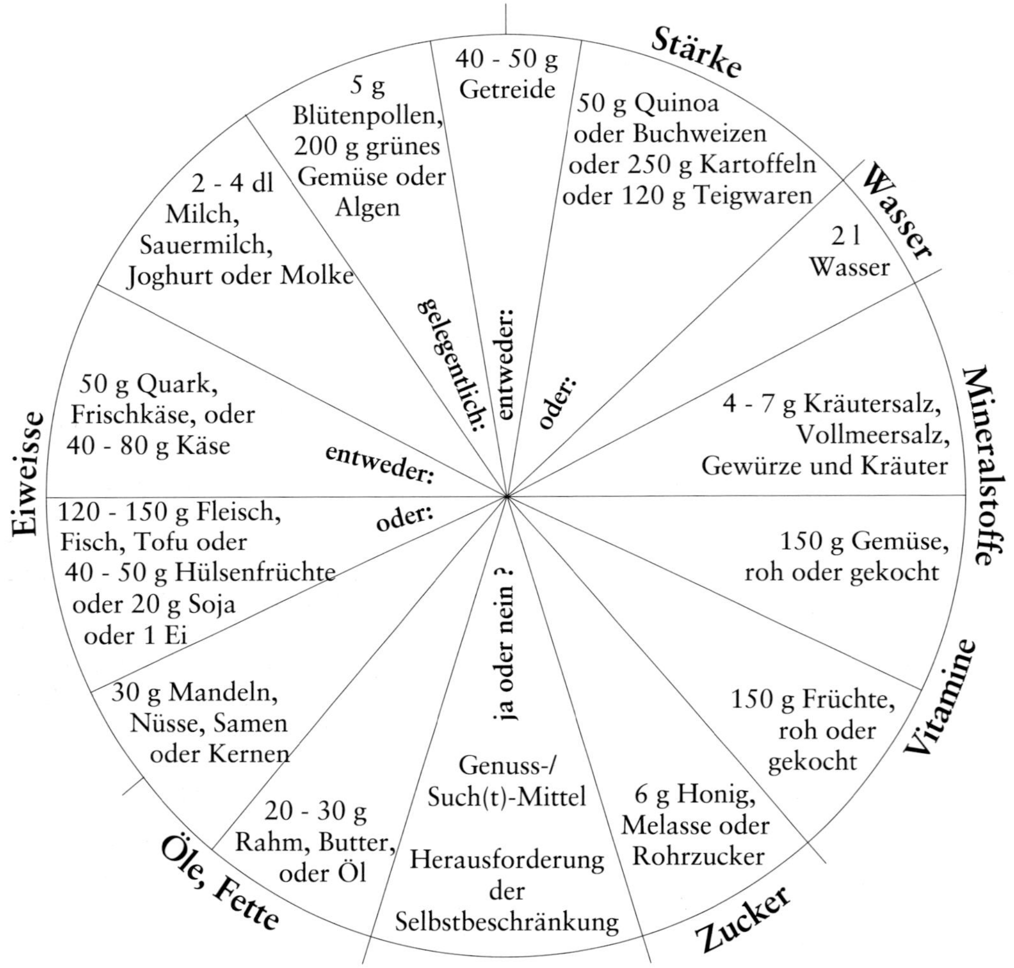

Der Reifen eines Rades wird gehalten von den Speichen.
Aber das Leere zwischen ihnen ist das Sinnvolle beim Gebrauch.

Aus dem nassen Ton formt man Gefässe.
Aber das Leere in ihnen ermöglicht das Füllen der Krüge.

Aus Holz zimmert man Türen und Fenster.
Aber das Leere in ihnen macht das Haus bewohnbar.

So ist das Sichtbare zwar von Nutzen,
doch das Wesentliche bleibt unsichtbar.

Lao Tse

Eiweisse / Eiweißstoffe / Proteine

Eiweisse dienen als Aufbaustoffe und bilden das gesamte Grundgerüst aller Zellen und Gewebe. Sie regulieren sämtliche Körperfunktionen und Stoffwechselvorgänge, da die Enzyme und Hormone ebenfalls aus Eiweiss gebildet werden. Auch alle Abwehrstoffe und Antikörper sind Eiweißstoffe, die körperfremde Eiweisse unschädlich machen.

Dieser lebenswichtige Grundstoff Eiweiss wird **Protein** genannt, da er der Prototyp des Lebens ist. Ohne Eiweiss gibt es kein Leben! Die verschiedenen Proteine werden nach ihrer Löslichkeit eingeteilt in:

Albumine, Globuline, Gluteline,
Histone, Prolamine, Protamine, Skleroproteine

Zusätzlich gibt es Proteine, welche mit einer Nicht-Eiweiss-Komponente verbunden sind, die **Proteide** z.B.:

Chromoproteide, Glukoproteide,
Lipoproteide, Nukleproteide, Phosporproteide

Die Eiweissmoleküle können kurz oder lang sein. Eine einzige Körperzelle kann tausend verschiedene Eiweissverbindungen enthalten! Die Bausteine der Eiweissmoleküle sind die Aminosäuren. Bis heute sind 20-22 verschiedene Aminosäuren bekannt. Sie bestehen aus den Elementen Kohlenstoff C, Wasserstoff H, Sauerstoff O und Stickstoff N. Daneben können noch Schwefel S, Phosphor P und Eisen Fe vorhanden sein.
Das Besondere an den Eiweißstoffen ist, im Unterschied zu Fett und Kohlenhydraten, der Stickstoff N. In romanischen Ländern wird der Stickstoff auch heute noch Azote genannt (von Azur = Himmelsblau abgeleitet). Er ist der Bewegungsstoff, welcher sich nur ungern zu einem Molekül formen lässt. Nur die Pflanze ist in der Lage, den Stickstoff aufzunehmen und zu Eiweißstoffen aufbzubauen. Die Aminosäuren, welche weder die Menschen noch die Tiere aufbauen können, sind essentiell. Bekannt sind 8-10 essentielle Aminosäuren:

Arginin, Isoleucin, Histidin, Leucin, Lysin,
Methionin, Phenylalanin, Threonin, und Tryptophan

Die in der Nahrung vorhandenen Eiweisse unterscheiden sich in der Zusammensetzung der essentiellen Aminosäuren. Durch günstige, eiweisshaltige Nahrungsmittelkombinationen können sich diese lebensnotwendigen Stoffe ergänzen. Gleichzeitig ist aber auch darauf zu achten, dass nur soviele vorhanden sind wie die Leber benötigt, um körpereigene Eiweisse aufzubauen.
Die für den Körper nicht verwertbaren Endprodukte des Eiweissabbaus wie z.B. der Harnstoff und die Harnsäure, müssen über die Nieren ausgeschieden werden.
Die optimale Eiweisskombination wird in der biologischen Wertigkeit festgehalten und ist bei der Menüzusammenstellung zu berücksichtigen.

Klassische Eiweisskombinationen	Mais und Bohnen, Hirse und Milch, Reis mit Erbsen, Milchprodukte mit Früchten

Richtige Nahrungsmittelkombinationen sind für unseren Körper sehr wichtig, damit das Blut nicht übersäuert. Eine Übersäuerung des Blutes (Acidose) durch zuviel Eiweissabbaustoffe führt zu den bekanntesten ernährungsbedingten Zivilisationskrankheiten wie Gicht, Rheuma, Arteriosklerose, zu hoher Cholesteringehalt im Blut, usw. Ausserdem resultiert ein akuter Mineralstoffmangel, da die Nieren diese Stoffe bei einer Übersäuerung nicht resorbieren können.

Der tägliche Proteinbedarf beträgt ½ g pro 1 kg Körpergewicht.

Eiweissanteil pro 100 g:	Käse	=	25	g	Eiweiss (1/4)
	Milch	=	33	g	Eiweiss (1/3)
	Quark	=	17	g	Eiweiss (1/6)
	Getreide	=	12	g	Eiweiss (1/8)
	Grünkohl	=	4	g	Eiweiss (1/25)
	Hülsenfrüchte	=	24	g	Eiweiss (1/4)
	Blütenpollen	=	16 - 30	g	Eiweiss (1/6-1/3)
	Haselnuss	=	14	g	Eiweiss (1/7)
	Mandeln	=	18	g	Eiweiss (1/6)
	Sesam	=	20	g	Eiweiss (1/5)
	Fleisch	=	19	g	Eiweiss (1/5)
	Fisch	=	19	g	Eiweiss (1/5)
	Ei	=	12	g	Eiweiss (1/8)

Eiweiss-Giftstoffe

Gewisse Pflanzen bilden aus Eiweissverbindungen Giftstoffe, die für den Menschen je nach Dosierung Heilmittel oder Giftstoffe sein können. In den Nahrungsmitteln sind es vor allem:

Solanin	in grünen Kartoffeln und Tomaten
Phasin	in rohen Bohnen

Durch das Kochen werden diese Stoffe abgebaut und sind unschädlich.

Besonders gefährlich sind:
- verbrannte eiweisshaltige Nahrungsmittel
- verdorbene eiweisshaltige Nahrungsmittel
- Aflatoxine als Ausscheidungsprodukt von Schimmelpilzen
- natürlicher Schimmelbefall bei Brot, Konfitüre, Speiseresten
- Botuline bei erneut aufgewärmten Speisen, bombierten Büchsen, usw.
- verwilderte Hefebakterien-Kulturen wie Joghurt, Kefir, Sauermilch, usw.

Gezüchtete Hefebakterien-Kulturen dürfen bis zu 15 mal als Kultur verwendet werden, da sie durch Mutationen wieder Giftstoffe bilden. Spezielle Bakterien-Züchtungen wie z.B. Blauschimmel dürfen nur zum Impfen verwendet werden.

Eiweissvergiftungen gehören auch heute noch zu den häufigsten Lebensmittelvergiftungen.

Säure-Base-Gleichgewicht

Säure + Base = Salz + Wasser.

Säuren sind chemische Verbindungen, die sauer reagieren und Wasserstoff (H) enthalten. Basen sind chemische Verbindungen, die basisch reagieren und eine Hydroxylgruppe (OH) enthalten. Die Säuren und Basen werden in pH-Werten gemessen. Für die Säure-Base-Bildung sind im menschlichen Körper die Belegzellen des Magens zuständig:

$NaCl + CO_2 + H_2O$ ergibt $NaHCO_3 + Hcl$ (Natriumhydrogencarbonat + Salzsäure).

Während die verschiedenen Körperflüssigkeiten stark unterschiedliche pH-Werte aufweisen, z.B. Magensäfte 1 - 2, Speichel 6.3 - 8, Urin 4.8 - 7.5, Bauchspeichel 7.5 - 8.8, verträgt das Blut nur geringe Schwankungen.
Die Säure-Base-Harmonie wird durch Regulationsvorgänge gesteuert, wobei die Nieren für das Gleichgewicht zuständig sind. Die wichtigsten Pufferstoffe, Kohlensäure und das aus Sauerstoff und Wasser gebildete Hydrogencarbonat, bezieht die Niere dazu aus der Atmung.
Überschüssige Säure wird über die Leber und Nieren ausgeschieden oder im Bindegewebe eingelagert. Eine Acidose wird meistens durch eine Eiweissüberversorgung oder durch kranke Organtätigkeiten verursacht und ist meistens chronisch. Eine Alkalose kann z.B. bei starkem Erbrechen oder bei Hyperventilation nach einer Anstrengung auftreten.

pH-Wert-Spanne und Gesundheitszustand

aktiv, anregend Spannung	7,4 = normaler PH-Wert des Blutes	passiv, regenerierend Entspannung

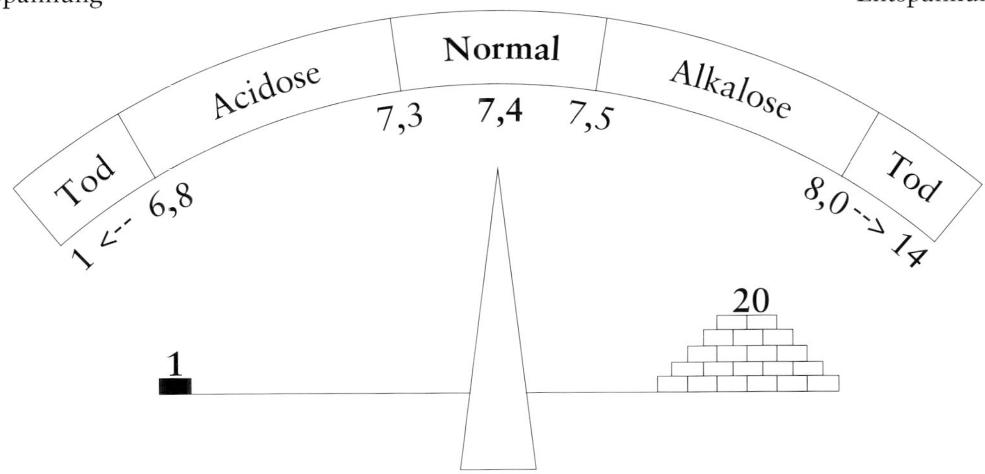

Pufferstoffe und Kohlensäure gleichen eine leichte Alkalose aus	Pufferstoffe und Hydrogencarbonat gleichen eine leichte Acidose aus
Stoffwechselbelastende Nährstoffe	Verdauungsunterstützende und regenerierende Wirkstoffe

Bei der Nahrungsmittelzusammenstellung ist besonders darauf zu achten, dass stoffwechselbelastende, säurebildende und regenerierende, basebildende Nahrungsmittel ausgeglichen sind. Eine gute Atmung hilft dabei ebenso mit, dass dieser Ausgleich mit Hilfe von Kohlensäure und Hydrogencarbonat (Verhältnis 1:20) erfolgen kann.

Auf dem Teller resultieren aus einer guten Lebensmittel-Zusammenstellung:

1/3 nährstoffkonzentrierte Nahrungsmittel, reich an Eiweiss, Fett und Kohlenhydrate und den Mineralien P, S, Cl	2/3 wasserhaltige Lebensmittel mit Vitaminen, Enzymen, Spurenelementen und den Mineralsalzen Ca, Mg, K, Fe, Na
erfasst in der **Quantität**	erfasst in der **Qualität**

Säurebildende Nahrungsmittel sind:

unreifes Obst und Gemüse,
Eier, Fisch, Fleisch, Quark,
Käse, Fett, Getreide,
Linsen, Erdnüsse, Paranüsse
denaturierte Nahrungsmittel,
raffinierte Produkte, Genussmittel

leicht säurebildend sind:
Hirse, getrocknete Erbsen,
Haselnüsse, Mandeln

Basebildende Nahrungsmittel sind:

ausgereiftes Obst und Gemüse,
Gewürze und Kräuter,
stärkeliefernde Pflanzen,
getrocknete Bohnen, Kichererbsen,
Kokosnuss, trockener Quark, Rahm,
Wasser mit wenig Calciumgehalt

stark basebildend sind:
Melassen, Rohrzucker, Dörrobst,
milchsaures Gemüse, Oliven

Ein ausgeglichener Säure-Base-Haushalt ist Grundvoraussetzung für unsere Gesundheit. Dazu lautet der Majolikaschlüssel aus dem 17. Jh. aus Florenz: CHI HA LA SANITA E RICCO E NON LO SA! was sinngemäss bedeutet: Wer gesund ist – ist reich, nur weiss er es nicht!

Stärkeliefernde Pflanzen mit basischer Wirkung

Da Getreide im Körper sauer reagiert, ist es empfehlenswert, zu Getreidegerichten stärkeliefernde Pflanzen mit basischer Wirkung als Beilage und Bindemittel zu verwenden.

Pflanze:	**Verwendung:**
Agar-Agar / Meeralge, Rotalge	Gelier-/Dickungsmittel, natürlicher Geschmacksveredler
Fecul	ist eine reine Kartoffelstärke zum Binden und Lockern
Guarmehl	zum Binden
Johannisbrotmehl	zum Binden
Kapuzinerkresse	als Beilage
Kartoffeln	als Beilage
Kastanien / Marroni	als Beilage oder Pfannkuchen zum Binden von Obstspeisen
Kuzu / wilder Pfeilwurz	Heil- und Bindemittel, neutralisiert die Magensäure
Marantamehl, Pfeilwurzel, Arrowroot	zum Binden von Gemüsespeisen, Saucen und Cremen
Okra / Gombo / Eibisch-Frucht	als Beilage
Palmsago aus der Sagopalme	zum Binden von Obst- und Milchspeisen
Perlsago und **Tapioka** aus der Maniokwurzel	zum Binden von Obst- und Milchspeisen. Tapioka ist eine reine Stärke mit basischer Wirkung, welche die Säure neutralisiert. Dadurch wird das Fruchtaroma intensiviert. Deshalb eignet es sich für jeden Kompott.
Platterbse	als Beilage

Sago aus Kartoffelstärke	zum Binden von Obst- und Milchspeisen
Süsskartoffeln / Batate	als Beilage; bei Magenübersäuerung roher Saft
Topinambur	als Beilage
Yam	als Beilage

Fette und Öle / Lipide

Lipide sind reine Fettverbindungen.
Lipoide sind kombinierte Fettverbindungen, wie z.B. Cholesterin (Lipoprotein), Lezithin, u.a.

Fette und Öle sind wertvolle Lebensmittel – ein kostbares Gut.

Bei Zimmertemperatur sind Fette fest und Öle flüssig.

Fette und Öle sind organische Verbindungen von Glyzerin mit 3 mehr oder weniger langen, gesättigten oder ungesättigten Fettsäuren.

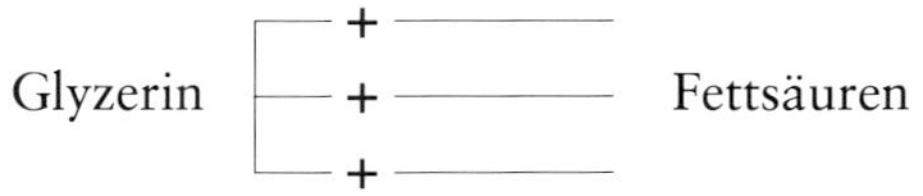

Bis zu 6 C-Atomen werden sie kurzkettige Fettsäuren	sct	= short chain triglicerid
bis zu 13 C-Atomen mittelkettige Fettsäuren	mct	= middle chain triglicerid
über 13 C-Atomen langkettige Fettsäuren	lct	= long chain triglicerid

genannt.

Kurz- und mittelkettige Fettsäuren finden sich z.B. in Butter, Kokosnuss und Mandelpüree.
Langkettige Fettsäuren sind z.B. im Distel-, Erdnuss-, Leinsamen-, Maiskeim-, Oliven-, Soja-, Sonnenblumen- und Traubenkernen-Öl.

Man unterscheidet zwischen gesättigten und ungesättigten Fettsäuren:

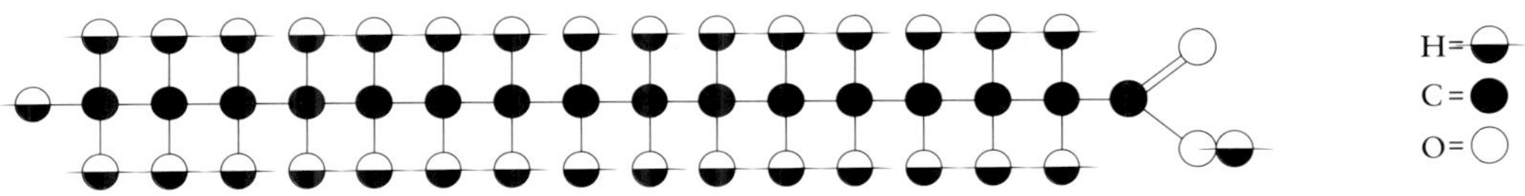

»**Gesättigte**« **Fettsäuren,** z.B. Palmitinsäure C16 mit Einfachbindungen zwischen den C-Atomen.

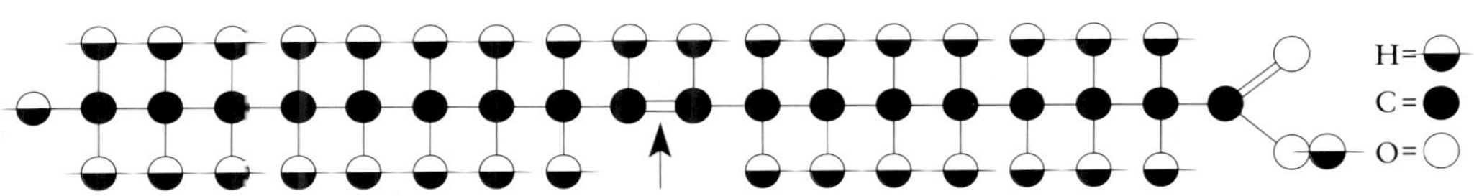

»**Ungesättigte**« **Fettsäuren,** z.B. Ölsäure C18 mit einer Doppelbindung zwischen den C-Atomen.

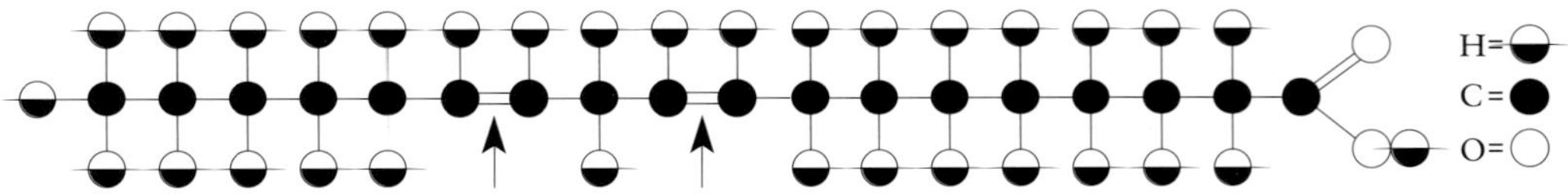

»Mehrfach ungesättigte« Fettsäuren, mit zwei oder mehreren Doppelbindungen zwischen den C-Atomen.

Ungesättigte Fettsäuren sind für den menschlichen Körper »essentiell«, d.h. sie können vom Körper selbst nicht hergestellt werden. Insgesamt gibt es ca. 22 essentielle Fettsäuren, z.B. Linolsäure C18 mit zwei Doppelbindungen.

Kaltgepresste Öle sind aus ungesättigten Fettsäuren aufgebaut.

Je niedriger die Verfestigungstemperatur eines unraffinierten Öles ist, umso höher ist der Anteil an wertvollen, ungesättigten Fettsäuren. Diese ungesättigten Fettsäuren sind die Träger der fettlöslichen Vitamine A, D, E, K, der Farbstoffe sowie der ätherischen Öle.

Kaltgepresstes Olivenöl enthält, im Vergleich zu anderen kaltgepressten Ölen, viel Vitamin E und wenig ungesättigte Fettsäuren, dafür aber alle Farbspektren. Es kann deshalb für die kalte und warme Küche verwendet werden. Olivenöl wird deshalb auch Königin der Öle genannt.

Fette sind aus gesättigten Fettsäuren aufgebaut.

Gesättigte Fettsäuren kann der Körper selber bilden. Diese dienen der Reinigung, dem Schutz der inneren Organe, bilden die Körperformen und lagern einen Vorrat an, der zu Blutzucker abgebaut werden kann. Beim Abbau gesättigter Fettsäuren zu Blutzucker wird Wasser abgegeben, welches den Flüssigkeitshaushalt des Körpers reguliert. So wird z.B. bei Kamelen der Fettvorrat in den Höckern bei Bedarf vorwiegend zu Wasser abgebaut.

Diese lebenswichtige Regulation der Fettbildung und des Fettabbaus muss mit geringem Energieaufwand erfolgen. Deshalb übernehmen Hormone diese Aufgabe der Fettmobilisierung. Wird wenig Fett konsumiert, so wird der Fettabbau verlangsamt. Kaltgepresste Öle mit viel Vitamin E erhöhen die Fettumsetzung. Aus diesem Grund hat das Fett der Schafe im hohen, kalten Norden einen niedrigeren Fettschmelzpunkt als das Fett der Schafe im wärmeren Süden.

In den Pflanzen befinden sich hochaktive Öle in Blüten, Früchten und konzentriert in den Samen.

Fette und Öle haben lebensenergiespendende Funktionen, wirken in den Stoffwechselprozessen mit, regulieren den Wasserhaushalt, sind Träger der ätherischen Öle und setzen bei ihrer Verbrennung am meisten Energie frei.
Durch Fettzugabe werden fettlösliche Stoffe aus Lebensmitteln resorbiert. So kann aus Rüebli das Vitamin A viel besser resorbiert werden, wenn diese mit Butter angedämpft wurden.
Fettstoffe sind zudem die Grundlage vieler Malfarben und Träger der Pflanzenfarben und Düfte. Gibt man einen Öltropfen ins Wasser, so brechen sich darin alle Regenbogenfarben. Aus der Praxis der Farbtherapie ist bekannt, dass die Heilwirkung von Pflanzenfarben durch die Zugabe von wertvollem Öl verbessert werden kann.
Aus Fetten und Ölen hergestellte Salben und Massageöle sind auch durch die Haut resorbierbar.

Leider werden durch die heutige Lebensmitteltechnologie die wertvollen, lebensunterstützenden Wirkungen der Fette und Öle abgetötet. So werden beim Pressen von Ölsamen Benzine zugegeben, um das Ranzigwerden der Öle zu verhindern. »Light-Produkte« weisen einen niederen Fettgehalt auf und werden mit Wasser emulgiert oder bestehen aus Eiweissabfällen, die in einer konzentrierten Salzsäure und anschliessend in einer Natronlauge gekocht und zu Fettmolekülen geformt werden.
An diesem Beispiel werden fatale Fehlentwicklungen sichtbar, unter anderem auch verursacht durch unser Ernährungs- und Kaufverhalten sowie den Einfluss der Werbung. Warum streichen wir z.B. nicht einfach weniger gesunde Butter auf das Brot?

Aktives, lebendiges Öl muss nach dem Pressen bald verbraucht werden, da die ungesättigten Fettsäuren durch Licht, Luft, Wärme sowie die eigenen Mineralstoffe oxydieren. Oxydiertes, ranzig gewordenes Öl ist giftig! Deshalb sollten nur kleine Vorräte eingekauft werden. Vorräte müssen kühl und dunkel aufbewahrt werden. Nur Olivenöl ist problemlos länger haltbar.

Ebenso ist verbranntes Öl giftig. In den blauen Dämpfen des zu heissen Öls sind Acroteine und Benzpyrene enthalten, welche stark krebserzeugend wirken.

Das wertvollste Öl wird aus der ersten kalten Pressung gewonnen und als »extra vièrge« oder »extra vergine« bezeichnet. Diese Qualität weist einen angenehmen Geschmack und Geruch auf. Die Qualität der ersten, zweiten oder dritten kalten Pressung wird auch am Preis deutlich erkennbar.

Wertvolle Öle dürfen nicht erhitzt werden. Sie sind für die kalte Küche und für gekochte Speisen als Zugabe kurz vor dem Anrichten bestimmt.

Zum Anbraten eignen sich:	Butter eingesottene Butter Olivenöl Maiskeimöl Traubenkernenöl
Für die kalte Küche eignen sich:	Sojaöl Nussöle Olivenöl Kürbiskernenöl Safloröl (Distel) Sonnenblumenöl
Öle mit grosser Heilwirkung sind:	Borretschöl Leinsamenöl Weizenkeimöl Nachtkerzenöl schwarze Johannisbeerenöl

Rapsöl ist zwar stark raffiniert. Durch den Gebrauch von Rapsöl unterstützen wir aber ein eigenes Agrarprodukt und den Grundgedanken: Nicht nur das Beste ist gut genug für mich!
Die goldenen Tropfen der Öle sind ein kostbares, edles Gut, welches sparsam und sorgfältig verwendet werden will.

Oliven und Olivenöl

Wohl kaum eine Kulturpflanze wurde so verehrt wie der Olivenbaum. Es gibt ca. 30 verschiedene Olivenbaumarten, welche im warmen, gemässigten Mittelmeerklima gedeihen, vor allem in Süditalien, Spanien, Griechenland und Portugal. Die Olivenbäume können einige hundert Jahre alt werden. So soll auch der Olivenbaum heute noch leben, unter dem Christus gepredigt hat.

Der Olivenbaum gilt als Symbol der Versöhnung und des Friedens.

Am Fuss des Olivenbaumes bilden sich immer wieder neue Sprösslinge und Wurzeln. Einzelne Wurzeln wachsen dem alten Stamm entlang in die Höhe. Daraus bilden sich neue Zweige und Äste, welche für die Dauer eines Menschenlebens Früchte tragen. Der alte Stamm stirbt unter diesem neuen Holz langsam ab. Durch dieses Werden und Vergehen hat jeder Olivenbaum sein eigenes Aussehen und ist in folgendem Sinne Hoffnungsträger:

Einem alten griechischen Brauch folgend, pflanzte der Grossvater seinem Enkel einen Olivenbaum in der Hoffnung, dass dieser dessen Früchte im Mannesalter ernten kann.

Von der Blütezeit im Mai bis zur Ernte an St. Martin anfangs November, ist die Zeit des Wachstums und der Reife. Alle 2 Jahre kann mit einer vollen Ernte gerechnet werden. Die Früchte reifen unterschiedlich heran, so dass gleichzeitig reife und unreife, schwarze und grüne Oliven geerntet werden können. Reife Oliven werden durch Gerbung haltbar gemacht. Unreife Oliven werden im Salzwasser konserviert.

Bei ganzen Früchten werden die natürlichen Bitterstoffe durch Wässern während 3 Wochen in fliessendem Wasser aufgelöst. Im gepressten Öl dauert der Abbau dieser Bitterstoffe ca. 5 Monate bis an Ostern. Solange sich die Bitterstoffe im gepressten Öl nicht aufgelöst haben, können diese im Hals etwas kratzen und reizen.

Für Olivenöl eignet sich eine ausgewogene Mischung grüner und schwarzer Oliven. Grüne Oliven ergeben ein goldgelbes, klares Öl mit einem Satz am Boden. Aus schwarzen Oliven gewinnt man ein trübes Öl ohne Satz.

Olivenbaum

Kaltgepresstes Olivenöl »extra vergine« wird schonend und ohne chemische Zusätze aus der ersten Pressung hergestellt und ist fast geruchlos. Zuerst werden die Oliven gewaschen und in einer Ölmühle gut gemahlen und vermischt. In einer Presse wird das Öl aus dem Mahlgut gepresst und in einer Zentrifuge das Fruchtwasser entfernt. Das goldgelb-grüne Öl wird in Flaschen abgefüllt und gelagert.

Aus dem ausgepressten Kuchen wird mit Hilfe von Zusätzen und Wärme weiteres, billigeres Olivenöl gewonnen. Dieses Öl ist unter anderem am typisch intensiven Olivengeschmack erkennbar.

Kohlenhydrate / Saccharide

Photosynthese

Die Photosynthese geschieht in den Blättern und ermöglicht die Substanzbildung. Ohne Blätter ist keine Fruchtbildung möglich. Mit dem Keimblatt beginnt eine Pflanze zu assimilieren und zu atmen. Dadurch ist Kohlenhydratbildung möglich.

Am Tag **Assimilation**

$$6\ CO_2 + 12\ H_2O \xrightarrow[\text{Chlorophyll}]{\text{Sonnenlicht}} C_6\,H_{10}\,O_5 + 7\ H_2O + 6\ O_2$$

In der Nacht **Atmung**

$$C_6\,H_{12}\,O_6 + 6\ O_2 \rightarrow 6\ CO_2 + 12\ H_2O$$

Hydrolyse

$$(C_6\,H_{10}\,O_5)_n + n \cdot H_2O \rightarrow (C_6\,H_{12}\,O_6)_n$$

Kohlenhydrate bestehen aus:	Wasserstoff	H	= Feuerstoffe
	Sauerstoff	O	= Lebensstoffe
	Kohlenstoff	C	= Gerüststoffe

werden eingeteilt in:
verdauliche Kohlenhydrate,
das sind wasserlöslicher Zucker und Stärke
unverdauliche Kohlenhydrate,
das sind wasserunlösliche Faserstoffe

Die verdaubaren Kohlenhydrate, welche wir als Nahrung zu uns nehmen, bestehen aus den Hexosen-Bausteinen/Monosacchariden $C_6\,H_{12}\,O_6$. Zu dieser Gruppe gehören die 3 Arten:

Monosaccharide/ Einfachzucker	Glukose	Traubenzucker	isoliert als Traubenzucker
	Fructose	Fruchtzuckerisoliert als Fruchtzucker	
	Galaktose	Schleimzucker	

Zwei zusammengeschlossene Monosaccharide ergeben unter Abspaltung von 1 Wasserstoffmolekül H_2O:

Disaccharide/ Zweifachzucker			**enthalten in:**
	Saccharose Fruchtzucker	aus Glukose und Fructose	Früchten, Zuckerrohr, Zuckerrüben, Zwiebeln, isoliert als weisser Zucker
	Maltose Malzzucker	aus Glukose und Glukose	Stärke unter Wärme dextriniert zu Malzzucker, isoliert als Malzzucker
	Laktose Milchzucker	aus Glukose und Galaktose	Milch, Obst, isoliert als Milchzucker

Invertzucker Die gebundenen Monosaccaride wurden enzymatisch in freie Moleküle gespalten, z.B. im Honig oder in Konfitüren.

Werden die Moleküle kettenförmig aneinandergereiht, so entstehen Polysaccharide:

Polysaccharide	**Amylose** und **Amylopektin** Stärke	Glukose-molekülketten	Gemüse, Getreide, Kartoffeln, Kastanien, Pfeilwurzel, Tapioka, isoliert als Mais- und Kartoffelstärke
	Inulin	Fructose-molekülketten	Chicorée, Löwenzahn, Topinambur
	Glykogen	gespeicherter Blutzucker, verknüpfte Glukosemoleküle	Leber, Muskelfleisch
	Zellulose Linguin Hemizellulose	unverdaubare Faserstoffe	Gerüst der gesamtem Pflanzenwelt
	Füllstoffe	Agar, Carrageen Guar, Pektin Quellstoffe	Rotalge

Alle organischen Moleküle können isomer, d.h. spiegelbildlich in symmetrischen Spiralen aufgebaut sein. Eine Symmetrie beinhaltet die Aspekte der Regelmässigkeit und Gleichmässigkeit. Die Spiralform von Pflanzenmolekülen beinhaltet aber nur den Aspekt der Regelmässigkeit, welche auf dem Grundprinzip des goldigen Schnittes beruht. Die Verhältnisse des goldenen Schnittes ergeben sich aus den Fibonacci-Zahlen:

1, 2, 3, 5, 8, 13, 21, 34, 55, 89, 144, 233, 377, 610, 987, 1597, ...
Jede Folgezahl errechnet sich aus der Summe der beiden vorgängigen Zahlen.

So ist z.B. bei der Ananas das Verhältnis der rechts-links-rechts-drehenden Spiralen 3 zu 5 zu 8 und bei Sonnenblumen 55 zu 89.

Anhand dieser Spiralen erkennt der Dünndarm, um welches Naturprodukt es sich handelt. Wird diese Spiralinformation z.B. durch »Totkochen«, industrielle Verarbeitung oder Genmanipulation verfälscht oder aufgehoben, so wird der Mensch von der Natur abgenabelt. Immunschwäche ist eine Folge davon. Eine faserstoffreiche Ernährung ermöglicht ein Schritthalten mit der Erdenentwicklung.

Vergleich: Kulturpflanze – Wildpflanze

abnehmend ←	← Wildpflanze →	→ zunehmend
Traubenzucker	Fruchtsäure	Vitamin C
süss	süsser	sehr süss
gutes Aroma	weniger Aroma	Aroma bricht zusammen

abnehmend ←	← **Kulturpflanze** →	→ zunehmend
Vitamin C	Fruchtsäure	Traubenzucker
sehr süss	süsser	süss
Aroma bricht zusammen	weniger Aroma	gutes Aroma

Kulturpflanzen enthalten jedoch mehr Fruchtsäuren, welche die Aromenbildung verstärken. Alte Kulturpflanzen wie Äpfel oder Trauben, bilden Traubenzucker und nur wenig Vitamin C!

Vergleich:	100 g:	enthalten:
	Trauben	4 mg Vitamin C
	Äpfel	12 mg Vitamin C
	schwarze Johannisbeeren	189 mg Vitamin C
	Acerolakirschen/Wildkirschen	1500 mg Vitamin C

Ein interessanter chemischer Vergleich, der zum Nachdenken anregt:

Traubenzucker	$C_6 H_{12} O_6$
Milchsäure	$C_3 H_6 O_3$
Vitamin C	$C_6 H_8 O_6$

Vitamin C

Vitamin C wird in den grünen Blättern gebildet und im letzten Reifestadium in der Fruchtsäure konserviert.

Vitamin C-spendende Pflanzen sind vor allem Wildpflanzen und Wildfrüchte, z.B. Acerola (Wildkirsche), Hagebutten, Sanddorn, schwarze Johannisbeeren sowie alle grünen Kräuter und neueren Kulturpflanzen wie Kartoffeln, Kiwi, Zitrusfrüchte usw.

Milchsäurebakterien vermögen die Kohlenhydrate in Milchsäure und Vitamin C umzuwandeln. So enthält Sauermilch mehr Vitamin C als Milch. Sauerkraut enthält mehr Vitamin C als Kabis. Ebenso nimmt der Vitamin C-Gehalt von Randen durch das Lagern zu.

Da nordeuropäische Völker viel Sauermilcharten und milchsaures Gemüse essen, nehmen diese Menschen genügend Vitamin C zu sich, um in den dunklen Wintermonaten keinen Mangel zu erleiden.

Vitamin C regt die Nebennierenrinden an, welche das Hormon Cortison bilden.

Das Vitamin C wird als Licht-Vitamin bezeichnet, stärkt die Abwehrkräfte und ist für eine gute Gesundheit zuständig. Kohlenhydrate und fettlösliche Vitamine werden durch das Vitamin C konserviert.

Milchsäure

Milchsäurebakterien spalten den Traubenzucker zu Milchsäure, welche sich je nach Anordnung der Atome nach rechts **L(+)** oder nach links **D(−)** drehen.

rechtsdrehende Milchsäure	**neutral = Racemat**	**linksdrehende Milchsäure**
↗	↑	↖
Milchsäure lenkt bzw. bricht den Lichtstrahl nach rechts	je 50 % links- und rechtsdrehende Milchsäure durch Stehenlassen der Milchprodukte am Tageslicht; Lichtstrahl wird nicht abgelenkt	Milchsäure lenkt bzw. bricht den Lichtstrahl nach links
L(+)		**D(−)**

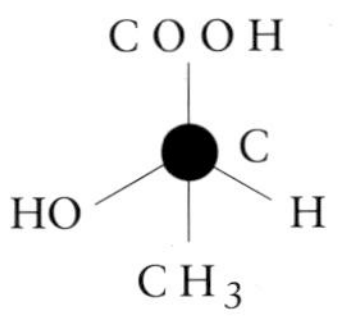

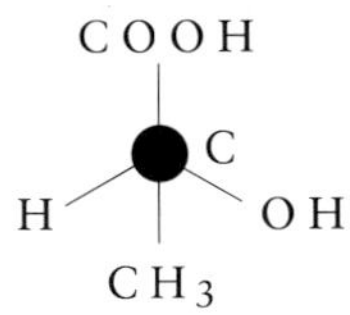

Vitamine

Vitamine (Vita = Leben, Mine = Träger) sind die Träger des Lebens. Sie gehören zu den bekanntesten Wirkstoffen einer gesunden Ernährung.

Bis heute sind 13-14 unterschiedliche chemische Stoffgruppen bekannt. Diese werden eingeteilt in:

4-5 Fettlösliche	A, β-Carotin, D, E, K
9 Wasserlösliche	B1, B2, B6, B12, C, Biotin, Niacin, Folsäure und Pantothensäure

Vitamine benötigen wir täglich in unterschiedlicher Menge, z.B.:

2 µg Vitamin B12 und 60 mg Vitamin C (Verhältnis 1:30'000)

Mit grosser Sicherheit ist anzunehmen, dass in der Natur noch weitere Wirkstoffe vorkommen, die bis heute aber noch nicht erkannt wurden. Diese Stoffe werden vom Menschen in kleinsten Mengen aufgenommen und wissenschaftlich als »noch nicht identifizierte, essentielle Inhaltsstoffe« festgehalten.

Vitamine sind in unseren Nahrungsmitteln in unterschiedlichen Mengen und Verhältnissen enthalten. Bei einer guten Lebensmittelqualität und vielseitiger Ernährung ist der gesamte Tagesbedarf in 500 g Lebensmitteln gedeckt. Dies entspricht einem Trockengehalt von 2500 kcal oder 10'000 kJ.

Ein Vitaminmangel kann durch denaturierte Lebensmittel, eine mengenreduzierte Ernährungweise, bei Stress oder Überkonsum von Genussmitteln eintreten.
Abzuraten ist auch von einseitigen Diätkuren, denn neben den Vitaminen sind auch Spurenelemente, Aminosäuren (im Eiweiss) und Fettsäuren essentiell d.h., von unserem Körper selber nicht aufbaubar. Bestimmte Vitamine sind aber auch im menschlichen Darm synthetisierbar.
Da sich die Wirkstoffe gegenseitig hemmend oder aktivierend beeinflussen und die unzähligen Pufferstoffe die chemischen Funktionen abzuändern vermögen, garantieren naturbelassene Nahrungs- und Lebensmittel in guter Qualität eine bessere Aufnahme im menschlichen Körper als synthetisch hergestellte.
Die Natur bewahrt ihr umfassendes Wirken als ihr Geheimnis. Wenn der Mensch diese Gesetze erkennen würde, wäre wohl sehr bald die ganze Erde zertsört. An den erkennbaren Lebensgesetzen der Natur können wir aber andererseits auch unser Denken üben und diese in Weisheit einsetzen. Paracelsus hat dies wie folgt festgehalten: »Die Nahrung sei deine Medizin und die Medizin sei deine Nahrung«.

Vitamin-Tabelle

Vitamin, alter Name	**Aussehen**	**biochemische Funktionen, Mangel, Vorkommen, Erfahrungen**
A **Retinol** Axerophtol	gelbe Kristalle	**Biochemisch:** biochemische Vorgänge in der Haut und in den Schleimhäuten, Sehen in der Nacht **Vorkommen:** nur in tierischen Produkten wie Butter, Milchfett, Käse, Margerine, Eier, Fische, Thunfisch, Muscheln
β **Carotin** Provitamin A	violette Kristalle	**Biochemisch:** β-Carotin wird im menschlichen Darm zu Vitamin A umgewandelt **Vorkommen:** in roten Gemüsen wie Paprika, Rüebli, Tomaten, in grünem Gemüse wie Broccoli, Grünkohl, Lauch, Mangold, Peterli, Spinat sowie in Bananen, Mandarinen, Steinobst **Erfahrungen:** Überdosierung ist möglich, ist licht- und hitzeempfindlich deshalb Lebensmittel lichtgeschützt und kühl aufbewahren
D **Calciferol** D2 Ergocalciferol pflanzlich D3 Cholecalciferol tierisch	gelbe Kristalle	**Biochemisch:** Aufnahme von Calcium und Phosphor zur Knochen- u. Knorpelbildung, Kontrolle der Phosphatausscheidung durch die Nieren, beteiligt an der Hormonbildung, durch Sonnenlicht Aufbau der Vorstufe zu Vitamin D3 in Darm, Haut und Leber. Vitamin D-Vorstufen werden auch aus Cholesterin gebildet. **bei Mangel:** Depressionen, Osteoporose, Rachitis **Vorkommen:** in Pilzen, Fischen, in Tran, Kalbfleisch und Knochen **Erfahrungen:** unterstützend wirken längerer Aufenthalt im Freien, Baden in sonnenerwärmtem Wasser, Haut nach dem Baden nicht sofort mit Seifen und Geleés waschen

E	**Tocopherole** Gruppe fettlöslicher Verbindungen α-, β-, γ-, δ-Tocopherole	gelbes Öl	**Biochemisch:** Schutz u. Stabilisierung der Körperzellen, unterstützt die Fettverdauung, verhindert die Oxydation von Stoffen, Schutz vor Toxinen, Krebserzeugern und vor vorzeitigem Altern **bei Mangel:** gestörter Fettstoffwechsel, Muskelschwäche Muskelschwund, Immunschwäche, Kreatinurie **Vorkommen:** in kaltgepresstem Olivenöl, in Weizenkeimen, Samen, Kernen, Nüssen, vor allem in Mandeln und in dunkelgrünem Gemüse
K	**Phytomenadion** Phyllochion	gelbes Öl	**Biochemisch:** Phytomenadion dient der Blutgerinnung, unterstützt den Knochenaufbau **bei Mangel:** schwere Blutungen mangels Blutgerinnung, indirekt verursacht durch Gallenerkrankungen, Leberstörungen und Operationen **Vorkommen:** grünes Gemüse, Tomaten, Samen, Selleriesamen, Sonnenblumenkerne, Fleisch
B1	**Thiamin** Aneurin	weisse Kristalle	**Biochemisch:** Thiamin ist Enzymbestandteil für die Energiegewinnung beim Kohlenhydratstoffwechsel, vor allem in Muskeln und Nerven **Mangel:** Vitamin B1-Mangel ist durch denaturierte Nahrungsmittelauswahl (Weissmehl, Zucker, usw.) stark verbreitet und bekannt als Beri-Beri-Krankheit **Vorkommen:** in allen vollwertigen pflanzlichen und tierischen Lebensmitteln, vor allem in Buchweizen, Cornflaces, Vollkorngetreide, Weizenkeimlingen, Weizenkleie, Erbsen, Linsen, Hefeprodukten **Beachten:** Wird durch zu lange Kochzeiten zertstört!
B2	**Riboflavin** Lactoflavin Vitamin G	oranges Pulver	**Biochemisch:** Riboflavin ist Enzymbestandteil für alle Stoffwechselvorgänge, den Eiweiss-, Fett- und Kohlenhydratstoffwechsel, die Atmung und den Sehvorgang **Mangel:** ist nur durch einseitige Ernährung und Überkonsum von Genussmitteln (z.B. Alkohohl) möglich **Vorkommen:** in allen vollwertigen Lebensmitteln, vor allem in Milch, Sauermilch, Joghurt, Schaf-, Schimmel-, Ziegenkäse, Samen, Kernen, Nüssen, Pilzen, Heringen, Sardellen, Sardinen, Makrelen
	Niacin oder **Nicotinamid** Vitamin B3, PP	weisse Kristalle	**Biochemisch:** Niacin ist Bestandteil der wasserstoffübertragenden Enzyme (Reduktasen) zur Energiegewinnung der Sauerstoffversorgung für Zellen und Fettverdauung, kann im Darm durch Umwandlung von Tryptophan aufgebaut werden **Mangel:** führt zu Dermatitis (Hautveränderungen), bekannt als Pelagra, zu Verdauungsstörungen wie Durchfall, sowie zu Störungen des gesamten Nervensystems mit Depressionen, Müdigkeit, Schlaflosigkeit, Schwindel, Verwirrtheit

		Vorkommen: in allen vollwertigen Lebensmitteln, vor allem in Avocados, Bohnenspitzen, Champignons, grünem Gemüse, Gschwellti, Steinobst, Weichkäse
Pantothensäure Vitamin B5	weisses Pulver	**Biochemisch:** Pantothensäure hat eine zentrale Funktion beim Eiweiss-, Fett-, Kohlenhydratstoffwechsel, ist Bestandteil des roten Blutfarbstoffes Hämoglobin, unterstützt die Bildung von Cholesterin, Fettsäuren, Gallensäure, hilft bei Entgiftungsreaktionen, erhöht die Resistenz der Schleimhäute gegenüber Infektionen **Vorkommen:** in allen vollwertigen Lebensmitteln, vor allem in Haferflocken und Linsen
B6 Pyridoxin Adermin	weisse Kristalle	**Biochemisch:** Pyridoxin ist Enzymbestandteil für über 50 enzymatische Auf- und Abbauprozesse, beeinflusst die Funktionen des Nerven- und Immunsystems sowie die Bildung von Hämoglobin, ist wichtig für den Eiweiss und Kohlenhydratstoffwechsel **Vorkommen:** in allen vollwertigen Lebensmitteln wie Vollkorngetreide, Hülsenfrüchte wie Erbsen, Linsen, Batate, Blumenkohl, Broccoli, Grünkohl, Lauch, rote Peperoni, Rosenkohl, Rotkohl, Sauerkraut, Spinat, Wirsing, Zuckermais, in Avocados, Bananen sowie in Fleisch **Erfahrungen:** Der Bedarf erhöht sich bei körperlicher Beanspruchung, durch Umwelteinflüsse wie Kälte, Gewitter, usw., bei Schwangerschaft, während der Stillzeit, bei Einnahme von Medikamenten (»Pille«), durch Kaffegenuss und viel tierisches Eiweiss
Folsäure Vitamin B7, B14	oranges Pulver	**Biochemisch:** Folsäure ist wichtig für die Eiweißsynthese in den Zellen und zur Vitamin B12-Bildung und Reifung der roten Blutzellen **bei Mangel:** schlechtes Blutbild, Blutarmut, Darmschleimhautentzündungen, Erschöpfungszustände **Vorkommen:** in allen vollwertigen Lebensmitteln wie Vollkorn, Weizenkeime, Hülsenfrüchte, grünes Gemüse, Salate, Milch, Milchprodukte, Fleisch
Biotin Vitamin H	weisses Pulver	**Biochemisch:** Biotin ist Enzymbestandteil für den Aufbau von Fettsäuren aus der Glukose, ist beteiligt bei Übertragungsreaktionen von Säuregruppen **bei Mangel:** Appetitmangel, trockene, rissige Haut, Haarausfall **Vorkommen:** in Vollkorngetreide, Salat, Spinat, Weisskohl, Äpfeln, Holunder-, Sanddornbeeren, Hefeprodukten, Fleisch, Fisch
B12 Cobalamin Extrinsicfaktor	tiefrotes Pulver	**Biochemisch:** Cobalamin ist als Coenzym am intermediären Stoffwechsel beteiligt, im Magen Bildung des Intrinsicfaktors, im Dünndarm mit Hilfe von Hefebakte-

			rien Aufbau zu Vitamin B12. Das Vitamin B12 wird von jeder Körperzelle benötigt! **bei Mangel:** vor allem Schleimhautentzündungen, allgemeine Entzündungen, Blutarmut **Vorkommen:** in Beinwell (Comfrey), fermentierten Pflaumen, irländischem Moos, isländischer Moosflechte, Sauerkraut, tierischen Produkten **Erfahrungen:** Der gesamte Vitamin-B-Komplex B1, B2, Niacin, Pantothen, B6, Folsäure, Biotin und B12 kommt generell gemeinsam in allen natürlichen, qualitativ guten Lebensmitteln vor. Diese Vitamine sind hitzeempfindlich, d.h., eine zu lange Kochzeit ist zu vermeiden und das Kochwasser soll mitverwendet werden.
C	**Ascorbinsäure**	weisse Kristalle	**Biochemisch:** Ascorbinsäure ist Aktivator und Regulator aller Körperzellen, stimuliert das gesamte Abwehrsystem, fördert die Resorption von Eisen, hemmt die Bildung von krebserregenden Nitrosaminen im Magen **bei Mangel:** geschwächter Gesundheitszustand, Immunschwäche, Infektionsanfälligkeit, Skorbut, Schleimhautentzündungen **Vorkommen:** in grünem Gemüse, Kartoffeln, Sauerkraut, in Wildpflanzen wie Acerola (Wildkirsche), Hagebutte, Sanddorn, in Zitrusfüchten, Sauermilch **Erfahrungen:** Für dieses Vitamin besteht der höchste Tagesbedarf.

Enzyme

Enzyme (veraltet Fermente) sind eine umfangreiche Gruppe von hochmolekularen Eiweissverbindungen, die als Biokatalysatoren alle chemischen Prozesse im Organismus steuern. Sie wirken im ganzen Körper ohne sich jedoch zu verändern. Dabei können sie die Reaktionsgeschwindigkeit chemischer Prozesse z.T. auf das Millionenfache erhöhen und die Umsetzung des Stoffwechsels katalytisch steuern.

Heute sind ca. 6000 Enzyme bekannt, davon aber erst etwa 2-5 % erforscht.

Enzyme werden in den menschlichen und pflanzlichen Zellen gebildet. Durch die Nahrungszubereitung wird ihre Wirkung beeinflusst. Dabei wird ein biochemischer Prozess ausgelöst, der auch bei einer späteren Erwärmung über 47 °C weitergeht, obwohl die Enzyme durch diese Erwärmung eliminiert wurden.

Mineralstoffe / Mineralsalze und Spurenelemente

Die chemisch-wissenschaftliche Bezeichnung für Mineralstoffe ist »Mineralsalze«.
An der Bedeutung der Mineralsalze und Spurenelemente für den menschlichen Körper forscht heute die Wissenschaft mit grossem Interesse. Sie sind ausschlaggebend für alle Lebensprozesse. Über den analytischen Weg allein sind diese vielfältigen Zusammenhänge und Wirkungen nicht mehr erfassbar.
Die gesamte Entwicklung, von der Eizelle bis zum Menschen, wurde und wird durch die Mineralsalze und Spurenelemente bestimmt. Dadurch ist der Körper weitgehend ein Abbild derselben. So ist z.B. die Zusammensetzung des Meerwassers der Blutzusammensetzung des Menschen und Säugetieres ähnlich oder die Oberflächenspannung des Meerwassers dieselbe wie die des menschlichen Blutes und der Muttermilch.

Durch diese komplexen Eigenschaften der Mineralsalze und Spurenelemente werden alle funktionellen Makromolekülvorgänge in sämtlichen Zellen gesteuert.

Demgegenüber steht der heutige Umgang der Lebensmitteltechnologie mit diesen Stoffen, welcher im Wissen um diese Bedeutung unverantwortlich ist und gesetzlich nur unzureichend geschützt wird. Deshalb ist jeder selbst aufgefordert, seine Selbstverantwortung für diese Lebensstoffe zu erkennen und entsprechend zu handeln.

Mineralstoffe		Spurenelemente		Intelligenzmetalle / Intelligenzien	
Ca	Calcium	As	Arsen	Al	Aluminium
Cl	Chlor	Cr	Chrom	B	Bor
K	Kalium	Fe	Eisen	Cs	Cäsium
Mg	Magnesium	F	Fluor	Au	Gold
Na	Natrium	J	Jod	Li	Lithium
Ph	Phosphor	Co	Kobalt	Rb	Rubidium
S	Schwefel	Cu	Kupfer	Ag	Silber
Si	Silicium	Mn	Mangan	St	Strontium
		Mo	Molybdän	Ti	Titan
		Ni	Nickel		
		Se	Selen		
		V	Vanadium		
		Zn	Zink		
		Sn	Zinn		

Die eigentliche Funktion dieser nicht essentiellen Spurenelemente ist noch nicht bebekannt. Ihre lebensunterstützende Wirkung ist aber erwiesen.

Mineralsalze und Spurenelemente sind in anorganischem Zustand für den menschlichen Körper nur in Ionenform resorbierbar. Die hydratisierten Ionen des Kochsalzes NaCl, werden vom Körper gut resorbiert, da die sogenannte Hydrathülle klein ist. Dank dieser Wirkung kann Kochsalz Wasser aufnehmen. **Die Klumpenbildung von Kochsalz ist** also **ein Qualitätsmerkmal.** Pflanzen bringen die Mineralsalze und Spurenelemente in eine organische Beziehung. Im sorgfältig gekochten Zustand sind diese Stoffe besser resorbierbar.

Vorkommen der Mineralsalze und Spurenelemente:
- im Vollmeersalz oder Tiefenmeerwasser
- teilweise im Mineralwasser, an Wasserfällen, im Meer

- in Vulkanerde, Aion-A-Heilerde oder anderem Gesteinsmehl
- in Gemüse-Bouillon, -Säften, gekochtem Gemüse und Früchten
- im Vollrohrzucker oder in Melassen

Die Firma Biomaris gewinnt Vollmeersalz und Tiefenmeerwasser aus dem Golfstrom, der diese wertvollen Vorräte der Antarktis bis zum Nordpol transportiert.

Salzkristall

Am Beispiel verschiedener Salze wird dies deutlich:

bei 5 - 8 g Salz/Tag	**Biomaris Vollmeersalz**	**Siedesalz**	**Steinsalz**
Kochsalz	79,4 %	95 %	99 %
Kalium	150 - 240 mg	-	-
Magnesium	100 - 160 mg	-	-
Calcium	4,5 - 7,2 mg	-	-
Fluor	0,1 - 0,16 mg	-	-
Jod	0,06 - 0,09 mg	-	-

Der Golfstrom ist solange ein reines Gewässer wie genügend Mineralsalze und Spurenelemente vorhanden sind. Diese vermögen die Belastung durch Schadstoffe auszugleichen. Fehlen diese Stoffe, so fällt der ganze Wasserkreislauf zusammen. Deshalb ist es besonders wichtig, die Antarktis als Naturschutzzone zu erhalten.

Vergleichbares geschieht auch im menschlichen Körper. Alle Lebensfunktionen und Regenerierungsprozesse im Körper werden durch die Mineralsalze und Spurenelemente des Elektrolythaushaltes gesteuert.

Regenerierungs-Mittel

1	Glas	Wasser	
1	Tlf	Aion-A-Heilerde	
1	Tlf	Tiefenmeerwasser	im Wasser auflösen, über Nacht stehenlassen, morgens nur das Wasser trinken

Das Verweilen an Wasserfällen gibt uns ebenfalls neue Kräfte. Wasserlösliche Spurenelemente gelangen durch die Atmung in den Körper.
Ebenso haben auch Moorbäder, Meerwasser, Heilquellen oder das Verweilen in entsprechenden Grotten heilende Wirkungen auf unseren Körper.

Landwirtschaft und Ernährung

Biologische Anbaumethoden

Ziele des biologischen Landbaus

- in den Betrieben den Produktionskreislauf weitgehend schliessen und den Betrieben dadurch eine vielfältige Struktur geben
- eine anhaltende, optimale Fruchtbarkeit des Bodens erhalten
- ernährungsphysiologisch hochwertige Nahrungsmittel erzeugen, in angemessener Menge und ohne gesundheitsschädliche Rückstände für Mensch und Tier
- vermeiden von Umweltbelastungen, Umweltverarmung und Energieverschwendung
- artgemässe und ethisch verantwortbare Tierhaltung
- befriedigende Lebensbedingungen und angemessene Verdienste für die Betriebsangehörigen

Was gilt als biologisch?

- methodisch biologische Verfahren im Pflanzenbau und in der Tierhaltung, welche durch eigene Richtlinien, eigenes Schrifttum, aus 5-jähriger praktischer Anwendung und durch möglichst eigene Forschung ausgewiesen sind
- biologischer Landbau, wie er sich aus den Minimalforderungen dieser Richtlinien ergibt

Anerkennung, Umstellung und Kontrolle der biologischen Betriebe

- Voraussetzung für die Anerkennung ist die Umstellung des gesamten Betriebes
- frühestens 2 Jahre nach der Umstellung dürfen die Produkte als »biologisch erzeugt« bezeichnet werden
- Kontrollorgan der methodisch-biologischen Verfahren sind die einzelnen Körperschaften
- Kontrollorgan der biologischen Landbauern ist das Forschungsinstitut für biologischen Landbau in Oberwil/BL.

Arten-, Sorten-, Standortwahl, Fruchtfolge

Für den Anbau müssen Sorten verwendet werden, welche für die jeweiligen örtlichen und regionalen Bedingungen am besten geeignet, möglichst wenig krankheitsanfällig und von guter ernährungsphysiologischer Qualität sind.
Die Fruchtfolge ist so vielseitig und ausgewogen zu gestalten, dass sie auf lange Sicht die Bodenfruchtbarkeit erhält und gesunde Pflanzen gewährleistet.

Humuswirtschaft und Düngung

Der biologische Landbau betreibt eine gezielte Humuswirtschaft. Die Zufuhr organischer Substanz entspricht langfristig den Abbauverlusten.
Die Düngung fördert das Bodenleben. Stickstoffdüngung erfolgt ausschliesslich mit organischen Düngern. Eine mineralische Ergänzungsdüngung erfolgt in einer Form, in welcher die Nährstoffe für die Pflanzen nicht direkt verfügbar sind. Einzige Ausnahme ist die Kalidüngung. Die Düngung ist auf ein Minimum zu beschränken.

Die Verwendung von chemisch-synthetisierten Stickstoffverbindungen, leicht löslichen Phosphaten sowie hochprozentigen, chlorhaltigen und reinen Kalidüngern ist untersagt. Die Intensität der Düngung, insbesondere die Stickstoffdüngung, darf die Qualität der Erzeugnisse bezüglich wertgebenden Inhaltsstoffen, Geschmack, Geruch, Bekömmlichkeit und Haltbarkeit nicht beeinträchtigen.

Erlaubte Düngemittel

Hofeigene Dünger	Stallmist, Jauche, Gründüngung, Strohdüngung, organische Abfälle
zugekaufte, organische Dünger	Mist, Jauche, Schlachthausabfälle, Torf, Algenprodukte, Sägemehl, Rindenabfälle, Nebenprodukte der Lebensmittelindustrie, Guano-Dünger
zugekaufte, mineralische Ergänzungs-Dünger	Gesteinsmehl, Meeralgenkalk, Tonerdenmehle, Düngekalk, Rohphosphat, Thomasmehl/-kalk, Patentkali, kalihaltige Silikat-Gesteinsmehle

Pflanzenschutz und Unkrautbekämpfung

Die Gesundheit der Pflanzen wird vorwiegend mit Mitteln des vorbeugenden Gesundheitsschutzes gefördert. Dazu dienen geeignete Sortenwahl, Förderung der Bodengare, harmonische Düngung, geeignete Anbau- und Pflegemassnahmen.
Den natürlichen Feinden von Schädlingen und Krankheiten werden geeignete Lebensbedingungen geschaffen.
Die Verwendung von chemisch-synthetisierten Pflanzenschutzmitteln ist grundsätzlich untersagt. Solche Rückstände dürfen auf den Produkten nicht nachweisbar sein, sofern diese nicht auf eine allgemeine Umweltbelastung zurückzuführen sind.
Die Unkrautregulierung hat durch Kulturmassnahmen und durch mechanische Mittel zu erfolgen. Ein Abflammen des Unkrautes ist erlaubt. Das Dämpfen des Bodens ist im Freiland untersagt. Jegliche Anwendung von Herbiziden, chemisch-synthetischen Wachstumsregulatoren wie Halmverkürzer, chemische Fruchtausdünnung, Boden-Desinfektionsmittel, Stielweichmacher u.a., sowie die Verwendung von Welkmitteln ist untersagt.

Erlaubte Pflanzenschutzmittel

Erlaubt sind die Förderung und der Einsatz natürlicher Feinde, Insektenfallen, Männchensterilisation, verschiedenste Pflanzenjauchen, Antischneckenzaun und Netzschwefel mit Einschränkungen.
Beschränkt erlaubt sind anorganische Kupferpräparate, Wasserglas, Kalium-Permanganat, Tabakblätter-Extrakt, Öl-Emulsionen, braune Schmierseife, usw.

Lagerhaltung und Verarbeitung der Produkte

Für die Lagerung biologischer Erzeugnisse ist jede Behandlung mit chemischen Schutzmitteln wie Insektiziden, Fungiziden, usw., ausgeschlossen. Ebenso untersagt ist das Waschen mit chemischen Reinigungsmitteln, das Nachreifen, das Hemmen der Keimung mit chemischen Mitteln sowie die radioaktive Bestrahlung.

Tierhaltung und Tierernährung

Die Gesundheit und Leistungsfähigkeit der Tiere ist durch artgerechte Haltung sowie die Wahl geeigneter Rassen und Zuchtmethoden zu gewährleisten.

Der Tierbestand wird an die landwirtschaftliche Nutzfläche sowie die klimatischen und ökonomischen Bedingungen angepasst. Der Tierbesatz eines vollständig umgestellten Betriebes darf im Talgebiet 2,5 GVE/ha oder 12,5 Mastschweine/ha oder 100 Hühner/ha nicht überschreiten (GVE = Gross-Vieh-Einheiten).

Die Tiere sind mit einem nach diesen Anbaurichtlinien erzeugten Futter hochwertiger Qualität artgerecht zu ernähren. Zugekaufte Futtermittel dienen nur der Ergänzung der betriebseigenen Futtergrundlage und werden möglichst aus biologischem Anbau bezogen. Der Anteil an Futter aus nicht-biologischem Landbau darf aber 20 % der Trockensubstanz des Gesamtfutters nicht übersteigen.

Antibiotika-, Sulfonamid-, Harnstoff und Hormon-Futterzusätze sind nicht zugelassen.

Biologisch-dynamische Anbaumethode

Die Grundlagen des Anbausystems zur biologisch-dynamischen Wirtschaftsweise schuf der Begründer der Anthroposophie, Dr. Rudolf Steiner, im »Landwirtschaftlichen Kurs«, einem Vortragszyklus aus dem Jahre 1924.

Die Bezeichnung »biologisch-dynamisch« stammt von jenen Persönlichkeiten, welche im Anschluss an die acht Vorträge sofort die Ausarbeitung und Anwendung dieses Gedankengutes in Angriff nahmen, und davon ausgehend die biologisch-dynamische Anbauweise entwickelten.

So wie jedes Ökosystem ein natürliches System, mit in sich geschlossenen, vielgestaltigen Kreisläufen darstellt, so versteht Rudolf Steiner grundsätzlich auch den Betrieb als ganzheitliche Einrichtung, als Organismus, der in einem harmonischen Gleichgewicht stehen muss. Die in sich geschlossenen Stoffkreisläufe müssen aktiviert und in sich geschlossen gehalten werden, wobei Fremdstoffzufuhren auf ein absolutes Minimum zu reduzieren sind.

Rudolf Steiners Thesen beziehen neben naturwissenschaftlichen Erkenntnissen vor allem auch geisteswissenschaftliche Erkenntnisse mit ein. Von grosser Bedeutung sind kosmische Konstellationen, welche für die Aussaat, Pflanzung, Bodenbearbeitung und Ernte zu berücksichtigen sind. Gemäss der Lehre R. Steiners und aufgrund der Forschungsergebnisse von Maria Thun haben insbesondere Mond- und Planetenstellungen eine Ausstrahlung auf Boden und Pflanzen.

Ein ebenfalls wichtiges Anliegen in der biologisch-dynamischen Arbeit ist die Pflege der Dünger, die als dynamisch wirkende Kräfte eingesetzt werden. Der anfallende Hofdünger wird in Mieten oder Haufen kompostiert. Die spezifisch dynamische Massnahme ist dabei die Zugabe von speziell aufbereiteten Pflanzenextrakten, bestehend aus Schafgarbe, Kamille, Brennessel, Eichenrinde, Löwenzahn und in kleinsten Mengen Baldrian, um die Verrottungsvorgänge zu lenken und zu harmonisieren.

Hornmist, ein Humuspräparat auf Kuhmistbasis, wird zur Förderung der Lebensprozesse im Boden eingesetzt. Das aus feinstgemahlenem Bergkristall hergestellte Kieselpräparat dient der Pflanzenstärkung sowie der Pflege.

Präparate	Planeten	Extrakte	Prozesse
Kieselpräparat	Saturn	Baldrian	Phosphor
	Jupiter	Schafgarbe	Kalium
	Mars	Brennessel	Eisen
Kuhmistpräparat	Venus	Löwenzahn	Kiesel
	Merkur	Kamille	Kalk
	Mond	Eichenrinde	Kalk

Die organisch-biologische Wirtschaftsweise

Diese Anbaumethode geht auf einen der Pioniere, alt Nationalrat Dr. Hans Müller, Grosshöchstetten, zurück. Als Grundlage gelten die bodenmikrobiologischen Untersuchungen von Dr. H. P. Rusch sowie die praktische Arbeit von Müllers Ehefrau.
Ziel dieser Anbauweise ist in erster Linie die Förderung der natürlichen Bodenfruchtbarkeit durch organische Düngung. Das wesentlichste Merkmal ist die Aufbereitung und Verwendung hofeigener Dünger durch Flächenkompostierung. Dabei wird der frische Mist nicht in Haufen kompostiert, sondern möglichst umgehend in dünner Schicht auf die Felder verteilt.
Neben den hofeigenen Düngern sind auch spurenelementreiche Gesteinsmehle erlaubt, welche zur Ergänzung und besseren Ammoniakbindung der organischen Substanzen vorwiegend auf die Stallmistschichten gestreut werden. Ferner sind bei nachgewiesenem Mangel Thomasmehl, Rohphosphat sowie Patentkali erlaubt.
Als Unkraut- und Schädlingsbekämpfungsmittel gelangen vorbeugende Pflegemittel aus Kräuterextrakten oder mineralische Mittel wie Schwefel und Kupfer zur Anwendung. Von besonderer Bedeutung ist ferner ein Humusferment, das zur Bodenaktivierung und Förderung der Umsätze im Boden eingesetzt wird.

Die Lemaire-Boucher-Methode

Diese vor allem in Frankreich und in der Westschweiz praktizierte Anbauweise geht auf ihre Begründer R. Lemaire und J. Boucher, zurück. Lemaire experimentierte als Getreidezüchter vornehmlich mit Meeresalgen als Düngerlieferanten, während Boucher sich speziell den Problemen der Humusbildung widmete. Für beide stand ein Ziel im Vordergrund: Eine einfache, ökonomisch-praktische Hilfe zur Erzielung gehobener Erträge bei der Produktion von gesunden Nahrungsmitteln für die Menschen und Futtermittel für die Tiere.

Dieses Ziel versuchten sie durch die Anwendung von Meeresalgen zu erreichen, denen eine aktivierende und therapeutische Wirkung für den Boden nicht abgesprochen werden kann. In der Tat weist dieses Algenmaterial neben einem hohen Kalkgehalt einen sehr hohen Spurenelementreichtum auf. Von Bedeutung erwies sich dabei die Anwendung dieser Substanzen bei der Haufenkompostierung.

Entsprechend den Untersuchungen und Vorarbeiten von Lemaire und Boucher zeichnen sich die nach dieser Methode arbeitenden Landwirtschaftsbetriebe in ihrer Wirtschaftsplanung in der Regel durch einen hohen Getreideanteil aus.

Die integrierte Produktionsweise IP

Die integrierte Produktionsweise ist keine biologische Anbaumethode. Da sie aber in der Schweiz als Mittelweg zwischen den herkömmlichen und dem »extremen« Biolandbau immer mehr Beachtung erhält, wird auch diese Methode beschrieben.
Die integrierte Produktionsweise besteht in einem zurückhaltenden Umgang mit chemischen Dünge- und Pflanzenschutzmitteln: An die Stelle des vorbeugenden Einsatzes tritt in der jeweiligen Situation ein angepasster Einsatz. Die Düngung erfolgt auf Grund von regelmässigen Bodenanalysen und richtet sich damit ebenfalls nach dem effektiven Bedarf.
Um den Einsatz von chemisch-synthetischen Dünge- und Pflanzenschutzmitteln gering zu halten, werden Anstrengungen unternommen, möglichst naturgemäss anzubauen, d.h. resistenteren Sorten den Vorzug zu geben und Techniken wie Gründüngung, Mulchen etc., die sich im Biolandbau bewährt haben, anzuwenden. Anders als im biologischen Landbau steht hinter der integrierten Produktion aber kein Denken in Kreisläufen. Es ist daher durchaus möglich, dass ein Bauernbetrieb seine Obstanlagen gemäss den Richtlinien der IP behandelt und gleichzeitig im Gemüseanbau konventionell vorgeht. Neben positiven Ansätzen gibt es aber an den Richtlinien der IP auch einiges zu bemängeln: Viele der Richtlinien sind sehr allgemein gehalten oder lediglich als »Empfehlung« formuliert und daher relativ unverbindlich. Damit wird auch die Kontrolle der IP sehr schwierig.

Produzentenverbände und Signete

Quelle: WWF Schweiz, Konsum und Umwelt, 8037 Zürich

Weitere Angaben zu nachfolgend aufgeführten Produzentenverbänden und Produkten sind in einer Broschüre des WWF zusammengefasst sowie bei den angegebenen Adressen erhältlich.

Produkte aus kontrolliertem biologischem Anbau

Anbau- und Verwertungsgenossenschaft
Biogemüse AVG
CH-3285 Galmiz

- gegründet 1946 von Dr. Hans Müller
- rund 200 angeschlossene Betriebe
- organisch-biologische Produktion
- Postversand an Private, Detail- und Grosshändler
- Zweimonats-Zeitschrift »Kultur und Politik«
- Beratung und Kurswesen

Biofarm Genossenschaft
Postfach
CH-4936 Kleindietwil

- gegründet 1972
- rund 100 angeschlossene Betriebe
- organisch-biologische Produktion mit Schwergewicht Getreide
- grosses Angebot an Dörrfrüchten, u.a.

– breitestes Angebot an Knospe-Produkten
– Postversand an Private, Belieferung von Bioläden, Reformhäusern, Grosshändlern
– Mitherausgeberin der Zeitschrift »Kultur und Politik« und der »Seite der Biofarm« in der Zeischrift »Der biologische Land- und Gartenbau«
– Beratung und Kurswesen

Demeter
Produzentenverein für
biol.-dyn. Wirtschaftsweise
Fritz Baumgartner
Association La Branche
CH-1074 Mollie-Margot

– gegründet 1937
– rund 140 angeschlossene Betriebe
– biologisch-dynamische Produktion
– vorwiegend Verkauf ab Hof, aber auch über Grosshändler an Läden
– regionale KonsumentInnenvereine
– Monatszeitschrift »Beiträge«, 1600 Abonnenten
– Beratung und Weiterbildungsveranstaltungen

Schweizerische Gesellschaft
für biologischen Landbau (**SGBL**)
Bioterra
Peter Lendi
CH-6981 Bedigliora

– gegründet 1947
– rund 170 Betriebe, 6000 Mitglieder
– Selbstversorger, HobbygärtnerInnen, Gemüseanbau- und Landwirtschaftsbetriebe
– Bioanbau mit starker Betonung des Landschafts- und Naturschutzes
– Direktvertrieb ab Hof, Markt, Postversand
– Zweimonats-Zeitschrift »Der biologische Land- und Gartenbau«, Kursangebot
– regelmässige Regionalgruppen-Treffen

Schweizerische Stiftung
zur Förderung des biologischen Landbaus
Bernhardsberg
CH-4101 Oberwil

– gegründet 1973
– rund 120 betreute Betriebe, 3000 - 4000 GönnerInnen
– Forschungsinstitut für biologischen Landbau
– wissenschaftlichen Forschung, Beratung und Information, auch für andere biologisch orientierte Organisationen
– Monatszeitschrift »zB: - zum Beispiel«

Progana (produit garanti naturel
Jacques Pasche
CH-1521 Curtilles

- gegründet 1978
- rund 40 Betriebe, 120 Mitglieder
- Westschweizer organisch-biologische ProduzentenInnen mit Schwergewicht Getreide (früher Lemaire/Boucher-orientiert), Verarbeitung über »Progana Céréal«
- Vertrieb vorwiegend über Grosshändler an Läden
- Rundschreiben an Mitglieder

Assoziatione per l'agricultura ecologica
della Svizzera Italiana (**AAESI**)
M. Tognetti
Piazza Castello 1
CH-6593 Cadenazzo

- gegründet 1979
- rund 20 Betriebe, 700 Mitglieder
- organisch-biologisch-orientiert produzierende private und professionelle GärtnerInnen und BäuerInnen im Tessin
- Vertrieb über Grosshändler an Detailhändler
- Vierteljahres-Zeitschrift »Bolletino trimestrale«
- Beratung und Weiterbildungskurse

Vereinigung schweizerischer biologischer
Landbau-Organisationen
VSBLO-Geschäftsstelle
Spalentorweg 46
CH-4050 Basel

- Zusammenschluss der vorgängig genannten Organisationen in der »Vereinigung schweizerischer biologischer Landbau-Organisationen« mit dem gemeinsamen Signet »Knospe«.
- »Knospe BIO SUISSE« für Produkte, die zu mind. 90 % in der Schweiz angebaut wurden
- »Knospe BIO« für Produkte, die zu weniger als 90 % in der Schweiz angebaut wurden
- bisherige Angaben »Knospe IMPORT« und »Knospe TEILIMPORT« entfallen

Organisch-biologische Produktion

Biotta-Anbau-Vereinigung
CH-8274 Tägerwilen

- seit den 50-er Jahren
- organisch-biologischer Gemüseanbau auf eigenem Gelände im Glashaus und bei 15 Vertragsbauern im Freiland
- Gemüse- und Fruchtsaft-Herstellung
- Vertrieb über Grosshändler an Reformhäuser, Bioläden, etc, z.T. auch an Grossverteiler

Integrierte Produktion

Migros-S-Produktion
Postfach 155
CH-1010 Lausanne

- gegründet 1970, Produktion seit 1974
- integrierte Produktion, Schwerpunkt Düngung
- zusätzlich Schweinefleisch aus artgerechter Haltung
- rund 1800 ProduzentInnen
- Beratung, Forschung

Agri Natura
Vereinigung der landwirtschaftlichen Genossenschaftsverbände
Erlachstrasse 5
CH-3001 Bern

- gegründet 1989
- rund 100 ProduzentInnen
- Integriertes Produktions-Konzept der landwirtschaftlichen Genossenschaftsverbände
- Vertrieb über Coop, K 3000, VOLG

IP · PI
Schweizerischer Obstverband
Baarerstrasse 88
CH6300 Zug

- gegründet 1990
- Integrierte Produktion nach den Richtlinien der schweizerischen Arbeitsgruppe für integrierte Obstbauprodukte (SAIO)
- Obstproduktion in der Schweiz 1990 ca. 15 %

IP · PI
Schweizerische Zentralstelle
für Gemüseanbau
CH-3425 Koppigen

- gegründet 1991
- rund 40 Betriebe
- Integrierte Produktion von Gemüse

Andere Produktions-, Vertriebs-Arten oder Produkte

CoopNATURAplan
Coop Schweiz
Postfach 2550
CH-4002 Basel

- Förderung von Agrar-, Milch- und tierischen Produkten aus biologischem und naturnahem Anbau bzw. artgerechter Tierhaltung, vorwiegend nach den Richtlinien der VSBLO, IP und SVAMH
- enge Zusammenarbeit mit der VSBLO und SVAMH
- breites Angebot aus verschiedenen Anbaumethoden in Coop-Filialen mit entsprechendem Sortiment
- keine Hors-sol-, gentechnisch hergestellte oder veränderte Produkte und keine Produkte aus Intensivmastbetrieben im CoopNATURAplan

Schweizerische Gemüse-Union
Röntgenstrasse 32
CH-8005 Zürich

- Der grüne **Hase** ist kein Qualitätssignet.
- Dieses Signet besagt, dass solches Gemüse aus schweizerischer Produktion stammt.

Kräuter-Produktion

Vereinigung für biologischen Kräuteranbau
im Schweizer Berggebiet (**VBKB**)
Hämlismatt 61 b
CH-3508 Arni

- gegründet 1984
- biologischer Anbau gem. VSBLO-Richtlinien
- Produkte tragen dieses und das Knospe-Signet
- Vertrieb direkt, über Biofarm und Detailhandel

ArGe Bergkräuter
Laurstrasse 10
CH-5200 Brugg

- gegründet 1985
- naturgerechter Kräuteranbau

- Verzicht auf synthetische Pestizide und leichtlösliche Mineraldünger
- Verkauf teilweise regional und an die Firmen Biorex, Ricola, Sanherb und Weleda

Getreide-Produktion im Berggebiet

Gran Alpin
Postfach
CH-7450 Tiefencastel

- gegründet 1986, rund 20 Betriebe
- Förderung der Produktion von Gerste, Roggen, Triticale und Weizen in Höhenlagen
- Vertrieb regional, über Wochenmärkte und Versand

Kantonale bzw. regionale BIO-Verbände:

Neben den aufgeführten Bio-Verbänden gibt es noch einige weitere nicht erwähnte kantonale und regionale Bio-Verbände. Deren Adressen sind u.a. in einer Broschüre des WWF Schweiz, Konsum und Umwelt, 8037 Zürich aufgeführt.

Fleisch- und Eier-Produktion

KAG
Konsumenten-Arbeitsgruppe für tier- und umweltfreundliche Nutztierhaltung
Engelgasse 12 a
CH-9001 St.Gallen

- gegründet 1972
- rund 1000 ProuzentInnen
- umfassende Richtlinien, eigenes Kontrollsystem
- Vertrieb von Fleisch über »KAG-Drehscheibe« und Detailhandel, Eier direkt ab Hof oder über Detailhandel
- KAG-Rundbrief für AbonnentInnen

VSBLO
Spalentorweg 46
CH-4050 Basel

- seit 1989 eigene Richtlinien
- für tierische Produkte ohne und mit Knospe-Signet
- Vertrieb direkt ab Hof, über Detailhandel und Biofarm

Gourmet mit Herz AG
Meisenweg 9
CH-8038 Zürich

- gegründet 1979 durch den Schweizerischen Tierschutz (STS)
- Vertrieb unter dem Gourmet-Signet und als

Doppelsignet zusammen mit Agri Natura
über Verteiler, Genossenschaften und Detailhandel

Fleisch-Produktion

Porco Fidelio AG
Römerstrasse 27
CH-5000 Aarau

- gegründet 1987
- rund 50 Schweinefleisch-ProudzentInnen
- Vertrieb ab Hof und über Metzgereien
- enge Zusammenarbeit mit der KAG
- Beratung für SchweinehalterInnen

SVAMH
Schweizerische Vereinigung der
Ammen- und MutterkuhhalterInnen
Postfach 184
CH-5200 Brugg

- gegründet 1977
- rund 600 Natura-Beef-ProduzentInnen (Kalbfleisch)
- Vertrieb direkt ab Hof, über Bell-Metzgereien und Coop
- Beratung

Bell AG
Elsässerstrasse 184
CH-4002 Basel

- gegründet 1987
- rund 40 Schweine- und Rindfleisch-ProduzentInnen
- Vertrieb als »Natura Beef« und »Natura Porc« über die Bell AG

Hors-sol-Produktion

Hors-sol kann verstanden werden als: »Jenseits der Sonne, bzw. ohne Erde hergestellt.«

Vor über einem Jahrhundert hat Julius von Sachs bereits gezeigt, dass sich eine Pflanze mit einer einfachen, gut ausgewogenen Nährlösung vollständig entwickeln kann d.h., dass eine Pflanze keine Erde mehr braucht, um wachsen zu können. Mit der praktischen Anwendung dieser Erkenntnisse wurde vor 20 Jahren begonnen. Erste Kulturen wurden auf nährstoffloser Steinwolle gezogen, welches mit einer Nährlösung getränkt wurde. Am stärksten verbreitet sind heute Steinwolle oder Kunststoff-Folien. Bei der Kunststoff-Folien-Methode wird ohne Untergrund für die Wurzeln gearbeitet.

In der Hors-sol-Produktion spiegelt sich das Verlangen der Landwirtschaft und Nahrungsmittelindustrie wider, frei von den klimatischen Bedingungen und Unsicherheiten eine gesicherte Existenz aufzubauen. Frühere und mehrere Ernten im Jahr stören den saisongerechten Rhythmus. Die Jahreszeiten spielen kaum mehr eine Rolle. Tomaten,

Gurken, Peperoni, Salate usw. wachsen in ihren Plastikhäusern und Betonbunkern, ohne dass ihnen z.B. der nächtliche Frost im Spätherbst etwas anhaben kann. Durch die geringe Feuchtigkeit im Blattbereich bestehen zudem geringere Risiken einer Pilzinfektion. Die Kulturen sind vor Schädlingen und Krankheitserregern in der Erde geschützt. Alles, was diesem künstlichen Ordnungsprinzip entgegenwirkt, kann eliminiert werden. Parallelen lassen sich z.B. in den prophylaktischen Impfprogrammen für Kinder erkennen.
Die computergesteuerte Nährstofflösungs-Zufuhr ermöglicht eine optimale Versorgung der Pflanzen und Produktionssteigerungen von 20-25 % je Flächeneinheit. Die beliebige Beeinflussung der Pflanzenkonsistenz erlaubt einen problemloseren Transport. Pflanzen und Böden werden durch Bromid-Rückstände aus Überdüngung und Schädlingsbekämpfung nicht mehr verseucht. Durch eine sofortige Beeinflussbarkeit der Nährstoffzufuhr wird z.B. der Nitratgehalt im Salat reduziert. Zudem ist die Schädlingsbekämpfung im geschlossenen Gewächshaus einfacher.
Der Verzicht auf die Fruchtfolge ermöglicht eine Spezialisierung der Produktion, die eine optimale und kalkulierbare Rentabilität eines Betriebes ermöglicht. Ausserdem ist der Hors-sol-Produzent der landwirtschaftlichen Pflicht enthoben, unrentable Landschaftspflege leisten zu müssen.

Heute werden in den Niederlanden über 3000 ha, das sind 60 % der Gewächshauskulturen, erdlos mit Tomaten und Peperoni angebaut. In Belgien erfolgt fast die Hälfte des Gemüseanbaus in Gewächshäusern nach dem Hors-sol-Verfahren. In der Schweiz ist die Anzahl der Betriebe und deren Produktionsanteil z.Zt. nicht bekannt. Einzelne Betriebe gibt es in der ganzen Schweiz, speziell im Kanton Genf, Tessin und Thurgau.

Bei Hors-sol-Produkten spricht man von optimalen Bedingungen, chemisch-analytisch nachgewiesener Vollwertigkeit, fehlenden Schadstoffen und gesunder Nahrung. Diese Überlegungen zur Hors-sol-Produktion sind vor allem auf die Rentabilität ausgerichtet, ohne Einbezug des ökologischen Gleichgewichtes von Natur, Menschen und Umwelt.

Andererseits nehmen aber die ernährungsbedingten Zivilisationskrankheiten auf Grund erst teilweise bekannter Zusammenhänge weiterhin zu. Stark gedüngte oder aus dem natürlichen Umfeld herausgenommene Nahrungsmittel stellen eine gesundheitliche Gefahr dar. Lernt der Mensch wirklich erst durch Krankheit? Wer über diese Thematik ernsthaft nachdenkt, muss feststellen, dass die Wissenschaft bzw. Theorie und die Praxis des Alltags weit auseinanderliegen.

Eine Nahrung, die uns Lebenskraft schenkt, basiert auf lebendigen Nahrungsmitteln, die aus ihrer natürlichen Umwelt stammen. Dadurch wird der Menschen auch befähigt, die Herausforderungen seiner ganzen Umwelt anzunehmen, da er letztlich nur als Teil des Ganzen lebensfähig ist.

Gemüse und Kräuter

Gemüse, Kräuter und Obst beinhalten
eine reiche Bilderwelt von Farben, Formen und Aromen!

Pflanzen können ihr Wesen nicht in sich verschliessen. Wenn sie eine gewisse Reife erlangt haben, wollen sie sich mitteilen, als Nahrung dienen oder sich im Äther auflösen.

Du spürst,
wie die Blume die köstlichen Düfte versendet
und grübelst,
wie aus so winzigem Ort der Duftstrom kommen mag
und begreifst,
dass in solcher Mitte die Ewigkeit ihre unvergänglichen Tore öffnet.
William Blake

Gemüse

Gemüse enthält ca. 90 % Wasser, wenig Kohlenhydrate und Fette, wertvolle Eiweisse, basenspendende Mineralstoffe und Spurenelemente, Vitamine β-Carotin, B1, B2, C und Niacin sowie Faserstoffe.
Die Qualität ist durch eine Analyse allein nicht bestimmbar. Entscheidend ist die Biographie einer Pflanze, die an den Farben, Formen, Aromen und an der Substanzbildung ablesbar ist.

Eine reiche Bilderwelt von Farben, Formen und Aromen.

Gemüsearten

Verschiedene Gemüsearten unterstützen mit ihren vitalen Wirkstoffen im menschlichen Körper entsprechende Bereiche.

Gemüse-Arten	Wirkungsbereiche im Menschen
Knollen-Gemüse Wurzel-Gemüse	Wurzel ➔ Nerven-Sinnes-Bereich ➔ Denken
Blatt-Gemüse Stengel-Gemüse	Blatt ➔ Rhythmischer Bereich ➔ Fühlen
Blüten-Gemüse Frucht-Gemüse Samen-Gemüse	Frucht ➔ Stoffwechsel-Bereich ➔ Wille

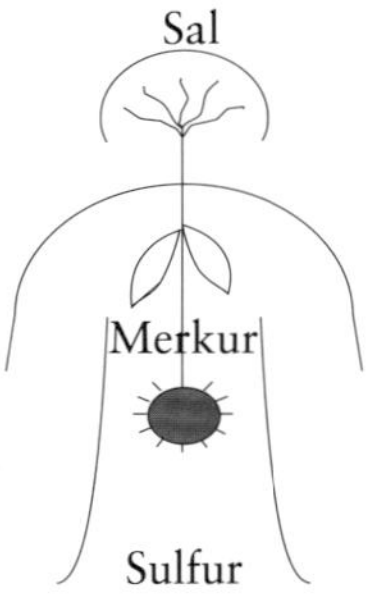

Gemüse-Einteilung

Samen-Gemüse Erbsen, Bohnen, Gemüsemais, Hülsenfrüchte, Kastanien (Marroni), Kefen, Kürbiskerne, Okra, Sonnenblumenkerne, Stachys

Frucht-Gemüse Auberginen, Gurken, Kürbis, Meerrettich, Paprika, Patisson, Romaini, Tomaten, Zucchetti

Blüten-Gemüse Artischocken, Blumenkohl, Broccoli, Kapern

Blatt-Gemüse Catalogna, Chicorée, Cicorino, Endivie, Kardy, Kresse, Kohlarten wie Federkohl, Rosenkohl, Rotkabis, Wirz, Weisskabis, Lattich, Lattughino, Löwenzahn, Salate, Schnittmangold, Spinat, Zuckerhut

Stengel-Gemüse Fenchel, Krautstiel, Lauch, Rübstiel, Spargel, Stangenselleri

Knollen-Gemüse Knollenkerbel, Kohlrabi, Radieschen, Randen, Sellerie (obere Hälfte), Topinambur

Wurzel-Gemüse Rüebli (Karotten im Frühsommer, Möhren im Herbst), Pastinaken, Rettich, weisse Rübe, Schwarzwurzeln, Sellerie (untere Hälfte), Wurzelpetersilie

Saisongemüse

Saisongemüse enthalten jene Lebensqualitäten, die wir zur entsprechenden Jahreszeit benötigen.

Frühlings-Sommer-Gemüse
Cicorino, Erbsen, Frühjahrskräuter, Kefe, Kopfsalat, Kohlrabi, Krautstiel, Kresse, Lattich, Lattughino, Portulak, Rhabarber, Radieschen, Rüebli, Schnittmangold, Schnittsalat, Spargel, Spinat, Stielmangold

Sommer-Herbst-Gemüse
Aubergine, Blumenkohl, Bohnen, Broccoli, Eisbergsalat, Fenchel, Fricée, Gurke, Krachsalat, Melone, Paprika, Patisson, Peperoni, Krautstiel, Lattich, Rondini, Rüebli, Tomate, Zucchetti

Herbst-Winter-Gemüse
Artischocken, Bodenkohlrabi, Eisbergsalat, Chinakohl, Cicorino, Herbstrüben, Kardy, Knoblauch, Kürbis, Lattughino, Lauch, Pak-choi, Rotkohl, Rüebli, Stangensellerie, Weisskohl, Wirz, Zuckermais, Zwiebel

Winter-Frühlings-Gemüse
Kresse, Meerrettich, Nüsslisalat, Randen, Sellerie, Schnittsalat, Stachys, Vorräte an Lagergemüse und Wildkräutern

Botanische Einteilung von Gemüse, Kräutern, Obst

Algen	Braunalgen, Grünalgen, Rotalgen
Aronstab-Gewächse	Kalmus
Baldrian-Gewächse	Baldrian, Feldsalat (Nüsslisalat, Rapunzel) In Grimm's-Märchen »Rapunzel« wird von der Rapunzel-Feldglockenblume erzählt, die dem Nüsslisalat entspricht und gegessen werden kann.
Bananen-Gewächse	Banane (Musa)
Birken-Gewächse	Haselnuss
Borretsch-Gewächse	Beinwell, Borretsch, Ochsenzunge, echtes Lungenkraut
Brennessel-Gewächse	Brennessel
Buchen-Gewächse	Edelkastanie (Marrone)
Dolden-Gewächse	Angelika (Engelwurz), Anis, Bleichsellerie (Stangensellerie), Bibernelle (Pimpinella), Dill, Fenchel, Giersch (Geissfuss), Karotten, Möhren (Rüebli), Knollensellerie (Eppich), Kerbel, Koriander, Kreuzkümmel (Mutterkümmel), Kümmel, Liebstöckel (Maggikraut), Mannstreu, Mohrrübe, Pastinake (Hammelmöhre), Petersilie, Sanikel, Schnittsellerie, Zuckerwurzel
Ebenholz-Gewächse	Kaki
Eisenkraut-Gewächse	Eisenkraut, Verbena (Zitronenstrauch)
Enzian-Gewächse	Tausendgüldenkraut
Erika-Gewächse	Preiselbeere, Heidelbeere (Blaubeere oder Waldbeere)
Flechten	isländisches Moos
Fuchsschwanz-Gew.	Amaranth
Gänsefuss-Gewächse	Quinoa (Reismelde), Gänsefuss (Gartenmelde), Mangold, Spinat, Krautstiel, Randen (rote Beete, rote Rüben)

Geissblatt-Gewächse	roter und schwarzer Holunder
Granatapfel-Gew.	Granatapfel (Grenadine)
Hahnenfuss-Gew.	Scharbockskraut, echter Schwarzkümmel
Hartheu-Gewächse	Johanniskraut
Ingwer-Gewächse	Galgant (Siam-Ingwer), Ingwer, Kardamom, Kurkuma (Gelbwurz)
Iris-Gewächse	Safran, Florentiner Iris (bittere Veilchenwurzel)
Kamelien-Gewächse	Teestrauch
Kakaobaum-Gew.	Kakao
Kakteen-Gewächse	Feigen-Kakteen
Kapern-Gewächse	Kapern
Kiwi-Gewächse	Kiwi
Knöterich-Gewächse	Ampferknöterich, Buchweizen, Gartenampfer (ewiger Spinat), Rhabarber, Sauerampfer, Wasserpfeffer
Korb-Blütler	alle Salatarten, Alant, Arnika, Artischocke (Cardy, Kardone), Balsamkraut (Marienblatt), Beifuss, Benediktinerkraut, Eberraute, Endivie (Escariol), essbare Distel (Saflor), Estragon (echter russischer Estragon), Haferwurzel, Huflattich, Kamille, Kornblume, Löwenzahn, Mutterkraut, Rainfarn, Ringelblume, Salatzichorie (Chicorée), Schafgarbe, Schwarzwurzel, Sonnenblumenkerne, Topinambur (Knollensonnenblume), Wermuth (Absinth), Wegwarte, Zuckerhut
Kreuz-Blütler	Barbarakraut (Winterkresse), Blumenkohl (Karfiol), Brunnenkresse, Chinakohl, Gartenkresse, Grünkohl (Braun-, Feder- oder Krausekohl), Hirtentäschchen, Knoblauchkraut, Kohlrabi, Kohlrübe (Dotsche, Runkel, Steckrübe, Wrunke), Löffelkraut, Meerkohl, Meerrettich, Radieschen, Ranke, Rettich, wilder Rettich (Hederich), Rosenkohl, Rotkohl, weisse Rüben (Räben), Rübstiel (Stielmangold, Stielmus), Senf, schwarzer Senf, weisser Senf, Spargelkohl (Broccoli), Weisskohl (Kabis), Wirsing (Welschkohl)
Kürbis-Gewächse	Chayote (Schuschu), Cornichons, Gurken, alle Kürbisarten (Kweme), Patisson, Schlangengurke, Schwammgurke (Spaghettikürbis), Zucchetti, Zucchini
Leinsamen-Gewächse	Leinsamen
Lilien-Gewächse	Bärlauch, Knoblauch, Lauch, Röhrenlauch, Schalotte (Eschalotte), Schnittlauch, Spargel, Zwiebel
Lippen-Blütler	Basilikum (Königskraut), Bohnenkraut (Kölle), Edel-Gamander, Flohminze, Gundermann, Krauseminze, Lavendel, Majoran, Melissen (Goldmelisse, Zitronenmelisse), Minze (Apfelminze, echte englische Minze, Orangenminze, usw.), Monarde (versch.

	wilde Minzenarten), Muskatellersalbei, Oregano (Dost), Rosmarin, Salbei (Ananas-Salbei, echter Salbei), Stachys (japan. Kartoffeln), Thymian (Wildform Quendel), Ysop, Zitronenthymian
Lorbeer-Gewächse	Lorbeer, Zimt
Malven-Gewächse	Baumwolle, Eibischfrucht (Gombo, Okra), echter Eibisch, Hibiskusblüten
Maulbeer-Gewächse	Hopfen
Maulbeerbaum-Gew.	Feigen
Mittagsblumen-Gew.	Neuseeländischer Spinat (vierkantiger Spinat)
Mohn-Gewächse	Mohn (Schlafmohn)
Muskat-Gewächse	Macis oder Muskatblüte, Muskatnuss Macis ist der getrocknete Samenmantel der Muskatblüte.
Myrten-Gewächse	Nelke, Piment (Nelkenpfeffer), Myrte. Die Myrte erzeugt zusammen mit Rosmarin und dem Erdbeerbaum den herrlichen Duft der Mittelmeer-Berghänge.
Nachtkerzen-Gew.	Rapotika (Schinkenwurzel, Nachtkerze)
Nachtschatten-Gewächse	Aubergine (Eierfrucht), Cayennepfeffer (Chillies), Judenkirsche, Kartoffel, Paprika (süss und scharf), (Süsskartoffel/Batate ist kein Nachtschattengewächs), Taco, alle Tomatenarten (Liebesapfel)
Ölbaum-Gewächse	Esche, Olive
Ölweiden-Gewächse	Sanddorn
Orchideen-Gewächse	Vanille
Palm-Gewächse	Babassupalme (Ölgewinnung), Dattel, Kokospalme, Ölpalme, Palmsprossen Die Gewinnung der Palmherzen bedeutet den Tod für die Palme.
Paranuss-Gewächse	Paranuss
Passionsblumen-Gew.	Passionsfrucht
Pfeffer-Gewächse	Betelpfeffer Die Blätter dieser Kletterpflanze dienen als Betelbissen und werden gekaut. Schwarzer Pfeffer wird vor der Vollreife geerntet und nachgetrocknet. Weisser Pfeffer wird aus den vollreifen roten Früchten gewonnen, nachgetrocknet und geschält. Dadurch werden die milder schmeckenden Steinkerne freigelegt.
Pilze	japanische Baumpilze (Matsutake, Shiitake), Champignons, Eierschwämme, Goldröhrling, Hallimasch, echter Pfifferling, Reizker, Speisemorcheln, Steinpilz, Trompetenpfifferling, Trüffel
Pinien-Gewächse	Pinienkerne

Pistazien-Gewächse	Kaschu (Cashew), Pistazien
Portulak-Gewächse	Portulak
Rauten-Gewächse	sind Zitrusfrüchte wie Bitterorange (Pomeranze), Curryblatt, Grapefruits, Kumquat, saure Limette, Mandarine (Clementine, Satsumas, Tangerine), Orange (Apfelsine), Pampelmuse, Weinraute (Weinkraut), Zitrone
Rosen-Gewächse	Apfel, Aprikose, Birne, Brombeere, Eberesche, Erdbeere, Frauenmantel, Gänsefingerkraut (Anserine), Hagebutte, Himbeere, Kirsche, Mandel, Mispel (Loquate), Nelkenwurz, Pfirsich, Pflaume, Quitte, Sauerkirsche (Weichsel), Schlehdorn (Schwarzdorn), kleiner Wiesenknopf (Pimpernell), Zwetschge
Röte-Gewächse	Kaffee, Labkraut, Waldmeister
Schachtelhalme	Schachtelhalm
Schmetterlings-Blütler	Bockshornklee, alle Bohnen- und Erbsenarten, Erdnuss, Hauhechel, Honigklee, Kefen, Kichererbsen, Linsen, Schabziegerklee, Soja, Süssholz (Lakritze), Tamarinde Lupinen werden als Soja-Ersatz verwendet. Weisse Lupinen (Lupinus albus) enthalten ca. 44 % Rohprotein. Gelbe Lupinen (Lupinus luteus) enthalten 44-50 % Rohprotein, haben aber einen hohen Alkaloidgehalt, sind daher bitter und somit ungeeignet für Ernährungszwecke, sofern sie nicht entbittert werden.
Sesam-Gewächse	Sesam
Steinbrech-Gewächse	Stachelbeere, rote, schwarze und weisse Johannisbeere
Sternanis-Gewächse	Sternanis
Süssgräser	Bambus, Zuckermais
Walnuss-Gewächse	Pecan, Walnuss
Wegerich-Gewächse	Spitzwegerich
Weinreben-Gewächse	Weinrebe
Zypressen-Gewächse	Wacholder (Kranawitt)

Algen und Flechten

Algen gehören zu den Urbewohnern dieser Erde und leben in stillen oder ruhig bewegten, sauberen Gewässern. Dort wo sich Wasser und Licht in regenbogenfarbigem Spiel begegnen und der Urweltenklang sein Echo findet, leben diese ein- oder mehrzelligen Körper und sind in der Lage, Chlorophyll und andere Farbstoffe zu bilden. In diesem Geschehen, wo »das Wort Fleisch wird«, ist die Geburtsstunde des Lebens.
Ganz auf die Gestaltsbildung der Wasserbewegung angewiesen ist die Alge reich an Chlorophyll, Quellstoffen und Jod. Sobald sie im Trockenen stehen, werden sie zu einer

bleichen, papierähnlichen Masse, »Meteorpapier« genannt. Jod, das A-Ion der Spurenelemente, steuert die Lebensprozesse. Die feinen Quellzellen haben eine stark reinigende Wirkung. Mit dem hochwertigen Eiweisschlorophyll zusammen sind die Algen ein beachtenswertes Diätetikum. In der Ernährung haben vor allem die Rot- und Braunalgen eine Bedeutung.

Solange wir Menschen dem Wasser als kostbarstes Gut Sorge tragen, können wir deren Heilwirkung nutzen. Durch verschmutzte Gewässer sind heute aber bereits einige Algenarten ausgestorben.

Agar-Agar

Agar ist die bekannteste Rotalge. Ihre gallertbildende Eigenschaft wird zum Verdicken von Puddings, Cremes, Sulzen und Gelees genutzt.

- bei 27 °C wird Agar stichfest
- bei 80 °C zersetzt sich Agar
- Agar vor dem Siedepunkt 5 Min. auflösen
- eine Prise Agar hat in Speisen eine geschmacksverstärkende Wirkung
- mit Fett vermischt oder bei zu hoher Hitze verliert Agar seine Bindefähigkeit

Diätetische Hinweise:

Agar enthält Spurenelemente, vor allem Jod, quillt in den Darmzotten auf und reinigt die Darmflora.

Darm-Reinigungsmittel

½	Glas	kaltes Wasser	
1/3	Tlf	Agarpulver	zugeben, mischen

Wöchentlich einmal über längere Zeit oder täglich als Fastenkur, z.B. abends vor dem Schlafengehen, trinken.

Flechten

Flechten wachsen auf Gesteinen und an Baumrinden. Ihre Pflanzenform ist noch nicht in die Teile Wurzel–Blatt–Blüte dreigegliedert. Sie wird durch die Stoffwechselausscheidung der Hefepilze gebildet, geformt und mit Algen ausgefüllt. Flechten sind also eine Symbiose von Hefepilzen und Algen. Da die Flechte ihren Wasserbedarf aus der Luftfeuchtigkeit deckt, kann sie monatelang im Trockenen überleben.

Als jodhaltigste Landpflanze enthält sie über 50 % Schleim, Bitterstoffe, antibiotische Wirkstoffe und das Vitamin B12. Dadurch gehört sie zu den wichtigsten Heilkräutern. Am bekanntesten sind das isländische Moos und das irländische Moos. Ihre Heilstoffe helfen bei Blutarmut, Bronchial-, Darm-, Lungenerkrankungen und Rekonvaleszenten.

Küchenkräuter

Küchenkäuter sind unsere Heilmittel in Küche und Nahrung. Für uns Menschen gilt dabei das Naturgesetz:

> Die Natur wird nie den Menschen folgen, sondern
> die Menschen haben die Gesetze der Natur zu befolgen!
>
> Diaskurides

In Europa hat sich die Kräuterheilkunde vor allem in Klöstern entwickelt. Noch heute wird z.B. im Kloster St.Gallen der Kräutergarten nach einem handschriftlichen Plan aus dem Jahre 820 bepflanzt.

»Die Natur ist der beste Arzt des Menschen!« Dies war und ist die Erkenntniss zahlreicher Menschen, die sich für die Naturheilkunde in vielfältigster Form bis heute einsetzten. Lebt der Mensch im Einklang mit der Natur, so wächst in seiner Umgebung alles, was er zum Leben benötigt.

Hippokrates (460-370 v.Chr.) wird als Begründer der wissenschaftlichen Heilkunde angesehen. Er hat vor allem eine falsche Ernährung als wesentliche Ursache von Krankheiten verantwortlich gemacht.

Kräuterkranz

»Eure Nahrungsmittel sollen Heilmittel und eure Heilmittel sollen Nahrungsmittel sein.« Dieser Grundgedanke wurde zum Motto fast aller Werke über biologische Ernährung der Gegenwart. Wie die Küchen- oder Naturkräuter im Körper wirken und heilen, ist bis heute noch weitgehend ein grosses Geheimnis. So ist die traditionelle Kräuterheilkunde heute noch genauso bedeutend, wie sie bereits in den Werken von Matthiolus (1501-1577) ausgedrückt wurde: »... dass die Erforschung der Heilpflanzen eine notwendige, ja göttliche Kunst sei und bei den Verständigen in höchster Achtung und Wertschätzung gehalten werde«.

Mit den Heil- und Wirkstoffen unserer Gewürze und Küchenkräuter können jedoch nur bei Verwendung einer guten Qualität sowie einer richtigen **Anwendung und Würzreihenfolge** entsprechende Wirkungen erzielt werden:

- Gewürze und Kräuterzweige können mitgekocht werden
- frisch geschnittene oder gerebelt zerriebene bzw. gemörserte Kräuter am Schluss mit etwas Butter oder Öl im Kochgut höchstens ca. 10 Min. mitkochen
- Salz und flüssige Würze ganz am Schluss zugeben, damit sie zu Trägern der Aromen werden
- Honig oder Zitronensaft nicht mitkochen um ihre wertvollen Inhaltsstoffe zu erhalten

Kräuter- und Gewürz-Verwendung

von Elisabeth Frei-Glaus
Gärtnerei CH-8465 Wildensbuch

Kräuter, Gewürze	Pflanzenteil	Tee	Kräuter-Salz	Kräuter-Öl	Kräuter-Essig	Sirup	Sonstige/ Bemerkungen
Ananas-Salbei	Blätter, Blüten	x			x		
Salvia elegans Libiatae		Aphroditenmüesli, Blatt-Salate, Drinks, Fruchtsalat, Gemüsesalat, Getränke (garnieren), Milchreis, Sauerkrautsalat (rote Blüten), Sorbet					
Anis	Samen	x	x	x		x	Likör
Pimpinella anisum Umbelliferae		Anisbutter, Apfelmus, Bouillon, Braten, Brot, Brotbrösel geröstet, Cremen, Currysaucen, Essiggemüse (Blatt und Samen), Feigenkompott, Frischkäse, Fruchtsalat (Samen), Gebäck, Gemüse, süsse Getreideschrotbreie, Grappa (Samen), Kartoffeln gebraten, Kastanien-Kleingebäck, Kuchen, Linsen, Milchreis, Müesli, Pasteten, Polenta, Quark, Rüebli, Saucen, Sorbet, Suppen, Traubenbeerenkompott, Weinachtsgebäck, Zuckermais, Zwiebelwähe					
Apothekerrose/ Hagebutte	Blüte				x	x	Rosenessig
	Frucht	x					Hagebuttenwein
Rosa gallica Officinalis Rosaceae		**Frucht:** als Beilage zu Ente, Truthahn, in Cremen, Currygerichten, Fruchtgelee, zu allen süssen Getreidegerichten, Gratte Cul-Sauce, Hagebutten-Konfitüre, Pasteten, Sorbet, in Tomaten-Konfitüre, Wildfleisch					
Balsamkraut/ Marienblatt	junge Blätter	x	x		x		
Chrysanthemum balsamita Compositae		Blätter in Butter braten, Eierspeisen, Gemüsesalate, Getreide, Kartoffeln, Leber, Omeletten, auf Salate, in Suppen					
Barbarakraut	frische Blätter, grüne Samen im Frühjahr				x		
Barbarea vulgaris Cruciferae		auf gedünstetes Getreide, zu Rohkostplatten, Rührei, zu gedünstetem Salatgemüse					

Kräuter, Gewürze	Pflanzenteil	Tee	Kräuter-Salz	Kräuter-Öl	Kräuter-Essig	Sirup	Sonstige/Bemerkungen
Basilikum	Blätter Triebspitzen	x	x	x	x		
Ocimum basilicum Labiatae		in Öl eingelegte Auberginen, in Basilikum-Butter, Gratte Cul-Sauce, Basilikum-Rahm-Sauce, Bouillon, Braten, Eier, Erbsen, Gemüse, Gnocchi, Getreidegerichte, Hirse, Kräuterbutter, Lasagne, Pesto, Pizza, Polenta, Reis, Risotto, Salatsaucen, Salate, Suppen, Teigwaren, Tomaten, Tomatensauce					
Beifuss	frische Blätter, knospige Rispen	x	x		x		Salz-Ersatz
Artemisia vulgaris Compositae		Aphroditenmüesli, Bohnen, Bouillon, Braten, Ente, Fisch, Füllungen, Geflügel, Gemüse, Getreideschrot, über Getreidegerichte, Hülsenfrüchte, Kartoffeln, in Kräutermischungen, Pilze, Polenta, Saucen, Suppen, Terrinen, Wurzelgemüse					
Bergtee griechischer	Blätter, Blüten	x					
Origanum dictamnus Labiatae		Aphroditenmüesli (junge Blüten), Auberginen, gedünstete Gemüsemischungen, Mais, Peperoni, Pizza, Polenta, Risotto, Schaffleisch, Tomatengerichten, Reis und Saucen, Zucchetti					
Bohnenkraut 1-jähriges	vor der Blüte geerntet	x	x		x		
Satureja hortensis Labiatae		Bohnen, Essiggemüse, Getreidegerichte, Gurkensalat, zu allen Hülsenfrüchten, zu Kartoffelsalat, Kohlsalat, Kräutersuppen, Pizza, Salatsaucen, Terrinen, Tomatensuppe, Tomatensauce, Joghurt					
Borretsch	Blüten, frische Blätter	x	x		x		
Botago officinalis Boraginaceae		Eier gekocht, Frankfurter grüne Sauce, Fruchtsalat, Gemüse, Gemüsesalate, Getränke, auf Getreidegerichte, Blüten auf Getränken servieren, zu Gurkensalat, Hülsenfrüchte, kalten Suppen, in Kräutermischungen, Blätter in Omelettenteig, zu Essiggemüse, Salaten, Senfgurken					

<table>
<tr><th>Kräuter, Gewürze</th><th>Pflanzenteil</th><th>Tee</th><th>Kräuter-Salz</th><th>Kräuter-Öl</th><th>Kräuter-Essig</th><th>Sirup</th><th>Sonstige/Bemerkungen</th></tr>
<tr><td>Brennessel
grosse</td><td>Blüten
Blätter, Samen</td><td>
x</td><td>x</td><td></td><td>x</td><td></td><td></td></tr>
<tr><td>Urtica
dioica
Urticaceae</td><td></td><td colspan="6">Brennesselgemüse, Brennesselsoufflé, Brennesselsauce gebunden, Brennesselsuppe, Brennesselwähe, zum Kochen, Garen, Quellen von Gemüse, Getreide, Kartoffeln</td></tr>
<tr><td>Brunnenkresse</td><td>frische Triebe vor dem Blühen</td><td>x</td><td></td><td></td><td>x</td><td></td><td></td></tr>
<tr><td>Nasturtium
officinale
Cruciferae</td><td></td><td colspan="6">als Beilage, Brotaufstrich, Brunnenkressesuppe, Eier, zu Frischkäse, Frühlings-Gemüse und Suppen, Gemüse-Salat, Schaffleisch, zu Saucen, Vinaigretten</td></tr>
<tr><td>Chörblichrut/ Süssdolde</td><td>frische Blatt-Triebe, Samen</td><td>x</td><td>x</td><td></td><td>x</td><td>x</td><td>in Wein ansetzen</td></tr>
<tr><td>Myrrhis
odorata
Umbelliferae</td><td></td><td colspan="6">Anisbutter, Apfelmus, Bouillon, Braten, Brote (Samen einbacken), Currygerichte, Frischkäse, Gemüse, über Getreidegerichte, zu süssen Getreidegerichten, Fruchtsalaten, Gschwellti, Kastaniengerichte, Kräutermischungen, Kräuterquark, Kräutersulz, Kuchen, Melonen, Milchreis, Omeletten, Pasteten, Polenta, Preiselbeer-Konfitüre, Quark, Rhabarberkompott, Reis, Rührei, Salat, Saucen, Soufflé, Suppen, Joghurt, Weihnachtsgebäck</td></tr>
<tr><td>Currykraut/ Imortelle</td><td>frische Triebe und Blätter</td><td></td><td>x</td><td>x</td><td>x</td><td></td><td></td></tr>
<tr><td>Helichrysum
plicatum
'White Barn'
Compositae</td><td></td><td colspan="6">Bananen gebraten, Bouillon, Braten, Currygerichte, Currysaucen, Fisch, Fleisch, Gemüse, Getreide, Kräuteromeletten, Polenta, Reisgerichte, Salate, Saucen, Suppen.

Zum Mitkochen in Speisen nur wenig zugeben.
Zum Beduften von Speisen das feingeschnittene Currykraut vor dem Anrichten darüber verteilen.</td></tr>
</table>

Kräuter, Gewürze	Pflanzenteil	Tee	Kräuter-Salz	Kräuter-Öl	Kräuter-Essig	Sirup	Sonstige/Bemerkungen
Dill	frisches Kraut, Blüten		x		x		
Anethum graveoleus Umbelliferae	Samen	x					

Brot mit eingebackenem Samen, Dillsauce, Füllungen, Gerstengerichte, Grünkern, Getreide, Essiggemüse wie Gurken, u.a. (Kraut und Samen), Kabis- und Kohlroulade, Kartoffeln, Rüebli, Quark, Salate, Saucen, Suppen, Joghurt

Kräuter, Gewürze	Pflanzenteil	Tee	Kräuter-Salz	Kräuter-Öl	Kräuter-Essig	Sirup	Sonstige/Bemerkungen
Eberraute	frische Blätter	x	x		x		in Weisswein einlegen
Artemisia abrotanum Compositae							

Ente, Fisch, Getreidegerichte, Grappa, Grillfleisch, Hamburger, Kartoffeln, Marinaden, Pilze, Salate, Wein ansetzen, Wurzelgemüse, für alle eiweisshaltigen Gemüse

Nur wenig verwenden, damit der intensive Geschmack und die Bitterstoffe das Gericht nicht übertönen!

Kräuter, Gewürze	Pflanzenteil	Tee	Kräuter-Salz	Kräuter-Öl	Kräuter-Essig	Sirup	Sonstige/Bemerkungen
Engelwurz	junge Blätter, Stengel				x	x	Benediktiner Schnäpse, Liköre
Angelica archangelica Umbelliferae	Wurzeln, Samen	x					

Bouillon, Braten, Bratlinge, Fischsuppe, süsse Gebäcke, Gemüse, Glacé, Getreide, Kartoffeln, Kräutersuppen, Orangenkonfitüre, Polenta, Reis, Rhabarberkompott, Salate, Saucen, Suppen, Zuckersirup (Stengel kochen)

Kräuter, Gewürze	Pflanzenteil	Tee	Kräuter-Salz	Kräuter-Öl	Kräuter-Essig	Sirup	Sonstige/Bemerkungen
Englische Minze	Blätter, Triebspitzen	x			x	x	
Mentha x piperita Mitcham Labiatae							

Drinks, Gelee, Glacé, Bohnen, Erbsen, Fruchtgelee, Fruchtsalat, Grünkern, Gurken, Hülsenfrüchte, Kartoffeln, Kefen, Kräutermischung, Melonen, Pilze, Quark, Reis, Rohkost, Lamm-Grillfleisch, Salate, Saucen, Zuckermais, Zuckersirup

Kräuter, Gewürze	Pflanzenteil	Tee	Kräuter-Salz	Kräuter-Öl	Kräuter-Essig	Sirup	Sonstige/ Bemerkungen
Estragon	frische, junge Blattriebe	x	x		x		Kräuterwein
Artemisia dracunculus Compositae		zu Bohnen, Bouillon, Braten, Brotaufstrich, Eierspeisen, Essiggemüse, Estragonbrühe zum Kochen von Getreide und Kartoffeln, zu Fisch, Fleisch, Geflügel, Gemüsesalate, Grünkern, Gurken, Hülsenfrüchte, Kaninchen, Kohlrabi, Omeletten, Polenta, Quark, Reis, Terrinen, Wurzelgemüse, Joghurt, in Kräuter-Butter, Saucen, Soufflé, Suppen, zum Einmachen von Blumenkohl, Broccoli, Gurken und Gemüse in Essig eingelegt, zu Salaten. Die frischen, jungen Blattaustriebe haben einen feinen Anisgeschmack.					
Gewürz-Fenchel rot, grün	Blätter,	x					
	Blüten,	x					
	Samen, Stengel	x					
Foeniculum vulgare Umbelliferae		Brote (Samen einbacken), Essiggemüse (Samen), Fenchelbrühe zum Kochen, Garen, Quellen von Gemüse, Gemüse, Geflügel, Getreide, Kabis- und Kohlroulade, Kartoffeln, zu Fischen, süsse Getreidegerichte, Grappa, Gurkensalat, Kartoffelauflauf, Soufflé, zu Kohlsalat, Kräuteromeletten, Kräuterquark, Linsen, Quark, Rahmsauce, Randen eingemacht, Rettich (Samen), Salaten, Saucen, Suppen					
Garten-Kerbel	junge Blätter		x		x		
Authriscus cerefolium Umbelliferae		Buchweizen-Bratlinge, Eierspeisen, Erbsen, Fisch, Frankfurter grüne Sauce, Frischkäse, Frühlingsgemüse, Getreidegerichte, Gurkensalat, Hirse-Bratlinge, Kartoffeln, Kefen, Kerbelsuppe, Kohlgemüse, Kräuter-Butter, Omeletten, Quark, Rohkost, Rüebli, Saucen, Joghurt					
Kapuziner	frische Knospen, Blätter, Blüten,				x		
Trapaeolum majus Tropaeolaceae	Samen	Beilage zu Blattsalaten, belegte Brötchen, Eier, Fische geräuchert, Gemüsesalate, Getreidesalate, Kräutersuppen, Rohkost, Saucen **Samen:** zu in Essig eingelegten Kapern oder anstelle von Kapern Kapuziner-Samen in Essig eingelegt, auf Pizzas, in Reisgerichten, Salate					

Kräuter, Gewürze	Pflanzenteil	Tee	Kräuter-Salz	Kräuter-Öl	Kräuter-Essig	Sirup	Sonstige/Bemerkungen
Knoblauch Allium sativum Liliaceae	Blattröhrchen, Zehen		x	x	x		Knoblauchmilch Auberginen, Bohnen, Braten, Brätpasteten, Brennesselgemüse, auf geröstetem Brot, zu Eintopf, Ente, Fondue, Füllungen, Gemüse, Hexenmischung zu Gschwellti oder Raclette, als Gemüse, zu Knoblauchbutter, Leber, Marinaden, Pesto, Rösti, Saucen, Schaffleisch, Suppen, Tomaten, Joghurt, Zucchetti
Knoblauchkraut Alliaria petiolata Cruciferae	junge Blätter im Frühjahr		x		x		Knoblauch-Ersatz in Kräutermischungen, zu Kräuterquark, Rohkostplatten, Salaten
Koriander Coriandrum sativum Umbelliferae	Samen frische Blätter			x	x		**Frische Blätter:** Currygerichte, Eierspeisen, Fischsuppe, Frischkäse, Grünkern, Hirse-Bratlinge, Linsen, Reisgerichte, Terrinen **Samen:** Apfelmus, Brätpasteten, Brote, Eintopf, Essig, Essiggemüse, Feigenkompott, Fisch, Füllungen, Gebäck, Gerstengerichte, Getreide, Kabis- und Kohlroulade, Kartoffeln, Kastaniengerichte, Kichererbsen, Kohlgemüse, Kohlrabi (Bodenkohlrabi), Kuchen, Kürbis (Pulver), Orangenkonfitüre (Samen), Pasteten, Preiselbeerkonfitüre, Punsch, Randen, Räbensalat, Rüeblisalat, Sauerkraut, Weihnachtsgebäck, Wildbeizen, Wurzelgemüse, Zwiebelwähe
Krauseminze/ Marokanische Minze Mentha crispa Labiatae	Blätter, Triebspitzen	x		x	x	x	Bohnen, Brennesselgemüse, Broccoli, Erbsen, Gemüseplatten, Getreidegerichte, Glacé, Gurken, Kartoffelsalat, Kefen, Melonen, Omeletten, Pilze, Rohkost, Kräutermischungen, Pfefferminz-Kartoffeln gebraten, Salate, Schaffleisch, Sulzen, Wildfleisch

Kräuter, Gewürze	Pflanzenteil	Tee	Kräuter-Salz	Kräuter-Öl	Kräuter-Essig	Sirup	Sonstige/Bemerkungen
Kümmel	junge Blätter, Samen	x	x		x		Kümmel-branntwein
Carum carvi Umbelliferae		Samen zum Einbacken in Vollkorn- und Sauerteigbrot, Broccoli, Gerstengerichte, Getreidebratlinge, Kabis- und Kohlgemüse/Rouladen, Kartoffelauflauf, Brat-, Kümmelkartoffeln, Linsen, Rettich, Rösti, Rüebli, Sauerkraut, Wurzelgemüse, Zwiebelgemüse, Zwiebelwähe					
Lavendel	Blütenähren	x			x	x	in Wein einlegen
Lavandula Labiatae		Caramelköpfchen, (in der Milch erhitzen, absieben), Fruchtgelee, Fruchtsalat, Glasuren, Müesli, Pasteten, Saucen, Teegebäck, Weihnachtsgebäck. Es sind verschiedene Lavendel-Arten verwendbar, z.B. gezähmtes Lavendel, Schopf-Lavendel, usw. Für Sirup Blütenähren zusammen mit Rosenblüten verwenden.					
Liebstöckel/ Maggikraut	frische Blatt-Triebe	x					
	Samen	x	x		x		Salz-Ersatz
Levisticum officinale Umbelliferae		Auberginen, Braten, Bratlinge, Brotbrösel in Butter geröstet, aufs Brot, in Broten (Samen einbacken), Füllungen, Gemüsesalaten, Getreidegerichten, Getreidehackbraten, Hülsenfrüchte, Kefen, Kräuterbutter, Kräuterquark, Kräutersoufflé, Kräuteromeletten, Quark, Rindfleischsuppe, Risotto, Rohkost, Rührei, Salate, Saucen, Suppen, Tofu, Tomatengerichte					
Lorbeer	Blätter	x		x	x		
Laurus nobilis Lauraceae		Bouquet garni, Eintopfgerichte, Essiggurken, Fischsud, Essiggemüse, Gerstengerichte, Gulasch, Linseneintopf, Marinaden, Paprika in Öl eingelegt, Pilze, Preiselbeer-Konfitüre, Rindfleischsuppe, Saucen, Sauerkraut, süsssauer eingelegte Früchte und Gemüse, Wildfleisch					
Majoran/ Wurstkraut	junge Triebe, blühendes Kraut	x	x	x	x		
Origanum majorana Labiatae		Braten, Bouillon, Brätpasteten, Fleisch, Gemüse, Getreidepasteten, Kartoffeln, Kräutersuppen, Pizza, Polenta, Reis, Rohkost, Tomatengerichte, Saucen, Suppen					

Kräuter, Gewürze	Pflanzenteil	Tee	Kräuter-Salz	Kräuter-Öl	Kräuter-Essig	Sirup	Sonstige/ Bemerkungen
Marienblatt/ Balsamkraut	junge Blätter	x	x		x		
Chrysanthemum balsamita Compositae		Blätter in Butter braten, Eierspeisen, Gemüsesalate, Getreide, Kartoffeln, Leber, Omeletten, auf Salate, in Suppen					
Meerrettich	Wurzeln ab Oktober-April		x		x		in Essig, Wein
Armoracia rusticana Cruciferae		aufs Brot (Vollkornbrot), Fische geräuchert, in Gerstengerichten wenig mitkochen, zu Gschwellti, Meerrettichschaum, kalte Platten, Randen in Essig eingemacht, Randensalat roh, Rindfleisch, Suppen					
Oregano	frische Blatt-Triebe mit Blütenknospen	x	x		x		
Origanum vulgare 'Compactum' Labiatae		Buchweizen, Gulasch, Hirsotto, Kräutermischungen, Minestrone, Oreganobrühe zum Kochen div. Gemüse, Getreide, zu Maispizza, Pizza, Polenta, Risotto, Tomatengerichte					
Peterli gekraust und glattblättrig = italienisch	Blätter,	x	x		x		Salz-Ersatz
	Samen,	x					
	Wurzeln	x					
Petroselinum crispum Umbelliferae		im Bouquet garni, Brätpasteten, zu Brotbrösel geröstet, Buchweizen, Eierspeisen, Eintopf, Ente, Fisch, Fleisch, Frankfurter grüne Sauce, Frischkäse, Füllungen, Geflügel, Gemüse, Gnocchi, alle Getreidegerichte, Hamburger, Hirse, Hülsenfrüchte, Kefen, Kartoffeln, Kichererbsen, Kohlrabi, Kräuterbutter, Omeletten, Quark, Soufflé, Pilze, Pizza, Reis, Risotto, Rohkost, Salate, Saucen, Suppen, Terrinen, Tofu, Tomatengerichte und Suppe, Joghurt					
Peterli japanisch grün-/rotblättrig	Blätter, Samen, Wurzeln		x		x		Salz-Ersatz
Perilla frutescens Labiatae		Bohnen, Bratlinge, Buchweizen, Fische, Linsen, Reisgerichte, Salate, Suppen					

Kräuter, Gewürze	Pflanzenteil	Tee	Kräuter-Salz	Kräuter-Öl	Kräuter-Essig	Sirup	Sonstige/Bemerkungen
Pimpernell	frische, junge Blätter, Samen		x		x		
Sanguisorba minor Rosaceae							Buchweizen, Eierspeisen, Frankfurter grüne Sauce, Getreide, Kräuterbutter, Kräutersuppen, Quark, Salate, Saucen, **Samen:** Bratlinge, Getreide, Kartoffeln, Salate, über Fruchtsalate
Quendel	junge Triebe, Blätter	x	x	x	x		
Thymus pulegioides Labiatae							Kartoffeln, Quark, Reisgerichte, Salate, Thymiansuppe
Ringelblume	Blüten Blütenblätter	x			x		
Calendula officinalis Compositae							**ganze Blüten:** für Tee **Blütenblätter:** Gemüsesalate, Gemüseplatten, alle Getreidegerichte, Getreidesalate, Saucen, Suppen
Rosmarin	Triebspitzen, Blätter	x		x	x		in Wein ansetzen
Rosmarinus officinalis 'Blaulippe' Labiatae							Auberginen, in Öl eingelegte Auberginen, Oliven, Paprika, Tomaten, Bouquet garni, Braten, Bouillon, Bratkartoffeln, Bratlinge, Geflügel, Gemüse, gebratene Ge- Getreidegerichte, Grillfleisch, Hülsenfrüchte, Kürbis, Lasagne, Maispizza, Marinaden, Polenta, Reis, Saucen, Suppen, Teigwaren, Tomaten, Zucchetti
Safran	Blütennarben, Pulver						
Crocus sativus Iridaceae							**Pulver:** Briosch, helle feine Brote, Dinkelbrot, Reis, Safransuppe, Zopfteige **Pulver oder Narben:** Aphroditenmüesli, Milchreis, Getreidemilchbreie, Risotto. Safrannarben über Nacht Rosenwasser einlegen, damit sich der gelbe Farbstoff besser löst.

Kräuter, Gewürze	Pflanzenteil	Tee	Kräuter-Salz	Kräuter-Öl	Kräuter-Essig	Sirup	Sonstige/ Bemerkungen
Salbei	Blätter	x		x		x	in Weisswein ansetzen
Salvia officinalis Labiatae		Blätter in Butter oder Olivenöl gebraten auf: Auberginen, Bratkartoffeln, Buchweizen, Fisch, Fleisch, Gemüse, Fruchtsalat (Blüten), Getränke, Getreide, süsse Getreidegerichte, Gnocchi, Grappa, Kaninchen, Lasagne, Leber, Oliven in Öl eingelegt, in Bouillon, Drinks, Kräuterbutter, Polenta, Reis, Rösti, Saltimbocca, Saucen, Suppen, Teigwaren, Tomatensauce, Wein ansetzen					
Sauerampfer	frische, junge Blätter						
Rumex acetosa und scutatus Polygonaceae		Fischsaucen, Frankfurter grüne Sauce, Frühlingsgemüse, Gemüsesalate, zu vielen Getreidegerichten, Gnocchi, Kartoffelgerichten, Kartoffelsalat, Kräuteromeletten, Quark, Saucen, Rührei, Salatbeilage, Sauce, Sauerampfersuppe, Joghurt					
Schnitt-Knoblauch	Blätter			x	x		Knoblauch-Ersatz
Allium tuberosum Liliaceae		Auberginen, Basilikum-Rahm-Sauce, Basilikum-Butter, Bratlinge, Buchweizen, aufs Brot, Eier, Fleisch, Frischkäse, Gemüsesalate, Getreidegerichte, Kräutersaucen, Lasagna, Pesto, Quark, Salatsaucen, Tomaten, Zucchetti. Schnitt-Knoblauch bläht nicht und ist weniger scharf!					
Schnittlauch	Blattröhren		x		x		
Allium schoenoprasum Liliaceae		auf geröstetem Brot, zu Buchweizen, Eierspeisen, Erbsen, Frischkäse, Füllungen, Gemüse, Getreidegerichte, Hirse, Kräuterbrot, Kräutermischungen, Omeletten, Salate, Frankfurter grüne Sauce, Suppen, Teigwaren					
Schnitt-Sellerie	Blätter mit Stiel		x		x		Salz-Ersatz
Apium graveoleus var. secaliuum Umbelliferae		zu Braten, in Bouillon, Brätpasteten, Buchweizen, Eierspeisen, Eintopf, Fleisch, Frischkäse, Füllungen, Gemüse, über Getreidegerichte, zu Kartoffelsalat, Kohlrouladen, in Kräutermischungen, Maispizza, Polenta, Reis, Risotto, Salate, Saucen, Soufflé, Suppen, Terrinen, Tomatengerichte, Wurzelgemüse, Zucchetti					

Kräuter, Gewürze	Pflanzenteil	Tee	Kräuter-Salz	Kräuter-Öl	Kräuter-Essig	Sirup	Sonstige/ Bemerkungen
Schnitt-Zwiebel	Blattröhren		x		x		
Allium fistulosum Liliaceae		auf belegte Brötchen, Fisch, Gemüse, Getreidegerichte, Kräuterbrot, Kräutermischungen, Omeletten, Quark, Salate, Suppen, Teigwaren					
Senf	junge Blätter, Samen		x		x		
Sinapis alba Cruciferae		Frischkäse, Kräutermischungen, Quark, Senfsaucen, als Salatbeilage, Terrinen, Wurzelgemüse **Samen:** in Essiggurken, Essiggemüse, Randen, Sauerkraut, Wurzelgemüse. Nur wenig verwenden, damit der Senf nicht dominiert!					
Thymian	Blättchen	x	x	x	x	x	
Thymus vulgaris Labiatae		in Öl eingelegte Auberginen, Oliven, Paprika, Tomaten zu Auberginen, Bratkartoffeln, Bratlingen, Bohnen, im Bouquet garni, Eintopf, zu Geflügel zu allen Getreidegerichten, Hamburger, Kaninchen, Lamm-Grillfleisch, Lasagne, Maispizza, Marinaden, Polenta, Suppen, auf Gemüse- und Fleisch-Terrinen, zu Tomatengerichten und Saucen, Zwiebelgemüse					
Tripmadam Sedum reflexum Crassulaceae	Triebspitzen, Blättchen				x		Salz-Ersatz
		gekochte Getreide, Kartoffelsalat, Rohkostnahrung, Salate, Suppen					
Verveine/ Zitronenverbene	Blätter	x	x		x	x	Fruchtgelee
Lippia citriodora Verbenaceae		Apfelmus, Drinks, Fisch, Getränke, Getreide, Griessköpfchen, Kompott, Kräuterbutter, Marinaden, Milchreis, Salate, Saucen, Sorbet					
Weinraute	frische Blättchen	x	x		x		in Grappa und Weisswein einlegen
Ruta graveoleus Rutaceae		auf geröstetem Brot, zu Getreide, in Getreidemischungen, Marinaden, Omeletten, Salatsaucen. Nur wenig verwenden, da sie sonst dominiert!					

Kräuter, Gewürze	Pflanzenteil	Tee	Kräuter-Salz	Kräuter-Öl	Kräuter-Essig	Sirup	Sonstige/Bemerkungen
Ysop	junge Triebspitzen,	x	x		x		
	Blüten	x			x		in Wein einlegen
Hyssopus officinalis Labiatae		Aphroditenmüesli, Bratlinge, Essiggemüse, Fisch, Geflügel, Gurken, Gemüseplatten, Getreidegerichte, Hülsenfrüchte, Kartoffeln, Kohlrouladen, Müesli, Omeletten, Quark, Randen, Soufflé, Salate, Salatsaucen, Terrinen					
Zitronen-melisse	frische, junge Triebspitzen	x	x		x	x	Likör, in Wein einlegen
Melissa officinalis Labiatae		zu Drinks, Fischsaucen, Frischkäse, Fruchtsalat, Kräutermischungen, Melissenbrühe zum Kochen, Garen, Quellen von Gemüse, Getreide, Kartoffeln, zu Kompotten, Quark, Pilzen, Sorbets					
Zitronen-Thymian	Blättchen	x	x	x	x		
Thymus x citriodorus Labiatae		zu Apfelmus, Currygerichten, Drinks, Fische, Fruchtgelee, Fruchtsalat, vielen Gemüsen, Gurkensalat, Kartoffeln, Kompott, Kräuterbutter, Kräutermischungen, Milchreis, Müesli, Pilzen, Pizza, Preiselbeer-Konfitüre, Quark, Reis, Salate, Sorbet, Teigwaren, Tomatensauce					
Zuckerrose	frische Rosenblüten	x			x	x	
'Rose de Resht' Damaszener Rose Rosa gallica 'Conditorum' Rosaceae		**Sirup:** zum Aromatisieren, Süssen von Fruchtsalaten, Konfitüren, Sorbet, Tee, Wein, über Crêpes, Griessköpfchen, Reis **Frische oder getr. Rosenblüten:** zur Teeherstellung **Frische Rosenblüten:** zur Sirupherstellung, einzelne Blüten zum Verzuckern oder Verschönern von Speisen und Gebäck **Rosenwasser:** zum Einweichen von frischen oder getrockneten Safranfäden					

Kräuter, Gewürze	Pflanzenteil	Tee	Kräuter-Salz	Kräuter-Öl	Kräuter-Essig	Sirup	Sonstige/Bemerkungen
Zwiebel	Zwiebel, Blattröhrchen		x	x	x	x	
Allium cepa Liliaceae		in Brätpasteten, zu Brennesselgemüse, Bouillon, Braten, Eintopf, Ente, Fisch, Fleisch, Füllungen, Gemüse, Gemüse, als Gemüse, zu vielen Getreidegerichten, Kartoffeln, Hamburger, Leber, Polenta, Randen, Reis, Rösti, Salaten, Saucen, Suppen, geröstete Zwiebeln, als Beilage, Zwiebelbrot, Zwiebelsauce, Zwiebelsuppe. Zwiebelsamen kann zusammen mit Kreuzkümmel und Schwarzkümmel als Gewürz verwendet werden.					

Kräuter- und Gewürz-Vorschläge für Gerichte

von Elisabeth Frei-Glaus
Gärtnerei CH-8465 Wildensbuch

Anisbutter frische Anis-Blätter und grüner Samen fein schneiden oder mit frischer Butter pürieren, leicht salzen oder süssen, Chörblichrut/Süssdolde

Apfelmus Ananassalbei, Anisbutter leicht braun gratinieren, Koriander-Samen, Verveine/Zitronenverbene, Zimt, Zitronenthymian

Aphroditen-Müesli

	beliebiges Müesli, ev. Budwig-Creme	zubereiten
sehr wenig	Safran-Blüten	über Nacht im Rosenwasser quellen
sehr wenig	Ananassalbei-Blättchen und Blüten	
sehr wenig	Beifuss-Blütenknospen	
sehr wenig	griechische Bergtee-Blüten	
sehr wenig	wohlriechende Eisenkraut-Blättchen und Blüten	
sehr wenig	Muskatellersalbei-Blüten	
sehr wenig	Kardamom-Samen	
sehr wenig	Jasmin-Blüten	
sehr wenig	Ysop-Blüten	alles auf das fertige Müesli geben

Aphroditenmüesli an besonderen Tagen essen.

Auberginen Knoblauch, Liebstöckel/Maggikraut, Rosmarin, Salbei, Schnitt-Knoblauch (bläht nicht und ist weniger scharf), Thymian

Auberginen in Öl eingelegt	Basilikum, Liebstöckel/Maggikraut, Rosmarin, Thymian
Bananen gebraten	Currykraut/Imortelle (wenig mitkochen, beduften am Schluss), Ingwer-Wurzel (frisch geraffelt)
Basilikum-Rahm-Sauce	Basilikum, Schnitt-Knoblauch, Pfeffer, Salz
Basilikumbutter	Basilikum, Schnitt-Knoblauch, Salz
Beilage zu Blattsalaten	Ananassalbei, Balsamkraut-Blätter/Marienblatt, Barbarakraut, frische Baumtropfen-Blätter, Borretschblüten und Blättchen, junge Fencheltriebe, Brunnenkresse, Kapuziner, Knoblauchkraut, Löwenzahn-Blütenblätter, Pimpernell, Tripmadam, junge Chörblichrut-/Süssdolden-Blätter
Benediktiner Schnäpse	Engelwurz ist nur ein Bestandteil. Die Rezepte sind den jeweiligen Klöstern vorbehalten.
Blumenkohl	Estragon, Kerbel, Koriander, Kreuzkümmel-Pulver, Senfpulver

Blüten verzuckert

	1	Port	Eiweissglasur	herstellen aus:
	5	Lf	Puderzucker	
	1	Tlf	Eiweiss	gut verrühren
	2	dl	Blüten (1 Tasse voll)	in der Masse wenden, trocknen lassen
Passt zu:			süsse Gerichte damit dekorieren	

Bohnen	Bohnenkraut, Beifuss, Estragon, Knoblauch, englische Minze, Krauseminze/marokanische Minze, Peterli grün-/rotblättrig/japanisch, Thymian
Bouillon	Anis, Basilikum, Beifuss, Chörblichrut/Süssdolde, Currykraut, Engelwurz, Estragon, Knoblauch, Liebstöckel/Maggikraut, Majoran/Wurstkraut, Orangen-, Zitronenschale, Rosmarin, Salbei, Schnitt-Sellerie, Zwiebeln. Kräuter können in Form von Kräuterbrühen auch unsichtbar in die Nahrung eingebracht werden! So können z.B. Getreide, Buchweizen, Hirse, Mais, Reis, Kartoffeln etc. auch mit Kräuterbrühen zubereitet werden.
Bouquet garni	Bohnenkraut, Lorbeer, Majoran, Peterli gekraust und glattblättrig, Rosmarin, Thymian, ev. Knoblauchzehe, Macis, Selleriekraut, Zimtrinde. Bouquet garni ist ein internationaler Begriff für einen Bund Würzkräuter, der sich entsprechend dem jeweiligen Gericht un-

	terschiedlich zusammensetzt. Das Bouquet wird dem Gericht als Ganzes zugegeben und dann wieder herausgenommen, wenn es dem Gericht genügend Würze verliehen hat.
Braten	Beifuss, Bouillon, Chörblichrut/Süssdolde, Engelwurz, Estragon, Orangenminze, Zitronenschale
Bratkartoffeln	Kümmel, Rosmarin, Salbei, Thymian
Bratlinge	Engelwurz, Liebstöckel/Maggikraut, Peterli grün-/rotblättrig/japanisch, Pimpernell, Rosmarin, Schnitt-Knoblauch (bläht nicht), Thymian, Ysop
Brätpasteten	Knoblauch, Koriander-Samen, Majoran/Wurstkraut, Peterli-Blätter und Wurzeln, Schnitt-Sellerie, Zwiebeln
Brennesselgemüse	Brennessel blanchiert mit Knoblauch und Zwiebeln, ev. ein Hauch Krauseminze, ev. mit Spinat. Alle Brennesselgerichte können mit Spinat gemischt werden!
Brennesselsauce	leicht gebunden, rahmig aus Brennesseln fein geschnitten oder püriert und einem Hauch Minze
Brennesselsoufflé	Brennesseln blanchieren, fein schneiden und der Soufflé-Grundmasse zugeben
Brennesselsuppe	Brennesseln in eine Einlaufsuppe mit Ei einrühren oder in einer gebundenen Suppe mitkochen
Brennesselwähe	Brennesseln fein pürieren, in einen Rahm-Eier-Guss einrühren
Broccoli	Estragon, Kerbel, Koriander, Kümmel, marokanische Minze, Senfpulver
Brot	Anis, Safran-Pulver für helle feine Brote, Briosch, Dinkelbrot und Zopfteige
Brot einbacken	Chörblichrut-/Süssdolden-Samen, Dill-Samen, Gewürz-Fenchel-Samen, Koriander-Samen, Kümmel-Samen (Sauerteig-, Vollkornbrot), Liebstöckel-/Maggikraut-Samen
Brot geröstet	Knoblauch, Schnittlauch, Weinraute
Brot-Aufstrich/ belegt mit	Anisbutter, Brunnenkresse, Estragon, Meerrettichschaum (Vollkornbrot), Schnittlauch, Schnitt-Knoblauch, Schnitt-Zwiebeln, Zwiebeln
Brotbrösel in Butter geröstet	frische Anis-Blätter und Samen, Liebstöckel/Maggikraut, Peterli
Brunnenkressesuppe	Brunnenkresse fein schneiden, in cremige Suppe einrühren
Buchweizen	Oregano, Peterli gekraust und glattblättrig/italienisch, Peterli grün-/rotblättrig/japanisch, Salbei-Blätter in Butter oder Olivenöl gebraten darübergeben
Buchweizenbratlinge	Gartenkerbel, Peterli, Pimpernell, Schnitt-Knoblauch, Schnittlauch, Schnitt-Sellerie, Zwiebeln

Caramelköpfchen Lavendel in der Milch erhitzen, absieben, etwas auskühlen lassen, Caramelköpfchen zubereiten

Cheiro verde **Kräutersulz**

5	Lf	Krauseminze	fein schneiden
1	dl	Wasser	zugeben, pürieren
wenig		Pfeffer, Salz, Zucker	
1	Tlf	Essig	würzen
2	Bl	Gelatine	

Gelatine 10 Min. in kaltem Wasser einweichen, herausnehmen, ausdrücken, Gelatine mit 2 Lf heissem Wasser in einer Tasse im Wasserbad auflösen, durch ein heiss abgespültes Sieb zur Kräutermasse dazurühren, zur Sulzbildung kühlstellen.

Passt zu: Getreidepastete, Schaffleisch

Dieses Rezept stammt von einer schwarzhäutigen Frau, die mir aus Freude über die gefundene richtige Minze dieses Rezept auf einen Zeitungsrand geschrieben hat.

Cremen Hagebuttenmark in kalte oder warme Cremen einrühren, wenig Anis, Ingwer, Macis und Zimt zugeben

Crêpes Rosenblüten-Sirup über Crêpes träufeln, ev. nach dem flambieren

Curry-Gerichte und Saucen Anis, Chörblichrut/Süssdolde, Currykraut/Imortelle (wenig mitkochen, beduften am Schluss), Koriander-Samen, Zitronenthymian

Dessert Ananassalbei-Blätter und Blüten, Anis, frische, grüne Anissamen, Borretsch-Blüten, Chörblichrut/Süssdolde, Duftgeranien-Blätter und Blüten, Gewürz-Fenchel, Lavendel, englische Minze, Krauseminze, Pimpernell-Samen, Ringelblumenblüten-Blätter, Rosenblüten-Sirup, Safran, Salbei-Blüten, Zitronenmelissen, Zitronenthymian, Verveine/Zitronenverbene, verzuckerte Zuckerrosenblüten

Dillsauce weisse Grundsauce mit Dill-Blättern

Drinks Ananassalbei, Borretsch-Blüten, Duftgeranien-Blätter und Blüten, englische Minze, Salbei-Blüten, Zitronenmelisse, Zitronenthymian, Verveine/Zitronenverbene

Eier gekocht Basilikum, Borretsch, Brunnenkresse, Estragon, Frankfurter grüne Sauce, Kapuziner, Peterli gekraust und glattblättrig/italienisch, Schnitt-Knoblauch (bläht nicht)

Eierspeisen	Estragon, Gartenkerbel, Koriander-Blätter, Balsamkraut/Marienblatt, Peterli, Pimpernell, Schnittlauch, Schnitt-Knoblauch
Eintopfgerichte	Knoblauch, Koriander-Samen, Lorbeer, Balsamkraut/Marienblatt, Peterli-Blätter und Wurzel, Schnitt-Sellerie, Thymian, Zwiebeln
Ente	Beifuss, Eberraute, Hagebutte, Knoblauch, Peterli, Pfefferminze, Zwiebeln
Erbsen	Basilikum, Beifuss, Gartenkerbel, englische Minze, Krauseminze, marokanische Minze, Peterli, Schnittlauch, Zitronenthymian
Essiggemüse	Bohnenkraut, Borretsch, Dill-Kraut und Samen, Estragon, Gewürz-Fenchel-Samen, Lorbeer, wenig Senf-Samen, Ysop
Essiggurken	Anis-Samen und Blatt, Bohnenkraut, Borretsch, Dill-Kraut und Samen, Estragon, Koriander-Samen, Lorbeer, wenig Senf-Samen
Feigenkompott	Anis, Koriander
Fische	Beifuss, Currykraut/Imortelle (wenig mitkochen, beduften am Schluss), wenig Eberraute, Gartenkerbel, Peterli gekraust und glattblättrig/italienisch, Salbei-Blätter, Gewürz-Fenchel, Verveine/Zitronenverbene, Ysop, Zitronenthymian
Fische geräuchert	Kapuziner-Blüten und Samen, Meerrettichschaum, Schnitt-Zwiebeln, Zwiebeln
Fischsaucen	Sauerampfer, Zitronenmelisse, Zitronenthymian, Verveine/Zitronenverbene
Fischsud	Koriander-Samen, Lorbeer, Peterli-Blätter und Wurzel, Schnittsellerie, Zwiebeln
Fischsuppe	Engelwurz, Estragon, ev. frischer Koriander, Lorbeer, Peterli, Zwiebeln
Fleisch	griechischer Bergtee, Currykraut/Imortelle (wenig mitkochen, beduften am Schluss), Estragon, Majoran/Wurstkraut, Peterli gekraust und glattblättrig/italienisch, Peterli grün-/rotblättrig/japanisch, Rosmarin, Salbei, Schnitt-Knoblauch (bläht nicht), Schnitt-Sellerie, Thymian, Zwiebeln
Fondue	Cayenne, Knoblauch, Macis, Piment

Frankfurter grüne Sauce **7-Kräuter-Sauce**

200	g	frischer Borretsch, Gartenkerbel, Kresse, Peterli, Pimpernell-Blätter, Sauerampfer, Schnittlauch	fein schneiden
1	Port	Zitronenmayonnaise oder saurer Halbrahm oder Joghurt oder Salatsauce	zugeben, mischen

Passt zu:	hartgekochte Eier (klassisch), Fisch, Gschwellti, Kartoffeln

Frischkäse	Anis, Brunnenkresse, Chörblichrut/Süssdolde, Gartenkerbel, wenig Senf-Blätter, Koriander, Peterli, Schnittlauch, Schnitt-Knoblauch, Schnitt-Sellerie, Zitronenmelisse
Fruchtgelee	Ananassalbei, Duftgeranien, Lavendel, Minze, Muskatellersalbei-Blüten, Rosenblüten, Verveine/Zitronenverbene, Zitronenthymian
Fruchtsalat	Ananassalbei, Anis-Samen, Borretsch-Blüten, Chörblichrut/Süssdolde, Duftgeranien-Blüten und Blätter zum Marinieren, Lavendel-Blüten, englische Minze, Muskatellersalbei-Blüten, Pimpernell-Samen, Salbei-Blüten, Zitronenmelisse, Zitronenthymian, Rosenblüten-Sirup
Frühlingsgemüse	junge Beinwell-Blätter, Brunnenkresse, Gartenkerbel, frische Gewürz-Fenchel-Triebe, Hopfen-Sprossen, Löwenzahn, Sauerampfer, Spargel, Spinat, Spitzwegerich-Blätter
Frühlingssuppe	Brennessel, Brunnenkresse, Kerbel, Liebstöckel/Maggikraut, Pfefferminze, Sauerampfer
Füllungen	Beifuss, Dill, Knoblauch, Koriander-Samen, Liebstöckel/Maggikraut, Peterli gekraust und glattblättrig/italienisch, Schnittlauch, Schnitt-Sellerie, Zwiebeln
Gebäck	Anis, Engelwurz, Koriander-Samen, Lavendel, Zuckerrose (frische Rosenblüten zum Verschönern und verzuckerte Rosenblüten)
Geflügel	Beifuss, Estragon, Rosmarin, Thymian, Ysop
Geflügelsalate	Estragon, Peterli, wenig frischer Gewürz-Fenchel-Samen
Gemüse	Beifuss, griechischer Bergtee, Borretsch, Bouillon, Brennesselbrühe (zum Kochen, Garen, Quellen), Currykraut/Imortelle (wenig mitkochen, beduften am Schluss), Eberraute (für alle eiweisshaltigen Gemüse), Fenchelbrühe (zum Kochen, Garen, Quellen), Knoblauch, Melissenbrühe (zum Kochen, Garen, Quellen), Oreganobrühe (zum Kochen), griechischer Oregano, Peterli, Schnittlauch, Schnitt-Sellerie, Schnitt-Zwiebeln, Zitronenthymian, Zwiebeln.
Gemüse-Platten garnieren	frisches, junges Chörblichrut/Süssdolde, Krauseminze/marokanische Minze, Peterli, Ringelblumenblüten-Blätter, Salbei-Blüten, Ysop
Gemüse-Salate garnieren	Ananassalbei-Blüten, Barbarakraut, Borretsch-Blüten, Brunnenkresse, Estragon, Gingerminze-Blätter, Kapuziner-Blüten, Liebstöckel/Maggikraut, junge Marienblätter, Minzen, Orangenminze-Blätter, Peterli, Ringelblumen-Blütenblätter, Sauerampfer, Senf-Blätter, Schnitt-Knoblauch, Ysop

Gerstengerichte	Basilikum, Dill, Gewürz-Fenchel, Koriander-, Kümmel-Samen, Lorbeer, Meerrettich (wenig mitkochen), Peterli-Wurzel, Thymian
Gerstensuppe	Basilikum, Dill, Gewürz-Fenchel, Koriander-, Kümmel-Samen, Lorbeer, Meerrettich (wenig mitkochen), Peterli-Wurzel, Thymian
Getränke garnieren	Ananassalbei-Blätter und Blüten, Borretsch-Blüten, Duftgeranien-Blätter und Blüten, Gingerninze-Blätter, Goldmelisse-Blüten, Muskateller-salbei-Blüten, Orangenminze-Blätter, Salbei-Blüten, Verveine-/Zitronenverbene-Blüten und Blättchen, Zitronenmelissen-Spitzen
Getreide	Brennesselbrühe (zum Kochen, Garen, Quellen), Bouillon, wenig Eberraute, Estragonbrühe (zum Kochen), Fenchelbrühe (zum Kochen, Garen, Quellen), Balsamkraut/Marienblatt, Melissenbrühe (zum Kochen, Garen, Quellen), Oreganobrühe (zum Kochen), wenig Weinraute, Verveine-/Zitronenverbene-Brühe
Getreide gedünstet	Barbarakraut, Bohnenkraut, Dill, Gewürz-Fenchel, Liebstöckel/Maggikraut, Peterli, Schnittlauch, Thymian
Getreide gekocht	Beifuss, Chörblichrut/Süssdolde, Dill, wenig Eberraute, Gewürz-Fenchel, Krauseminze, Pimpernell-Samen und Blätter, Tripmadam
Getreidebratlinge	Kümmel, Peterli, Rosmarin, Schnitt-Sellerie, Schnitt-Zwiebeln, wenig Weinraute
Getreidegerichte	Bohnenkraut, Brennesselbrühe (zum Kochen, Garen, Quellen), wenig Eberraute, Gartenkerbel, Krauseminze/marokanische Minze, Liebstöckel/Maggikraut, Balsamkraut/Marienblatt, Peterli gekraust und glattblättrig/italienisch, Ringelblumen-Blütenblätter, Schnittlauch, Schnitt-Sellerie, Schnitt-Zwiebeln, Thymian, Ysop
Getreidegerichte garnieren	Beifuss, Borretsch, Chörblichrut/Süssdolde, grüne Engelwurzel-Stengel, Gewürz-Fenchel-Blüten, Kapuziner, Koriander-Blüten, Peterli, Ringelblumenblüten-Blätter, Salbei-Blüten, Sauerampfer, Schnittzwiebel-Röhrchen, Zwiebeln
Getreidegerichte süss	Anis, Chörblichrut/Süssdolde, Gewürz-Fenchel-Blüten, Hagebutte, Muskatellersalbei-Blüten, Rosenblüten-Sirup, Salbei-Blüten
Getreidehackbraten	Beifuss, Liebstöckel/Maggikraut, Koriander-Samen, Peterli, Schnittlauch, Schnitt-Sellerie, Zwiebeln
Getreidepasteten	Eberraute, Majoran/Wurstkraut, Oregano, Peterli-Wurzel, Schnitt-Sellerie, Weinraute, Zwiebeln
Getreide-Milchbreie	Ananassalbei, Safran-Narben
Getreidesalate	Beifuss, frische Chörblichrut-/Süssdolden-Blätter, Kapuziner, Oregano, Peterli, Ringelblumen-Blütenblätter, Schnittlauch, Schnitt-Sellerie

Getreideschrot	Beifuss, Koriander-Samen, Oregano, Peterli, Zwiebeln
Glacé	Engelwurz, englische Minze, Krauseminze/marokanische Minze
Glasuren	Lavendel, Pfefferminz-Sirup, Rosenblüten-Sirup, Zitronen
Gnocchi	Basilikum, Peterli, Salbei-Blätter in Butter oder Olivenöl gebraten, Sauerampfer
Grappa	Anis-Samen, Eberraute, Gewürz-Fenchel-Samen, Salbei, wenig Weinraute, Wermut

Gratte Cul-Sauce

1,2	dl	Elsässer Riesling	
		Nelke	bei wenig Hitze um 1/3 einkochen lassen
2	Lf	Tomatenpüree	
1	Lf	Hagebuttenmark	
3	Prs	Syramenazucker	
½	Tlf	Zitronensaft	alles zugeben, um ¼ einkochen lassen
1,2	dl	Doppelrahm	
wenig		frisch gem. Pfeffer	zum Abschmecken

Passt zu: Getreidehackbraten, Getreidepasteten, Hirse, Reis, Wild

Grillfleisch	griechischer Bergtee, wenig Eberraute, Knoblauch, Rosmarin
Grünkern	Dill, Estragon, englische Minze, Koriander-Blätter, Peterli, frische Pimpernell-Blätter, Schnittlauch, Schnitt-Knoblauch, Schnitt-Zwiebeln
Griessköpfchen	Verveine/Zitronenverbene, Rosenblüten-Sirup
Gschwellti	Chörblichrut/Süssdolde, Gewürz-Fenchel, Hexenmischung, Knoblauch, Leinöl, Meerrettich, Peterli, Zitronenmelisse
Gulasch	Lorbeer, Oregano, Paprika, Peterli-Wurzel, Schnitt-Sellerie, Zwiebeln
Gurken	Dill, Estragon, Ingwer-Wurzel, englische Minze, Krauseminze/marokanische Minze, Ysop
Gurken in Essig eingelegt	Bohnenkraut, Dill, Estragon, Koriander-Körner, Senf-Körner, Ysop
Gurkensalat	1-jähriges Bohnenkraut, Borretsch, Dill, Estragon, Gewürz-Fenchel, Kerbel, Pfefferminze, Zitronenthymian
Hamburger	wenig Eberraute, Peterli, Thymian, Zwiebeln

Hagebutten-Sauce

400	g	Hagebutten	entkernen, Stiele und Blüten entfernen, in Scheiben schneiden
120	g	grüne Äpfel	entkernen, in Scheiben schneiden
200	g	Syramenazucker	
1	dl	Rotwein	alles zugeben, 20 Min leicht kochen lassen, pürieren,
wenig		Wasser oder Rotwein	etwas verdünnen
wenig		Cayenne	zum Würzen
Passt zu:		Geflügel, Wild	

Hexenmischung

1	Teil	Knoblauch	
2	Teil	Peterli-Kraut und Wurzel	ganz fein schneiden oder pürieren
wenig		Sardellen	zum Würzen, ganz fein schneiden oder pürieren
wenig		Pfeffer, Salz	zum Würzen, alles zugeben und mischen
wenig		Olivenöl oder Leinöl	zugeben bis es pastenartig wird
Passt zu:		Gschwellti, Raclette	

Anstelle von Knoblauch kann auch Schnitt-Knoblauch verwendet werden.

Hirse	Peterli gekraust und glattblättrig/italienisch
Hirsebratlinge	Anisbasilikum, Gartenkerbel, Koriander-Blätter, Peterli, Schnittlauch
Hirsotto	Basilikum, Oregano, Peterli, Peterli grün-/rotblättrig/japanisch, Schnitt-Sellerie
Hülsenfrüchte	Beifuss, Bohnenkraut, Borretsch, Estragon, Liebstöckel/Maggikraut, Minze, Peterli gekraust und glattblättrig/italienisch, Rosmarin, Ysop, Zitronenthymian
Italienische Kräuter	griechischer Oregano, griechischer Thymian
Joghurt	Ananassalbei, Beinwell, Borretsch, Chörblichrut/Süssdolde, Dill, Estragon, Gartenkerbel, Knoblauch, Peterli, Sauerampfer
Kabisrouladen	Dill, Gewürz-Fenchel-Samen, Koriander, Kümmel

Kaninchen	Estragon, Salbei-Blätter, Thymian
Kartoffeln	Beifuss, Brennesselbrühe (zum Kochen, Garen, Quellen), Bouillon, Dill, wenig Eberraute, englische Minze, Estragonbrühe (zum Kochen), Fenchelbrühe (zum Kochen, Garen, Quellen), Gewürz-Fenchel, Gartenkerbel, Balsamkraut/Marienblatt, Majoran/Wurstkraut, Melissenbrühe (zum Kochen, Garen, Quellen), Peterli gekraust und glattblättrig/italienisch, Pimpernell, Quendel, Sauerampfer, Ysop, Zitronenthymian
Kartoffelauflauf	Gewürz-Fenchel, Koriander, Kümmel, einjähriger Majoran, Pfeffer
Kartoffeln gebraten	Anis, Pfefferminzen, Pimpernell-Samen, Rosmarin, Thymian
Kartoffelsalat	Bohnenkraut, Krauseminze/marokanische Minze, Peterli, Sauerampfer, Schnitt-Sellerie, Tripmadam
Kartoffelsoufflé	Gewürz-Fenchel, Macis, einjähriger Majoran, Paprika, Piment
Kastaniengerichte	Anis, Chörblichrut-/Süssdolden-Samen, Ingwer-Wurzel, Koriander-Samen
Kefen	Ananassalbei, Gartenkerbel, Ingwerminze, englische Minze, Krauseminze, Liebstöckel/Maggikraut, Peterli
Kichererbsen	Bohnenkraut, Ingwer-Wurzel, Koriander-Samen, Minzen, Peterli gekraust und glattblättrig/italienisch
Knoblauchersatz	Knoblauchkraut, Schnitt-Knoblauch

Knoblauchmilch **nach Dr. Hanisch**

1 l	Wasser	in eine Pfanne geben
3	Zitronen	Saft auspressen, Schale fein schneiden
30	Knoblauchzehen	schälen, pressen, alles ins kalte Wasser zugeben, langsam aufkochen und langsam abkühlen lassen, absieben, in eine Flasche abfüllen

Täglich 2 Std. vor oder nach der Hauptmahlzeit 1 dl trinken, ev. mit wenig Honig süssen.

Eigent sich als Kur zur gesamten Körperregeneration oder bei Rekonvaleszenz.

Kuranwendung: 3 Wochen trinken, 1 Woche Pause, dann nochmals 3 Wochen trinken.

Kohlgemüse	Dill, Fenchel, Kerbel, Koriander, Kümmel

Kohlrabi	Estragon, Koriander-Samen, Orangenminze, Peterli, Zitronenmelisse
Kohlrouladen	Beinwell, Dill, Kümmel, Schnitt-Sellerie, Ysop
Kohlsalat	Bohnenkraut, Gewürz-Fenchel, Koriander, Kümmel
Kompott	Anisbutter leicht braun gratinieren, Verveine/Zitronenverbene, Zitronenmelisse, Zitronenthymian
Konfitüren	Hagebutten, Rosenblüten-Sirup
Kräuterbutter	Basilikum, Estragon, Kerbel, Liebstöckel/Maggikraut, Peterli, Pimpernell, Salbei, wenig Weinraute, Verveine/Zitronenverbene, Zitronenthymian
Kräuteressig	Ananassalbei, Anis, Balsamkraut/Marienblatt, Barbarakraut, Basilikum, Beifuss, Bohnenkraut, Borretsch, Brennessel, Brunnenkresse, Chörblichrut/Süssdolde, Currykraut/Imortelle (wenig mitkochen, beduften am Schluss), Dill, wenig Eberraute, Engelwurz, englische Minze, Estragon, Gartenkerbel, Hagebutten-Apothekerrose, Kapuziner, Knoblauch, Süssdolde, Koriander-Samen, Krauseminze/marokanische Minze, Kümmel, Lavendel, Liebstöckel-/Maggikraut-Blätter, Lorbeer, Majoran/Wurstkraut, Meerrettich, Oregano, Peterli gekraust und glattblättrig/italienisch, Peterli grün-/rotblättrig/japanisch, Pimpernell, Quendel, Ringelblumen-Blütenblätter, Rosmarin, Schnitt-Knoblauch (bläht nicht), Schnittlauch, Schnitt-Sellerie, Schnitt-Zwiebeln, wenig Senf-Blätter, Thymian, Tripmadam, Verveine/Zitronenverbene, wenig Weinraute, Ysop-Blüten und Triebspitzen, Zitronenmelisse, Zitronenthymian, Zwiebeln
Kräutergewürz	Zwiebelsamen mit Kreuz- und Schwarzkümmel
Kräutermischung	Beifuss, Borretsch, Chörblichrut/Süssdolde, englische Minze, Krauseminze/marokanische Minze, Oregano, Schnittlauch, Schnitt-Sellerie, Schnitt-Zwiebeln, wenig Senf-Blätter, wenig Weinraute, Zitronenmelisse, Zitronenthymian
Kräuteröl	Anis, Basilikum, Currykraut/Imortelle, Knoblauch, Koriander-Samen, Krauseminze/marokanische Minze, Liebstöckel/Maggikraut, Lorbeer, Majoran/Wurstkraut, Balsamkraut-Blätter/Marienblatt, Quendel, Rosmarin, Salbei, Schnitt-Knoblauch (bläht nicht), Thymian, Zitronenthymian, Zwiebeln
Kräuteromeletten	Currykraut/Imortelle (wenig mitkochen, beduften am Schluss), Kerbel, Liebstöckel/Maggikraut, Balsamkraut/Marienblatt, Peterli, Gewürz-Fenchel
Kräuterquark	Chörblichrut/Süssdolde, Estragon, Gewürz-Fenchel, Kerbel, Knoblauchkraut, Liebstöckel/Maggikraut, Peterli, Pimpernell
Kräutersalz	Anis, Basilikum, Beifuss, Bohnenkraut, Borretsch, Brennessel, Chörblichrut/Süssdolde, Currykraut/Imortelle, Dill, wenig Eberraute, Estragon, Gartenkerbel, Knoblauch, Knoblauchkraut,

	Kümmel, Liebstöckel-/Maggikraut-Blätter, Majoran/Wurstkraut, Balsamkraut-Blätter/Marienblatt, Meerrettich, Oregano, Peterli gekraust und glattblättrig/italienisch, Peterli grün-/rotblättrig/japanisch, Pimpernell, Quendel, Schnittlauch, Schnitt-Sellerie, Schnitt-Zwiebeln, wenig Senf-Blätter, Thymian, Verveine/Zitronenverbene, wenig Weinraute, Ysop, Zitronenmelisse, Zitronenthymian, Zwiebeln
Kräutersaucen	Dill, Estragon, Kerbel, Sauerampfer, Schnitt-Knoblauch (bläht nicht)
Kräutersoufflé	Estragon, Liebstöckel/Maggikraut, Peterli, Schnitt-Sellerie, Ysop
Kräutersulz	Chörblichrut/Süssdolde, Krauseminze, marokanische Minze, Peterli
Kräutersuppen	Bohnenkraut, Engelwurz, Estragon, Kapuziner, Kerbel, Majoran/Wurstkraut, Balsamkraut/Marienblatt, Peterli, Pimpernell, Sauerampfer, Ysop
Kuchen	Anis, Chörblichrut-/Süssdolden-Samen, Koriander
Kürbis	Gingerminze, Ingwer-Wurzel, Kardamom, Koriandersamen-Pulver, Rosmarin
Lammfleisch grilliert	Bergminze, griechischer Bergtee, wenig Eberraute, englische Minze, Thymian
Lasagne	Basilikum, Rosmarin, Salbei, Schnitt-Knoblauch (bläht nicht), Thymian
Leber	Knoblauch, Balsamkraut/Marienblatt, Zwiebeln
Linsen	frischer Anis, Gewürz-Fenchel, Koriander-Samen und Blätter, italiensicher Kreuzkümmel, Lorbeer, Peterli glattblättrig/italienisch, Peterli grün-/rotblättrig/japanisch
Maispizza	griechischer Bergtee, Oregano, Rosmarin, Schnitt-Sellerie, Thymian
Marinaden	wenig Eberraute, Knoblauch, Lorbeer, Rosmarin, Thymian, Verveine/Zitronenverbene, wenig Weinraute

Meerrettich-Schaum

2	dl	Rahm	schlagen
2	Lf	Meerrettich	
½		Apfel	alles fein raffeln
wenig		Zitronensaft	
1	Prs	Zucker	
1	Prs	Salz	
½	Tlf	Senf	alles mischen, unter den Rahm ziehen

Passt zu: Brotaufstrich, Fisch, kalte Platten, Rindfleisch

Melonen	junge Chörblichrut-/Süssdolden-Blättchen, Ingwerminze, englische Minze, Krauseminze/marokanische Minze, Orangenminze
Milchreis	Ananassalbei-Blüten, Anis, junge Chörblichrut-/Süssdolden-Blättchen, Ingwerminze, wenig Jasminblüten, Muskatellersalbei-Blüten, Safran-Narben, Verveine/Zitronenverbene, Zitronenthymian
Minestrone	Basilikum, Bohnenkraut, Majoran/Wurstkraut, Oregano, Peterli-Wurzel, Rosmarin, Salbei, Schnitt-Sellerie, Thymian, Verveine-/Zitronenverbene-Blüten und Blätter
Müesli garnieren	Ananassalbei, Anis, Goldmelissen-Blüten, wenig Jasminblüten, Lavendel-Blüten, Muskatellersalbei, Safrannarben, Ysop-Blüten, Zitronenthymian
Oliven in Öl eingelegt	Rosmarin, schmalblättriger Salbei, Thymian
Omeletten	Beinwell-Blätter, Borretsch-Blätter, Chörblichrut/Süssdolde, Estragon, Kerbel, Krauseminze, Balsamkraut/Marienblatt, Peterli, Sauerampfer, Schnittlauch, Schnitt-Zwiebeln, Weinraute, Ysop
Orangen-Konfitüre	Engelwurz, wenig Koriandersamen-Pulver, Ingwerminze, Ingwer-Wurzel
Paprika in Öl eingelegt	Lorbeer, ganzer Pfeffer, Rosmarin, Thymian
Pasteten süss	Anis, Chörblichrut/Süssdolde, Hagebutte, Ingwer, Koriander-Samen, Lavendel
Pesto	Basilikum, Knoblauch oder Schnitt-Knoblauch (bläht nicht)
Pfefferminz-Kartoffeln gebraten	Bergminze, Ingwerminze, Krauseminze/marokanische Minze, Balsamkraut/Marienblatt, englische Minze (hat ein sehr starkes Aroma)
Pilze	Beifuss, wenig Eberraute, Lorbeer, wenig Minzen, Peterli gekraust und glattblättrig/italienisch, Zitronenmelisse, Zitronenthymian
Pizza	Basilikum, griechischer Bergtee, Bohnenkraut, Kapuziner-Samen, Majoran/Wurstkraut, Oregano, Peterli, Zitronenthymian
Polenta	griechischer Bergtee, Bouillon, Oregano, Rosmarin, schmalblättriger Salbei in Butter oder Olivenöl gebraten, Schnitt-Sellerie, Thymian
Preiselbeer-Konfitüre	Chörlbichrut-/Süssdolden-Wurzel oder Samen, Koriander, Lorbeer, Zitronenthymian
Provence-Kräuter	Basilikum, Bohnenkraut, Estragon, Fenchel, griechischer Oregano, Oregano, Majoran, Ysop

Quark	Anis, Chörblichrut/Süssdolde, Dill, Estragon, Gewürz-Fenchel, Liebstöckel/Maggikraut, englische Minze, Gartenkerbel, Peterli, Pimpernell, Quendel, Sauerampfer, Schnitt-Knoblauch (bläht nicht), Schnitt-Zwiebeln, wenig Senf-Blätter, Zitronenmelisse, Zitronenthymian, Ysop
Räbensalat	Koriander-Samen, Kreuzkümmel
Raclette	Hexenmischung
Rahmsauce	Basilikum, Dill, Estragon, Gewürz-Fenchel, Kerbel, Sauerampfer
Randen in Essig eingemacht	Beinwell, Gewürz-Fenchel-Samen, Koriander-Samen,Meerrettich, Senfkörner, Ysop, Zwiebeln
Reis	Anisbasilikum, Bouillon, Gingerminze, Goldmelissen-Blüten, Ingwer-Wurzel, englische Minze, Orangenminze, Peterli gekraust und glattblättrig/italienisch, Rosenblüten-Sirup, Salbei-Blüten, Zitronenbasilikum, Zitronenthymian
Reisgerichte	Anis, Anisbasilikum, Currykraut/Imortelle (wenig mitkochen, beduften am Schluss), Kapuziner-Samen, Koriander-Blätter, Peterli grün-/rotblättrig/japanisch, Quendel, Ysop, Zitronenbasilikum
Rettich	Gewürz-Fenchel-Samen, Kümmel
Rhabarberkompott	Chörblichrut/Süssdolde, Engelwurz
Rindfleisch	Meerrettichschaum
Rindfleischsuppe	Liebstöckel/Maggikraut, Lorbeer, Meerrettich mitkochen, Nelken, Zwiebeln
Risotto	Basilikum, griechischer Bergtee, Liebstöckel/Maggikraut, Oregano, Peterli-Wurzel, Safranpulver, Schnitt-Sellerie
Rohkost	Anisbasilikum, Barbarakraut, englische Minze, Kapuziner, Kerbel, Knoblauchkraut, Krauseminze/marokanische Minze, Liebstöckel/Maggikraut, Majoran/Wurstkraut, Peterli, Schnitt-Sellerie, Tripmadam, Zitronenbasilikum

Rosenblüten-Sirup

1		Schüssel mit stark duftendem Rosenblüten locker füllen	
1	l	Wasser	aufkochen, über die Blüten giessen und sofort zudecken, auskühlen lassen
10	g	Weinsteinsäure	in wenig kaltem Wasser auflösen, zugeben, ca. 2 Tage stehenlassen (mazerieren), Saft absieben
1	kg	Zucker	dazurühren bis der Zucker aufgelöst ist, in dunkle, gut schliessende Glässer abfüllen,

kühl und dunkel aufbewahren (ev. im Tiefkühlfach)

Passst zu: Bowlen, Fruchtsalate, über süsse Getreidegerichte, Milchreis, zum Süssen von Tee, wenig in weissem Wein

Geeignet sind alle ungespritzten Rosensorten die stark duften, z.B. Rosa conditorum, Rosa centifolia, Rose de Resht.

Rosenessig	Hagebutten-Apothekerrose, Kartoffelrose, alle ungespritzten Rosenblüten die stark duften, z.B. Rosa conditorum, Rose de Resht
Rosenwasser	in Apotheken und Drogerien erhältlich
Rösti	Knoblauch, Kümmel, Salbei, Zwiebel
Rüebli	Anis, jeweils wenig frischer Dill-, Gewürz-Fenchel-, Koriander-, Kümmel-Samen, Minze, Mohn-Samen, Peterli, Schnitt-Zwiebeln
Rührei	Anisbasilikum, Barbarakraut, Chörblichrut/Süssdolde, Kerbel, Koriander, Liebstöckel/Maggikraut, Peterli, Sauerampfer, Schnittlauch
Safranfäden einweichen	in Rosenwasser über Nacht einweichen zum Quellen und um den Farbstoff herauszulösen
Safransuppe gebunden	Peterli, Safranpulver
Salate	Basilikum, Borretsch, Brunnenkresse, Chörblichrut/Süssdolde, Currykraut/Imortelle (wenig mitkochen, beduften am Schluss), Dill, wenig Eberraute, Engelwurz, englische Minze, Estragon, Kapuziner-Samen, Knoblauchkraut, Krauseminze/marokanische Minze, Liebstöckel/Maggikraut, Balsamkraut/Marienblatt, Peterli gekraust und glattblättrig/italienisch, Peterli grün-/rotblättrig/japanisch, Pimpernell-Blätter und Samen, Quendel, Schnittlauch, Schnitt-Sellerie, Schnitt-Zwiebeln, Gewürz-Fenchel, Tripmadam, Verveine/Zitronenverbene, Ysop, Zitronenthymian, Zwiebeln
Salatsaucen	Basilikum, Bohnenkraut, Estragon, Minzen, Peterli, Schnitt-Knoblauch (bläht nicht), wenig Weinraute, Ysop
Saltimbocca	Salbei-Blätter
Salz-Ersatz	Beifuss, Liebstöckel/Maggikraut, Mauerpfeffer, Peterli, Schnitt-Sellerie, Tripmadam
Saucen	Anis, Basilikum, Bouillon, Brunnenkresse, englische Minze, Kapuziner, Knoblauch, Lavendel, Liebstöckel/Maggikraut, Lorbeer, Peterli gekraust und glattblättrig/italienisch, Pimpernell, Ringelblumen-Blütenblätter, Rosmarin, Salbei, Schnitt-Sellerie, Verveine/Zitronenverbene

Sauerkraut	Ananassalbei, Koriander-Samen, Kümmel, Lorbeer, Senfkörner, Wacholderbeeren
Sauerkraut-Rouladen	Koriander-Samen
Sauerteigbrot	Anis, Koriander-Samen, Kümmel-Samen einbacken
Schaffleisch	griechischer Bergtee, Cheiro verde, englische Minze, Knoblauch, Krauseminze/marokanische Minze
Senfgurken	Borretsch, Dill, Estragon
Sirup	Anis, Basilikum, Chörblichrut/Süssdolde, Engelwurz, englische Minze, Hagebutten-Apothekerrose, Krauseminze/marokanische Minze, Lavendel zusammen mit Rosenblüten, Salbei, Thymian, Verveine/Zitronenverbene, Zitronenmelisse, Zuckerrosen-Blüten, Zwiebeln
Sorbet	Ananassalbei, Anis, Gingerminze, Hagebutte, Orangenminze, Verveine/Zitronenverbene, Zitronenmelisse, Zitronenthymian, Rosenblüten-Sirup
Soufflé	Chörblichrut/Süssdolde
Speisen	Zuckerrose (frische Rosenblüten zum Verschönern und Beflügeln)
Suppen	Beifuss, Beinwell, Borretsch, Bouillon, Chörblichrut/Süssdolde, Currykraut/Imortelle (wenig mitkochen, beduften am Schluss), Dill, Knoblauch, Liebstöckel/Maggikraut, Balsamkraut/Marienblatt, Meerrettich, Peterli gekraust und glattblättrig/italienisch, Ringelblumen-Blütenblätter, Safran, Sauerampfer (für Saueramfersuppe), Schnittlauch, Schnitt-Sellerie, Schnitt-Zwiebeln, Gewürz-Fenchel, Thymian, Tripmadam, Zwiebeln
Süss-saure Früchte, Gemüse	Dill, Ingwer-Wurzel, Kardamom, Lorbeer, wenig Meerrettich-Wurzel, Nelken, Senfkörner, wenig Veilchen-Wurzel, Zimtstengel
Tee	Ananassalbei, Anis, Basilikum, Beifuss, griechischer Bergtee, Bohnenkraut, Borretsch, Brennessel-Blätter und Samen, Chörblichrut/Süssdolde, Dill-Samen, wenig Eberraute, Engelwurz-Wurzeln und Samen, englische Minze, Estragon, Hagebutte, Krauseminze/marokanische Minze, Kümmel, Lavendel, Liebstökkel/Maggikraut-Samen und Blätter, Lorbeer, Majoran/Wurstkraut, Balsamkraut/Marienblatt, Oregano, Peterli gekraust und glattblättrig/italienisch, Blätter, Samen und Wurzeln, Quendel, Ringelblumen ganze Blüten, Rosmarin, Salbei, Gewürz-Fenchel alle Pflanzenteile, Thymian, wenig Weinraute, Ysop-Blüten und Triebspitzen, Zitronenmelisse, Zitronenthymian, Rosen-Blüten frisch und getrocknet
Teigwaren	Basilikum, Mohn-Samen, Rosmarin, Salbei-Blätter in Butter oder Olivenöl gebraten, Schnittlauch, Schnitt-Zwiebeln, Zitronenthymian

Terrinen Gemüse-, Fleisch-	Beifuss, Bohnenkraut, Estragon, Koriander, Peterli, Schnittsellerie, Senfkörner, Thymian, Ysop
Toast's	Anisbutter leicht braun gratinieren
Tofu	Liebstöckel/Maggikraut, Peterli
Tomaten	Anisbasilikum, Basilikum, griechischer Bergtee, Knoblauch, einjähriger Majoran, Oregano, Rosmarin, Schnitt-Knoblauch (bläht nicht), Schnitt-Sellerie, Zitronenbasilikum
Tomaten in Öl eingelegt	griechischer Bergtee, Oregano, Rosmarin, Thymian
Tomaten-Konfitüre	Hagebutte
Tomatengerichte	Basilikum, griechischer Bergtee, Liebstöckel/Maggikraut, Majoran/Wurstkraut, Oregano, Peterli, Schnitt-Sellerie, Thymian
Tomatenreis	Basilikum, griechischer Bergtee, Majoran/Wurstkraut, Peterli, Schnitt-Sellerie, Thymian
Tomatensauce	Basilikum, Bohnenkraut, Majoran/Wurstkraut, Peterli, Rosmarin, Salbei-Blätter, Schnitt-Sellerie, Thymian, Zitronenthymian
Tomatensuppe	Bohnenkraut, Peterli glattblättrig/italienisch, Schnitt-Sellerie, Zitronenbasilikum
Traubenbeerenkompott	Anis, Ingwer-Wurzel
Truthahn	Hagebutte
Vinaigrette	Brunnenkresse, Dill, Estragon, Kerbel, Peterli, Schalotten, Schnittlauch
Weihnachtsgebäck	Anis, Chörblichrut-/Süssdolden-Samen, Ingwer-Wurzel, Koriander-Samen, Lavendel, Zimt
Wein aromatisieren	Rosenblüten-Sirup
Wein ansetzen mit	Chörblichrut/Süssdolde, Eberraute, Lavendel, Rosmarin, Salbei, Wermut, Ysop, Zitronenmelisse
Weisswein ansetzen mit	wenig Eberraute, wenig Weinraute
Wild	Hagebutte, Koriander, Lorbeer, Minze, Wacholderbeeren
Wurzelgemüse	Beifuss, wenig Eberraute, Estragon, Koriander, Kümmelpulver, Peterli, Schnitt-Knoblauch, Schnitt-Sellerie, Senf-Blätter und Samen, Zwiebeln
Zucchetti	Basilikum, griechischer Bergtee, Knoblauch, Rosmarin, Schnitt-Knoblauch (bläht nicht), Schnitt-Sellerie
Zuckermais	Anis, englische Minze

Zuckersirup	Engelwurz-Stengel in Zuckersirup kochen (Stengel werden ganz grün), Goldmelissen, Lavendel, Minze, Rosenblüten
Zwiebelwähe	Anis, Koriander, Kümmel, Thymian

Obst und Früchte

Obst und Früchte müssen reif und frisch sein!

Obst- und Früchte-Gruppen

Beerenobst

Erdbeeren, Brombeeren (Kroatzbeeren), Himbeeren, Johannisbeeren und Stachelbeeren (Chruselbeeren) sollen so frisch wie möglich und roh gegessen werden. Ihre wertvollen Vitalstoffe sind vor allem Vitamin C, Spurenelemente und Enzyme.

Kernobst

Wichtigste Vertreter sind Äpfel, Birnen und Quitten. Dies sind botanische Scheinfrüchte, da sich die Frucht nur aus dem Fruchtknoten bildet. Ihre wichtigsten Inhaltsstoffe sind Faserstoffe, organische Säuren, Pektine und Aromastoffe. Diese aktivieren die Verdauungssäfte, regulieren die Darmbewegung und reinigen durch ihre hohe Quellkraft die Darmbuchten. Zusätzlich binden sie Schadstoffe und radioaktive Elemente. »An apple a day, keeps the doctor away.«

Schalenobst

Dazu zählt man die roh geniessbaren Samen-, Kern- und Nussarten, wie Baumnüsse (Walnüsse), Cashewnüsse (Kernels oder Kaschu), Erdnüsse, Haselnüsse, Mandeln, Mohn, Paranüsse, Pecannüsse, Pinienkerne, Pistazien, Sesam, Sonnenblumenkerne und Kastanien (Marroni).
Dank ihrer Schale bleiben ihre wertvollen Öle, Fette und fettlöslichen Vitamine erhalten. Geschälte Nüsse sind kühl zu lagern, eventuell einzufrieren. Ebenso gehören frisch gemahlene Nüsse in den Kühlschrank.

Steinobst

Aprikosen (Marillen), Pflaumen, Pfirsiche, Reineclauden (Renekloden), Sauerkirschen (Weichseln oder Morellen), Süsskirschen und Zwetschgen enthalten viel Fruchtzucker und Fruchtsaft. Ihre basenspendenden Mineralstoffe, wie Eisen und Kalium, unterstützen den Zellaufbau.

Vorsicht:
Zuviel Steinobst führt zusammen mit Wasser zu Bauchschmerzen. Mit Salzigem zusammen ist Steinobst besser verträglich.

Weintrauben

Werden in Tafel- und Keltertrauben eingeteilt. Ihre Süsse spricht für sich selbst.

Wildfrüchte

Wildfrüchte ist der Sammelbegriff für wildwachsende, essbare Früchte wie Ebereschenbeeren (Vogelbeeren), Hagebutten (Hüffen), Heidelbeeren (Waldbeeren), schwarzer Holunder, Kornelkirschen, Loganbeeren, Moltebeeren, Preiselbeeren, Sanddorn, Schlehdorn, Traubenkirschen, Walderdbeeren, Weissdorn.

Die gerbstoffreichen Beeren wie Hagebutten, Preiselbeeren, Sanddorn, Schlehdorn und Weissdorn sind erst nach Frosteinwirkung roh oder gekocht geniessbar. Ihre Inhaltsstoffe sind Vitamin C, Enzyme, Spurenelemente und Heilstoffe.

Süd- und Zitrusfrüchte

Als Süd- und Zitrusfrüchte werden alle Früchte genannt, welche aus dem Süden kommen wie Avocados, Bitterorangen (Pomeranzen), Feigen, Granatäpfel (Grenadine), Grapefruits (Pampelmuse), Kakipflaumen, Kiwis, Kumquat (Zwergpomeranzen), Mandarinen, Orangen, Wassermelonen, Zitronen. Diese Früchte sollten nicht im Übermass gegessen werden, da sie zu einer Übersäuerung des Körpers führen.

Exotische Früchte

Exotische Früchte kommen ursprünglich aus den Tropen und Subtropen. Ihre Vielfalt in den Aromen, Farben und Formen sind eine Bereicherung des Speisezettels. Besondere Inhaltsstoffe sind: Enzyme, Vitamine und hochaktive Vitalstoffe.
Kleine Mengen haben eine grosse Wirkung. Bedeutende Vertreter sind Acerola (Wildkirschen), Ananas, Bananen, Cherimoya, Datteln, Guave, Limette, Litchipflaumen, Loquate, Lotusfrucht, Mango, Maulbeeren, Papayas, Passionsfrucht.

Obst- und Frucht-Arten

Ananas

Ananas enthält eiweissspaltende Enzyme.

Apfel

Der Apfel symbolisiert in der Natur die Auswahl, Schönheit und Volkommenheit der Jugend.
Avalon ist das magische Apfelland, in welchem Apfelbäume als Geschenk des Himmels wild wachsen.

Im Apfel selbst ist der Mensch als pythagoräisches Pentagramm (Fünfeck) als Geheimnis verborgen. Diese Geheimnisse offenbaren sich in der Anordnung der Kerne. Um diese Geheimnisse zu betrachten, wähle man aus einer Fülle von Äpfeln einen passenden Apfel aus, schneide ihn waagrecht durch und betrachte den Querschnitt des Kerngehäuses.

Äpfel sind pflückreif, wenn sich an den Bäumen ihre Fliege zu öffnen beginnt.
Der säuerliche Geschmack getrockneter Apfelstücke löscht den Durst. Gut

getrocknete Apfelstücke werden offen an der Luft liegend wieder weich.

Der Apfel ist das Heilmittel für den Darm:

- frisch gerieben und mit Zitronensaft angereichert hat der Apfel eine verdauungsfördernde Wirkung
- gerieben und braun oxidiert, gewürzt mit wenig gemahlenem Anis und Fenchel, baut der Apfel die Darmflora auf und hat stopfende Wirkung
- gekocht ist das Apfelpektin optimal quellfähig und nährt die Darmflora
- wird die Fruchtsäure schlecht vertragen, so gibt man beim Kochen etwas Tapioka dazu. Dies neutralisiert die Fruchtsäure.

Aprikosen / Marillen

Besonders wertvoll sind die Hunza-Aprikosen, das »Gold der Hunza«. Diese Wildfrüchte wachsen in der Höhe des Himalaya und werden dort an der Luft getrocknet.

Diätetische Hinweise:
Aprikosen sind ein ideales Aufbaunahrungsmittel für Mutter und Kind. Ungeschwefelte, getrocknete Aprikosen enthalten viel Calcium, Eisen, Fluor, Kalium, Magnesium, Phosphor, Vitamin A, B2, B6, Niacin und Vitamin C.

Therapeutische Empfehlung:
Bei Eisenmangel wird empfohlen, pro Tag 2 halbierte, ungeschwefelte, getrocknete Aprikosen zu essen. 2-wertiges Eisen Fe^{+2} ist blutbildend und vermag Schadstoffe sowie Schwermetalle zu eliminieren.

Eisen baut sich im Körper oft 3-wertig zu Fe^{+3} auf (oxydiert) und verursacht dadurch Blähungen und Krämpfe. Durch Zugabe einer 0,5 %-igen Vitamin C-Lösung können Verdauungsbeschwerden durch eisenhaltige Lebensmittel gelindert werden. Empfehlenswert ist deshalb immer die kombinierte Einnahme von Eisen mit viel Vitamin C und Vitamin B6.

Bananen

Die Banane ist wohl die älteste tropische Kulturpflanze. An der Palme ausgereift, wäre sie mehlig und ohne Aroma. Deshalb muss sie unreif geerntet werden und in der Reifekammer unter fachgerechter Betreuung zur gelben aromatischen Frucht nachreifen. Leider wird heute diesem kunstvollen Nachreifen mit chemischen Mitteln nachgeholfen. Deshalb ist beim Einkauf besonders gut auszuwählen!

Bei ausgereiften Bananen sammeln sich am Blütenende, in einem schwarzen Stift, die Schadstoffe. Dieser schwarze Stift muss entfernt werden.

Will man die Aromastoffe verbessern, so schneidet man die Banane der Länge nach durch, hebt das Fruchtfleisch aus der Schale, bestreicht die Schale innen mit Honig oder Konfitüre und legt das Fruchtfleisch ca. 30 Min. lang in die Bananenschale zurück.

Als Grundnahrungsmittel mit wichtigen Mineralstoffen, wie Kalium, Vitamin A, B, C und D, sind Bananen eine ideale Kinder- und Krankennahrung. Zusätzlich aktivieren sie die Milchabsonderung stillender Mütter.

Birnen

In Rotwein eingelegte Birnen sind blutbildend und regen durch ihre Faserstoffe die Darmtätigkeit an.

Datteln

Datteln sind das »Brot der Wüste«, ein wichtiges Grundnahrungsmittel, ohne das die Wüstenbewohner nicht leben könnten. Dank dem hohen Gehalt an Mineralstoffen und wichtigen Vitaminen sind sie für uns im Winter eine wertvolle Ergänzung.

Dattelkerne als Infektionsschutz

Werden Dattelkerne ca. 15 Min. im Mund bewegt, so löst der Mundspeichel wertvolle antibakterielle Stoffe heraus. Diese sind ein idealer zusätzlicher Schutz vor Infektionskrankheiten.

Feigen

Feigen sind ein Grundnahrungsmittel, welche den gesunden Körperaufbau unterstützen. Sie enthalten Eisen, Fluor, Kalium, Calcium, Magnesium, Natrium, Phosphor sowie die Vitamine A und B. Ihre Faserstoffe haben eine verdauungsfördernde Wirkung.

2 Feigen über Nacht in einem Glas Wasser einweichen, am morgen nüchtern essen und das Wasser trinken wirkt verdauungsfördernd.

Heidelbeeren

Heidelbeeren sind ein ideales Mittel gegen Durchfall. Ihre gärungshemmende und entgiftende Wirkung machen sie zu treuen Reisebegleitern.

Kirschen

Kirschen sind sehr nahrhaft und für Kuchen, Dessert sowie als Getränke gut geeignet, frisch, getrocknet oder als Kirschengetränk.

Korinthen

Korinthen sind getrocknete blaue Trauben.

Orangen

Orangen erhalten ihre Farbe durch die kühlen Nächte, und nicht wie alle anderen Früchte durch die Sonnenwärme.
Blutorangen erhielten ihre dunkle Farbe ohne Züchtung und wurden deshalb Tarocco (Geheimnis) genannt.
Anstelle von Orangensaft und Orangen können Süssmost und Äpfel verwendet werden.

Papayas

Die ganze Papaya mit den Kernen enthält Enzyme, welche die Bauchspeicheldrüse ebenfalls bildet.
Von den Einheimischen werden Papayas zur Fleischkonservierung verwendet. Dabei werden rohes Fleisch und Papayaschnitze lagenweise in einen Tontopf eingeschichtet. Papayapulver kann als Fleischzartmacher benutzt werden.

Pfirsiche

Anstelle von Orangeat und Zitronat können einem Kuchen getrocknete Pfirsiche und Aprikosen beigegeben werden.

Pflaumen

Pflaumen enthalten sehr viel Eisen, Kalium, Vitamin A, B1, B2, Niacin und B6.

Rosinen

Rosinen sind getrocknete kleine blaue Trauben (Tessiner Trauben/»Katzenseicherli«)

Sultaninen

Sultaninen sind getrocknete weisse Trauben.

Trauben

Korinthen sind getrocknete blaue Trauben.
Rosinen sind getrocknete kleine blaue Trauben (Tessiner Trauben/»Katzenseicherli«)
Sultaninen sind getrocknete weisse Trauben.

Weinbeeren

Weinbeeren sind getrocknete grosse Trauben (Malagatrauben). Ihre Enzyme helfen beim Aufspalten der Kohlenhydrate.

Die Weinrebe, der Weinstock

Suchst du das Grösste?
– Die Pflanze kann es dich lehren.
Was sie willenlos ist,
sei du es wollend – das ist's!

Friedrich Schiller

Wohl kaum ein Kulturpflanze wurde in Gedichten, Liedern, Sagen und Mythen auf der ganzen Welt soviel gepriesen wie der Weinstock oder die Weinrebe, die mit zu den ältesten Kulturpflanzen gehört.
Ihre Wiege liegt im vorderen Orient und reicht vom Kaukasus bis nach Europa, wo auf feucht-kühle bis kalte Winter warme und trockene Sommer folgen. Solche Gegensätze in einer Fruchtbarkeit zu vereinen vermögen nur wenige Kulturpflanzen.
Mit ihren starken Wurzeln dringt sie tief in den trockenen Boden und sucht dort lebendiges Wasser. Die Bodenbeschaffenheit kann verschiedenartig sein.

Der Standort und die trockene Sommerluft schaffen ihr gebietseigenes, intensives Fruchtaroma. Die Sonnenwärme bildet die Süsse aus. So gestalten die 4 Elemente Erde, Wasser, Feuer und Luft die Fruchtbarkeit dieser Pflanze.

Der Weinstock oder die Weinrebe wird als Urquell des Lebens bezeichnet, da er den Menschen das höchste Gut schenkt: die Gesundheit. Heilwirkung spendet uns die ganze Pflanze in vielfältiger Form. Im Traubensaft sind es z.B. die Gerbstoffe, Apfel-, Bernstein-, Weinsäure, Mineral- und Vitalstoffe sowie der Traubenzucker, welche die Blutbildung und Blutreinigung unterstützen. Ausserdem werden Darm, Nieren und das gesamte Immunsystem angeregt, sodass Kuren bei Arteriosklerose, Blutarmut, bei zu niederem und zu hohen Blutdruck, bei Drüsenschwäche, Hautunreinheiten, Leukämie, Lungenblähungen und Tuberkulose empfohlen werden können.
Mässig genossen ist der Wein ein Arzneimittel. Für Rekonvaleszente hat er eine anregende, belebende, kräftigende und desinfizierende Wirkung.
Der Gesunde muss sich im Weintrinken üben, um das Mass der Dinge – die Brücke zum gesunden Gleichgewicht – zu bewahren.

Wildkirschen / Acerola

Wildkirschen weisen als Konzentrat den höchsten Gehalt an Vitamin B1, B2, C und Niacin sowie Kalium und Phosphor auf.

Diätetische Hinweise:
Trotz einer hohen Enzymwirkung von exotischen Früchten ist es für Europäer ratsam, davon nur wenig zu essen, da ihre Fruchtsäure für uns schwer verträglich ist.

Zitronen

Hellgrüne Zitronen sind unreif. Dunkelgrüne Stellen zeigen einen speziell zitroneneigenen Reifezustand an. Solche Zitronen sind durch senkrechte Sonnenbestrahlung gereift.

- eine Zitrone enthält ca. 30-35 g Saft
- die Säure der Zitrone ist im Fruchtfleisch
- gutes Zitronenaroma erfordert ein sorgfältiges Entfernen der weissen, bitteren Schale
- ein leichtes Walken der Zitrone in der Hand ergibt elastischere Zellen und mehr Saft zum Auspressen

Dörrfrüchte

Das Trocknen von Früchten ist wohl die älteste und schonendste Form, Lebensmittel haltbar zu machen. Durch Lagern kandieren die Früchte. Es bildet sich ein weisser kristalliner Überzug. Dörrfrüchte sind, dank ihrem hohen Gehalt an Frucht- und Traubenzucker, wertvolle Energie- und Wärmespender. Vor allem kann der Traubenzucker vom Blut rasch aufgenommen werden. Ausserdem enthalten Dörrfrüchte wertvolle Mineralstoffe und Spurenelemente sowie die Vitamine A, B und C. Faserstoffe und reichlich vorhandene Enzyme unterstützen die Verdauung.

- Dörrfrüchte sind basisch
- Dörrfrüchte sind direkt gegessen oder gebacken wertvoller als gekocht
- bleichen und desinfizieren mit Schwefel und Chlor zerstört das Vitamin B
- empfehlenswert sind unbehandelte, an der Luft getrocknete, biologische Dörrfrüchte
- kristallisierter Zucker sollte abgespült werden, wenn eine Zuckerreduktion nötig ist (kristallisierter Zucker ist dasselbe wie Saccharose = weisser Zucker)

Kerne, Nüsse, Samen

Nüsse, Samen und Kerne können eine Mahlzeit ersetzen. Sie enthalten wertvolle ungesättigte Fettsäuren, lebenswichtige Eiweisse, Vitamine, Mineralstoffe und Spurenelemente. Der Kohlenhydratanteil ist unterschiedlich. Ihr gesundheitlicher Wert ist gross, sie sind aber schwer verdaulich.

Da Nussöle durch Luft, Mikroorganismen und eigene Metallspuren sehr schnell oxydieren, sind Nüsse, Samen und Kerne leicht verderbliche Lebensmittel. Nüsse aus europäischen Gebieten sind im ranzigen Zustand weniger von giftigen Schimmelpilzen befallen als tropische Nüsse, welche im Pilzstadium giftige Aflatoxine bilden.

- Nüsse kühl, trocken, vor Licht geschützt aufbewahren (Kühlschrank)
- durch Rösten, ca. 20-30 Min. bei 120 °C, entfaltet sich ein intensives Nussaroma und das bittere Häutchen lässt sich besser entfernen
- gemahlene Nüsse möglichst schnell weiterverarbeiten
- Nüsse möglichst frisch knacken
- langes Kochen vermeiden

Kernen und Nüsse rösten

Rösten: Kernen und Nüsse auf ein Backblech verteilen, Backofen auf 120 °C vorheizen, 20-30 Min. in zweitunterster Rille rösten bis es fein duftet, gelegentlich wenden (Zeit je nach Kernen-/Nussgrösse). Die spröde Kernen- oder Nusshaut mit einem Geschirrtuch abreiben.

Durch Rösten entfalten Haselnüsse, Mandeln, Kürbis-, Pinien- und Sonnenblumenkerne ihr Aroma in schönster Form.

Baumnüsse oder Walnüsse

Neben wertvollen Inhaltsstoffen sind die Vitamine A, B, E, die Mineralstoffe Magnesium, Calcium, Schwefel, Phosphor und vor allem das Lezithin vertreten. Lezithin ist ein wichtiger Baustein der Nervensubstanz und unterstützt deshalb das Gedächtnis. Bei Gicht und Rheuma sind Baumnüsse nicht zu empfehlen, da sie leicht säureüberschüssig sind und Purinstoffe enthalten.

Cashew oder Kernels

Cashews oder Kernels wurden Elefantenläuse genannt. Diese Nuss hat dank ihrem Magnesiumanteil eine beruhigende und entspannende Wirkung.

Erdnüsse

Erdnüsse sind Hülsenfrüchte. Da sie schwer verdaulich, säureüberschüssig und stark kochsalzhaltig sind, gehören sie nicht in die Diätküche.

Haselnüsse

Die wichtigsten Mineralstoffe in Haselnüssen sind Magnesium, Kalium, Calcium, Phosphor und Eisen. Wie Baumnüsse enthalten sie Purinstoffe und sind säureüberschüssig.

Kokosnuss

Das Verhältnis der Nährstoffe, Eiweisse, Fette, Kohlenhydrate und des Wassers ist ausgeglichen. In der Makrobiotik bilden Kokosnuss, Sesam und Sojamilch die Grundlage der Säuglingsernährung.
Das Fett der Kokosnuss wird wie Mandelfett, Butter und Schmalz zu mittelkettigen Fettsäuren verdaut, d.h. im oberen Dünndarm gespalten und weiter aufgebaut. Über das Pfortaderblut gelangt es in die Leber und von dort in den Stoffwechsel.
Diese Fettarten sind in der Kinderernährung zu empfehlen, hingegen müssen Leberkranke diese Fettarten meiden.
Langkettige Fettsäuren, aus denen vor allem die pflanzlichen Fette und Öle aufgebaut sind, werden im Magen getrennt. Im Zwölffingerdarm emulgieren die Fette und Öle mit Galle, werden dadurch wasserlöslich und können so von den Lipasen der Bauchspeicheldrüse weiter abgebaut werden. Im oberen Dünndarm bauen sie sich zu Fettsäuren ab, gelangen in die Lymphbahn und münden in die Schlüsselbeinvene.

Kürbiskerne

Kürbiskerne enthalten Kieselsäure, Zink, Vitamine B1 und E. Sie unterstützen das Bindegewebe und haben eine heilende Wirkung bei Blasen- und Prostataleiden, Akne und Diabetes. Ausserdem sind rohe Kürbiskerne mit Knoblauch vermischt ein gut wirksames Wurmmittel.

Mandeln

Dank dem Aufbau aus hochwertigen, ungesättigten Fettsäuren und Eiweissen gelten Mandeln als Grundnahrungsmittel. Mit Haselnüssen kombiniert erhalten wir sogar vollwertiges Eiweiss. Sie sind leicht basenüberschüssig. Dank den Vitaminen A, B und E haben sie eine blutbildende und zellerneuernde Wirkung. Ausserdem unterstützen sie das Nervensystem, die Sehkraft und regulieren die Verdauungsvorgänge. Ihre entzündungshemmende Wirkung macht sie zu einem wertvollen Diätetikum in der Säuglingsernährung sowie zur Basisnahrung für schwerkranke und altersgeschwächte Menschen.
Genaue Angaben der Rezepturen sind zu finden in:

Beratungen zur Säuglingsernährung
Beratungsblätter Herdecke Nr. 4
Verein für ein anthroposophisch erweitertes Heilwesen
Stollenrain 15, CH-4144 Arlesheim

Bittermandeln

Bittermandeln enthalten ein Glykosid, welches durch Zerreiben der Mandeln und unter Einwirkung des Enzyms Emulsin gespalten wird. Das giftige Spaltprodukt Blausäure kann beim Genuss grösserer Mengen Bittermandeln gesundheitsschädlich wirken. Im natürlichen Bittermandelöl wurden diese schädlichen Stoffe entfernt.

Mandelmilch

Mandelmilch wird aus süssen Mandeln hergestellt. Diese werden zerstossen und langsam mit Wasser vermischt. Dabei verbindet das Enzym Emulsin das Fett und das Wasser zu einer milchigen Flüssigkeit, der Mandelmilch.

Mohnsamen

Mohnsamen werden wegen ihren ätherischen Ölen zum Würzen von Speisen verwendet. Sie haben eine beruhigende Wirkung.

Paranüsse

Paranüsse weisen einen hohen Fettgehalt auf und sind sehr nahrhaft.

Pecannüsse

Pecanüsse sind der Baumnuss ähnlich und enthalten die Vitamine A, B1 und B2.

Pinienkerne

Pinienkerne schmecken leicht nach Harz. Mit Kernels zusammen sind sie für Diabetiker geeignet. Mit Paranüssen kombiniert enthalten sie das Schlüsselvitamin B1 und sind so eine wichtige Ergänzung in der Getreideküche.

Pistazien

Pistazien sind weder säure- noch basenüberschüssig. Sie bereichern süsse und salzige Gerichte.

Sesam

Geschälter, heller Sesam hat ein liebliches, nussartiges Aroma, welches durch Rösten intensiver wird. Ungeschälter Sesam ist leicht bitter. Die Schale enthält Oxalsäure und ist bei Nierenkrankheiten zu meiden. Ungeschälter Sesam ist deshalb nur zum Verbacken geeignet. Wertvoll ist unter anderem sein hoher Calciumgehalt.

Sonnenblumenkerne

Sonnenblumenkerne unterstützen den gesamten Stoffwechsel,verbessern die Zellatmung und helfen hohes Fieber senken. Sie gehören zu den wertvollsten Lebensmitteln. Ihr Öl ist aus mehrfach ungesättigten Fettsäuren aufgebaut, enthält lebenswichtige Eiweisse, den Vitamin B-Komplex, die fettlöslichen Vitamine A, D, E, K sowie wichtige Mineralstoffe wie Magnesium, Calcium, Eisen und die Spurenelemente Jod, Fluor und Mangan. Die Kerne werden sorgfältig geschält und können sogar zum Keimen gebracht werden.

Süssungsmittel

Ahornsirup

Die Ahornbaumart, welche zur Sirupgewinnung genutzt werden kann, wächst in den Wäldern Kanadas. Diesen stark vegetativ wachsenden Bäumen werden jedes Jahr im Februar bis März, wenn die Baumsäfte hochsteigen, bis zu 40 l Saft abgezapft, indem in die Baumrinde einen Kanal geschnitzt wird. In grossen Behältern wird der Saft über dem Holzfeuer, bei einer Temperatur von ca. 219 °F/104 °C eingedickt. Zu hohe Temperaturen lassen den Zucker auskristallisieren. Eingekocht ergeben diese 40 l Saft 1 l Ahornsirup.

Die wertvollste A-Qualität ist an der hellbraun-goldenen Farbe erkennbar. Sie wird aus dem ersten Saft der Bäume gewonnen. Die Zuckerkonzentration kann aber von Jahr zu Jahr sehr unterschiedlich sein.
Der B-Qualität wird leider oft normaler Zucker zugesetzt. Diese ist dunkelbraun und enthält mehr Mineralstoffe.
In Kanada wird der »Maple Syrup« zum Frühstück mit Pan Cakes aufgetischt.

Apfelkraut, Birnel, Dattelgold

Apfelkraut, Birnel und Dattelgold haben eine starke Süsskraft und werden durch Einkochen und Eindicken dieser Früchte gewonnen.
Birnendicksaft wird heute noch im Bündnerland hergestellt. Die Hochstammbirnen werden einzeln mehrmals mit einer Nadel eingestochen und im Wasser kurze Zeit leicht gekocht. Anschliessend werden die Birnen zum Trocknen auf den Specksteinofen gelegt. Bis alle Birnen auf diese Weise konserviert sind, ist das Kochwasser soweit eingedickt, dass es mit wenig nachdicken als Birnendicksaft abgefüllt werden kann.
Birnensaft kann ebenfalls eingedickt werden. Dazu braucht es aber wenig Wärme und viel Geduld.
Birnel wird ebenfalls aus Birnensaft gewonnen. Der Saft wird unter Vakuum eingedickt. Dadurch verliert die Säure ihre Wirkung. Durch Zuckerzugabe wird das Birnel geklärt.

Honig

Unsere Vorfahren haben wildlebenden Bienenvölkern den Honig geraubt und mussten sich vor den Angriffen der sich verteidigenden Bienen schützen. Später wurden für die Behausung der Bienen 3-6-stöckige Körbe in einer gewissen Höhe über einem Ameisenhaufen auf Äste gestellt. Erst vor 120 Jahren ist es gelungen, Bienen zu züchten. Der Mensch konnte nun Einblick in das Leben dieses geheimnisvollen Volkes gewinnen.

Ein Bienenvolk besteht aus einer Königin und 40'000-50'000 Arbeitsbienen. Die Drohnen leben in den Sommermonaten. Sie befruchten die Königin, dürfen sich frei im Bau bewegen und sich vom heranreifenden Nektar ernähren.
Die Königin lebt etwa 5 Jahre und wird speziell vom Gelée Royal ernährt. Ihre Duftstoffe, die Pheromone, haben unterschiedliche Wirkung. Bei den Arbeitsbienen wird dadurch die Funktion der Eierstöcke gehemmt und die Baulust der Stockbienen angeregt. Auf dem Begattungsflug dienen diese Duftstoffe als Aphrodisiakum für die Drohnen.
Die Stockbienen sind für Brutversorgung, Wachdienst, Wabenbau und Übernahme des eingetragenen Futters zuständig. Sind die Arbeitsbienen drei Wochen alt, so fliegen sie aus, um Nektar und Honigtau zu sammeln.

Innerhalb von etwa 10 Min. besucht eine Flugbiene ungefähr 100 Blüten, um ihre Honigblasen zu füllen. Ihre etwa 40 Ausflüge pro Tag lassen uns staunen, wie fleissig die Bienen sind. Erstaunlich ist dabei auch ihre Hygiene. Aus ihren Füsschen werden keimhemmende Substanzen und Antibiotika ausgeschieden, welche die Umwelt schützen und die Reinheit des Honigs gewährleisten. Bevor der Imker durch Schleudern ernten kann, müssen die Rohstoffe des Honigs zubereitet werden. Diese werden von den Flugbienen in ihren Honigblasen in den Bau gebracht, wo sie von den Stockbienen übernommen werden.

Bei jeder Übergabe wird der Nektar von den Stockbienen erneut eingespeichelt und verdünnt. Die mit der Honigvearbeitung beauftragten Bienen saugen den Rohstoff ca. 20 Min. lang durch den Rüssel ein und aus. Dadurch wird der Wassergehalt im Nektar auf 50% herabgesetzt und erst dann in die sechseckige Wabe eingelagert. Durch die Bauwärme erfolgt eine weitere Wasserreduktion auf 20%. Nach 1-3 Tagen wird der Nektar nochmals umgelagert und mit einem Wachsdeckel verschlossen.

Biologischer Honig darf nicht über 40 °C erhitzt werden, da sonst wertvolle Inhaltsstoffe verloren gehen. Frischgeschleuderter Honig ist flüssig und kristallisiert je nach Glucosegehalt nach 4-6 Wochen.

Der Fruchtzucker des Honigs ist schon vorverdaut. Enzyme haben diesen Fruchtzucker in Invertzucker aufgespalten und die notwendigen Phosphorverbindungen, sowie Vitamine B2, B6 und C für die Glucose-Resorption erzeugt.

Jede Gegend verleiht dem Honig sein eigenes Aroma, welches durch die Drüsensekretion der Bienen in Eiweissverbindungen konserviert wird. So verkörpert der Honig den Charakter seiner Umgebung. Menschen, die pro Tag z.B. eine haselnussgrosse Menge Honig essen, werden so ebenfalls ein Teil dieses Ganzen. Diese Wechselwirkung und Vielfalt des Lebens, von Innenraum und Aussenraum, ist es, welche unsere Lebensfreude weckt.

So sind z.B. Berg-, Heide-, Kastanien-, Klee-, Lavendel-, Linden- und Wald-Honig für uns Menschen eine Bereicherung. Wer den unterschiedlichen Eigengeschmack des Honigs weniger schätzt, findet im Akazienhonig einen neutralen Geschmack.

Malz

Malz ist dextrinierte Stärke aus der Gerste, welche in der Totreife geerntet wurde.

Melassen

Melassen sind eingedickte Zuckerrohr- oder Zuckerrübensäfte mit hohem Mineralstoffanteil.

Palmzucker

Palmzucker ist kristallisierter Palmsaft mit sehr feinem Aroma und wertvollen Inhaltsstoffen.

Rohrzucker

Normaler Rohrzucker wird aus Stengeln des Zuckerrohres gewonnen, welches stark gedüngt und mit Schädlingsbekämpfungsmitteln behandelt wurde. Vor der Ente werden die Blätter abgebrannt, damit sich der süsse Geschmack stärker entfaltet.

Rohrzucker aus umweltverträglicherem Anbau sind z.B. Jacutinga, Mascopado, Sucanat, Syramena.

Süßstoffe

Süßstoffe wie Aspartame, Saccharine oder Cyclamat sind keine Zucker, sondern zuckerfremde organische Verbindungen. Was wir auf der Zunge als süss empfinden, sind organische Säuren.

Der Gaumen lässt sich täuschen, unser Körper aber nicht. Diese Süßstoffe lösen durch biochemische Mechanismen verwirrende Signale aus, welche den gesunden Kohlenhydratstoffwechsel durcheinanderbringen. Diese Irritation ist so gross, dass die Kontrolle über das Hunger- und Sättigungsgefühl verloren geht. Der Zuckerkonsum steigt gleichzeitig mit dem Süßstoffverbrauch.

Vollrohrzucker

Vollrohrzucker wird ohne chemische Reinigung hergestellt wie z.B. Sucanat. Er ist vor allem in der Kinderernährung willkommen. Durch den Fluorgehalt unterstützt er eine schöne Zahnbildung. Mascopado und Jacutinga werden durch die Umweltschutzorganisationen OS3 gehandelt. Das Zuckerrohr wird nach der Ernte gereinigt, getrocknet und vermahlen.

Zucker-Raffinaden

Aus Zuckerrüben entstehen durch Raffinade Weisszucker, Kandiszucker, brauner Kandiszucker, Farinzucker, Puderzucker und, mit Rohrzucker gemischt, verschiedenste Braunzucker.
In der Diätküche werden isolierte Zucker verwendet, wie Fruchtzucker, Traubenzucker, Sorbit, Xylit und Milchzucker.

Diätetische Hinweise zu Süssungsmitteln

Bei zu hohem Zuckergenuss ist die Bilderwelt der Aromen nicht mehr erfahrbar. Das Süssen ist deshalb auch mit einem »gesunden Zuckerersatz« nur soweit sinnvoll, wie es zur Entfaltung der Aromen dient.
Zuckermoleküle haben bei allen Süssungsmitteln dieselbe Auswirkung. Sie sind Vitamin- und Mineralstoffräuber. Ausnahmen bilden der Honig und die Konfitüren, bei denen die Früchte mit weissem Zucker angesetzt und später eingekocht werden. Die Fruchtenzyme leiten in den Konfitüren einen chemischen Prozess ein, in dem Zucker aufgespalten wird. Diese Enzyme werden zwar durch das Erhitzen bzw. Einkochen zerstört, der chemische Prozess verläuft aber weiter. Nach drei Monaten erhalten wir durch diesen Prozess Invertzucker, wie er auch im Honig enthalten ist.
Das Wertvolle in den Süssungsmitteln sind vor allem die darin enthaltenen Mineralstoffe. Diese können wir durch die Verarbeitung und Anwendung entfalten, aber auch zerstören. Deshalb ist es empfehlenswert, verschiedene und angepasste Süssungsmittel zu verwenden.

Geschmacksverstärker

Geschmacksverstärker können aus 17 verschiedenen Aminosäuren hergestellt werden, z.B. aus Inosinat, Guanylat, Glutamat. Glutamat ist der am meisten verwendete Geschmacksverstärker. Physiologisch hat Glutamat eine bedeutende Aufgabe im Gehirnstoffwechsel. Eine Überdosis kann bei empfindlichen Menschen ca. 20 Min. nach Einnahme zu Kopfschmerzen, Übelkeit, Herzrasen, starkem Erröten, Benommenheit oder Ohnmacht führen, welche jedoch rasch wieder vergehen. Diese Wirkung wird als »China-Restaurant-Syndrom« bezeichnet, da in der asiatischen Küche äusserst viel Glutamat verwendet wird. Weitere physiologische Auswirkungen können schwer nachgewiesen werden, da unser Körper mit verschiedensten Komponenten lebt.

Glutamat (Mono-Natrium-Glutamat) wurde ursprünglich aus Weizenkleie hergestellt. Es können aber auch billigere Rohstoffe verwendet werden, z.B. Zuckerrübenmelasse oder die noch billigere vergärte Glucoselösung, welcher mit speziellen Bakterien Stickstoff zugesetzt wird. Daraus entsteht eine nicht essentielle, sauer reagierende Aminosäure!
Bei verschiedensten Diäten, wie z.B. für Immunschwäche, Allergien, vorzeitiges Altern, bei Leber-, Rheuma-, Krebs-Diäten usw., wird empfohlen, der Gesundheit zuliebe diese Stoffe zu meiden!

Getränke

Tee

Die Heilwirkung von Teekräutern ist so vielschichtig, dass auch heute noch viel Neues erfahren werden kann. Ihre Wirkstoffe finden im menschlichen Körper ihren Weg ohne unser Zutun. Sie schenken uns Heilung und Wohlbefinden. Um diese Wirkstoffe zu erhalten, ist bei der Teezubereitung folgendes zu beachten:

Verschiedene Zubereitungsarten wählen:
- kalt anstellen
- heiss überbrühen
- kochen lassen

Teemischungen mit verschiedenen Inhaltsstoffen kombinieren:
- Kräuter mit Heilwirkung
- Kräuter mit intensivem Aroma
- Kräuter, welche Heilwirkungen unterstützen

Aromenbildung unterstützen:
- dem kalten Teewasser einen kalt abgespülten Bergkristall (Silicea) zugeben
- Tee mit kalkfreiem Wasser zubereiten, damit sich die Aromen intensiver entfalten

Wie eine Pflanze zubereitet werden will, erlernen wir durch Üben. Mit der Zeit werden wir die individuellen Qualitäten und Heilstoffe der Pflanzen und Heilkräuter erspüren. Einige Grundkenntnisse bilden dazu die Basis:

Ätherische Öle in zarten Blüten und Blätter

Zarte Blüten und Blätter mit abgekochtem, leicht abgekühltem Wasser kurz überbrühen, zudecken und 10 Min. ziehen lassen. Dadurch werden die überwiegend flüssigen, leichtflüchtigen ätherischen Öle zurückgehalten.
Die Heilwirkung der ätherischen Öle wirkt auf verschiedenste Körperfunktionen entzündungshemmend, appetitanregend, galletreibend, blähungshemmend, entkrampfend, harntreibend, auswurffördernd und hautanregend.

Bitterstoffe in Tees

Bittertees sind kalt und schluckweise getrunken im Geschmack angenehmer.
Bitterstoffe wirken in den Geschmacksknoten am Zungenrand, regen die Speicheldrüse, den Magensaft und die Gallensekretion an.

Gerbstoffhaltige Pflanzen

Sollen **Gerbstoffe** z.B. bei Salbei, Pfefferminz oder Schwarztee herausgelöst werden, so lässt man diese Teearten länger als 3 Min. ziehen.
Gerbstoffe bilden eine Art Schutzschicht, wirken reizmildernd, entzündungshemmend, trocknen Haut und Wunden und haben einen sekretionshemmenden Einfluss auf verschiedene Drüsen.

Schleimhaltige Pflanzen

Schleimhaltige Pflanzen wie Huflattich, Malve oder Leinsamen über Nacht kalt ansetzen und am Morgen ev. leicht erwärmen. Dadurch bleibt die beruhigende und schützende Wirkung der Schleimstoffe erhalten.
Schleimstoffe wirken durch ihre schützende oder einhüllende Fähigkeit reizmildernd und quellbildend.

Fruchtschalen, Kerngehäuse, Stiele

Fruchtschalen, Kerngehäuse und Stiele 10-20 Min. leicht kochen.

Mineralstoffhaltige Wurzeln

Um die Mineralstoffe herauszulösen, werden Wurzeltees über Nacht kalt angesetzt, am Morgen 10-20 Min. leicht gekocht und anschliessend abgesiebt. Solche Teearten über den Tag verteilt schluckweise trinken.

Anregende Wirkung

Soll die anregende Wirkung des Koffeins genutzt werden, so sollten Tees nicht länger als 5 min. überbrüht werden. Sollen die Magensäfte schonend aktiviert werden, so darf Schwarztee nur 15 Sek. ziehen.

Beruhigende Wirkung

Die beruhigende Wirkung der Gerbstoffe kommt zum Tragen, wenn man den Tee überbrüht, bis zu 3 Min. ziehen lässt und dann absiebt.

Über die Schwarztee-Kultur

Die Teezubereitung sollte eine ebenso kulturelle Handlung sein wie das Teetrinken. Dabei sind einige wichtige Regeln beachtenswert:

- Tee nur in kleinen Mengen einkaufen und in kurzen Zeiträumen verbrauchen.
- Geöffnete Packungen in dicht schliessenden Behältern aus Glas, Porzellan oder Steingut aufbewahren. Behälter aus Holz oder Metall eignen sich schlecht.
- Die Qualität des Wasser ist von entscheidender Bedeutung.
  Es sollte weiches, chlor-, eisen-, kalkfreies Wasser verwendet werden,
  kein abgestandenes oder aufgekochtes Wasser (alte Leitungen, Heisswasserspeicher).
- Zum Kochen des Wassers sollte ein Gefäss verwendet werden, das ausschliesslich diesem Zwecke dient.
- Das Teegefäss sollte nur diesem Zwecke dienen. Metallgefässe sind ungeeignet.
- Teeblätter sollten lose oder in einem Teenetz in die Teekanne gegeben werden.
  Tee-Eier oder Tee-Siebe aus Metall sind nicht empfehlenswert.
- Den Tee mit sprudelnd heissem Wasser in die vorgewärmte Teekanne überbrühen.
- Teegefässe nur mit heissem Wasser ausschwenken, nie mit Spülmittel reinigen.
  Die sich bildende Patina verursacht keine Geschmacks-Beeinträchtigung.
- Grösste Bedeutung hat die Qualität der Teeblätter.
  Die weniger guten Tees in Teebeuteln sollten nur als Notlösung dienen.

– Teepreise von Fr. 5.- bis 10.- pro 100 g sind für gute Qualitäten üblich und angemessen (Erzeugerländer).

Die Teeblattqualität wird in Blattgrade eingeteilt.
Von Hand gepflückte, junge, feine Blätter, deren ätherische Öle einen goldigen Schimmer auf dem Tee bilden, werden als **Finest Tippy Golden Flowery Orange Pekoe = FTGFOP** bezeichnet. Der Reihe nach folgen die Qualitäten **TGFOP, GFOP, FOP** bis **OP** (Orange = königlich, Pekoe = Kugelblatt).
Billigere Teesorten werden aus gebrochenen Teeblättern, **Broken Pekoe**, gemischt und stark fermentiert und parfümiert.
Abgebroche Blattsplitter, **Pekoe Fannings**, oder allerkleinster Dunst werden für Aufguss-Teebeutel verwendet.

Die Frage nach den Teesorten ist recht umfassend und vor allem individuell. Die Auswahl reicht vom japanischen Grüntee über den chinesischen Rauchtee, indischen Hochlandtee bis zum englischen Earl Grey. Durch Beratung im Teefachgeschäft oder eigenes Vergleichen lassen sich die vielen Nuancen für den eigenen Geschmack herausfinden.

Ebenso vielseitig wie die Teesorten sind die möglichen Zutaten wie Zucker, Rohrzucker, Milch, Zitronensaft, Rum u.a.

Schwarztee

5	Lf	Schwarztee	in einen vorgewärmten Teekrug geben
1	l	siedend heisses Wasser	Tee überbrühen, 3-5 Min. ziehen lassen, Teekraut herausnehmen

Das Tee-Wasser-Verhältnis errechnet sich wie folgt:
Pro 2,5 dl Wasser 1 Tlf Tee und für den Teekrug 1 Tlf Tee.

Für die Teezubereitung sollte kein Metallei oder Sieb verwendet werden, da dies die Aromen verfälscht.

Diätetische Hinweise:

Durch verschieden langes Ziehlassen von Schwarztee werden unterschiedliche Wirkungen erzielt:
– bis 15 Sec. schonende Aktivierung der Magensäfte
– bis 3 Min. beruhigende Wirkung durch die Gerbstoffe
– bis 5 Min. anregende Wirkung durch das Koffein
Sonnenbrandschmerzen können mit kalten Schwarztee-Umschlägen gelindert werden.

Blütentee

1 l	Mineralwasser ohne Kohlensäure	
2 Lf	Honig	
½	Zitrone	Saft auspressen, zugeben, tüchtig verrühren
1	Bergkristall	mit kaltem Wasser abspülen , ins Mineralwasser legen
4 Lf	Blüten, z.B. Goldmelissen, Johannisblüten, Kornblumen, Ysop, Waldmeister oder Ringelblumen	
etwas	Ananassalbei-, Orangenminz-, Pfefferminz- und Zitronenthymian-Blätter	in Mandala-Bildform über das Wasser verteilen, 5-6 Std. an die Sonne stellen, absieben, kaltstellen

Kalmustee abends zubereiten

1 Glas	Mineralwasser ohne Kohlensäure	
1	Bergkristall	mit kaltem Wasser abspülen, ins Mineralwasser legen
½ Tlf	Kalmuswurzeln	zugeben, über Nacht stehenlassen

Am nächsten Tag vor und nach dem Essen schluckweise getrunken, unterstützt dieser Tee die Verdauung.

Sonnentee im August/September zubereiten

1 l	Wasser	in eine Glasschüssel geben
1	Bergkristall	mit kaltem Wasser abspülen , in die Glasschüssel legen
1	grosser Strauss Heilblumen	Blüten auf dem Wasser schön anordnen, bis die ganze Oberfläche bedeckt ist, 4 Std. direkt an die Sonne stellen, abends absieben, trinken

Kräutertee

1	l	Wasser	aufkochen
je 1	Tlf	versch. Heilkräuter, z.B. wohlriechendes Eisenkraut, Rosmarin und Schafgarbe	mit den Händen leicht verreiben, zugeben, zugedeckt 5-10 Min. ziehen lassen, Teekraut herausnehmen

Bei Kräutertees mit intensiver Heilwirkung sollten nur schwache Auszüge gemacht werden.

Pfefferminztee

je 1	Lf	Brennessel-, Melissen-, Pfefferminz-, und Zinnkraut-Blätter	von Hand zerkleinern, in einen Krug geben
1	l	siedend heisses Wasser	dazugiessen, zugedeckt 3-5 Min. ziehen lassen, Teekraut herausnehmen

Apfelschalentee

1	kg	Schalen und Kerngehäuse von Äpfeln	
2	l	Wasser	zusammen kalt aufsetzen, 20 Min. leicht auskochen
1	Tlf	Hagebutten	
1		Zitrone	in Scheiben schneiden
4	Lf	Birnel	zugeben, zugedeckt 10 Min. ziehen lassen, absieben

Eistee

je 5	dl	Pfefferminztee, Lindenblütentee mit Zimtstengel, Hagebuttentee, Schwarztee	
1		Zitrone	Saft und Schale
nach Bedarf		Birnel	zugeben, mischen, kaltstellen

Indischer Gewürztee Nerventee aus Indien

2	l	Wasser	
wenig		Ingwer-, Kardamom-, Koriander-, Macis-, Nelken- Zimt-Stücke	
¼		Vanillestengel	zugeben, ca. 10 Min. leicht kochen
5	Tlf	Schwarztee	zugeben, 5 Min. ziehen lassen, absieben
5	dl	heisse Milch	zugeben
2	Lf	Honig oder Ahornsirup	zum Abschmecken

Lindenblütentee

2	l	Wasser	aufkochen
1	Lf	Lindenblüten	
½		Zimtstange	zugeben, 5 Min. leicht kochen lassen
1	Lf	Schafgarbe	
1		Zitrone	in Scheiben schneiden
4	Lf	Birnel	dazumischen, zugedeckt 10 Min. ziehen lassen, absieben

Erfrischungs-Getränk

2		ungespritzte Zitronen	Saft auspressen
1		Zweig Pfefferminze	verzupfen
1	l	Mineralwasser	
2	Lf	Honig	in einen Krug geben, 1 Std. kaltstellen
1		Zitrone	fein schneiden
2-3	Trpf	Zitronenöl	
2-3	Trpf	Pfefferminzöl	zugeben, kalt servieren

Hagebutten-Punsch

4	Lf	Hagebuttenkerne	
1	l	Wasser	einweichen, 10 Min. kochen lassen
1	l	Süssmost	zugeben, nochmals erwärmen
1		Zitrone	Saft auspressen, zugeben
2	Lf	Honig	zugeben, abschmecken, absieben

Honigmilch

1	Lf	Mandelmus	
1	l	offene Trinkmilch	
wenig		Ingwer, Koriander, Vanille	
2-3	Tlf	Honig	alles mischen, leicht erwärmen

Kirschen-Getränk

1	Tlf	getrocknete Kirschen	
1	Tlf	getrocknete Heidelbeeren	in ein Glas Wasser geben, mit heissem Wasser auffüllen, etwas ziehen lassen

Molke-Getränk

5	dl	frische Molke	
5	dl	Grapefruitsaft	
1	Lf	Zitronensaft	
2	Lf	Ahornsirup	alles gut mischen, kalt servieren

Es können auch andere Säfte oder Fruchtmark für dieses erfrischende Getränk verwendet werden.

Weihnachts-Punsch aus Schweden

1,5	l	roter Traubensaft	
1		Zitronenscheibe	
1		Zimtstengel	
2		Nelken	zusammen erhitzen
2	Lf	Honig	zum Süssen
1	l	Hagebuttentee	dazugeben, Zimt und Nelken herausnehmen
1		Orange	in Scheiben schneiden, zugeben

Silvester-Punsch

2		Orangenschalen	sauber abschälen
2		Zitronenschalen	sauber abschälen
½	l	Wasser	
2		Nelken	
1		Zimtstengel	
wenig		Mandeln	fein schneiden, alles 10 Min. leicht kochen lassen, absieben

1	dl	Himbeersaft	
2		Orangen	Saft auspressen
2		Zitronen	Saft auspressen
½	l	Lindenblütentee	
ev. 1	l	Most	
2	Lf	Honig	dazugeben, abschmecken

Barley-Water Stärkungs-Getränk

2	l	kaltes Wasser	
50	g	Gerstenkörner, z.B. Nackt- oder Spriesskorn-Gerste	waschen
2	Lf	Korinthen	
½		Zimtstengel	1,5 Std. leicht köcheln lassen, absieben, abkühlen lassen

Varianten: Barley-Water kann nach eigenem Gutdünken interessant und vielseitig abgeschmeckt werden, z.B.:

1	l	Gerstenwasser	
1	l	Süssmost, Fruchtsäfte oder Mutter- bzw. Ursäfte	
½	l	Mineralwasser	
½		Zitrone	Saft auspressen
wenig		gem. Anis, Ingwer	
2-3	Lf	Birnel	zugeben, mischen, abschmecken

oder:

1	l	heisses Gerstenwasser	
1	dl	Schlehensaft	
1	Prs	gem. Nelken	
2	Lf	Honig	
1	Prs	Macis	
½	Tlf	Zimt	abschmecken

oder:

1	l	heisses Gerstenwasser	
wenig		Ingwer, Vanille, Zimt	
2	Lf	Sanddornelixier	
1		Zitrone	Saft und Schale
2	Lf	Birnel	abschmecken

Da sich das Gerstenwasser im Kühlschrank 2-3 Tage aufbewahren lässt, empfiehlt es sich, die grösste verfügbare Pfanne mit Wasser zu füllen und mit der entsprechend grösseren Menge Gerste Barley-Water herzustellen.
Dieses Getränk ist auf der ganzen Welt verbreitet! In China gilt es als Hausmittel für Erkältungs- und Fieberkrankheiten. Die Schleimstoffe und Spurenelemente haben eine stärkende Wirkung und unterstützen die Lebensfunktionen.
Der unbehandelte Fruchtsaft aus der ersten Pressung wird auch Mutter- oder Ursaft genannt.

Gersten-Getränk

2	Lf	Gerste	frisch mahlen
½	l	Wasser	Gerste zugeben, 5 Min. kochen lassen
½	l	Milch	
2	Lf	Malzextrakt	
etwas		Zitronenschale	abreiben, zugeben, abschmecken, kalt servieren

Hafer-Getränk Nährgetränk Südamerika

6	Lf	Haferflocken	
1	l	Wasser	20 Min. köcheln lassen, absieben, kaltstellen

1		Banane	zerdrücken
2	Lf	Honig	
½		Zitrone	Saft auspressen
4	Lf	Rahm	
oder			
½	l	kalte Milch	zugeben, abschmecken, kalt servieren

Das Hafergetränk ist ideal als Z'vieri.

Suppen

An der Suppe erkennt man den Meister!

Eine Suppe muss warm, weich, wässerig und würzig sein. Durch ihre Wärme regt sie die Verdauung an und weckt unsere Sinne, so dass wir uns ganz der Mahlzeit zuwenden können. »Ein kalter Bauch verdaut nicht gern.« Deshalb sollten Suppen vor Salaten und Hauptgerichten serviert werden.

Hinweise zu Suppen:

ablöschen	ablöschen von angedünstetem Mehl mit kalter Flüssigkeit verhindert die Mehlklumpenbildung
Flocken-Suppen	1 Lf Flocken und 2 dl Flüssigkeit pro Person oder eine Scheibe Roggenbrot in kleine Würfel schneiden
Schrot-, Grütze-Suppen	40 g Schrot oder Grütze auf 1 l Flüssigkeit
Gebundene Suppen	40-60 g Vollkornmehl auf 1 l Flüssigkeit
Griess-Suppen	30 g Griess auf 1 l Flüssigkeit

Abend-Suppe

7	dl	Tee ohne starke Aromen, z.B. Brennessel, Eisenkraut, Zinnkraut	zubereiten
6	Lf	Dinkelmehl	darren
1	dl	kaltes Wasser	ablöschen, Tee dazugiessen, 10 Min. simmern lassen
1	Lf	Rahm	
1	Tlf	Distelöl	
1	Tlf	Biomaris-Salz	
1	Tlf	Tamari oder Miso	zugeben
1	Lf	Kerbel oder Peterli	
2-3	Trpf	Würzöl, z.B. Ysop	
1	Tlf	Dinkelmehl	frisch mahlen, abschmecken
1	Tlf	getrocknete Ringelblumen oder Kornblumen	zum Garnieren über die angerichtete Suppe geben

Borschtsch **Randen-Suppe aus Russland**

1	mittelgrosse Rande	fein reiben, wegstellen
1	mittelgrosse Rande	
¼	Stangensellerie	

¼		Wirsing	
1		Zwiebel	
1		Lauch	
2		Rüebli	alles in feine Streifen schneiden
2	Lf	Olivenöl	erhitzen, geschnittenes Gemüse gut andünsten
1	l	Bouillon	ablöschen
¼	Tlf	Salz	
1		Lorbeerblatt	
wenig		gem. Anis, Cayenne, gem. Fenchel, Ingwer, Koriander, gem. Kümmel, gem. Nelken, Piment	zugeben, 20 Min. weichkochen
2		Knoblauchzehen	mit Vollmeersalz zerdrücken
½	l	Sauerkrautsaft	
1		Pumpernickel	im Sauerkrautsaft kurz tränken, in kleine Würfel schneiden
½	Tlf	Honig	
1	Lf	Peterli	fein schneiden
2	dl	Sauerrahm	
4		Wacholderbeeren	zerdrücken
wenig		frischer Meerrettich	fein reiben, vorbereitete, geriebene Randen zugeben, alles nur kurz mit erwärmen
1	Lf	Peterli	
½	dl	Sauerrahm	
1	Lf	Kürbiskerne	
1		Pumpernickelscheibe	zum Garnieren in kleine Würfel schneiden

Einlauf-Suppe

8	dl	Gemüsewasser	z.B. Blumenkohl-, Sellerie- oder Spargelwasser erwärmen
wenig		Bouillonpaste	
ev.		Salz	zugeben zum Abschmecken
1	dl	kalte Milch	
3	Lf	Haushaltsmehl	anrühren, unter Rühren in die kochende Bouillon einlaufen lassen, 10 Min. kochen
1		Ei	
2	Lf	Rahm	in einer vorgewärmten Schüssel aufschlagen, unter Rühren die heisse Suppe dazugiessen

Erbsen-Suppe

300	g	frische Erbsen	(mit Schalen 750 g)
oder			
100	g	eingeweichte gelbe Erbsen	
oder			
60	g	Erbsenmehl	
1		Zwiebel	mit Lorbeerblatt und Nelke bestecken
1-2		Kartoffeln	reiben
1	l	kaltes Wasser	alles ca. 1 Std. kochen lassen, Flüssigkeitsmenge mit heissem Wasser immer wieder ergänzen, ganze Erbsen pürieren
½	Tlf	Salz	
1	Msp	Safran	
1	Lf	Tamari	
1	Lf	Hefebouillon	
wenig		Cayenne , Kardamom, Koriander, Piment, gem. Senf	
1	dl	Rahm	
1	Tlf	Zitronensaft	
½		Zitronenschale	abreiben, würzen, kurz aufkochen
2		Brotscheiben	in kleine Würfel schneiden, rösten
2	Lf	frische Suppenkräuter, z.B. Kerbel, Liebstöckel, Selleriekraut, Peterli und Borretschblüten	fein schneiden
oder			
		getrocknete Ringelblumen	zum Garnieren

Flocken-Suppe

4	Lf	Gerstenflocken oder andere Flocken	leicht rösten
8	dl	Gemüsebouillon	ablöschen, 10 Min. kochen lassen
wenig		Butter	
2	Lf	Sauerrahm	
1/3	Tlf	Salz	
wenig		Cayenne, Piment	
2	Lf	grüne Kräuter, z.B. junger Löwenzahn Liebstöckel, o.a.	fein schneiden
1	Tlf	Salbei	
wenig		gem. Kümmel	zugeben, abschmecken

Gärtnerinnen-Suppe

1	l	Gemüsebouillon	zubereiten
100	g	Saisongemüse	in feine Streifen schneiden, zugeben, 10 Min. kochen lassen
wenig		Salz	
wenig		Tamari	
wenig		Cayenne, Piment	
1	Lf	kaltgepresstes Distelöl	
2	Lf	frische Kräuter	fein schneiden, zugeben, würzen

Gemüsesuppe gebunden mit gekochtem Reis

Gemüse-Suppe **gebunden**

250	g	gekochtes Saisongemüse, ev. Resten, z.B. Blumenkohl, Rüebli, Sellerie, Wirsing oder gemischtes Gemüse	wenig zum Garnieren weglegen, 2 mal durch ein Sieb streichen
30	g	Butter	erhitzen
3	Lf	Reis-, Gersten- oder Dinkelmehl	andünsten
1	l	kalte Bouillon	zugeben, 10 Min. kochen, püriertes Gemüse zugeben
wenig		Salz	
2-3	Lf	Milch	
wenig		Tamari	
wenig		Cayenne, Piment	
wenig		Ingwer, Koriander, gem. Kümmel, gem. Fenchel	
1	Lf	Mandeln oder Kürbiskerne	mahlen
2	Lf	frische Kräuter	fein schneiden
1	Tlf	Mandelpüree	zugeben, würzen weggelegtes Gemüse schön schneiden, garnieren

Anstelle von Mehl kann 100 g gekochtes und püriertes Getreide verwendet werden. In gekochtem und püriertem Zustand eignen sich Dinkel, Gerste, Hirse oder Reis gut zum Binden von Saucen und Suppen.

Gersten-Suppe **gebunden Schoppa da Giotta**

2	l	Wasser	
80	g	Nacktgerste	2-4 Std. einweichen, 1,5 Std. weichkochen, bis der Sud sämig ist, Flüssigkeit wieder ergänzen
300	g	Lauch, Rüebli, Sellerie, Wirz	in etwas Butter und Wasser andämpfen, zugeben
100	g	weichgekochte rote Bohnen	
½	l	Milch	vor dem Anrichten zugeben, kurz durchziehen lassen
wenig		Salz	
1	Tlf	Tamari	
wenig		Majoran, Muskat, Paprika, Thymian	zugeben, abschmecken

Dazu:

2	dl	Rahm	schlagen
2	Lf	Peterli, Schnittlauch	
50	g	geriebener Parmesan	

Gersten-Suppe klar

1		Zwiebel	fein schneiden
1	Lf	Öl	erhitzen, Zwiebel andünsten
300	g	Krautstiele, Lauch, Rüebli, Sellerie	fein schneiden, mitdünsten
8	dl	Bouillon	ablöschen, weichkochen
100	g	gekochte rote Bohnen	
100	g	gekochte Gerste	
2		Knoblauchzehen	mit Vollmeersalz zerdrücken
2	Lf	Peterli	
1	Tlf	Salbei	fein schneiden
wenig		Cayenne, Piment	
1	Prs	Macis, gem. Nelken	zugeben, abschmecken

Griess-Suppe

1		Zwiebel	fein schneiden
1	Lf	Olivenöl	erhitzen, Zwiebel andünsten
150	g	Lauch	fein schneiden, mitdünsten
30	g	Vollkorngriess	zugeben
1	l	kalte Bouillon	zufügen, 10 Min. kochen
1	Tlf	Hefebouillon	
wenig		Salz	
wenig		Tamari	
wenig		Cayenne, Piment	
1	Lf	Gartenkräuter	fein schneiden, würzen

Hafergrütze-Suppe

40	g	Hafergrütze	
1	l	kalte Bouillon	10 Min. weichkochen
100	g	Krautstiel, Mangold oder Spinat, roh oder gekocht	fein schneiden oder püriert kurz mitkochen

wenig		Salz	
wenig		Tamari	
wenig		Cayenne, Piment	
je 1	Prs	gem. Kümmel, gem. Nelken	
1	Lf	Rahm oder Sauerrahm	
1	Lf	Peterli	fein schneiden, würzen

Hirseknödel-Suppe

		kleine Hirseknödel	zubereiten gem. Hirseknödel-Rezept
1	l	Wasser	
2	Lf	Haferflocken	zugeben, Knödel im Haferwasser ziehen lassen
ca. 8	dl	Gemüsebouillon	zubereiten
300	g	grüne Erbsen	
300	g	Rüebli	fein schneiden, in der Gemüsebouillon garkochen, gekochte Knödel in die Bouillon geben, 5 Min. ziehen lassen,
		Peterli, Schnittlauch	zugeben, abschmecken

Salzwasser hebt die Bindefähigkeit der Knödel auf, deshalb diese im Haferwasser ziehen lassen!

Kürbis-Suppe

1	kg	Kürbis	in Würfel schneiden
7	dl	Wasser	
40	g	Reismehl	zugeben, 20 Min. weichkochen, pürieren
1	Tlf	Salz	
½	Tlf	Curry	
wenig		Cayenne, Macis, gem. Nelken, Piment	
1	Tlf	Hefebouillon	
1	Lf	Peterli, Ysop	
1	Tlf	Tamari	
3	Lf	Rahm	fein schneiden, zugeben, abschmecken
1-2		Brotscheiben	in kleine Würfel schneiden
30	g	Butter	erwärmen, Brotwürfel rösten,
2	Lf	Baumnüsse	fein hacken, garnieren

Besonders festlich sieht es aus, wenn die Suppe in einem sorgfältig ausgehöhlten Kürbis angerichtet wird.

Linsen-Suppe

150	g	kleine Linsen	gut waschen
4	dl	Wasser	
2		Kartoffeln	reiben, zugeben, 25 Min. weichkochen, mit einer Gabel zerdrücken
2	Lf	Peterli	fein schneiden
1	Tlf	Tamari	
1	l	Bouillon	
2		Knoblauchzehen	mit Vollmeersalz zerdrücken
wenig		Cayenne, Kardamom, gem. Kreuzkümmel, Macis, Paprika, Piment	
2		enthäutete Tomaten	fein schneiden
2	Lf	Buchweizenmehl	
2	Lf	Rahm	
ev.		Salz	würzen, aufkochen, abschmecken
1		Zitrone	in Scheiben schneiden
2	Lf	frischer Oregano	fein schneiden, garnieren

Dazu: Kümmelstangen und rohes Gemüse in feine Stäbchen geschnitten.

Diese Linsensuppe wurde nach alter Tradition am Karfreitag gegessen.

Lioner Zwiebel-Suppe

500	g	Zwiebeln	in Ringe schneiden
1	Tlf	Salz	zugeben
30	g	Butter	in einer Bratpfanne erwärmen, Zwiebeln andünsten
2	Lf	Haushaltsmehl	zugeben, 20 Min. mitdünsten
1	l	Wasser	zugeben, 20 Min. kochen lassen
1	Tlf	Salz	
½	Tlf	Tamari	
½	Tlf	Curry	
wenig		Cayenne, Koriander, Macis, Piment	zugeben zum Abschmecken, durch ein Passe-vite streichen
4		Pariserbrot	
20	g	weiche Butter	
3		Knoblauchzehen	mit Vollmeersalz zerdrücken, mit der Butter vermischen, auf das Brot streichen, Brot hellbraun rösten,

			Suppe in 4 feuerfesten Suppentassen anrichten, Brot darauf legen
4	Lf	geriebener Sbrinz	darüberstreuen, im Backofen 5 Min. in mittlerer Rille bei 220 °C gratinieren
je 1	Tlf	Peterli	
je 2-3	Trpf	Chiliöl	beim Servieren zugeben

Mandelcreme-Suppe

100	g	Mandeln	in Wasser 2 Min. kochen, Wasser abgiessen, Mandeln schälen, mahlen
200	g	Sellerie	fein schneiden
2	dl	Wasser	20 Min. kochen lassen, mit Mixer pürieren, Sud später zugeben
1		Zwiebel	fein schneiden
20	g	Butter	erhitzen, Zwiebel andünsten
2	Lf	Gerstenmehl	mitdünsten
5	dl	kaltes Wasser	ablöschen
3	Lf	Rahm	
1/3	Tlf	Salz	
½	Tlf	Hefebouillon	
wenig		Cayenne, Piment	
½	Tlf	Mandelpüree	Sud und Mandeln zugeben, 10 Min. mitkochen, abschmecken
2	Lf	Mandelsplitter	
2	Lf	frische Kräuter	zum Garnieren

Minestrone

50	g	Borlottibohnen	über Nacht einweichen, 20 Min. weichkochen
1	l	Bouillon	herstellen
1		Zwiebel	fein schneiden
1	Lf	Olivenöl	erhitzen, Zwiebel andünsten
1		Rüebli	
½		Lauch	
¼		Sellerie	
1	Stk	Wirz	alles fein schneiden, mitdünsten, mit Bouillon ablöschen

1		Kartoffel	mit Bircherraffel dazureiben
2		geschälte Tomaten	
		gekochte Borlottibohnen	
2	Lf	Makkaroniteigwaren	
1	Lf	Vialonereis	zugeben, 20 Min. kochen, abschmecken
je 1	Lf	Basilikum, Peterli, Selleriekraut, Schnittlauch	fein schneiden
2		Knoblauchzehen	mit Vollmeersalz zerdrücken, alles zugeben
3-4	Trpf	Chiliöl	zugeben, abschmecken
Dazu:		geriebenen Parmesan und Brot	

Roggen-Suppe »Schlunz« Ostpreussen

200	g	Resten oder Roggenschrotbrei	
oder			
50	g	Roggenschrot	
1	l	Wasser	zusammen aufkochen
200	g	frisches Gemüse der Jahreszeit entsprechend	fein schneiden, zugeben, 20 Min. mitkochen
1/3	Tlf	Salz	
1	Tlf	Hefebouillon	
wenig		Cayenne, Piment	
je 1/3	Tlf	gem. Fenchel, gem. Kümmel	abschmecken
30	g	Butter	in einer Bratpfanne schmelzen
100	g	Pumpernickel	in kleine Würfel schneiden, rösten
1	Lf	frischer Dill	
2	Lf	frischer Peterli	fein schneiden
4		Wacholderbeeren	zerdrücken, kurz mitdünsten, über die angerichtete Suppe geben
2	dl	Sauerdickrahm	portionenweise auf die Teller verteilen

Rüeblicreme-Suppe

1		Zwiebel	fein schneiden
20	g	Butter	erwärmen, Zwiebel andünsten
300	g	Rüebli	fein schneiden, zugeben, andünsten
4	dl	Gemüsebouillon	ablöschen, 15 Min. weichkochen, pürieren

4	dl	Milch	zugeben, kurz aufkochen
1	Tlf	Salz	
½	Tlf	Macis	
wenig		gem . Anis, Macis, Piment	zugeben, abschmecken

Vor dem Servieren im Teller mit wenig Schlagrahm, Sesam und Korianderblättern garnieren.

Tomaten-Suppe

1	kg	ausgereifte Tomaten	2 Min. überbrühen, schälen, pürieren
		Wasser	bis auf 1 l ergänzen
oder			
500	g	pürierte Tomaten	
5	dl	Wasser	
2	Lf	Tomatenpüree	
½		Zwiebel	fein schneiden
2	Lf	Olivenöl	erwärmen, Zwiebel andünsten
3	Lf	Reismehl	
oder			
100	g	gekochter Reis	mitdünsten
		vorbereitetes Tomatenmark	
2		getrocknete und eingelegte Tomaten	fein schneiden
1		Bouquet garni	zugeben, 10 Min. kochen lassen
2	Lf	kochfester Sauerrahm	
1	Tlf	Birnel	
1	Tlf	Tamari	
1	Tlf	Hefebouillon	
1	Lf	Tomatenmark	
1		Knoblauchzehe	mit Vollmeersalz zerdrücken
1	Lf	geriebener Sbrinz	
1/3	Tlf	Salz	
wenig		Cayenne, Paprika, Piment	würzen
1		rohe Tomate	in Würfel schneiden
wenig		Salbeiblätter	in Streifen schneiden
1	Lf	Peterli	fein schneiden
wenig		Rahm oder Sauerrahm	schlagen zum Garnieren

Dazu: Nach Belieben gebackene Brotwürfel oder gebratenen Reis

Wildkräuter-Suppe

6	dl	Gemüsebrühe	zubereiten
4	Lf	feine Haferflocken	zugeben, 10 Min. kochen
100	g	verschiedene frische junge Blätter von Wildkräutern, z.B. Ackerminze, Bärlauch, Bachkresse oder Huflattich, Beifuss oder Beinwell, Brennesseln, Brombeer, Erdbeer, Himbeer, Melde, Liebstöckel, Löwenzahn, Pimpernell, Quendel, Sauerampfer, Schafgarbe, Scharbockskraut, Spitzwegerich, Wiesensalbei	kurz waschen, in einem Tuch abtrocknen, fein schneiden, 2 Min. mitkochen
3	Lf	Sauerrahm	
etwas		Butter	
¼	Tlf	Salz	
1	Tlf	Estragon, Kerbel, Macis, Oregano	
½	Tlf	Tamari	abschmecken

Die grüne Farbe der Kräuter darf nicht verloren gehen, deshalb die Kräuter nicht zu stark kochen lassen und die Pfanne nicht zudecken.

Diätetische Hinweise:

Im Frühling spenden uns die ersten zarten grünen Blätter wertvollste Inhaltsstoffe wie Chlorophyll, Enzyme, Eisen, Spurenelemente, Vitamin C u.a. Diese Stoffe entschlacken das Blut und verbessern die Gehirnfunktionen. Diese Gesundheitsspender sollten jeden Tag roh oder leicht gekocht serviert werden.

Zuppa Pavesa **Florentiner Tomatensuppe**

8	dl	Gemüsebouillon	herstellen
8		Tomaten	2 Min. blanchieren, Haut abziehen, in kleine Würfel schneiden
je 1	Lf	Basilikum, Peterli	fein schneiden, den Tomatenwürfeln zugeben
2		Knoblauchzehen	mit Vollmeersalz zerdrücken, alles in die Bouillon geben, kurz aufkochen lassen

30	g	Butter	erwärmen
4		Scheiben Toastbrot	in kleine Würfel schneiden, in der Pfanne goldgelb rösten
4		Eier	pochieren, mit den Brotwürfeln in vorgewärmte Suppenschalen geben, Suppe darübergiessen
2-3	Trpf	Chiliöl	
1	Tlf	geriebener Parmesan	je Portion zugeben

Eier pochiert

1	l	Wasser	zum Sieden bringen
1	Lf	Essig	zugeben
4		Eier	jedes Ei einzeln in eine Tasse aufschlagen, mit der Tasse ins kochende Wasser geben, warten, bis sich das Ei rund geformt hat, die Tasse ohne das Ei herausnehmen, Ei 3-5 Min. pochieren lassen, mit einer Drahtkelle herausnehmen

Weiter verarbeiten zu Zuppa Pavesa, oder mit einer kalten Sauce überziehen als Beilage zu einem Salatteller.

Gaspacho **Gemüse-Paste Portugal**

2		Tomaten	
wenig		Sellerie	
¾		Gurke	fein schneiden, mit 2 Gabeln fein zerdrücken oder mixen
1	Lf	Öl	
¼	Tlf	Salz	
¼	Tlf	Kräutersalz	
1		Knoblauchzehe	mit Vollmeersalz zerdrücken
wenig		Cayenne, Paprika, Piment	
wenig		Tabasco oder Sambal Oelek	
1	dl	Sauermilch	
2	dl	Sauerrahm	
ev.		Wasser	
½	Tlf	Shoyu	zugeben, gut rühren
¼		Gurke	
½		Zwiebel	

2		Tomaten	
½		rote Peperoni	
2	Lf	frische Kräuter	fein schneiden, zufügen, in Schälchen anrichten, auf Eis servieren

Ohne Milchprodukte und Wasser kann diese Gemüsepaste als Füllung verwendet werden.

Tarator Gurken-Suppe Ungarn

2	dl	Sauerrahm	
2	dl	Sauermilch	
½	Tlf	Kräutersalz	
wenig		Cayenne, Piment	
1		Knoblauchzehe	mit Vollmeersalz zerdrücken
1	Tlf	Shoyu	
¾		Gurke	schneiden, alles fein mixen
¼		Gurke	
1		Zwiebel	
1	Lf	Baumnüsse	fein hacken
½		rote Peperoni	
2-3	Trpf	Basilikum-Würzöl	
1	Lf	Kräuter, z.B. Dill, Estragon, Kerbel	fein schneiden, mischen, kalt servieren

Tzatziki Gurken-Suppe griechisch

1	l	Joghurt	in ein Passiertuch geben, gut abtropfen lassen. Durch das Abtropfen reduziert sich die Menge auf die Hälfte. Flüssigkeit trinken.
½		Gurke	schälen, mittelfein schneiden, raspeln
¼	Tlf	Salz	
wenig		Cayenne, Piment	zugeben, in etwas Wasser ziehen lassen, gut abtropfen lassen, mit dem Joghurt vermischen
2		Knoblauchzehen	mit Vollmeersalz zerdrücken
1	Tlf	Estragon	
2	Lf	Olivenöl	
1	Lf	Essig	mischen, ca. 2 Std. kalt stellen

Buttermilch-Suppe

2	Lf	Marantamehl oder Tapioka	
1	dl	Buttermilch	in einer Pfanne verrühren
2	Lf	Rahm	
9	dl	Buttermilch	zugeben, unter Rühren langsam aufkochen lassen
2		Eiweiss	zu Eischnee schlagen, Eischneehäufchen in der Pfanne auf die Suppe setzen, zugedeckt 5-10 Min. ziehen lassen
je 1	Tlf	Zuckerrübensirup	über die angerichtete Suppe geben

Buttermilch-Suppe **mit getrockneten Pflaumen**

		Buttermilchsuppe	zubereiten gem. Rezept
125	g	getrocknete Pflaumen	
2	dl	Wasser	2-3 Std. einweichen, 10 Min. weichkochen, der Buttermilchsuppe zugeben,
je 1	Tlf	Zuckerrübensirup	über die angerichtete Suppe geben

Frucht-Kaltschalen-Suppe

7	dl	Buttermilch	unter Rühren aufkochen, kurz vor dem Siedepunkt 5 Min. leicht simmern lassen
1/3	Tlf	Salz	
1/3	Tlf	Zimt	
1-2	Lf	Honig	
1	Prs	gem. Nelken	
1		Zitronenschale	abreiben
400	g	Beeren, ev. Aprikosen, Birnen, Sauerkirschen usw.	schneiden, weichkochen, zugeben, in Suppenschalen abfüllen, abkühlen lassen

Salate

Der Jahreszeit entsprechend können Salate ideenreich zusammengestellt werden. Dabei dürfen Wurzel-, Blatt- und Fruchtsalate roh oder gekocht täglich in den Mahlzeiten vorkommen.
Rohkostsalate sollten nach einer wärmenden Suppe, aber vor der Hauptmahlzeit serviert werden, da Salate innerhalb 3 Std. verdaut werden sollten. Salate, die zu lange im Magen bleiben, beginnen zu gären und verursachen Blähungen.

Salatsauce

1	Tlf	Salatkräutermischung	
1	Lf	frische Kräuter	fein schneiden
wenig		Kräutersalz	
2	Prs	Agar-Agar	
1	Lf	Apfelessig	
wenig		Shoyu, Senf	alles mischen, ziehen lassen
2	Lf	Distel-, Oliven-, oder Sonnenblumenöl	
1	Lf	Rahm oder Sauerrahm	
1	Lf	heisses Wasser	
ev. 1	Lf	Mayonnaise	
ev. wenig		Vitaminnährhefe wie Cenovis, Hefewürze, Hefeflocken	alles zugeben, gut mischen
ev. 1	Tlf	Roggen	frisch mahlen

- bei gewürztem Essig neutrales Öl verwenden
- bei Würzölen neutralen Essig verwenden

- im Essig entwickeln sich die Kräuter-Aromen

- heisses Wasser emulgiert Saucen
- Mayonnaise oder Eier binden die Bitterstoffe

- für Chili-Öl: ca. 15 Chili-Schoten (kleine Paprika-Schoten) in ½ Liter Olivenöl geben, Chili-Öl tropfenweise verwenden

- bei Spezialölen, wie z.B. Kürbiskernenöl, gleichviel Zitronensaft zugeben, damit der Ölgeschmack ausgeglichen wird

- getrocknete Kräuter zuerst zerreiben, damit sich die Aromastoffe entfalten können, erst dann in den Essig geben

- Agar-Agar, Hefewürze und Shoyu sind Geschmacksverstärker und geben der Sauce einen harmonischen Charakter

- Shoyu und Tamari sind echte japanische Würzen in flüssiger Form. Shoyu eignet sich für kalte Saucen und Tamari für warme Saucen. Der Eiweissabbau erfolgt durch einen mindestens 1-jährigen Fermentierungsprozess mit Milchsäurebakterien und Salzen.

Diätetische Hinweise:

- Rahm regt die Magentätigkeit an
- Quark hat eine beruhigende, entzündungshemmende Wirkung
- Essig wirkt verdauungsfördernd, dadurch können Blattsalate innerhalb von 3 Std. verdaut werden
- Joghurt, Milch, Molke, Quark oder Sauermilch eignen sich nicht besonders für Salatsaucen. Durch die Milchsäuregärung werden Blattsalate konserviert. Dadurch bleiben diese im Magen zu lange liegen und beginnen zu faulen.

Salatsauce für Wurzelgemüse

2	dl	Sauerrahm oder saurer Halbrahm	
1	Lf	Distel- oder Sonnenblumenöl	
2	Lf	Essig oder Zitronensaft	
ev. 1	Tlf	Leinöl	
2	Lf	Rahm	
¼	Tlf	Salz	
einige	Trpf	Shoyu	
1	Lf	frische Kräuter	fein schneiden
wenig		Cayenne, Piment	gut mischen, abschmecken

Das Wurzelgemüse direkt in die Sauce zerkleinern (raffeln), damit dieses nicht oxydiert. Wurzelgemüse-Salate ½ Std. durchziehen lassen.

Mandel-Mayonnaise-Sauce

2	Lf	heisses Wasser	
1	Lf	Mandelpüree	verrühren
2	Lf	Sonnenblumenöl	langsam darunterrühren
wenig		Senf	
wenig		Shoyu	
wenig		Kräutersalz	
1	Tlf	Zitronensaft	abschmecken

Remouladen-Sauce

1	Port	Mandelmayonnaise-Sauce	herstellen
1½	dl	Sauerrahm	
1	Msp	Zucker	
wenig		Senf	
1	Lf	Kapern	
½		Tomate	
1		Essiggurke	in feine Würfel schneiden

1	Lf	frische Salatkräuter	fein schneiden, alles sorgfältig mischen

Sauerrahm-Tunke

2	dl	Sauerhalbrahm	
1	Lf	Zitronensaft	
1/3	Tlf	Salz	
wenig		Cayenne, Ingwer, Koriander, Paprika, Piment, gem. Senf	
2	Lf	frische Kräuter	fein schneiden
¼	Tlf	Shoyu	alles gut mischen, abschmecken

Vinaigrette **Essig-Öl-Marinade**

1	dl	Kräuteressig	
wenig		Senf	
1/3	Tlf	Salz	
wenig		Shoyu	
1		Knoblauchzehe	mit Vollmeersalz zerdrücken
je 1	Tlf	Basilikum, Dill, Estragon, Schnittlauch, Koriander, Kerbel, Peterli	fein schneiden alles sorgfältig mischen, gut durchziehen lassen
2	dl	Olivenöl	langsam dazurühren
3	dl	heisses Wasser	dazurühren
ev. 1		Ei	hartkochen, fein schneiden
ev. 1	Lf	Kapern	zugeben

Passst zu: Allen gekochten Gemüsen mit besonderem Eigengeschmack,wie z.B. Broccoli, Kefen oder Lauch.

Salat-Kräutermischung

1	Lf	Dill
1	Lf	Kerbel
1	Lf	Estragon
2	Lf	Brennessel
1	Lf	Eisenkraut
1	Tlf	Liebstöckel
2	Lf	Borretsch/Beinwell
1	Tlf	Agar
6	Lf	Milchzucker
1	Tlf	Vollmeersalz

1	Lf	Vitamin-Hefepulver	
½	Tlf	Bertram	
1	Tlf	gem. Senf	
½	Tlf	Bockshornklee	vorher rösten
½	Tlf	Veilchenwurzel	
½	Tlf	Ingwer/Galgant	

Alle Zutaten gut mörsern und in ein Schraubglas abfüllen. Jeweils 1 Tlf voll in die Salatsauce geben.

Rohe Salate

Chicorée-Salat

3		Chicorée	halbieren, waschen, den Strunk ausschneiden, fein schneiden
2		Rüebli	raffeln
1		Orange	fein schneiden
2	Lf	Sonnenblumenkerne	zugeben
1	Port	Salatsauce mit Mayonnaise	sorgfältig daruntermischen

Rötliche Stellen im Chicorée-Storzen ausschneiden, da diese bitter sind.

Bunter Herbst-Salat mit Kartoffel-Vinaigrette

100	g	Rüebli	
80	g	Sellerie	
80	g	Pastinaken	alles in Julienne schneiden (2 cm lange, hauchdünne Streifen)
3	dl	Wasser	
1/3	Tlf	Salz	alles 5 Min. weichkochen, Bouillon absieben
1		Kartoffel	weichkochen, schälen, noch heiss zerdrücken
3	Lf	Rotweinessig (Balsamico)	
wenig		Cayenne, Piment	
6	Lf	Baumnussöl	
2	Lf	Baumnüsse	fein hacken
½		Zwiebel	fein schneiden, alles zugeben, gut rühren, mit der heissen Gemüsebouillon emulgieren,

			die Hälfte der Vinaigrette mit dem gekochten Gemüse mischen
100	g	Nüsslisalat	rüsten, auf Teller anrichten, Gemüse auf Teller verteilen, restliche Vinaigrette über die Blätter verteilen
2	Lf	Baumnüsse	fein hacken
2	Lf	Schnittlauch	fein schneiden, darüberstreuen

Fenchel-Salat

3		Fenchelknollen	fein schneiden
4		Tomaten	in Würfel schneiden
1		Peperoni	in Streifen schneiden
1		Orange	in Stücke schneiden
einige		Oliven	
		frische Kräuter	fein schneiden
1	Port	Salatsauce	zugeben, leicht vermischen

Frühlings-Salat

1-2		Chicorée	
je 1	Port	Nüsslisalat	
1	Port	Cicorino rosso	
1	Port	Wildkräuter, z.B. Brennessel, Erdbeerblätter, Günsel, Huflattichblüten, Löwenzahn, Sauerampfer, Melde, Scharbockskraut, usw.	lauwarm waschen, fein schneiden
1		Topinamburknolle	waschen, schälen, fein schneiden, alles am Tisch mit der Salatsauce vermischen

Sauce:

1	Lf	Essig	
¼	Tlf	Shoyu	
wenig		Birnel	
¼	Tlf	Kräutersalz	
wenig		Cayenne, Piment	
1	Lf	Zitronensaft	
1		Knoblauchzehe	mit Vollmeersalz zerdrücken
1	Lf	Olivenöl	
1	Lf	Sonnenblumenöl	
1	Lf	Mayonnaise	
1	Lf	Sonnenblumenkerne	alles gut mischen

Gefüllte Tomaten Salat

4		grosse Tomaten	aushöhlen, mit Kräutersalz würzen, Fruchtfleisch für Suppen oder Saucen verwenden
1	Lf	Roggen	frisch mahlen
2	Lf	Grissini oder Paniermehl	zerdrücken
3	Lf	kaltes Wasser	
100	g	Hüttenkäse	
2	Lf	Baumnüsse	fein hacken
wenig		Salbei	
1	Lf	Peterli	
¼	Tlf	Kräutersalz	
wenig		Cayenne, Piment	alles mischen, Tomaten füllen

Griechischer Salat Bauern-Salat

1		Zwiebel	halbieren, in Ringe schneiden, 10 Min. in Salzwasser einlegen, Wasser abgiessen
100	g	Fetakäse	in Würfel schneiden, in wenig Milch einlegen, damit das Salz herausgelöst wird
3	Lf	Oliven	schneiden
2		Peperoni	
4		Tomaten	
2		Knoblauchzehen	mit Vollmeersalz zerdrücken
½	Tlf	Salz	
wenig		Cayenne, Piment	zufügen
1	Lf	Essig	
2	Lf	Olivenöl	
1	Lf	Basilikum, Koriander, Oregano	fein schneiden, alles zugeben, Feta ohne Milch zugeben, alles sorgfältig mischen

Gurken-Salat

1		Schlangengurke	sorgfältig schälen und schmale Streifen als Muster stehenlassen
oder			

2-3		Freilandgurken	an beiden Enden ein kleines Stück abschneiden, Schnittflächen aneinander kreisend reiben, den austretenden bitteren Saft abtupfen, Gurken schälen, halbieren, Kerngehäuse entfernen, Scheiben schneiden, beschweren mind. ½ Std. stehenlassen, austretenden Saft trinken
1	Lf	Essig	
2	Lf	Sauerrahm	
¼	Tlf	Kräutersalz	
wenig		Cayenne, Piment	
1	Lf	Pfefferminzblätter	
1	Lf	Baumnüsse	fein hacken
1	Lf	Estragon	
1	Lf	Dill	
½	Tlf	Shoyu	abschmecken

Gurken am Stilende anschneiden. Angeschnittene Gurken mit dem Blütenende nach unten bis zur Hälfte in kaltes Wasser stellen.

Diätetische Hinweise:

Gurken

Die ätherischen Öle der Gurken werden besser verdaut, wenn die Zellen durch Beschweren weich geworden sind. Gurken enthalten 96,8 % in den Zellen gebundenes Wasser, angereichert mit Kalium und Spurenelementen. Sie wirken auf die Magen- und Darmsekretion anregend, fördern die Ausscheidung und entwässern. Als Kur wird 3mal täglich 1 Glas Gurkensaft empfohlen.

Nur frische Gurkenschalen, an Armen und Gesicht eingerieben, regenerieren die Haut durch die aktiven Wirkstoffe der darin enthaltenen Gurkenmilch.

Tomaten

Unreife, grüne Tomaten enthalten Solanin, wie alle Nachtschattengewächse, so z.B. auch Kartoffeln mit grünen Stellen. Durch Nachreifen oder lange Kochzeit wird dieses Biogift eliminiert. Da Tomaten viel Säure enthalten, sollte diese Frucht nur in der Saison gegessen werden. Noch sonnenwarm geerntete Tomaten sind eine Gaumenfreude!

Kopfsalat mit Kapern

1		Kopfsalat	rüsten
1	Port	Salatsauce	
2	Lf	Rahm	
1/3	Tlf	Honig	mischen
2	Lf	Kapern	
1	Lf	frischer Dill	fein schneiden, alles zugeben, sorgfältig mischen

Blattsalate kurz vor dem Essen mit der Sauce vermischen.

Diätetische Hinweise:

Blattsalate haben eine erfrischende Wirkung. Sie enthalten 95 % Wasser, welches besonders wertvoll ist, da es in der Pflanzenzelle gebunden wird.

Blätter gut abtrocknen, damit die Salatsauce wirken kann und der Salat dadurch nicht zu lange im Magen bleibt und Blähungen verursacht.

Kürbis-Salat roh

500	g	Kürbis	schälen, in feine Streifen raspeln
1/3	Tlf	Salz	
1		Zitrone	Saft auspressen
2	dl	Sauerrrahm	
je 1	Lf	Dill, Kerbel, Peterli	fein schneiden
wenig		Cayenne, Macis, Piment	zugeben, sorgfältig mischen
2	Lf	Baumnüsse	fein hacken, garnieren

Salat nach Wüstenart

50	g	Kresse	waschen
200	g	Schnittsalat	rüsten
1	Bund	Radieschen	schneiden
2	Lf	frische Weinraute oder Estragon	fein schneiden
2	Lf	Obstessig	
½	Tlf	Honig	
wenig		Salz	
2	Lf	Olivenöl	mit dem Schwingbesen gut verrühren
1	Tlf	gem. Anis, Dillsamen, Koriander, gem. Kümmel	in einer Pfanne rösten, mörsern, der Sauce zugeben, alles mit dem Salat locker vermischen

Sauerkraut-Salat

200	g	Sauerkraut	mit der Hand auspressen
		Sauerkrautsaft	abschmecken mit
etwas		Honig	
wenig		Shoyu	
¼	Tlf	Salz	
2	Lf	Öl	
1		Apfel	
1		Rüebli	
½		Zwiebel	
½		Peperoni	
ev. ½		Gurke	
etwas		Peterli	fein schneiden
ev.		Senfkeimlinge oder heiss abgespülte Sojakeimlinge	fein schneiden, alles dem Sauerkraut zugeben, mischen

Gekochte Salate

Auberginen-Salat Georgien

2		Auberginen	waschen, schräg in dünne Scheiben, dann in Streifen schneiden
1	Tlf	Salz	zugeben, Gemüse beschweren, 1 Std. stehenlassen, bitterer Saft mit einem Tuch abtupfen
2	Lf	Olivenöl	erhitzen, Auberginenstreifen weichdünsten
2	Lf	Essig	
1	Lf	Peterli	fein schneiden
2	Lf	Baumnüsse	fein hacken
2		Knoblauchzehen	mit Vollmeersalz zerdrücken
wenig		Cayenne, Piment	alles mischen, über die Auberginen geben, abkühlen und mind. ½ Std. ziehen lassen
Dazu:		Chapatis	

Auberginen-Salat Melitzanosalat, griechisch

3		grosse Auberginen	waschen, auf der heissen Herdplatte oder im Backofen rösten bis die Haut schwarz ist, abkühlen lassen, Haut abziehen,

			Auberginenfleisch mit der Gabel zerdrücken
je 1		rote und grüne Peperoni	
2		Tomaten	
1		Zwiebel	
1	Lf	Peterli	alles fein schneiden
1/3	Tlf	Salz	
wenig		Cayenne, Piment	unter das Auberginenmus rühren
1	Tlf	Essig	
1	Lf	Olivenöl	zum Abschmecken

Blumenkohl-Erbsen-Salat

200	g	Erbsen	blanchieren
1		Blumenkohl	in Röschen zerlegen, blanchieren
2	Lf	Apfelessig	
1	Lf	Peterli	fein schneiden
1	Lf	Liebstöckel	
1	Port	Mandelmayonnaise	alles mischen, dem Salat zugeben, mind. ½ Std. ziehen lassen
etwas		Peterli	
wenig		Mandelsplitter	zum Garnieren

Broccoli-Salat

500	g	Broccoli	waschen, in Röschen schneiden, Stengel der Länge nach halbieren
		Salzwasser	zubereiten, Broccoli darin 5 Min. weichkochen, Wasser abgiessen, in kaltem Wasser abkühlen
2	Lf	Olivenöl	
2	Lf	Zitronensaft	
wenig		Cayenne, Piment	zugeben, ½ Std. ziehen lassen

Borlotti-Bohnen-Salat

200	g	Borlottibohnen	
200	g	grüne Bohnen	
200	g	Kichererbsen	alles kochen, schneiden
½	Tlf	Honig	
1	Tlf	Shoyu	

2	Lf	Essig	
1/3	Tlf	Salz	
wenig		Cayenne, Paprika, Piment	unter die noch warmen Gemüse mischen
200	g	eingemachte Maiskörner	
2	Lf	frische Kräuter	fein schneiden
2		Tomaten	in Würfel schneiden
1		Peperoni	in Streifen schneiden
2	Lf	Olivenöl	
2		Knoblauchzehen	mit Vollmeersalz zerdrücken
1	Tlf	Olivenöl mit Chilischoten	sorgfältig daruntermischen, mind. 2 Std. ziehen lassen

Dazu: Wacholderbeersauce und Mandelcrakers

Schwarzer Bohnen-Salat

200	g	schwarze Bohnen	kochen
3		Knoblauchzehen	mit Vollmeersalz zerdrücken
2	Lf	frische Kräuter	fein schneiden
¼	Tlf	Sambal Oelek	
1	Lf	Zitronensaft	
¼	Tlf	Salz	
2	Lf	Olivenöl	alles locker vermischen, mind. 1 Tag ziehen lassen

Kartoffel-Salat

750	g	Kartoffeln	frisch kochen, schälen, in Würfel schneiden
1	dl	Bouillon	
3	Lf	Essig	
1	Tlf	Dill	
1	Tlf	Shoyu	
1	Tlf	Salz	
wenig		Cayenne, Piment, Senf	mischen, über die Kartoffeln giessen, Kartoffeln in einer Schüssel nur leicht schütteln, abkalten lassen
1		Zwiebel	fein schneiden
2	Lf	Mayonnaise	
2	Lf	Sonnenblumenöl	sorgfältig darunterziehen,
		mind. ½ Std. ziehen lassen	

Kürbis-Salat

400	g	Kürbis	in feine Streifen schneiden, kurz blanchieren
¼	Tlf	Salz	
wenig		gem. Anis, gem. Fenchel, Ingwer	
wenig		Cayenne, Piment	
1	Lf	Zitronensaft	
2	dl	Sauerrahm	
1	Tlf	Honig	
1	Lf	Essig	
2	Lf	Öl	
3	Lf	Apfelsaft	alles leicht unter den Kürbis mischen, ½ Std. ziehen lassen
1	Tlf	Ysop	fein schneiden
1	Tlf	Roggen	frisch mahlen
2	Lf	Haselnüsse	fein hacken
2	Lf	Kürbiskerne	
wenig		kandierter Ananas und Ingwer	darüberstreuen

Getreide-Salate

Dinkel-Sellerie-Salat

1/3	Tlf	Salz	
wenig		Shoyu	
wenig		Cayenne, Piment	
1	Tlf	Liebstöckel, Selleriekraut Zitronenthymian	
2	Lf	Zitronensaft	
2	Lf	Distelöl	
ev. 2	dl	Sauerrahm oder saurer Halbrahm	alles mischen
1		kleiner Sellerie	in die Sauce reiben
1		kleiner Apfel	in kleine Würfel schneiden
200	g	gekochten Dinkel	ungekocht 100 g
2 Lf		Baumnusskerne	fein hacken, alles sorgfältig mischen, mind. ½ Std. ziehen lassen

Dinkel-Salat

100	g	gekochten Dinkel	ungekocht 50 g
60	g	Feta	in kleine Würfel schneiden, ca. 20 Min. in Milch einlegen

1	Tlf	Kapern	
1	Tlf	Dill	
1	Tlf	Estragon	
2	Lf	Zitronensaft	
2	dl	Sauerrahm oder saurer Halbrahm	
¼	Tlf	Salz	
wenig		Cayenne, Paprika, Piment, Ingwer, gem. Senf	alles mischen, abschmecken, mind. ½ Std. ziehen lassen

Grünkern-Bohnen-Salat

200	g	gekochten Grünkern	ungekocht 100 g
500	g	zarte, gekochte Bohnen	schneiden
ev. 1		Knoblauchzehe	mit Vollmeersalz zerdrücken

Grünkern-Bohnen-Salat

2	Lf	Apfelessig	
1		Zwiebel	fein schneiden
1/3	Tlf	Salz	
wenig		Shoyu	
1	Tlf	Basilikum, Bohnenkraut, Peterli	
3	Lf	Distelöl	alles mischen, mind. ½ Std. ziehen lassen

Hafer-Randen-Salat

300	g	Randen	kochen oder backen, in kleine Würfel schneiden
¾	Tlf	Salz	
3	Lf	Essig	
wenig		Kümmel	darren
wenig		Cayenne, Koriander, Piment, gem. Senf	
3		Wacholderbeeren	zerquetschen, zugeben, mind. 1 Std. ziehen lassen
		Randensalat kann so im Kühlschrank mehrere Tage aufbewahrt werden.	
1	Lf	Zitronenthymian	fein schneiden
1	Lf	Peterli	fein schneiden
2	Lf	Rahm	
3	Lf	Hafer	frisch mahlen
oder			
100	g	gekochter Hafer	
2	Lf	Öl	dazumischen, abschmecken, mind. ½ Std. ziehen lassen

Anis, Fenchel, Koriander und Kümmel sind Doldengewächse. Ihre Samen werden unreif geerntet und müssen vor dem Gebrauch als ganze Samen gedarrt werden. Dazu gibt man sie in eine Pfanne und erhitzt sie, bis sie wie Popcorn aufspringen.
Werden die Samen zusätzlich gemörsert, so können wir ihre Heilwirkung noch besser nutzen.
Die ätherischen Heilstoffe sind aktiv und verflüchtigen sehr schnell. Deshalb sind nur kleine Mengen als Vorrat sinnvoll.

Hirse-Salat

200	g	gekochte Hirse	ungekocht 100 g
1	Tlf	Ahornsirup	
2	Lf	Haselnüsse	mahlen
1	dl	Sauerrahm	
½		Zitrone	Saft auspressen

1	Tlf	Shoyu	mischen
2		Rüebli	raffeln
1		Apfel	raffeln
1/3	Tlf	Salz	
wenig		Cayenne, Piment	
je ½	Tlf	gem. Anis, gem. Fenchel	alles mischen, abschmecken, mind. ½ Std. ziehen lassen

Maiskörner-Salat

300	g	Zuckermaiskörner	Saft abgiessen
2	Lf	Essig	
2		Rüebli	fein raffeln
1		Zwiebel	halbieren, in Streifen schneiden
1	Lf	Basilikum	fein schneiden
¼	Tlf	Salz	
wenig		Cayenne, Paprika, Piment	
2	Lf	gerösteter Buchweizen	
2	Lf	Olivenöl	
1	Tlf	Olivenpaste	
1	Tlf	Zitronensaft	alles sorgfältig mischen, mind. ½ Std. ziehen lassen

Tabouleh **Bulgur-Salat, libanesisch**

1	l	Wasser	aufkochen
1	Tlf	Salz	zugeben
100	g	Bulgur	15 Sek. kochen, Wasser abgiessen, zum Nachquellen auf einem Tuch ausbreiten, trocknen lassen
1		Zwiebel	fein schneiden, mit dem Bulgur leicht verreiben
1	Lf	junge Korianderblätter, Pfefferminzblätter, Zitronenmelisse	fein schneiden
2	Lf	Zitronensaft	
2	Lf	Olivenöl	
wenig		Salz	
wenig		Cayenne, Piment	sorgfältig unter das Bulgur mischen
1-2		Essiggurken	in Stäbchen schneiden
1		Tomate	in Würfel schneiden
2	Lf	Oliven	fein schneiden
1	Lf	Peterli	fein schneiden, alles zugeben

ca. 1	dl	Bouillon	leicht daruntermischen, mind. ½ Std. ziehen lassen

Auf Salatblättern anrichten!
Anstelle von Bulgur kann auch Cous-Cous verwendet werden.
Falls das Getreide noch bitter ist, etwas Salz und Zitronensaft mischen und zugeben.

Gemüsezubereitung

Rüsten

Rüsten heisst, Nahrungsmittel bis zum Kochprozess zubereiten. Durch das Rüsten leiten Enzyme biochemische Vorgänge ein, welche für die Weiterverarbeitung von ausschlaggebender Bedeutung sind. Dabei sind einige Punkte beachtens- und empfehlenswert:

Rüsten von Frucht- und Wurzel-Gemüse

sorgfältig waschen	Waschen in Biosmon-Wasser gemäss Anleitung und mit einer Gemüsebürste. Die Wachsschicht dabei nicht verletzen. Biosmon aktiviert die Reinigungskraft des Wassers durch seine basisch reagierenden Mineralsalze. Trinkwasser ist sauer, hat einen pH-Wert von 6,7 - 6,9 und somit weniger Reinigungskraft!
säubern	Ungeniessbares wegschneiden.
schälen	Nur zähe Schalen und soviel wie nötig ganz oder teilweise, z.B. in Musterform, wegschälen. Geschältes Gemüse nicht mehr waschen, da sonst wertvolle Aromen verloren gehen. Schalen zu Bouillon aussieden.
zerkleinern	Erst kurz vor der Weiterverarbeitung zerkleinern. Zum Schneiden/Zerkleinern scharfe Arbeitsgeräte verwenden, da sich in zerquetschen Zellen Fäulnisbakterien bilden.
Rohkost	Rohkost direkt mit einer Sauce mischen oder nur kurze Zeit luftdicht verschlossen aufbewahren.

Rüsten von Blattgemüse

sorgfältig waschen	Sorgfältig waschen in Biosmon-Wasser gemäss Anleitung. Biosmon aktiviert die Reinigungskraft des Wassers durch seine basisch reagierenden Mineralsalze. Trinkwasser ist sauer, hat einen pH-Wert von 6,7 - 6,9 und somit weniger Reinigungskraft! Kräuter zum Trocknen auf einem Tuch ausbreiten.
säubern	Ungeniessbares wegschneiden.
zerkleinern	Erst kurz vor der Weiterverarbeitung zerkleinern. Zum Schneiden und Zerkleinern scharfe Arbeitsgeräte verwenden oder von Hand zerzupfen, da sich in zerquetschen Zellen Fäulnisbakterien bilden.
servieren	Kurz vor dem Essen mit einer Sauce mischen. Darauf achten, dass Blattsalate gut ausgewrungen sind, da geschnittener, nasser Salat in Verbindung mit der Salatsauce sehr schnell zu faulen beginnt und im Magen gärt.

Dämpfen

Dämpfen sollte mit wenig Flüssigkeit, möglichst im eigenen Saft, nicht über 97 °C und mit gut schliessendem Deckel erfolgen. Es darf keine zu starke Dampfbildung entstehen, da sonst die Aromastoffe entfliehen und die natürlichen Farben verbleichen.

Schonendes Dämpfen dauert 15-20 Min. und entfaltet intensivere Farben, Formen und Aromen. Die Aromenbildung weist darauf hin, dass die Mineralstoffe besser resorbiert werden können als im rohen Pflanzenzustand. So ist dämpfen oder kochen ein Reifungs- und Veredlungsprozess und nicht ein »Totkochen«.

Pfannenwahl

Die richtige Pfannenwahl ist ausschlaggebend für ein gutes Ergebnis. Gut geeignet sind z.B. Duotherm, Dufeu, Tagine, Dämpfeinsätze usw. Mit einem Duromatic soll nur bis zum 1. Druckanzeiger erhitzt werden, da zu hohe Hitze und zu hoher Druck die Zellen, Farben und Aromen zerstört. Betrachten Sie einmal Spinat nach dem Kochen im Duromatic!

Dämpf-Beispiel:

1		Zwiebel	fein schneiden
1	Lf	Butter	
1	Lf	Wasser	zusammen erhitzen, Zwiebel andünsten
1		Zweig frisches Bohnenkraut	
ev. etwas		Salz	zugeben
500	g	Bohnen	gut abspülen
400	g	Zucchetti	in Würfel schneiden, alles zugeben, auf kleiner Stufe zugedeckt 10 Min. andämpfen,
1	dl	Wasser	zugeben, 15 Min. zugedeckt gardämpfen
¾	Tlf	Salz	
1	Tlf	Tamari	
wenig		Cayenne, Piment	
2	Lf	schwarze Oliven	zugeben, abschmecken
1		Knoblauchzehe	mit Vollmeersalz zerdrücken, mit wenig Salz bestreuen, 10 Min. ziehen lassen, 5 Min. mitdämpfen

Andünsten

Andünsten erfolgt **ohne Deckel** mit Butter oder Öl und höherer Temperatur, damit aufdringliche Stoffe entweichen können, wie z.B. bei Zwiebeln.
Beim Andünsten mit Butter verhindert die Zugabe von 1 Lf Wasser eine zu hohe Erwärmung der Butter.

Andämpfen

Andämpfen erfolgt **zugedeckt** mit Butter oder Öl und höherer Temperatur bei Gemüsen, deren Eigenaromen intensiviert werden sollen wie z.B. bei Lauch, Pilzen, Rüebli.

Gardämpfen

Gardämpfen erfolgt **zugedeckt** mit wenig Flüssigkeit und bei geringer Wärme. Durch diesen Reifungsprozess werden Rohprodukte kultiviert.

Sieden

Blanchieren

Beim Blanchieren wird das Kochgut im kochenden Salzwasser 2-3 Min. **ohne Deckel** gekocht und je nach Weiterverarbeitung sofort mit kaltem Wasser abgekühlt. Blanchieren intensiviert die Farben und löst verschiedene unerwünschte Stoffe aus dem Kochgut heraus, wie z.B. die Oxalsäure im Spinat oder Schwefelverbindungen in Kohlarten.

Blanchier-Beispiel:

ca. 1	l	Wasser	aufkochen
1	Tlf	Salz	zugeben
ev. 1	Lf	Essig	zugeben, falls eine bissige Gemüsehaut gewünscht wird
1	kg	gerüstetes Gemüse	zugeben, 2-3 Min. ohne Deckel leicht kochen, Kochgut sofort mit kaltem Wasser abschrecken, weiterverarbeiten

Lässt man z.B. Kartoffeln oder andere Gemüse in kaltem Essigwasser (1 Lf Essig auf 1 l Wasser) ca. 10 Min. ziehen, so erhält man durch die Gerbwirkung eine bissigere Haut. Denselben Effekt erreicht man beim Blanchieren.

Aus-, Garsieden	Je nach Siedeart werden die Aromen und Mineralstoffe im Wasser oder im Gemüse gebunden.		
Aussieden	Aussieden wird zur Bouillonherstellung angewendet.		
	Gemüse ins kalte, ungesalzene Wasser geben, vor dem Siedepunkt simmern lassen	➔	Aromen und Mineralstoffe reichern sich im Wasser an
Garsieden	Garsieden macht das Kochgut leichter verdaulich.		
	Gemüse ins kochende, gesalzene Wasser geben und garsieden	➔	bindet Aromen und Mineralstoffe im Gemüse

Kochen

Knappes »al dente« Kochen verhindert das Auslaugen des Kochgutes. Die Restwärme lässt das Kochgut nachgaren. Nie mit wallendem Wasser kochen. Dies zerstört wertvolle Aromen und Mineralstoffe.

Salz beim Kochen	Die Zugabe von Salz zu Beginn des Kochprozesses: – verhindert eine unerwünschte, hohe Erwärmung – zieht mehr Eigensaft aus dem Gemüse – verlängert die Kochzeit Die Zugabe von Salz am Ende des Kochprozesses: – stärkt die Würzkraft – verkürzt die Kochzeit
Wasser	Salzwasser, kalt aufgesetzt, verlängert die Kochzeit. Mineralwasser mit Kohlensäure verkürzt die Kochzeit. Kalkarmes Wasser unterstützt/intensiviert die Aromenbildung.
Wasser kochen	Wasser zugedeckt zum Kochen bringen. Bei grösseren Mengen mit wenig Wasser beginnen, dann nach und nach Wasser zugeben.
Wasser salzen	1 Tlf (6 g) Salz auf 1 l Wasser

Schneide-Technik

In der chinesischen Küche ist die Schneidetechnik eine hohe Kunst. Über die Art, wie wir das Gemüse schneiden, steuern wir die Aromabildung. Voraussetzung ist ein scharfes Messer mit einer langen Schneide und einer guten Messerform, welche eine rhythmische Schneidebewegung ermöglicht. Dadurch werden die Zellen nicht zerquetscht und eine Fäulnisbakterienbildung wird vermieden.
Bei scharf durchtrennten Zellen werden zudem Enzyme aktiviert, die eine biochemische Reaktion auslösen und dadurch die Aromabildung ermöglichen! So schmecken z.B. Rüebli in feine Stengeli geschnitten süsser als Rüebli in Scheiben.

Gemüserezepte

Jedes Gemüse können wir auf drei verschiedene Arten verwenden:

zähe Teile	zur Brüheherstellung verwenden
zarte Teile	sind als Rohkost geeignet
aromatische Teile	roh oder gardämpfen

Gemüse-Bouillon

1 kg	zähe Gemüseteile, z.B. grüne Lauchblätter, Fenchel, Rüebli,

		Sellerieschalen, Stangensellerie, wenig Selleriekraut	
1		Zwiebel mit Schale	waschen, fein schneiden
1		Bouquet garni	
2		ganze Nelken	

Bouillon-Zubereitung:

Alles in eine Pfanne geben, mit kaltem Wasser knapp bedecken, bei wenig Hitze bis zur Hälfte eindicken lassen, Wasser nachfüllen bis das Gemüse eben bedeckt ist und den Sud wiederum eindicken lassen.
Diesen Vorgang ein 3. Mal wiederholen.

Dieses Gemüsekonzentrat enthält sehr viel aufgeschlossene Mineralien und Spurenelemente und weist eine starke Würzkraft auf. Es kann im Würfelbehälter des Tiefkühlfachs eingefroren werden und ist so portionenweise gebrauchsbereit.

Mr. Bouillon wünschte den Reisenden »bon appetit«, als er ihnen als Erster diese Suppe anbot.

Binden einer Gemüse-Bouillon

½	Tlf	Marantamehl oder Kuzu	zum Binden
3	Lf	kaltes Wasser	zugeben, mischen

Diese Menge in je 3 dl Bouillon zugeben und nur 1-2 Min. mitkochen, da sonst die Bindefähigkeit des Marantamehls oder Kuzu verloren geht.

Gemüse-Würzpaste

2-3		Rüebli	
1		Fenchel	
1-2		Lauchstengel	
1		Sellerieknollen mit wenig Kraut	
3		mittelgrosse Zwiebeln	
1		kleiner Stangensellerie	alles fein schneiden, in eine Pfanne geben, mit Wasser bedecken, 20 Min. leicht eindicken
1	Tlf	Salz	
wenig		Cayenne, Piment	
4	Lf	frische Kräuter, z.B. Liebstöckel, Majoran, Basilikum, Thymian, usw.	fein schneiden
1	Tlf	Agar	alles zugeben, abschmecken

Masse mit Passe-vite pürieren oder mixen, in ein sauberes Schraubglas einfüllen, Paste mit Olivenöl 3 mm überdeckt schützen, luftdicht schliessen

Paste im Kühlschrank aufbewahren! Nach Gebrauch darauf achten, dass die Paste immer mit Olivenöl bedeckt und somit geschützt ist. Gerebelter Thymian (getrocknete Blätter) wird durch den Kochprozess bitter, deshalb erst am Schluss zugeben.

Gedörrtes Bohnen-Gericht

100	g	gedörrte Bohnen	über Nacht einweichen, Wasser ableeren, Bohnen kalt waschen
1		Zwiebel	fein schneiden
1	Lf	Olivenöl	erhitzen, Zwiebel andünsten, Bohnen zugeben, mitdünsten
1	Tlf	Curry	zugeben, mitdünsten
4	dl	Wasser	
1	Tlf	Hefebouillon	
1	Lf	Bohnenkraut	zugeben, zudedeckt 40 Min. kochen
2		Knoblauchzehen	mit Vollmeersalz zerdrücken
1	dl	Doppelrahm	
1	Tlf	Curryblatt	fein schneiden, alles mischen, den Bohnen zugeben, anrichten
60	g	Pecorino	in kleine Würfel schneiden, garnieren

Passt zu: Kastanien, Kartoffeln, Weizengericht

Gemüse-Eintopf **Ratatouille**

Zur besseren Verträglichkeit verschiedener Gemüse empfiehlt sich folgende Vorbereitung:

1	Aubergine	schräg in Scheiben schneiden, mit wenig Salz bestreuen, 10 Min. ziehen lassen, austretenden bitteren Saft mit einem Tuch abtupfen
2	rote Peperoni	Haut direkt auf der heissen Herdplatte oder im heissen Backofen bräunen, schälen
4	Fleisch-Tomaten	2 Min. ins kochende Wasser geben, schälen

1		mittlere Zucchetti, ev. auch Gurke	an beiden Enden ein kleines Stück abschneiden, die Schnittflächen aneinander kreisend reiben. Der austretende Saft enthält Bitterstoffe, die so abgespült werden können.
		Zubereitung:	
1		Zwiebel	fein schneiden
1	Lf	Olivenöl	erhitzen, Zwiebel andünsten
		alles Gemüse	in Würfel schneiden, zugeben
je 1		Zweig Thymian, Oregano, Majoran	zugeben, mit andünsten
1 dl		Bouillon	zugeben, sorgfältig gardämpfen. Gemüse darf nicht zerfallen!
½	Tlf	Salz	
1	Tlf	Tamari	
wenig		Cayenne, Piment, Paprika	würzen
2		Knoblauchzehen	mit Vollmeersalz zerdrücken
2	Lf	frische Kräuter	fein schneiden
1	Tlf	Chiliöl	zugeben, abschmecken

Diätetische Hinweise :

Bitterstoffe, wie sie in Artischocken, Chicorée, Gurken, Wermuth usw. vorkommen, haben eine verdauungsanregende Wirkung und fördern die Sekretion der Verdauungssäfte.
Bitterstoffe von Pflanzen können auf das Verdauungssystem aber auch unerwünschte Reiz- oder Nebenwirkungen zeigen, besonders der bittere Röststoff Chinin im Kaffee. Zudem werden Bitterstoffe von verschiedenen Menschen auf der Zunge unterschiedlich wahrgenommen und durch die individuellen Magen- und Verdauungssäfte unterschiedlich verarbeitet. Deshalb ist auf die Wirkung beim einzelnen Menschen zu achten. Allgemein gilt: **Was bitter ist für den Mund – ist für das Herz gesund!**

Grünkohl-Eintopf **norddeutscher »Grönkohl«**

750	g	Grünkohl	säubern, waschen, fein schneiden, im Salzwasser 5 Min. blanchieren
2		Zwiebeln	fein schneiden
1	Lf	Maiskeimöl	erhitzen, Zwiebel andünsten
200	g	Hafergrütze oder Roggenschrot	zugeben, mitdünsten
2	Lf	Essig	
6	dl	Wasser	

1	Tlf	Hefebouillon	
wenig		Cayenne, Macis, Piment, gem. Senf, Ingwer oder Galgant	zugeben, 20 Min. zugedeckt kochen, 30 Min. quellen lassen
wenig		Salz	
2	Lf	Baumnüsse	fein hacken
2	Lf	Kerbel, Peterli, Ysop	fein schneiden
4		süss-saure Pflaumen	fein schneiden, sorgfältig mischen
		Grüne Sauce:	
200	g	dunkelgrünes Gemüse, z.B. Lattich, Mangold, Krautstiel, Spinat	fein schneiden
1	Lf	Maiskeimöl	erhitzen, Gemüse andünsten
1/3	Tlf	Salz	
wenig		Tamari, Cayenne, Macis, gem. Nelken, Piment	würzen
1	dl	Bouillon	
3	Lf	Rahm	alles zugeben, 10 Min. leicht kochen, pürieren, Sauce in Streifen über den angerichteten Eintopf verteilen
Dazu:		Käsecrackers	

Pastinaken an Senfsauce

750	g	Pastinaken, ev. mit Sellerie gemischt	waschen, schälen, in Stäbchen schneiden, im Salzwasser weichkochen
1	Lf	Butter	erhitzen
2	Lf	Reismehl	zugeben, dünsten
3	dl	Wasser	ablöschen
wenig		Tamari, Salz, Hefebouillon Cayenne, Curry, Ingwer, Koriander, Piment	würzen, 10 Min. kochen lassen
		Senf-Sauce:	
1	Tlf	Senf	
1	Tlf	gem. Senf	
1	Tlf	Zitronenthymian	fein schneiden
2	Lf	Kokosraspeln	zugeben, abschmecken, Sauce nicht kochen

		Weinraute	zum Garnieren
Dazu:		Hirsestock, siehe Kartoffelstock	

Senf darf nie mitgekocht werden, da er sonst bitter wird und zerfällt. Deshalb soll eine Sauce mit Senf am Schluss zugegeben und nicht mehr aufgekocht werden.

Pastinaken-Gemüse **Hirschmöhre**

je 400	g	Pastinaken und Möhren	waschen, schälen, in Stengeli schneiden
1		Zwiebel	fein schneiden
1	Lf	Butter	erhitzen, Zwiebel andünsten,
		vorbereitetes Gemüse	zugeben, mitdünsten,
2	dl	Bouillon	ablöschen, 20 Min. weichkochen
1/3	Tlf	Salz	
wenig		Cayenne, Piment, gem. Senf, Galgant oder Ingwer	
½		Zitronenschale	abreiben
je 1	Lf	Kerbel, Ysop	fein schneiden
50	g	Gorgonzola	in Würfel schneiden
2	Lf	Rahm	zugeben, abschmecken

Randen-Gemüse

2-4		Randen	grob raffeln
1		Apfel	fein schneiden
1	Lf	Öl	
1-2	dl	Süssmost	alles in eine Pfanne geben, 20 Min. dämpfen
3	Lf	Sauerrahm	
1	Tlf	Salz	
1	Tlf	Birnel	
wenig		Cayenne, Piment, Ingwer, gem. Senf	zugeben, abschmecken
		Kürbiskerne oder Mandelsplitter	zum Garnieren
Dazu:		Gerstengrütze	

Randen **gekocht / gebacken**

1	kg	Randen	waschen
5	dl	kaltes Wasser	in eine Pfanne geben
1	Tlf	Salz	zugeben, Wasser aufkochen,

			Randen zugeben, mit gut schliessendem Deckel auf kleinster Stufe 1,5 Std. garsieden
oder:			
1	kg	Randen	waschen
1	l	Wasser	in ein Backblech giessen, Randen aufs Backblech legen, im Backofen 1,5 Std. bei 180 °C oder 2 Std. bei 150 °C garen

Im Backofen gegarte Randen entfalten ein intensiveres Aroma und schmecken süsser.

Räben-Gemüse **Erdkohlrabi**

		Sellerie-Paste:	
½		Sellerie	in Würfel schneiden, im Salzwasser weichkochen, Wasser abgiessen
20	g	Butter	
2	dl	Rahm	
½	Tlf	Hefebouillon	
wenig		Cayenne, Piment	alles zusammen gut mischen, unter den Sellerie mischen
		Gemüse:	
600	g	Räben	in Würfel schneiden
2	l	kaltes Wasser	
12	g	Salz (2 Tlf)	
1	Lf	Essig	
1	Tlf	Honig	zugeben, aufkochen
		Räben	zugeben, 20-30 Min. weichkochen, Wasser abgiessen, in ausgebutterte Auflaufform geben, Selleriepaste darüber verteilen
20	g	Butter	schmelzen
4	Lf	Grissini	zerdrücken, dünsten
oder		Paniermehl	dünsten
4	Lf	Baumnüsse	fein hacken, mitdünsten über den Auflauf verteilen
Backen:		12 Min. in zweitunterster Rille bei 200 °C	
1	Lf	Peterli	fein schneiden, garnieren

Rüebli-Erbsen-Gemüse

500	g	Rüebli	in feine Stengeli schneiden,
1	Lf	Butter	
1	Lf	Wasser	zusammen erhitzen, Rüebli andünsten
250	g	Erbsen	frisch oder tiefgekühlt zugeben
3	dl	Wasser	ablöschen, 15 Min. weichkochen
¼	Tlf	Salz	
1	Tlf	Hefebouillon	
etwas		Cayenne, gem. Anis, gem. Fenchel, Ingwer oder Galgant, Piment	
2	Lf	Kokosflocken	
2	Lf	Dill	zugeben und abschmecken
Dazu:		Hirse mit Paranußsauce	

Rüebli gepresst / geraffelt

	Rüebli, Möhren oder Karotten	frisch pressen oder raffeln
	Äpfel	pressen oder raffeln, zugeben
etwas	Ingwer, gem. Anis, gem. Fenchel	zum Würzen
etwas	Honig	
	Kokosraspeln	zum Verfeinern zugeben

Diätetische Hinweise:

Rüebli – Möhren im Frühsommer bzw. Karotten im Herbst – gehören zu den ältesten Kulturpflanzen. Ihre Heilwirkung beruht auf dem hohen Kaliumanteil, den Faserstoffen und dem β-Carotin (Provitamin A). Das Carotin hat eine besondere Schutzwirkung für die Schleimhautgewebe.

Es hilft bei:	Augen-, Hautveränderungen, Entzündungen, Reizungen, Infektionen der Schleimhäute, Spülwürmern, Pilzen im Vaginalbereich
fördert die:	Wundheilung
behebt:	Brechdurchfälle
reguliert die:	Magensaft-Absonderung
sorgt für:	Säure-Base-Gleichgewicht

Der hohe Gehalt an ätherischen Ölen hat antibakterielle Wirkung und kann Eingeweidewürmer vertreiben.
Rüebli aus kontrolliertem Anbau, ist ein universelles Gemüse und sowohl gepresst, geraffelt wie auch als Gemüse sehr wertvoll.

Sauerkraut

400	g	Sauerkraut	Saft gut auspressen, roh trinken, Wacholderbeeren herauslesen
1		Zwiebel	fein schneiden
1	Lf	Maiskeimöl	erhitzen, Zwiebel andünsten
		Sauerkraut	zugeben, mitdünsten
3	dl	Weisswein oder Wasser	zum Ablöschen
1		Apfel	dazureiben
1	Tlf	Tamari	
1	Tlf	Hefebouillon	
wenig		Cayenne, Piment	zugeben, 20 Min. kochen lassen

Wacholderbeeren nicht mitkochen, da sie sonst bitter werden. Diese erst beim Anrichten wieder zugeben.

Passt zu: Haferschnitten

Soja-Keimlinge

250	g	Randen	in Würfel schneiden
wenig		Salzwasser	Randen 5 Min. weichkochen
1		Fenchel	in Streifen schneiden, zugeben, 10 Min. mitkochen
250	g	Sojakeimlinge	heiss abspülen, zugeben
1		Apfel	in Scheiben schneiden, zugeben, durchziehen lassen
¼	Tlf	Salz	
1	Lf	Kerbel	fein schneiden
1	Tlf	Tamari	
wenig		Cayenne, gem. Fenchel, Ingwer, Piment, Koriander	zugeben, würzen

Passt zu: Getreidegerichten

Spinat-Pilz-Gemüse

1	kg	Blattspinat	waschen, Stiel entfernen, ev. blanchieren
250	g	Champignons	schneiden, zur vollen Entfaltung des Aromas 1 Std. stehenlassen, bis die Pilze braun werden
1		Zwiebel	fein schneiden
1	Lf	Olivenöl	erhitzen, Zwiebel andünsten, Champignons mitdünsten,

			Spinat zugeben, alles 10 Min. gardämpfen
¼	Tlf	Salz	
½	Tlf	Tamari	
1	Lf	Majoran	
wenig		Cayenne, Macis, Piment	zugeben, abschmecken
1,5	dl	Rahm	schlagen
2		Paranüsse	reiben, darunterziehen

Den Spinat beim Blanchieren nicht zudecken, damit das Blattgrün erhalten bleibt.

Die grüne Farbe des Spinats wird intensiver, wenn er schockartig vom kochenden Wasser ins kalte Wasser gegeben und nicht zu fest und zu lange gekocht wird. Fein vermixt kann Spinat zum Färben von Suppen und Saucen verwendet werden.

Den Spinat nicht aufwärmen, da sonst Fäulnisbakterien das Nitrat zum schädlichen Nitrit abbauen. Dieses bildet zusammen mit dem menschlichen oder tierischen Eiweiss Nitrosamine, die eine karzionome Wirkung haben.

Zucchetti-Ringe gefüllt

1		mittelgrosse Zucchetti	sorgfältig schälen, schmale Streifen der Schale als Zebramuster Muster stehenlassen, 2 cm dicke Scheiben schneiden, Fruchtfleisch herauslösen
		Füllung:	
1		Zwiebel	fein schneiden
20	g	Butter	erwärmen, Zwiebel andünsten
200	g	Champignons, Lauch oder Stangensellerie	fein schneiden, mitdünsten
1/3	Tlf	Salz	
1/3	Tlf	Cayenne, Ingwer, Galgant oder Koriander, Piment, gem. Senf	
2	Lf	Baumnüsse	fein hacken
2	Lf	Reismehl	
1	Lf	Kerbel	fein schneiden
2	dl	Bouillon	
1	Lf	Sauerrahm	alles mischen, kurz aufkochen bis das Mehl gebunden hat
		Zucchetti-Ringe	auf gut bebuttertes Blech legen
wenig		Kräutersalz	Zucchetti-Ringe würzen, Füllung in die Ringe verteilen

Backen: 20 Min. in zweitunterster Rille bei 220 °C

Zwiebel-Rhabarber-Gemüse

500		Zwiebeln	halbieren, in Scheiben schneiden
1	Lf	Maiskeimöl	erhitzen, Zwiebeln andünsten
500	g	Rhabarber	in Würfel schneiden, zugeben, zugedeckt auf kleiner Stufe garen
je ½	Tlf	Salz, Curry	
wenig		Cayenne, Piment	zum Würzen
2	Lf	Kokosraspeln	zum Verfeinern
20	g	Butter	erhitzen
2		Scheiben Vollkornbrot	in Würfel schneiden, in Butter rösten, über das Gemüse anrichten
je 1	Lf	Kerbel, Dill	fein schneiden, darüberstreuen
Passt zu:		Persischer Reis	

Rhabarber sollte nur bis Johanni (24. Juni) gegessen werden, da danach der zunehmende Oxalsäuregehalt zu hoch wird.

Zwiebel-Schwitze **Puschlav**

½-1	kg	Zwiebeln	in Ringe schneiden
2	Lf	Butter	erhitzen, Zwiebelringe zugeben, ca. 1 Std. auf kleiner Stufe Wasser verdunsten lassen bis die Ringe trocken und gold-gelb sind, Temperatur entsprechend regulieren
1	Lf	Vollkornmehl	
2-3		Knoblauchzehen	mit Vollmeersalz zerdrücken
1	Tlf	Rosmarin, Salbeiblätter	verreiben, alles unter die Zwiebeln mischen

Dieses Zwiebelrezept kommt aus dem Puschlav (Graubünden). Die Mutter, die mir ihr Rezept anvertraute, machte mich darauf aufmerksam, dass es wirklich wichtig sei, traditionelle Rezepte genau weiterzugeben, damit wertvolles Wissen und Kulturgut nicht verloren gehe.

Broccoli-Quiche

Quicheboden-Grundrezept:

250	g	Vollkornmehl, z.B. Hafer, Dinkel, Gerste, Roggen, und Weizen	

100	g	weiche Butter	verreiben
½	Tlf	Salz	
1	Tlf	gem. Fenchel, gem. Kümmel, Koriander, Piment	
1	dl	kaltes Wasser	zu einem Teig verarbeiten, mind. 1 Std. ruhen lassen, 2/3 der Teigmenge auf den ausgebutterten Boden einer Springform mit 30 cm ø geben, mit dem Rest einen 2 cm hohen Rand formen

Backen: 20 Min. in zweituntersterster Rille bei 200 °C

Füllung:

500	g	Broccoli oder anderes Gemüse, z.B. Lauch, Kräuter, Pilze mit Oliven, Spinat, usw.	vorkochen; pürieren oder fein schneiden, auf den vorgebackenen Boden verteilen
2	dl	Rahm	
1/3	Tlf	Salz	
wenig		Tamari	
wenig		Cayenne, Macis, Piment	
50	g	Sbrinz	vermischen, abschmecken, und über das Gemüse geben

Backen: 30 Min. in zweitunterster Rille bei 180 °C

Gemüse-Pastete

		Cakeform	mit Backtrennfolie auskleiden, Backtrennfolie bebuttern
300	g	**Rüebli**	weichkochen, pürieren
2	Lf	Reismehl	
10	g	Butter	
wenig		Salz	
wenig		Cayenne, Piment, gem. Anis, gem. Fenchel, Koriander	der Masse zugeben, mischen, in die Form geben
wenig		Ingwer	
2	Lf	Kokosflocken	darüberstreuen
300	g	**Lauch**	fein schneiden, weichkochen, Wasser gut abtropfen lassen

wenig		Salz	
wenig		gem. Kümmel, gem. Senf	
½		Zitronenschale	abreiben
1	Tlf	Marantamehl	
4	Lf	Sauerrahm	zugeben, mischen, in die Form geben
300	g	**Sellerie**	weichkochen, pürieren
3	Lf	Rahm	
3	Lf	Gerstenmehl	
1	Lf	Mandeln	mahlen
wenig		Salz, Cayenne, Piment	
1	Tlf	Kerbel	zugeben, mischen, in die Form geben
3	Lf	Rahm	darübergeben

Backen: 40 Min. in zweitunterster Rille bei 200 °C

Gemüse-Pâte

200	g	Lauch	
100	g	Rüebli	
200	g	Fenchel	
200	g	Broccoli	
200	g	Stangensellerie	alles fein schneiden
1		Zwiebel	fein schneiden
40	g	Butter	erhitzen, Zwiebel andünsten, Gemüse zugeben, andämpfen
2	dl	Wasser	ablöschen, 10 Min. kochen
4		Eier	verquirlen
100	g	Vollkorngriess	
100	g	ungezuckerter Zwieback	zerdrücken
2	Lf	Dill	
1	Tlf	Tamari	
1	Tlf	Kräutersalz	
je 1	Lf	Kerbel, Peterli, Zitronenthymian	fein schneiden
wenig		Ingwer, Koriander, gem. Senf	alles gut mischen, abschmecken, Gemüse daruntermischen, in eine ausgebutterte Auflaufform geben

Backen: Zugedeckt 1,5 Std. in zweitunterster Rille bei 150 °C

Dazu: eine kalte Wacholderbeersauce

Kastanien-Gemüse

500	g	Kastanien	waschen, im Salzwasser 20 Min. kochen, kalt abspülen schälen
3		Fenchel	in feine Streifen schneiden,
20	g	Butter	erwärmen, Fenchel andünsten
3	dl	Bouillon	zugeben, 10 Min. dämpfen
		Kastanien	zugeben, nochmals 10 Min. mitdünsten
2	Lf	Kerbel, Peterli	schneiden, zugeben
wenig		Cayenne, Piment	würzen
Passt zu:		Polenta	

Kürbis-Kastanien-Kugeln

200	g	Kürbiskerne	
200	g	Kastanienpüree	
wenig		Cayenne, Piment, Salz	
1	Tlf	Shoyu	
1	Tlf	Ysop	gut mischen, Kugeln formen
Backen:		15 Min. in zweituntersten Rille bei 180 °C	

Malfatti **»Arme-Leut-Gericht« Tessin**

200	g	Brennesseln, Spinat, Löwenzahn, Melde und Krautstiele	fein schneiden, in Salzwasser überbrühen, gut abtropfen lassen
1		Ei	
4	Lf	Quark	
2	Lf	Parmesan	
2	Lf	Paniermehl	
2	Lf	Haferflocken	
1	Prs	gem. Nelken	
etwas		Cayenne, Muskat, Zimt	alles zugeben, gut mischen, gut durchkneten, Klösse formen, ruhen lassen
2	l	Wasser	zum Kochen bringen
2	Lf	Haferflocken	zugeben
		Klösse	zugeben, 5 Min. ziehen lassen, ev. Probekloss machen
		Butterflöckli,	

		Salbei, Parmesan	darüberstreuen
Dazu:		Mohnnudeln mit grüner Sauce	

Topinambur »Jerusalem-Artischocke«

700	g	Topinambur	waschen, im Salzwasser 15 Min. weichkochen, schälen
4	Lf	frische Kräuter	fein schneiden
40	g	Butter	schmelzen, Kräuter andünsten Topinambur zugeben, kurz mitdünsten
2	Lf	Kapern	
2		Tomaten	schneiden
2		Knoblauchzehen	mit Vollmeersalz zerdrücken
2	Lf	schwarze Oliven	
1/3	Tlf	Salz	
½	Tlf	gem. Chili	
wenig		Tamari	zugeben, abschmecken, anrichten
Dazu:		Bulghur	

Gekochter Topinambur kann auch mit einer Kapern- oder Meerrettichsauce serviert werden.

Yemista gefüllte Tomaten und Peperoni mit Reis

4		grosse Fleisch-Tomaten	Deckel abschneiden, aushöhlen, Tomatenmark zerdrücken
4		grüne Peperoni	halbieren, Kerngehäuse herauslösen
1		Zwiebel	fein schneiden
1	Lf	Olivenöl	erhitzen, Zwiebel andünsten
200	g	Reis	waschen, mitdämpfen
3	dl	Wasser	ablöschen
		Tomatenmark	zugeben, 20. Min kochen lassen (halbe Garzeit)
1	Tlf	Salz	
1	Lf	Dill	fein schneiden
2	Lf	Peterli	fein schneiden
1	Lf	Rosinen	
1	Lf	Korinthen	
2	Lf	Mandelsplitter oder Pinienkerne	
wenig		Cayenne, Paprika, Piment	zugeben, mischen,

			in die Tomaten und Peperoni satt einfüllen
20	g	Butter	in eine Gratinform streichen, Gemüse einschichten
2	dl	Gemüsebouillon	darübergiessen

Backen: 20 Min. in zweitunterster Rille bei 180 °C

Anstelle von Tomaten und Peperoni können junge, blanchierte Traubenblätter verwendet werden.

Menüvorschlag
der Taverna Syrtaki Fam. A. Papidas, Zürich

Pikilia (Auswahl)
Tzatiki, Hummus, Meltzanosalata
Feta, Ellies (Oliven)

Yemista

Revani (Mandelkuchen)

Zucchetti-Schnitten **griechisch**

		Vollkornteig	herstellen (siehe Rezept), Teig für Boden und Deckel halbieren, jeweils zwischen 2 Backtrennfolien auswallen
		Füllung:	
1	kg	zarte Zucchetti	waschen, in Würfel schneiden
wenig		Salzwasser	Zucchetti weichkochen, Wasser gut abgiessen, pürieren
1	Port	dicke weisse Sauce	zugeben
1		Zwiebel	fein schneiden
20	g	Butter	erwärmen, Zwiebel andünsten
2		Knoblauchzehen	mit Vollmeersalz zerdrücken
2	Lf	Dill	fein schneiden
200	g	Fetakäse	Würfel schneiden, 30 Min. in Milch einlegen
50	g	Vollkorngriess	
wenig		Cayenne, Paprika, Piment	sorgfältig unter die Masse mischen und abschmecken

Füllung ca. 5 cm dick auf den Teigboden verteilen, Deckel auflegen, sorgfältig in Schnitten schneiden.

Backen: 40 Min. in zweitunterster Rille bei 200 °C

Dazu: Griechischer Salat

Pilze

Pilzsammler wissen, dass wilde Pilze im Frühjahr und Herbst am ehesten nach einem warmen Regen zu finden sind. Genaue Kenntnisse über giftige Pilze sind unbedingt nötig. Das Sammelgut soll immer durch eine offizielle Pilzberatung geprüft werden.
Die eigentliche Pflanze befindet sich unter dem Boden und sorgt für gesunde Mineralstoffverhältnisse in der Erde. Sie sind die Gesundheitspolizei der Erde und erfüllen dort ihre Aufgabe. Was wir sehen und essen ist nur der Fruchtkörper.

Nach Anordnung der Sporenträger werden Pilze in Gruppen eingeteilt. Aus der Vielfalt seien folgende Gruppen erwähnt:

Blätterpilze	Eierschwamm, Feld- und Waldchampignons, Hallimasch, Reizker, Totentrompete
Röhrenpilze	Butterröhrling, Maronenröhrling, Steinpilze
Stachelpilze	Habichtpilz, Semmelstoppelpilz

Bekannte Pilze wie z.B. Austernseitling, Boviste, Korallenpilz (Ziegenbart), Lorchel, Morchel, Shitaki und Trüffel gehören zu anderen Gruppen.
Frische Pilze sind wasserreich. Der Eiweissgehalt von 3-5 % liegt etwas höher als derjenige frischer Gemüse.

Pilze / Champignons gedämpft

250	g	Champignons	nur kurz in einer Schüssel im Wasser schwenken, in Scheiben oder Viertel schneiden, zur vollen Entfaltung des Aromas 1 Std. stehenlassen, bis die Pilze braun werden
1		Zwiebel	fein schneiden
10	g	Butter	schmelzen, Zwiebel andünsten, aus der Pfanne nehmen
10	g	Butter	schmelzen, Pilze zugeben
1	Tlf	Zitronensaft	über die Pilze träufeln, 5-10 Min. zugedeckt andämpfen, Flüssigkeit in Tasse abgiessen
1	Lf	Mehl	den Pilzen zugeben, Mehl braun andünsten
1	dl	kaltes Wasser/Weisswein	ablöschen, Pilzwasser zugeben
1	dl	Rahm/Halbrahm	zugeben
je 1	Lf	Peterli, Kerbel	fein schneiden, zugeben
wenig		Cayenne, Macis, Piment, Salz, Tamari	zugeben, kurz aufkochen

Passt zu: Omeletten

Lamellenpilze wegen Sand oder Erde kurz im Wasser schwenken. Übrige Pilze kurz abspülen oder im Wasser schwenken, ev. schälen und die Bruchstellen neu schneiden.

Pilz-Pâte

50	g	Butter	schmelzen
4		Knoblauchzehen	zerdrücken, andämpfen
200	g	Champignons	rüsten, mitdämpfen
20	g	getrocknete Pilze	einweichen
1	Lf	Peterli	fein schneiden
2		Tomaten	in Würfel schneiden
ev. 100	g	gekochte Erbsen	
100	g	Vollkorngriess	
100	g	ungezuckerter Zwieback	zerdrücken
¾	Tlf	Salz	
wenig		Cayenne, Piment	
1	Tlf	Thymian	
1	Tlf	Oregano	
1	Tlf	Tamari	fein verreiben
4		Eier	verquirlen, alles mischen, in eine ausgebutterte Auflaufform füllen

Backen: Zugedeckt 1,5 Std. in zweitunterster Rille bei 150 °C

Bei 150 °C entwickelt sich ein intensives Aroma.

Dazu: eine kalte Meerrettichsauce

Zwiebeln und Knoblauch

Zwiebeln und Knoblauch sind Gewürzpflanzen. Sie haben in frischem Zustand dank ihrer Schwefelverbindungen und Senföle eine heilende Wirkung auf den Organismus. Aus diesem Grunde kann man sie auch als Heilpflanzen bezeichnen. In ihrer Wirkung sind sie polar, d.h.:

- Zwiebeln ziehen durch den Schwefel Giftstoffe an
- Knoblauch wehrt durch die Senföle Giftstoffe ab

Empfindliche Menschen sollten Zwiebeln und Knoblauch nicht zusammen verwenden, da sich der Schwefel in den Zwiebeln mit den Senfölen im Knoblauch verbindet und Blähungen verursacht.

Zwiebeln

- Zwiebeln vor dem Gemüse, aber nach dem Fleisch (Leichengift) mit wenig Fett glasig andünsten. Bei schlechter Verträglichkeit kann anstelle von Fett eine mit Wasser verdünnte Soyasauce verwendet werden.
- Salate mit rohen Zwiebeln dürfen nicht zu lange aufbewahrt werden.

- Da Zwiebeln Giftstoffe anziehen, sollten angeschnittene Zwiebeln im Glas zugedeckt aufbewahrt werden.
- Die Verträglichkeit von Zwiebeln kann erhöht werden, indem sie, halbiert und in Scheiben geschnitten, 15 Min. in Salzwasser einlegt werden, da jodhaltiges Vollmeersalz den Schwefel neutralisiert.
- Beim Einkauf von Zwiebeln ist auf eine gute Qualität zu achten.
- Im Garten angepflanzte Zwiebeln werden deshalb an der Sonne über längere Zeit getrocknet. Zu früh eingelagerte Zwiebeln verfaulen.

Ein altes Hausmittel wie der Zwiebelwickel zeigt, dass die Zwiebel von innen und von aussen wirkt und heilt. Zwiebelwickel sind anwendbar bei Hals-, Ohrenschmerzen, Akne, Erkältung.

Zwiebelwickel

Rohe Zwiebelringe in ein Tuch eingepackt, über dem Wasserdampf erwärmt, auf die schmerzende Stelle gelegt und mit einem Wolltuch zugedeckt, wirken schmerzlindernd.
Bei Erkältung den Kopf hochlagern und rohe Zwiebelringe auf einem Teller neben das Bett stellen: dies öffnet die Atemwege.

Knoblauch

Damit der Knoblauch mit seinem markant würzigen Geschmack die Speisen als angenehme Komponente bereichert, sollte er erst am Schluss des Kochprozesses zugefügt werden.
In Gerichten mit Knoblauch sollte auch frisch gehackter Peterli nicht fehlen, denn sein Chlorophyll hilft mit, die Senföle zu verdauen.

Die unangenehme Knoblauchausdünstung kann mit Vollmeersalz und Peterli vermieden werden. Jodhaltiges Vollmeersalz neutralisiert den Schwefel und setzt dadurch die daran gebundenen, hochaktiven Senföle frei.
Dies geschieht, indem wir den Knoblauch fein schneiden, mit etwas Vollmeersalz bestreuen, zerdrücken und 5 - 10 Min. ziehen lassen.

Getreide

Möge die Idee des Reinen,
die sich bis auf den Bissen erstreckt,
den ich in den Mund nehme,
immer lichter in mir werden. J.W.Goethe

Entwicklungsgeschichte des Getreides von Bela Bartha

Während der mitteleuropäische Mensch noch bis etwa 5000 v.Chr. jagend und sammelnd die dichten Buchen- oder Eichenmischwälder durchstreifte, hatte im vorderen Orient bereits 8000 v.Chr. die neolithische Revolution begonnen. Mit »neolithische Revolution« wird der Übergang von der mittelsteinzeitlichen Sammelwirtschaft zur jungsteinzeitlichen Ackerwirtschaft bezeichnet.

Die Völker am Fusse des Taurus-Gebirges (Türkei) und des Zagros-Gebirges (Irak, Iran) hatten auf ihren Streifzügen nach Nahrung die Steppengräser entdeckt. Anstatt diese auf langen Tagesmärschen zu sammeln, begannen sie, die Gräser in der Nähe ihrer Schlafstätten anzubauen. Bis sich die Steppengräser zu ackertauglichen Kulturpflanzen entwickelten, mussten die jungsteinzeitlichen Bauern des Vorderen Orients noch lange, geduldige Züchterarbeit leisten. Einer effizienten Nutzung stand vor allem das folgende Wildmerkmal der Gräser entgegen: Die Ähren (Fruchtstand) der einzelnen Grashalme zerfielen, sobald die Körner (= Frucht = Körnerfrucht = Karyopse) reif waren, in ihre Einzelbestandteile (Ährchen = Teilblütenstand, meist mehrfrüchtig).

Was in freier Wildbahn für die effiziente Verbreitung des Samens sehr wohl sinnvoll war, bedeutete für den jungsteinzeitlichen Bauern eine aufwendige Sammelarbeit mit wenig Ertrag. Jedes einzelne Ährchen hätte mühsam aufgesammelt werden müssen. Deshalb wurden vorzugsweise diejenigen Ähren geerntet, welche zufälligerweise noch nicht auseinandergefallen waren. Auf diese Weise entstanden durch bewusste oder unbewusste Auslese Sorten, deren Ährenachsen (Ährenspindeln) stabiler waren als die Wildsorten. Der Verlust des natürlichen Körner-Ausstreu-Mechanismus war ein erster Schritt hin zu einer domestizierten Kulturpflanze, die in der freien Wildbahn nicht mehr überlebensfähig ist.

Warum eigentlich Steppengräser?

Hier stellt sich nun die Frage, weshalb damals nicht auch die bei uns einheimischen Gräser zu Nahrungszwecken genutzt wurden. Es zeigt sich, dass alle unsere einheimischen Gräser relativ kleinfrüchtig sind. Die Roggentrespe (Bromus secalinus) – das einheimische Wildgras mit den grössten Körnerfrüchten – weist z.B. fünfmal kleinere Körner auf als die Wildgerste (Hordeum spontaneum) aus Israel.

Grosse Früchte sind eine Anpassung an die Trockenzeiten, welche die Wildgräser in ihren Ursprungsgebieten überdauern müssen. Um den Keimling während der Trockenzeit am Leben zu erhalten und ihm für die erste Wachstumsphase gute Voraussetzungen zu schaffen, legen die Wildgräser in ihren Körnerfrüchten ein Nährgewebe an (= Endosperm, enthält v.a. Kohlenhydrate). Dieses wird seinerseits von einer Fruchtschale (enthält Vitamine und Mineralien), einer Samenschale und einer proteinhaltigen Zellschicht (Aleuron) umschlossen. Genau dieses Nahrungsreservoir macht sich nun der Mensch zunutze.

Vorstoss des Getreides nach Mitteleuropa

Viele Volksgruppen wanderten auf der Suche nach geeigneten Böden für den Ackerbau in Richtung Europa und trugen hierbei auch das Saatgut aus ihrer Steppenheimat in den Westen. Auf ihren Wanderzügen trafen sie auf andere Völker, die ihre Anbautechniken übernahmen und selber an andere weiter vermittelten. Mit Hilfe archäologischer Ausgrabungen ist es heute möglich, zwei Hauptwanderwege zu unterscheiden, auf denen das Getreide zusammen mit den Ackerbauern und ihrer Feldwirtschaft nach Mitteleuropa gelangte.

Der »nördliche Weg« führt vom Vorderen Orient durch die heutige Türkei, über den Bosporus und entlang der Donau durch Ungarn, Tschechei, Slowenien bis an den Rhein.

Die »südliche Route« verlässt teilweise das Festland und schlängelt sich, oftmals von Insel zu Insel hüpfend, der Mittelmeerküste entlang. In Griechenland und Italien betraten die Völker wieder Festland, was durch archäologische Ausgrabungen mit Getreidekörnerfunden belegt ist. Die Ackerbaukultur und die kultivierten Steppengräser – das Getreide – dringen dann vom Süden das Rhonetal hinauf und bis nach Mitteleuropa vor.

Wie kam es zur Formenvielfalt?

Auf ihrem Weg nach Mitteleuropa kamen die Kulturgräser häufig in Kontakt mit Wildgräsern, die neben den Getreidefeldern wuchsen. Auf diese Weise entstanden durch spontane Kreuzungen (Hybridisierung) neue Getreideformen. Diese unterschieden sich oft von ihren Ausgangsformen durch eine erhöhte Chromosomenzahl (Erbinformation im Zellkern), indem sie deren Erbinformation der ihren hinzufügten. Beim Weizen entstand auf diese Weise eine Entwicklungsreihe von Weizenarten mit zwei bis zu sechs Chromosomensätzen:

Im Vordergrund erkennt man das Einkorn, im Hintergrund den Emmer.

Emmer

Dinkel

Einkorn (Triticum monoccum)	= diploid	(= 2 x 7 = 14	Chromosomenpaare Chromosomen)
Emmer (Triticum dicoccum) = tetraploid **Hartweizen** (Triticum durum)		(= 4 x 7 = 28	Chromosomenpaare Chromosomen)
Dinkel (Triticum spelta), **Zwergweizen** (Triticum compactum), **Saatweizen** (Triticum aestivum)	= hexaploid	(= 6 x 7 = 42	Chromosomenpaare Chromosomen)

Die beiden Getreidearten Hafer (Avena sativa) und Roggen (Secale cereale) begannen ihre »Kulturpflanzen-Karriere« sehr wahrscheinlich als Unkräuter auf den Getreidefeldern. Mit dem Vordringen der Ackerwirtschaft gegen Norden setzten sich allmählich diejenigen Gräser auf den Feldern durch, die das kühlere Klima besser ertrugen. Auf diese Weise ernteten die Bauern im Norden immer mehr vom kälteresistenten Hafer oder Roggen, anstelle des gewünschten Weizens, welcher eher ein gemässigtes Klima bevorzugt. Dank der schlechten Saatgutreinigung kamen die Hafer- und Roggenkörner bei der nächsten Aussaat wieder auf die Felder und setzten sich zuletzt völlig gegen den Weizen durch. Der Verlust des Weizens war für die damaligen Bauern (Jungsteinzeit bis Mittelalter) keine Tragödie, da ohnehin zumeist Getreidebrei und nicht Brot gegessen wurde. Hinzu kam, dass Roggenbrot auch sehr bekömmlich und vor allem sehr lange lagerfähig war.

Getreidesorten, welche einst die Felder Europas prägten

Wohl keine andere Nutzpflanze Mitteleuropas hat die Landschaft derart geprägt, wie das Getreide. Vor dem Getreideanbau war Europa von dichten Wäldern bedeckt. Erst 4000 v.Chr. begannen Bauern den Wald zu roden. Sie bauten Dörfer und schufen Acker- und Wiesenflächen. Mit der Zeit entstanden vielfältige Landschaftselemente wie z.B. Ackerterassen, Wölbäcker (= Hügeläcker, gewölbte Äcker), Lesesteinhaufen und Wassergräben. Diese verbanden sich zu eindrucksvollen Kulturlandschaften.
Betrachten wir die Entwicklungsgeschichte des Getreides in Europa von der Jungsteinzeit bis heute, so fällt auf, dass viele Getreide, welche früher auf den Feldern häufig vorgekommen sein müssen, heute völlig verschwunden sind. In der folgenden Tabelle sind sämtliche Getreide aufgelistet, welche einst auf den Feldern Mitteleuropas angebaut wurden:

Name deutsch	Name lateinisch	ältester Fund	ältester Fund in Mitteleuropa
Einkorn	Triticum monococcum	7000 v.Chr. Syrien, Türkei	5000 v.Chr. Frühsteinzeit
Emmer	Triticum dicoccum	8000 v.Chr. Türkei, Syrien	5000 v.Chr. Frühsteinzeit
Hartweizen	Triticum durum	7000 v.Chr.? Türkei, Syrien ? = ev. Verwechslung mit Saatweizen, deshalb ungewiss	4000 v.Chr.? Jungsteinzeit
Rauhweizen	Triticum turgidum	?	?
Saatweizen	Triticum aestivum	5000 v.Chr. Westasien, Europa	? ev. Jungsteinzeit

Name deutsch	Name lateinisch	ältester Fund	ältester Fund in Mitteleuropa
Dinkel, Spelz	Triticum spelta	5000 v.Chr. Transkaukasien	2500 v.Chr. Bronzezeit
Zwergweizen	Triticum aest. var. compactum	?	? ev. Jungsteinzeit
sechszeilige Spelzgerste	Hordeum vulgare var. hexastichon	8000 v.Chr. Syrien	5000 v.Chr. Frühsteinzeit
zweizeilige Gerste	Hordeum vulgare var. distichon	8000 v.Chr. Syrien, Türkei	? ev. später als sechszeilige Gerste
vierzeilige Gerste	Hordeum vulgare var tertrastichon	?	?
Nacktgerste	Hordeum vulgare var. nudum	7000 v.Chr. Syrien	5000 v.Chr. Frühneolithikum
Roggen	Secale cereale	6000 v.Chr. Nordsyrien ev. nur Wildform	1200 v.Chr. jüngere Bronzezeit
Hafer	Avena sativa	? jüngere Bronzezeit	1000 v.Chr.
Rispenhirse	Panicum miliaceum	5000 v.Chr. Ukraine, ehem. CSSR	1000 v.Chr. jüngere Bronzezeit
Kolbenhirse	Setaria italica	4000 v.Chr. China, Iran, Afghanistan	2000-1000 v.Chr. jüngere Bronzezeit

»?« = bis Heute nicht Geklärtes

Früher häufige Getreide wie Einkorn, Emmer und Hirsearten sind weitgehend verschwunden. Als Ausnahme erfährt der Dinkel heute wieder eine Renaissance. Die Gründe für das Verschwinden sind sehr vielfältig.

Einkorn findet sich zuletzt nur noch sehr selten in römischen Ausgrabungen und fristet sein Dasein längere Zeit nur als Unkraut in Getreidefeldern. Gegenüber anderen Getreiden lassen sich mit Einkorn nur geringe Flächenerträge erzielen, was den Anbau dieses Getreides unrentabel macht. Hingegen besitzt es sehr zähe Halme, die zum Binden und Flechten sehr geeignet sind.

Der **Emmer** ist ein Spelzgetreide (Spelzweizen). Die Körner sind dicht von den Spreublättern (Spelzen) umhüllt, welche auch beim Dreschen nicht wegfallen. Bis in das Mittelalter pflegte man die Ährchen der Spelzgetreide nach dem Dreschen zu darren (leichtes rösten). Nach der Darre liessen sich die Spelzen in einem Holzmörser leichter wegschlagen. Heute setzt man die Technik des »Röllens« ein, bei dem die Spelzen vom Korn weggewetzt werden.
Durch das Darren wurde auch die Lagerfähigkeit der Getreidekörner erhöht. Durch schnelles Trocknen wurde der Keimling abgetötet, so dass er bei feuchter Lagerung nicht auskeimen konnte (viele jungsteinzeitliche Siedlungen liegen z.B. in der Schweiz an Seen).

Beim Darren kam es häufig zu »Darrunfällen«. Körner fielen in die Glut oder heisse Asche und verkohlten. Für die Archäologen sind solche »Unfälle« eine glückliche Fügung, da sich diese verkohlten Körner über Jahrtausende erhalten haben, bei Ausgrabungen gefunden und identifiziert werden konnten.
Dieser Mehraufwand trug sicherlich zum Aussterben dieses Getreides in unseren Breitengraden bei, obwohl der Emmer beste Backeigenschaften besitzt und das Brot sehr schmackhaft ist. Bis in die Kriegszeit wurde diese Getreideart gerne angepflanzt, da der Ertragsausfall durch Vogelfrass sehr gering ist. Die Tiere kommen an die dicht umhüllten Körner nur schwer heran.

Der **Dinkel** gehört ebenfalls zu den Spelzgetreiden (Spelzweizen) und auch hier ist nach dem Dreschen ein weiterer Arbeitsschritt zur Gewinnung spelzenfreier Körner nötig. Jedoch lassen sich hier die Spelzen leichter entfernen als beim Emmer. Der Dinkelanbau hat gerade in der Zentralschweiz und in Süddeutschland (Dinkelberg, Dinkelacker) eine lange Tradition und wird bis heute betrieben.

Eine Spezialität lässt sich auch heute noch im Main-Taubern-Gebiet auf kleinen Feldern finden – der **Grünkern.** Beim Grünkern handelt es sich um die Körner des Dinkels, welche schon zwei bis drei Wochen vor der Vollreife geerntet werden. Die Körner sind in diesem Zustand noch grün und weich (Teigreife). Nach dem Mähdreschen werden die Grünkerne bei 110-150°C gedarrt (getrocknet). Die Körner besitzen einen hohen Nährwert und werden geschrotet oder zu Mehl gemahlen. Der Grünkern hat überlebt, weil es sich hierbei um eine lokale Spezialität handelt, welche für diese Region eine Art Kulturgut darstellt.
In Gebieten (Berggebiet), wo die Vegetationszeit zu kurz war, so dass die Körner auf dem Feld nicht ausreifen konnten, wurden auch noch andere Getreidearten grün gewonnen. Sie wurden in trockene, gut durchlüftete Scheunen gebracht und gelangten erst dort zur Vollreife. Hierbei handelt es sich um eine Methode, um auch in extremsten Lagen Getreide zu Nahrungs- oder Futterzwecken anbauen zu können.

Die beiden Hirsearten – **Rispen- und Kolbenhirse** – waren in Mitteleuropa nie sehr beliebt und dennoch bildeten sie bis ins 18. Jh. einen steten Bestandteil der eurpäischen Küche. Vor allem im östlichen Europa wurde der Hirsebrei sehr geschätzt. Mit der Einfuhr des Reises und der Kartoffel im 18. Jh. verschwanden die Hirsearten jedoch völlig von unseren Feldern.

Der **Hafer** war als Futtergetreide für Pferde sehr wichtig und weit verbreitet. Mit dem Rückgang der Pferdehaltung nahm auch die Haferproduktion ab.

Auch der **Roggen** hat im 20. Jh. gegenüber anderen Getreidearten viel an Bedeutung verloren und fiel in Deutschland unter den Brotgetreiden vom 1. Platz auf den letzten Platz zurück. Seine langen Halme knicken leicht und das Stroh wird durch die zunehmende Trennung von Vieh- und Ackerwirtschaft, und der damit zusammenhängenden Modernisierung der Stallhaltung, nicht mehr als Einstreu verwendet. Früher war das Roggenstroh wegen seiner Zähigkeit und Länge sehr beliebt und wurde vielfältig eingesetzt. So fand es als Isolationsmaterial in Häuserwänden und Böden alter Höfe, als Dachdeckmaterial und für Gegenstände des alltäglichen Gebrauchs (Strohhüte, Körbe, Matten, usw.) Verwendung.
Alle diese Getreidearten zeichnen sich durch ihre relative Anspruchslosigkeit bezüglich Düngung, Bewässerung und Klima aus. Diese Faktoren spielen heute leider nur noch

eine sekundäre Rolle. Allein der Flächenertrag gilt als das Mass, welches über die weitere Verwendbarkeit einer Getreidesorte bestimmt.

Gesellschaftsgeschichtliche Bedeutung des Getreides

Auf Grund archäologischer Funde von Knochen, Samen, wild gesammelter Nahrungspflanzen und Getreidekörner aus jungsteinzeitlichen Siedlungen kann in etwa bestimmt werden, wie gross der Anteil von gesammelter und angebauter Pflanzennahrung gegenüber der Fleischnahrung gewesen sein könnte. Es kann von der Annahme ausgegangen werden, dass sich die tägliche Nahrung eines Steinzeitmenschen im schweizerischen Mittelland zu 25 % aus gesammelten Pflanzen, zu 25 % aus Getreide und zu 50 % aus Fleisch zusammensetzte.

Die Flächenerträge haben sich seit den Anfängen des Getreideanbaus bis heute mehr als verzehnfacht. Wurden 4000 v.Chr. noch etwa 7 kg/a geerntet, so sind es heute nicht selten über 80 kg/a. Es ist interessant, dass sich bis ins Mittelalter die Erträge nicht mehr als verdoppelt hatten und erst in der Neuzeit, mit der Einführung neuer Getreidesorten, des Kunstdüngers und der Pestizide, eine rasante Steigerung der Ernteerträge zu verzeichnen ist. So lag z.B. der Selbstversorgungsgrad der Schweiz mit Brotgetreide vor dem 2. Weltkrieg bei 50-60 %. Heute liegt er gegen 90 %. Vergleicht man die Winterweizenerträge der letzten 30 Jahre pro Hektar, so konnte man im Kanton Zürich eine Ertragssteigerung von 3,6 t/ha (1961/71) auf 4,2 t/ha (1971/80) und 5,8 t/ha (1981/90) erzielen. Dies entspricht einer durchschnittlichen Ertragssteigerung von 14 % pro 10 Jahre.

Im Mittelalter deckten Hirse, Hafer und Gerstenbrei bis zu 2/3 der täglich benötigten Nahrung. Brot aus Weizen war eine Exklusivität und somit einer kleinen Oberschicht vorbehalten. Im nördlichen Europa und im Alpengebiet setzte sich der Roggen als Brotgetreide durch. In der Neuzeit nahm der Brotkonsum allgemein stark zu. Bis zur Jahrhundertwende gehörte das Brot auch in breiten Bevölkerungschichten zur Hauptnahrung (500-600 g pro Person). Heute liegt der tägliche Brotverbrauch bei etwa 200 g pro Person.

Bis ins 14. Jh. verzeichnete Europa stetig wachsende Bevölkerungszahlen. Ein derartiges Wachstum wurde ermöglicht, weil immer mehr Land kultiviert wurde und sich die Getreidewirtschaft auf Kosten der Viehwirtschaft stark ausdehnte. Gegen Ende des 13. Jh. erschöpften sich jedoch die Landkapazitäten. Hungersnöte und in der Folge die Pest, suchten die Menschen heim.

Erst im 15. Jh. begann sich die Ernährungslage dank rigoroser Regelungen in der Landwirtschaft zum Besseren zu wenden. In weiten Bereichen Europas wurde die **Dreifelderwirtschaft mit Flurzwang** eingeführt. Im 3-jährigen Zyklus wurde genau vorgeschrieben, wo Sommer- und Wintergetreide angebaut werden durfte und wo der Bauer sein Feld brachlegen musste.

Im 18. Jh. wurde die Vormachtstellung des Getreides auf den Äckern durch die Einführung der **erweiterten Dreifelderwirtschaft** eingeschränkt. Neue Feldfrüchte wurden zugelassen. Hülsenfrüchte und vor allem die Kartoffel aus den Anden erschienen nun häufig auf den Äckern. Mittelalterliche Stundenbücher geben ein Bild des ländlichen Jahresablaufes, welcher stark von Arbeiten, die im Zusammenhang mit dem Getreide stehen, bestimmt wurde. Hunger und Wohlstand hingen ebenfalls stark von der jährlichen Getreideernte ab, da bis ins hohe Mittelalter 80 % der Bevölkerung direkt von der Landwirtschaft abhängig war.

Das tägliche Brot wurde und wird in die Gebete eingeschlossen. Auch die alten Griechen verehrten Demeter, die Göttin der Fruchtbarkeit. Bei den Römern entspricht Demeter der Göttin Ceres, von wo auch der Name Cerealia (= Cerealien = Getreide = Ackerfrüchte) stammt.

Kultura und Kultus – das Geheimnis der Fruchtbarkeit

Als die Pflanzen die Erde eroberten, wurde Leben für höhere Wesen möglich. Die einkeimblättrigen Gräser könnten als Getreide die ganze Menschheit ernähren, wären da nicht der wirtschaftliche und politische Druck nach Macht und Besitz.

Henry Kissinger, ehemaliger Aussenminister der Vereinigten Staaten von Amerika, sagte dazu auf der Welternährungskonferenz 1974:
»Ein wesentlicher Aspekt unserer Zeit ist es, dass wir zum ersten Male in der Geschichte technisch in der Lage sind, die Menschheit von der Geissel des Hungers zu befreien. Wir müssen uns daher heute ein kühnes Ziel setzen! In zehn Jahren soll kein Kind mehr hungrig zu Bette gehen, soll keine Familie mehr um das Brot für den nächsten Tag bangen müssen, soll es nicht mehr vorkommen, dass durch Unterernährung die Zukunft eines Menschen verbaut wird oder seine Anlagen verkümmern.«
Und wie sieht es heute aus? Die Zahl der Hungernden hat sich verdoppelt. Über 15 Millionen Menschen sterben jährlich an Hunger.

Getreide ist die älteste Kulturpflanze. Das Wort Kultur beinhaltet 2 Aspekte und wurde vom griechischen Wortschatz »cultura« und »cultus« abgeleitet. **Kultura** bedeutet Ackerbepflanzung und **Kultus** wurde vor allem im Sinne einer Entwicklung und Veredelung des menschlichen Lebens verstanden. In diesem geistigen Streben erhofften sich die Menschen der Antike die Hilfe der Götter.

Ceres (römisch) oder Demeter (griechisch) ist die Göttin der Fruchtbarkeit und des Ackerbaus. Sie ist die Mutter Erde, welche heute von den Menschen durch eine rote Nelke verehrt wird. Ihre verborgene Bedeutung liegt in den Worten:
– Wirklich ist zwei und wahr ist eins. –
Kultura und Kultus beinhaltet dieselbe Substanz, welche ein Mensch in seinem Herzen pflegt und bewahrt. »An den Früchten werdet ihr sie erkennen« ist wörtlich zu verstehen.
Jedes Volk »besitzt« sein Korngetreide. Es ist jene Getreideart, welche ihm im Wesenscharakter am nächsten steht, in der Kultura und Kultus übereinstimmen. »Schaue Dir die Fruchtbarkeit der Felder an, und Du weisst um das geistige Niveau der jeweiligen Zivilisation.«
Durch das globale Weltverständnis haben wir heute das Privileg, alle 7 Getreidearten auftischen zu können.

Die Kornähre Gebrüder Grimm

In Vorzeiten, als Gott noch selbst auf Erden wandelte, war die Fruchtbarkeit des Bodens viel grösser als heute. Damals trugen die Ähren nicht fünfzig- oder sechzigfältig, sondern vier- bis fünfhundertfältig. Die Körner wuchsen am ganzen Halm von unten bis oben. So lang wie der Halm war, war auch die Ähre.
So wie die Menschen aber sind, achten sie im Überfluss den Segen nicht mehr, der von Gott kommt, werden gleichgültig und leichtsinnig.

Eines Tages ging eine Frau an einem Kornfeld vorbei, und ihr kleines Kind, das neben ihr sprang, fiel in eine Pfütze und beschmutzte sein Kleidchen. Da riss die Mutter eine Handvoll der schönen Ähren ab und reinigte ihm damit das Kleid. Als der Herr, der eben vorüberkam, dies sah, zürnte er und sprach: Die Menschen sind der himmlischen Gabe nicht länger wert.

Die Umstehenden, die dies hörten, erschraken, fielen auf die Knie und flehten, dass er doch noch etwas an dem Halm stehenlassen möge. Wenn auch sie selbst es nicht verdienten, so doch der unschuldigen Hühner wegen, die sonst verhungern müssten. Der Herr, der ihr Elend voraussah, erbarmte sich und gewährte die Bitte. So blieb oben noch die Ähre übrig, wie sie uns heute wächst.

Vom Roggenkorn, das so gross war wie ein Ei Leo Tolstoi

Einst spielten Bauernkinder in einer Schlucht nahe dem Dorfe und fanden dort etwas sehr Seltsames: Es war gross und rund wie ein Hühnerei, hatte aber eine Kerbe wie ein Roggenkorn und sah auch so aus. Ein Mann, der seines Weges daherkam, sah dieses merkwürdige Ding, nahm es den Kindern um einen Groschen ab und brachte es in die Stadt, wo er es an den Zaren verkaufte.

Der Zar liess weise und gelehrte Männer kommen und befahl ihnen, das Rätsel zu lösen und ihm zu sagen, ob das, was er gekauft hatte, ein Ei oder ein Roggenkorn sei. Lange und angestrengt dachten die Weisen nach, wussten aber keine Antwort. Da kam ein Huhn auf die Fensterbank geflogen, worauf man das seltsame Ding gelegt hatte, und begann daran zu picken. Als es ein Loch hineingepickt hatte, sahen alle, dass es ein Roggenkorn war. Und die Weisen gingen hin zum Zaren und sprachen:

Es ist ein Roggenkorn.

Der Zar wunderte sich sehr. Ein neuer Befehl erging an die weisen und gelehrten Männer: Rede und Antwort sollten sie darüber stehen, in welchem Land und wann ein solch seltsames Korn gewachsen sei. Wieder dachten die weisen Männer nach, tagelang, nächtelang; dickleibige Bücher wurden herbeigeschafft, doch auch dort fanden die Weisen keine Antwort auf des Zaren Frage. So kamen sie denn zurück und sagten: »Wir können dir nicht sagen, in welchem Land und wann ein solches Roggenkorn gewachsen ist. Wir finden nichts darüber in unseren Büchern. Man sollte aber bei den Bauern nachfragen, vielleicht hat dort jemand gehört, wann und wo Getreide von solcher Grösse geerntet wurde. Vielleicht kann jemand von den ganz alten Leuten etwas darüber erzählen.«

Da sandte der Zar Boten aus und befahl ihnen, sie möchten einen alten Bauern herbeischaffen. Und die Boten fanden auch ein altes, zahnloses Männchen und brachten es vor des Zaren Thron. So alt war aber dieser verhutzelte Greis, dass er sich kaum bewegen konnte; auf zwei Krücken humpelte er mühsam daher und war vor Alter ganz grün im Gesicht. Der Zar gab dem Bäuerlein das Korn, doch der Alte konnte es kaum erkennen, die Augen versagten ihm den Dienst, und so musste er seine Hände zu Hilfe nehmen, das zu ertasten, was er nicht sehen konnte. Der Zar aber stellte nun die Frage:

»Weisst du, Grossväterchen«, begann er, »wo ein solches Korn gedeiht? Hast du vielleicht selbst einmal auf deinem Acker einen solchen Roggen gesät oder geerntet? Hast du in deinem langen Leben irgendwo solches Getreide gekauft?«

Der Alte war halbtaub. War es ihm schon schwer zu hören, dass zu ihm gesprochen wurde, so dauerte es vollends eine ganze Weile, ehe er begriffen hatte, was man von ihm wissen wollte. Dann aber zischelte er mit zahnlosem Mund: »Nein«, sagte er, »nein, grossmächtiger Zar, mein Acker hat ein solches Getreide nicht getragen, auch habe ich nie ein solches Korn gekauft. Der Roggen, den wir um Geld erstanden, war nicht anders

als der heutige auch. Wir sollten aber meinen Alten fragen, vielleicht hat der einmal gehört, wo solch ein Roggen gedieh.«
Wieder schickte der Zar seine Boten aus, und sie brachten nun den Vater des zahnlosen Männchens vor den Zaren. Der uralte Greis aber kam rüstiger daher als sein Sohn, er brauchte auch keine Krücken; ein Stock, auf den er sich im Gehen stützte, genügte ihm vollauf. Der Zar liess das Roggenkorn bringen und zeigte es ihm. Der Alte konnte noch recht gut sehen und hatte es nicht nötig, das Korn zu betasten, wie es vor ihm sein Sohn tun musste. »Weisst du, Alter«, begann der Zar, »wo ein solches Getreide gedeiht? Ist vielleicht auf deinem Acker solch ein Roggen gewachsen, oder hast du einmal solches Korn gekauft?«
Der Alte war harthörig, doch fasste er bei weitem rascher auf als sein Sohn. »Nein«, gab er zur Antwort, »auf meinem Acker habe ich einen solchen Roggen weder ausgesät noch geerntet. Auch gekauft habe ich solches Korn nicht, denn zu meiner Zeit hat es noch gar kein Geld gegeben. Wir nährten uns von dem Brot, das auf unserem Acker gewachsen war, und wenn jemand in Not geriet, so teilten wir mit ihm. Ich kann dir nicht sagen, wo dieser Roggen gewachsen ist. Gewiss war zu meiner Zeit das Korn grösser, die Ernte ergiebiger, aber ein so grosses Roggenkorn habe ich mein Lebtag nicht gesehen. Man sollte aber meinen Vater fragen, er meint, dass zu seiner Zeit der Roggen besser gedieh, und auch das einzelne Korn soll grösser gewesen sein.«

Nun wurde der Vater des alten Bauern gerufen. Ohne Stock, ohne Krücke trat der uralte Greis vor den Zaren. Fest und sicher trat er auf, seine Augen waren klar, er hörte gut und sprach deutlich. Auch diesem uralten Mann zeigte der Zar das Korn. Der Greis betrachtete es genau, wendete es hin und her und meinte dann: »Lang ist es her, dass ich unseren Roggen zum letzten Male gesehen habe.« Und er biss auf das Korn, kaute es bedächtig und fuhr dann fort: »Ja, das ist es, das ist unser altes Brot, genau so ist es noch, wie es vor vielen, vielen Jahren gewesen ist.«
»Sag mir, Grossväterchen«, hob nun der Zar von neuem an, »sag mir, wo und wann kam ein solches Korn zu Welt? Hast du es auf deinem eigenen Acker ausgesät?« Da sprach der Alte: »So ein Brot gab es zu meiner Zeit überall, nur von solchem Brot habe ich mich genährt und davon auch anderen zu essen gegeben. Nur solchen Roggen habe ich ausgesät, geerntet und gedroschen.« Weiter fragte der Zar: »Sag mir, Grossväterchen, gab es zu deiner Zeit solchen Roggen zu kaufen?« Da lachte der Alte: »Zu meiner Zeit«, brummte er dann, »dachte noch kein Mensch an eine solche Sünde, Geld für unser täglich Brot zu verlangen oder zu geben.« Von neuem begann der Zar: »So sag mir denn, Grossväterchen, wo hast du solches Getreide ausgesät? Wo war dein Acker?«
»Mein Acker war die Erde, die unserem Herrgott gehört«, antwortete der Alte, »wo ich meinen Pflug einschlug, dort war mein Acker. Die Erde war frei und niemand nannte ein Stück Erde sein eigen, sein eigen nannte man nur seine Arbeit.« Der Zar aber liess nicht ab zu fragen:
»Noch zwei Dinge will ich erfahren«, fuhr er fort, »das eine ist dies: Warum war das Roggenkorn früher so gross und ist heute so klein geworden?
Zum Zweiten aber will ich wissen: Warum schleppte sich dein Enkel mühsam auf zwei Krücken herein, dein Sohn brauchte nur einen Stock, sich darauf zu stützen, du selbst aber schreitest fest und sicher einher und brauchst weder Stock noch Krücken? Auch deine Augen sind klar, deine Zähne fest, deine Rede klar und verständig.
Woher, Grossväterchen, kommt dies alles?«
Auch darauf wusste der Alte Red' und Antwort: »Beides«, sagte er, »beides, dass unser Roggenkorn heute klein und das Alter beschwerlich ist, beides kommt daher, dass die Menschen aufgehört haben, von ihrer eigenen Hände Arbeit zu leben und den Nachbarn

um den Ertrag seiner Arbeit beneiden. Zu meiner Zeit war das nicht so, wir trachteten danach, so zu leben, wie es Gottes Wille ist:
Was uns gehörte, daran freuten wir uns, fremdes Gut aber begehrten wir nicht.«

Das Getreide der verschiedenen Völker

Hafer
nordische Länder
↑
Roggen
Nord-Ost-Länder

Mais ← **Dinkel** → **Reis**
Indiana/Amerika — Schwarzwald und Schweiz — Asien

Weizen
Mittelmeergebiet

Gerste
Vorderer Orient bis Kaukasus und Himalaya
↓
Hirse
Afrika
südliche Länder

Gräser-Samen
Neuseeland

Reis
Hirse
Roggen
Weizen
Gerste
Hafer
Mais
Roggen
Reis
Weizen
Dinkel
Hirse
Hafer
Gerste
Mais

Getreidekunde

Getreidezuordnung nach dem Fruchtstand

Ähren	Gerste Weizen Roggen	**Rispen**	Hafer Reis	**Kolben**	Mais Hirse

Die 7 Getreidearten und ihre Sorten

Reis	Rundkornreis	Mittelkornreis	Langkornreis

Roggen Roggen
Triticale (Kreuzung von Roggen und Weizen)

Weizen

Weizen
↗
Dinkel Emmer
↖ ↗
Urweizen = Einkorn

Mais Puff-, Knall- oder Flockenmais, Hartmais, Zahnmais, Weichmais

Hirsen Rispenhirse (deutsche Hirse), Kolbenhirse, Fingerhirse, Perlhirse, japanische Hirse, Sorghumhirse (wird heute hauptsächlich gehandelt)

Hafer Nackthafer, Spelzhafer

Gerste Nacktgerste (Vollgerste), Spelzgerste, Rollgerste ist geröllte Spelzgerste
Spriesskorngerste ist gekreuzte Nackt- und Spelzgerste

Zerealien

Amaranth ist ein Fuchsschwanzgewächs und in 3.-Welt-Läden erhältlich. Ihr Einkauf unterstützt den Wiederaufbau in Südamerika.

Buchweizen ist ein Knöterichgewächs und meist geschält im Handel erhältlich.

Quinoa wird auch Reismelde genannt.

Halbfertigprodukte

Burgul Bulgur oder wird aus Weizen hergestellt.

Cous-Cous ist aus Weizengriess hergestellt, mit Wasser vermischt und getrocknet.

Flocken werden aus allen Getreidearten hergestellt.

Graupen sind geröllte und anschliessend polierte Gerstenkörner.

Grünkern	ist Dinkel, der in der Milchreife geerntet wird.
Mehl	besteht aus mind. 80% Weizen. Das Korn wird vermahlen, ausgesiebt und mind. 6 Wochen gelagert, bis eine gute Mehlqualität erreicht ist.
Pil-Pil	wird aus Weizen hergestellt.
Thermo-Grützen	sind schonend gedarrte und gemahlene Körner.

Erntezeitpunkt in verschiedenen Reifestadien

Milchreife	Gelbreife	Vollreife	Totreife
Grünkern	Reis	Weizen Hirse Hafer Roggen Mais	Gerste (für Malz) Dinkel

Ernährungsphysiologische Bedeutung von Vollkorn und Zucker

In der Mundverdauung wird Stärke durch das Speichelferment Ptyalin gespalten. Ein saurer Speichel (idealer pH-Wert 6,9), hemmt diese Wirkung des Speichelferments und somit auch die Weiterverarbeitung der Stärke. Im Magen wird die Stärke nicht verarbeitet. Bleibt die Stärke im Magen zu lange liegen, kann es zu Gärungen und schlechtem Mundgeruch führen. Aus dieser Sicht hat auch der Ausspruch »Gut gekaut ist halb verdaut« seine Bedeutung.

Erst im Zwölffingerdarm spalten Bauchspeichel-Amylasen die Stärke restlos zu Malzzucker. Dieser wird im oberen Dünndarm mit Hilfe der Maltase in Traubenzucker gespalten. Jetzt erst ist eine Resorption durch die Darmwand ins Blut möglich. Über die Pfortader gelangt der Traubenzucker zur Leber, wird dort zu Glucose aufgebaut und als Glykogen gespeichert.

Nach der chinesischen Organuhr erfolgt der Blutzuckeraufbau in der Leber von 15-3 Uhr. Von 3-15 Uhr erfolgt die Resorption (Aufnahme) von Eiweiss und Fett.
Deshalb sollten Abendmahlzeiten nicht zu reichhaltig sein. Günstige Kombinationen sind eine salzige Komponente wie z.B. Gemüsesuppe oder gekochtes Gemüse, ev. Salate und eine Süssspeise aus leicht verdaulichem Eiweiss und Kohlenhydrat.
Nur so erhalten wir den Gleichklang mit dem natürlichen Leberrhythmus und Verdauungsvorgang. Deutlich wird dies in einem spanischen Sprichwort ausgedrückt:

»Grosse Abendmahlzeiten füllen Särge.«

Der Ausgleich des Blutzuckerspiegels erfolgt über die Leber. Da Zucker schon im Mund oder im Zwölffingerdarm gespalten wird, gelangt der freigewordene Traubenzucker direkt ins Blut. Der Blutzuckerspiegel steigt rasch an und aktiviert das Insulin, welches den Blutzuckerspiegel sofort wieder sinken lässt.

Ein ausgeglichener Blutzuckerspiegel schafft Harmonie zwischen Körper und Geist.

Da die Stärke in Vollkornprodukten langsamer verdaut wird und der freiwerdende Traubenzucker gut gespeichert werden kann, bewirkt diese Nahrung einen ausgeglicheneren Blutzuckerspiegel.

Zu hoher Blutzucker wird durch das Bauchspeicheldrüsen-Hormon Insulin gesenkt. Bei starkem Blutzuckerabfall sendet die Nebennierenrinde Adrenalin aus, welches das Glukagon veranlasst, die Leber anzuregen, Glykogen in Glucose umzusetzen. Adrenalin setzt aber Energien frei und macht aggressiv.

Deshalb sollten zuckerhaltige Nahrungsmittel nur in kleineren Mengen genossen werden, um starke Blutzuckerspiegel-Schwankungen und damit verbundenes Launisch- und Aggressivwerden zu vermeiden. Ein zu tiefer Blutzuckerspiegel, auf Grund starker Blutzuckerspiegel-Schwankungen, führt zudem zu einem Verlust an ausgleichender Eigendynamik der Leber, zu Müdigkeit bis Erschöpfung und Migräne.

Durch Getreidespeisen wird die Leber im Blutzuckerstoffwechsel stärker angeregt. Durch diese Stoffwechselaktivität wird die Umsetzung des Willens in die Tat unterstützt. Willensschwäche ist folglich auch ein Stoffwechselproblem.

Gelangt Blutzucker in die Körperzelle, beginnt der »intermediäre Stoffwechsel«. Dieser beinhaltet den Abbau des Blutzuckers mit Hilfe von Vitaminen und Spurenelementen über mehrere Stufen zu Kohlensäure CO_2. Die Kohlensäure wird ausgeatmet, das Wasser H_2O bleibt in der Zelle zurück. Dieses Wasser ist das Endprodukt aller Stoffwechselvorgänge.

Dieser ideale Zustand wird erreicht durch eine möglichst ausgeglichene Ernährung mit qualitativ guten Nahrungsmitteln.

Getreidezüchtung

von Peter Kunz
Pflanzenzüchtung, Triemenhof-Girenbad, CH-8340 Hinwil

Die Weiterentwicklung und Erhaltung einer grossen Vielfalt von Kulturpflanzen für nachfolgende Generationen ist eine Aufgabe der Pflanzenzüchtung. Für den ökologischen Landbau sind speziell angepasste Sorten erforderlich, damit die Möglichkeit dieser Wirtschaftsweise ausgeschöpft und eine hohe Qualität der Produkte erreicht werden kann. Seit 8 Jahren wird in unseren Züchtungsprojekten an diesen Fragen gearbeitet.

Zuchtziele:

- Züchtung neuer, standortangepasster Weizen- und Dinkelsorten mit spezieller Eignung für den biologischen Anbau d.h.: gesunde Pflanzen, gute Erträge und hohe Qualität ohne Mineraldünger und Pestizide.
- Erhaltung einer möglichst grossen genetischen Vielfalt auf den Feldern und nicht nur in den Gen-Banken.

Zuchtmethoden:

- Ein spezielles Vorgehen erlaubt die Selektion regional angepasster Sorten. Sechs Partnerbetriebe in verschiedenen Regionen der Schweiz, in Süddeutschland und in Norwegen helfen bei der Erprobung neuer Stämme mit.
- Es werden nur klassische Zuchtmethoden eingesetzt (Kreuzungszucht). Moderne gen- und biotechnische Methoden sind für unsere Zuchtziele nicht nötig.

Verschiedene Getreidesorten aus Züchtungen von Peter Kunz.

Triticale aus der Züchtung der
Aktion Bergbau-Getreide, Tiefencastel.

Links im Bild Demeter-Roggen, gezüchtet von Martin Schmidt; rechts Weizenzüchtung »Goldkorn« von Hugo Erbe.

Zuchtergebnisse:
Nach 7-jähriger Aufbauarbeit stehen sowohl für Dinkel wie auch für Weizen Zuchtstämme im verwuchsweisen Aufbau. Sie sind bei biologischem Anbau den konventionell gezüchteten Sorten ebenbürtig und teilweise auch deutlich überlegen.
Getreidezüchtung ist eine langfristige Arbeit. Für die Entwicklung einer neuen Sorte wird normalerweise mit 10-12 Jahren gerechnet.

Zuchtfinanzierung:
Gewöhnlich müssen sich Pflanzenzüchter mit dem Verkauf von Saatgut selber finanzieren. Das geltende Saatgutverkehrsgesetz vernunmöglicht praktisch den Verkauf neuer Sorten. Öffentliche Mittel gibt es nicht.
Deshalb wird das Züchtungsobjekt mit Spenden von Konsumenten und Bauern sowie mit Beiträgen von gemeinnützigen Organisationen finanziert.
Das Spendenkonto der gemeinnützigen Triemenhof-Stiftung ist: Schweiz. Kreditanstalt CH-8623 Wetzikon, Konto 103 116-10-1/4784.

Ausmahlungsgrad / Mahl-Feinheit

ganzes Korn
Schrot
Grütze
Griess
Dunst
Mehl

grob ↑	z.B.
	Vollkornschrot
	Hafergrütze
	Maisgriess
fein ↓	Ruchmehl

Mehl-Arten

Wir unterscheiden:

Auszugsmehle	**Vollkornmehle**
sind 6 Wochen gelagert und bis zu 1 Jahr haltbar	sind frisch gemahlen **vital- und faserstoffreich**
Kleie und Keimlinge werden ausgesiebt	enthalten Kleie und Keimlinge, welche zusammen gegessen besser verdaut werden können
durch Lagerung nehmen die Vitalsstoffe ab und **der Mehlkörper reift zum Mehlcharakter**	

Mehl-Sorten

Voll(korn)mehl

Vollkornmehle und Vollkornschrot
haben keine Typennummer
möglichst frisch mahlen und verarbeiten
Aschegehalt pro 100 g: 1600-1900 mg

Ruchmehl/ Haushaltsmehl dunkel	Typ 1700 Aschegehalt pro 100 g: enthält 80-85 % des Gesamtkorns ist ohne Keimling und Kleie	 1500 mg
Halbweissmehl	Typ 1050 Aschegehalt pro 100 g: enthält 80-85 % des Gesamtkorns ist ohne Keimling und Kleie	 1000-1150 mg
Weissmehl dunkel	Typ 550 Aschegehalt pro 100 g: enthält noch 65-70 % des Gesamtkorns	 490-580 mg
Weissmehl	Typ 405 Aschegehalt pro 100 g: enthält 40-55 % des Gesamtkorns	 380-470 mg

Mehle bestehen min. aus 50-80 % Weizen. Ruch-, Halbweiss- und Weissmehl sind Auszugsmehle. Ihre Qualität wird durch den Anbau, das Mahlverfahren und die Lagerung bestimmt.

Frisch gemahlenes Mehl

Im vollen Korn sind besonders die Vitalstoffe, Faserstoffe und Spurenelemente wertvoll, welche das Säure-Base-Gleichgewicht herstellen und die Verdauung regulieren.
Sobald das Korn gemahlen ist, verändern sich diese Stoffe. Mehl kann in unserem Körper Giftstoffe aufnehmen wie ein Schwamm und diese ausscheiden. Durch Kneten, Formen und Backen kann aus Mehl ein individueller Brotlaib werden.

Eine Haushaltsmühle ermöglicht es uns, das Korn frisch weiterzuverarbeiten. Besonders zu beachten ist, dass durch den Mahlprozess die Vitalstoff-Moleküle nicht zerstört werden, da zu hohe Reibungswärme entstehen kann. Eine Mühle mit möglichst grossem Steindurchmesser und kleiner Drehzahl ist deshalb von Vorteil. Eine kleine Handmühle oder Quetsche wäre in jeder Küche wünschenswert. Grössere Mengen können auch in einer zentralen Mühle gemahlen werden. Werden häufiger grössere Mengen Korn frisch gemahlen, so empfiehlt sich eine grössere Mühle. Vor dem Kauf sollte man sich gut informieren, um eine persönliche Entscheidung treffen zu können. Die geeignete Haushaltsmühle ist diejenige, welche zum Kochstil der Hausfrau am besten passt!

Die Bedeutung der Mühle

Eine Haushaltsmühle kann aber die hohe Kunst des Mehlmahlens, wie wir sie aus der Tradition des Müllers kennen, nicht ersetzen.

Spelzgetreide wie Dinkel, Spelzgerste, Reis und Hirse werden zur Spelzentfernung in der Mühle mit stärkerem Druck »geröllt«. Dabei werden oft die schützenden Wachse verletzt, wodurch die darunterliegenden Fette oxydieren und einen unangenehmen ranzigen Eigengeschmack abgeben. Deshalb sollte gerölltes Getreide nicht in grösseren Mengen eingekauft werden.

Das Geheimnis, wie die Lebenskraft eines Kornes zum Mehlwesen umgewandelt wird, ist nicht so leicht zu verstehen. Das Korn fällt in die Mitte der Mahlsteine und wird durch die Drehbewegung nach aussen getrieben. Gleichzeitig wird das Korn von aussen nach innen geschält. So wirkt beim Mahlprozess das Gesetz der Spiralbewegungen von aussen nach innen und von innen nach aussen.
Ob nun das Mehl nach dem Mahlprozess reifen kann oder nicht, hängt von den Fähigkeiten eines Müllers ab. Symbolisch – wie in den Märchen – entscheidet der Müller über Leben und Tod. Ist das Korn »totgemahlen«, so ist das Mehl backunfähig und muss mit synthetischen Backhilfsmitteln backfähig gemacht werden.
Die Mehlqualität prüfen wir mit der Hand. Wenn wir das Mehl zusammendrücken, muss es »griffig« sein, zusammenhalten und grob brechen. Vor dem Gebrauch empfiehlt es sich, das Mehl mit dem Schwingbesen luftig zu rühren oder zu sieben es, um die Qualität zu verbessern.
Zur Brotherstellung ist die Mehlqualität ausschlaggebend!

Aufbewahrung von Getreide

Getreidekörner fand man in Höhlen, Gräbern und Pyramiden, die über 12'000 Jahre alt sind. Alle Körner waren noch keimfähig. Das Getreide hat die Fähigkeit, seine Lebenskräfte zu konservieren. Die von uns ungeliebten Getreideschädlinge stellen das Lebensprinzip wieder her: »Altes muss vergehen, damit für Neues Platz geschaffen wird!«

Der Kornkäfer

Eine Geschichte aus dem Berner Oberland berichtet davon: »Ein geiziger Bauer lebte in einer Gemeinde und hatte den ganzen Dachboden voll von Korn. Leute, die wegen Missernten kein Korn mehr hatten, baten ihn, ihnen doch von seinem Korn zu geben. Sie würden dafür auch etwas bezahlen. Doch er wollte von seinem Korn nichts abgeben. Sie kamen immer wieder vergeblich. Dann geschah es eines frühen Morgens: Der Bauer wurde durch ein seltsames Tönen aufgeweckt. Als er die Fensterläden öffnete, sah er, wie sein ganzes Korn davonflog. Der ganze Dachboden war leer!«

Die Ursache war der Kornkäfer. Der Kornkäfer ist ein schwarzes, flugunfähiges Insekt, welches die Grösse eines Korns erreicht. Das Weibchen legt seine Eier in das Korn. Bei hoher Luftfeuchtigkeit, warmen Temperaturen und geringer Belüftung entwickeln sich daraus recht schnell Larven und Käfer. Ist die Nahrung aufgezehrt, so wachsen ihnen Flügel und sie fliegen davon.

Körner, welche vom Kornkäfer befallen sind, müssen beseitigt werden, da deren Drüsensekrete verschiedene Chinone enthalten, welche als kanzerogen gelten.

Der Reiskornkäfer ist an den dunklen Reiskörnern zu erkennen.

Die Mehlmotte bildet Gespinster im Mehl, was sehr unangenehm, aber nicht giftig ist.

Gefährlich ist die Mehlmilbe, die optisch kaum erkennbar ist. Ihre Ausscheidung macht Getreideerzeugnisse ungeniessbar. Selbst als Tierfutter ist solches Getreide nicht mehr verwendbar. Es kann zu Hautentzündungen und Durchfall führen.

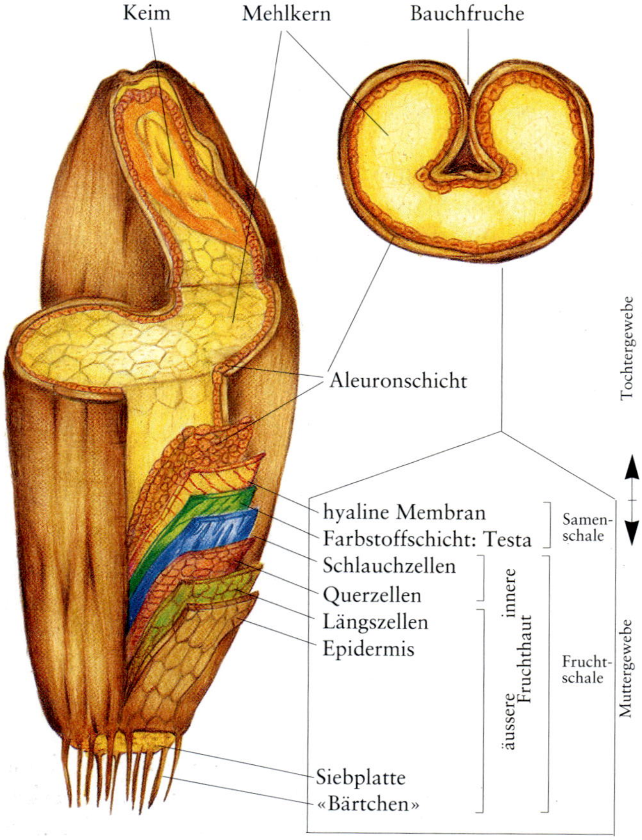

Querschnitt durch ein Getreidekorn.

Getreide wird mit Vorteil luftig, kühl und trocken aufbewahrt. Kartonbehälter mit gut schliessbarem Deckel an einem ruhigen, trockenen Ort, z.B. Estrich oder Vorratsraum, haben sich gut bewährt. Da ein Schädlingsbefall draussen in der Natur erfolgt, sind die Mikroorganismen schon im gekauften Korn. Wärme, Feuchtigkeit und bewegte Luft genügen, um die Keime zu entwickeln.
Beste Voraussetzungen für eine lange Haltbarkeit sind eine gute Anbaumethode und vor allem eine gute Reinigung sowie ein Nachtrocknen in der Mühle.
Ein paar grosse, rostfreie Eisennägel verhindern im Getreide durch ihre magnetischen Schwingungen die Entwicklung dieser unerwünschten Schädlinge. Einen noch besseren Schutz bieten Lorbeerblätter und Zedernholz.
Kleine Getreidemengen können wir in Gläsern in der Küche aufbewahren. Das Korn sollte aber nicht schwitzen, da dies eine Treibhauswirkung hat. Mit Körnern gefüllte Gläser möchte ich in der Küche aber nicht missen, sind sie doch Ausdruck meines Kochstils.

Mutterkorn

Im 10. Jh. traten an den Ährengetreiden schwarze Körner auf. Heute werden sie Mutterkorn genannt. Wurden diese gegessen, so führte dies zu Bewusstseinsveränderungen, welche die Menschen zum »Veitstanz« anregte. Mit der Zeit wurden Füsse und Hände schwarz und starben ab. Diese Krankheit wurde damals das »heilige Feuer« genannt und wurde in einem Bericht aus dem Jahre 994 festgehalten:

»Zu dieser Zeit wütete unter den Menschen eine schreckliche Geissel, ein geheimes Feuer, welches den Menschen verzehrte und ihn vom Leben zum Tode brachte, sobald es dessen Körper befiel.« Die Kranken erflehten Schutz und Hilfe von der Jungfrau Maria und den Heiligen. Im Jahre 1095 wurde eine Bruderschaft gegründet, die sich der Heilung dieser Epidemie widmete. Ihr Schutzheiliger war Antonius. Sie gründeten den Antoniterorden.

Mutterkorn

Die Krankheit, welche nun durch die Mönche eine Hoffnung auf Heilung erhielt, wurde von diesem Zeitpunkt an im Volksmund »Antoniusfeuer« genannt. Vor dem Isenheimer Altar in Colmar warfen sich die Gläubigen nieder und erhofften sich angesichts dieses Heilbildes Heilung. Erst im 18. Jh. wurde erkannt, dass dieser »Brand« durch den Genuss des Mutterkorns verursacht wurde. Heute ist Mutterkorn ein Arzneimittel und wird in der Gynäkologie, der inneren Medizin und der Nervenmedizin verwendet. Bekannt sind vor allem Methergin und LSD.
Das Mutterkorn ist ein parasitärer Schlauchpilz, welcher in den Ährengetreiden, vor allem im Roggen schmarotzt. Zur Blütezeit durchwächst das Pilzgeflecht die Fruchtknoten. Die Pilzfasern verflechten sich und bilden schliesslich ein schwarzes, festes, aus der Ähre hervorstehendes Gebilde in verschiedensten Formationen. Beim Auslesen der Mutterkörner aus dem Getreide können diese auch durch ihr weisses Inneres erkannt werden.
Zur Erntezeit fällt dieses Sklerotikum zu Boden, und im Frühling wachsen aus diesen gestielte Pilzchen hervor, welche ihre Sporen wiederum auf die jungen Ähren streuen.

Getreide-Zubereitung

Verlesen

Getreide ist ein naturnahes Lebensmittel und kann auch Stoffe enthalten, welche uns nicht bekommen, z.B. Steinchen, Mutterkorn, Erdkrumen, Unkrautsamen usw. Deshalb sollte das Getreide vor jedem Kochen sorgfältig kontrolliert und verlesen werden.

Waschen

Körner	sorgfältig reinigen, um die Schale nicht zu verletzen.
Hirse, Buchweizen	mit kochend heissem Wasser übergiessen und im aufgefangenen Wasser gut durchschwenken.
Gerste, Weizen, Dinkel,	ev. in einem Tuch abreiben oder in einer Schüssel

Roggen, Hafer, Mais	mit lauwarmem Wasser leicht umrühren und die obenauf schwimmenden Verunreinigungen entfernen.
Reis	7 mal in einem Gefäss mit lauwarmem Wasser waschen, bis der Reis seinen ranzig-staubigen Grundton verloren hat und sein Eigenaroma freisetzt.
Spelzgetreide wie **Dinkel, Gerste, Hirse, Reis**	beim Entspelzen verletztes und dadurch ranzig gewordenes Getreide muss gut gewaschen werden

Einweichen

Das Einweichen des gereinigten Getreides, 2-6 Std. in kaltem Wasser bei Zimmertemperatur, aktiviert Enzyme, welche das Korn leichter verdaulich machen. Das Enzym Phytase wird aktiviert und schliesst das Phytin auf. Die an das Phytin gebundenen Mineralstoffe sind dadurch leichter resorbierbar. Dies ist von Bedeutung, wenn viel Getreide gegessen wird, da sonst ein akuter Mangel an Eisen, Kupfer, Mangan und Zink resultieren kann. Ebenso ist Calcium und Magnesium von dieser Phytinwirkung betroffen.
Hohe Phytinwerte sind auch in Baumnüssen, Kakao, Erdnüssen, Haselnüssen, Mandeln, Sesam, Sojabohnen, Sonnenblumen und Tofu enthalten.

Quellzeiten von mehr als 6 Std. sind zu vermeiden, da danach der Keimprozess einsetzt. Dieser Keimprozess ist zuerst im Abbau tätig, bevor neugebildete, wertvolle Inhaltsstoffe die Oberhand gewinnen.
Getreidearten mit einer langen Vegetationszeit wie Gerste, Weizen, Dinkel und Roggen sind schwer verdaulich und werden mit Vorteil eingeweicht.

Das Einweichen von Schrot verbessert die Bindefähigkeit.

Für Hafer, Hirse, Reis, Maisgriess und Buchweizen kann das Einweichen entfallen.

Gekeimtes Getreide

Nach dem Nässen von Getreide mit kaltem bis lauwarmem Wasser setzt nach 6 Std. ein Keimprozess ein. Biochemische Kräfte wirken zuerst abbauend und später aufbauend. Erst dann werden die Vitamine A, B1, B2, B6, C und Niacin aktiviert und vermehrt, neue Wachstumshormone und Enzyme gebildet, sowie komplizierte Atmungs- und wachstumsfördernde Fett- und Eiweißstoffe angereichert.

Durch das Keimen werden Energien erschlossen, welche uns neue Vitalität schenken können. Gerade im Frühjahr kann eine solche Ergänzung unsere Gesundheit unterstützen. Gekeimtes Getreide soll aber als Diätetikum verwendet werden.

Ankeimen

Ankeimen ist mit vielen Samen und Körner möglich.
Während des Keimvorgangs müssen die Keimlinge morgens und abends regelmässig mit frischem Wasser befeuchtet werden, da sich sonst gefährliche Pilze bilden. Ein Keimapparat ist zu empfehlen.

- Linsen, Erbsen, Bohnen und Kichererbsen werden durch Keimen leichter verdaulich, müssen aber anschliessend noch gekocht werden

- Weizen- und Roggenkörner haben eine Keimzeit von 3 Tagen
- für gekeimtes Soja genügt ein heisses Abspülen der Keimlinge

Darren/dörren

Darren ist ein Trocknungsprozess, der nicht über 80 °C erfolgen darf, da sonst das Eiweiss in den Randschichten verkleistert. Dadurch wird und bleibt das Korn hart. Ein Weichkochen ist nicht mehr möglich!

Darren kann man Körner, Flocken und Schrot.
Durch diesen Vorgang wird das Getreide aufgeschlossen und dadurch leichter verdaulich, körniger, entfaltet seinen Eigengeschmack und verkürzt die Kochzeit. Jedes Getreide gewinnt durch das Darren an Qualität.
Vorher eingeweichte und gut abgetropfte Körner werden durch das Darren leicht gedämpft. Dies verkürzt die Kochzeit und hält das Getreide locker.

Bei Buchweizen, Hafer, Hirse und Reis verhindert das Darren das allzu leichte Verkleben der Stärke beim Kochen. Das Getreide bleibt dadurch körnig.

Verschiedene Darr-Möglichkeiten sind:
- gewaschene Körner an der Sonne auslegen
- in einem Getreidetopf auf dem Herd bei niedriger Temperatur
- auf dem Kachelofen, an der Heizung oder im Backofen.
  Dazu das feuchtes Getreide auf einem Backblech ausbreiten und darren bis das Gewicht vor dem Waschen wieder erreicht ist. Im Backofen ca. 1 Std. bei 50-60 °C mit Ober- und Unterhitze bei leicht geöffneter Tür.

Frisch schroten oder mahlen

Getreide kann nach dem Waschen, Einweichen und Darren frisch gemahlen oder geschrotet werden und eignet sich zum Kochen sowie für Gebäcke.

Wird das Korn nur geschrotet und dann eingeweicht, so bleibt die gute Bindefähigkeit des Getreides erhalten.

Für die Brotzubereitung muss das Korn nur gemahlen werden.

Gedarrter Schrot ist leichter verdaulich und würziger im Geschmack.

Eingeweichter Schrot kann nicht mehr gedarrt werden.

Getreide-Pfanne

Eine gute Getreidepfanne ist eine wichtige Voraussetzung für lockere, aromatische Getreidegerichte. Es eignen sich z.B. der **Dufeu-Topf** aus Guss-Emaille oder **Duotherm** aus Chromstahl mit Isoliereffekt durch 2 ineinander gestellte Pfannen.

Weniger geeignet sind normale Chromstahl-Pfannen, da darin das Kochgut schnell anbrennt und deshalb mit mehr Wasser gekocht werden muss. Aluminium-Pfannen sollten nicht mehr verwendet werden.

Die Deckel müssen gut schliessen, um das Austreten des Dampfes zu verhindern. Zum Kochen von Getreide benötigen wir so weniger Wasser und vermeiden dadurch ein Verschleimen der Stärke.

Getreide kochen

Getreide wird mit dem kalten Einweichwasser aufgesetzt und zugedeckt mit geringer Wärme schonend gekocht, damit das schonende Garen im Dampf optimal genutzt werden kann.

Die Wassermenge ist im Verhältnis zum Getreide-Volumen in einem Messbecher angegeben. Je nach Getreidesorte, Feuchtigkeit und Einweichzeit ist die Wassermenge zu variieren.

Die Kochzeit von Getreide soll nicht mehr als 30 Min.betragen, da sonst das Vitamin B1 zu stark zerstört wird.

Getreidegerichte mit Milch sind für empfindliche Menschen besser verträglich, wenn die Milch erst zum Nachquellen zugegeben wird.

Nachquellen

Durch Nachquellen des Getreides an der Wärme nutzen wir die Dampfwirkung zum besseren Aufschliessen des Getreides aus. Dies reduziert die Kochzeit, macht das Getreide besonders locker und für empfindliche Menschen besser verträglich.

Würzen

Durch das Würzen mit Kräutern und Gewürzen lassen wir die Pflanzen wieder zu einem Ganzen werden – »zu Nahrung und Heilung!«

- Salz sollte sparsam verwendet werden
- Samen und Wurzeln werden mitgekocht
- das Wasser würzen wir mit ganzen Kräuterzweigen
- zum Würzen von Getreide werden Lippen- und Doldenblütler bervorzugt
- beim Darren können Gewürze wie Anis, Fenchel oder Koriander zugegeben werden
- Salz sowie Blätter, Stengel und Blüten von Kräutern werden erst nach dem Aufquellen des Getreides zugegeben
- getrocknete Kräuter benötigen etwas Öl und ca. 5 Min., um ihr volles Aroma zu entfalten
- durch Mörsern in einem Porzellanmörser oder Zerreiben gewinnen getrocknete Kräuter zusätzlich an Aroma

Verträglichkeit

Die Getreideverträglichkeit hängt von der Zubereitungsart sowie vom gründlichen Kauen ab. Durch Würzen kann die Bekömmlichkeit verbessert werden.

Leicht verdauliche Getreide wie Grünkern, Hafer, Hirse, Mais, Reis sowie Flocken, Schrot oder Mehle, unterstützen eine langsame Gewöhnung.

Ungünstig wirken zuviele verschiedene Getreidespeisen zur gleichen Mahlzeit.

Eine Empfehlung: Einmal am Tag ein vollwertiges Getreidegericht!

Kochtabelle für Getreide und Hülsenfrüchte

Getreide	Menge pro Person	reinigen	einweichen	darren in der Pfanne	Wasser-verhältnis	Kochzeit	nachquellen	fett: Kräuter nach Wahl normal: Gewürze nach Wahl zus.:/ oder: Zusätzliches nach Wahl
Buchweizen – ganz	40-50 g	1 Min. blanchieren oder überbrühen		nicht geeignet	1:1	5-10 Min.	30 Min.	**Apfelminze, Oregano, Rosmarin** Ingwer, Salz, gem. Senf **zus.:** Kapern, Paranüsse, Rainfarn
Dinkel – ganz	40-50 g	im Wasser schwenken	2-6 Std.	10-15 Min.	1:1,5-2	30 Min.	1-2 Std.	**Dost, Muskatellersalbei, Orangenminze, Ysop, Zitronenthymian**
Dinkel – Flocken – Schrot	30-40 g		2-4 Std.		1:2	5-10 Min.	1-2 Std.	Koriander, Piment, Salz **zus.:** Baumnüsse, Kastanien, Majoran
Gerste – ganz	40-50 g	mit Tuch abreiben	2-6 Std.	10-15 Min. bei 70 °C	1:1,5-2	30 Min.	1-2 Std.	**Ananassalbei, Brennessel, Quendel, Zitronenthymian,** Curry, gem. Chili,
Gerste – Flocken – Schrot	30-40 g		2-4 Std.		1:2	5-10 Min.	1-2 Std.	Salz, gem. Senf **zus.:** Kresse, Meerettich, Mohn
Gerste – Thermogrütze	30-40 g				1:2	5-10 Min.	30 Min.	

Getreide	Menge pro Person	reinigen	einweichen	darren in der Pfanne	Wasser-verhältnis	Kochzeit	nachquellen	fett: Kräuter nach Wahl normal: Gewürze nach Wahl zus./ oder: Zusätzliches nach Wahl
Grünkern – ganz	40 - 50 g	mit Tuch abreiben		nicht geeignet	1 : 1,5	20 - 30 Min.	1 Std.	**Bohnenkraut, Selleriekraut Beinwell, Liebstöckel, Peterli** Cayenne, Piment, Salz, Ysop
Grünkern – Schrot	30 - 40 g			nicht geeignet	1 : 2	5 - 10 Min.	30 Min.	**zus.:** Knoblauch, Paprika, Schafkäse
Hafer – ganz	40 - 50 g	mit Tuch		10 - 15 Min. bei 70 °C	1 : 1,5	20 - 30 Min.	1 Std.	**Ananassalbei, Dill, Eberraute, Kerbel, Marienblatt, Peterli,**
Hafer – Flocken	30 - 40 g		30 Min.		1 : 2	5 - 10 Min.	30 Min.	**Zitronenthymian** Cayenne, Ingwer, Koriander, Piment, gem. Senf, Salz
Hafer – Thermogrütze	30 - 40 g				1 : 1,5	5 - 10 Min.	30 Min.	**zus.:** Ingwerwurzeln, Kokosnuss, Safran
Hirse, locker – ganz	40 - 50 g	blanchieren oder überbrühen		10 - 15 Min. bei 70 °C	1 : 1	5 - 10 Min.	30 Min.	**Borretsch, Liebstöckel, Lorbeer, Majoran, Peterli, Pimpernelle** Dill, gem. Fenchel,
Hirse-Brei – ganz	40 - 50 g	blanchieren oder überbrühen		10 - 15 Min. bei 70 °C	1 : 2	5 - 10 Min.	30 Min.	Koriander, Majoran, Meerrettich, Nelken, Piment, Salz **zus.:** Haselnuss
Hirse – Flocken	30 - 40 g		30 Min.		1 : 2	5 - 10 Min.	30 Min.	

Getreide	Menge pro Person	reinigen	einweichen	darren in der Pfanne	Wasser-verhältnis	Kochzeit	nachquellen	**fett:** Kräuter nach Wahl normal: Gewürze nach Wahl zus.:/ oder: Zusätzliches nach Wahl
Mais – ganz	40-50 g		12 Std.		1:2 mit Holzasche	½-1 Std.	1-2 Std.	Cayenne, Koriander, Lorbeer, Macis, Nelken, Paprika, Piment, Salz
Mais – Griess – Grütze	40-50 g				1:2 ev. mit Milch	30 Min. bis 1 Std.		**zus.:** ger. Käse, Zwiebeln **oder:** Kümmel, Wacholder, Zitronenthymian
Reis – ganz	40-50 g	7 x im Wasser	ev. 1 Std.	10-15 Min. bei 70 °C	1:1,5	20-30 Min.	1 Std.	**Beinwell, Majoran** Cayenne, Ingwer, Koriander, Piment
Reis – Flocken	30-40 g		30 Min.		1:2	5-10 Min.	30 Min.	**zus.:** Kürbiskerne, Oliven, gedörrte Tomaten, Salz **oder:** Feigen, Salbei, Sesam
Roggen – ganz	40-50 g	mit Tuch abreiben	2-6 Std.	20-30 Min. bei 60 °C	1:2	30 Min.	1-2 Std.	**Beinwell, Borretsch, Estragon, Kerbel, Liebstöckel**
Roggen – Flocken – Schrot	30-40 g		2-4 Std.		1:2	5-10 Min.	1-2 Std.	gem. Kümmel, Salz, gem. Senf **zus..:** Kapern, Macis, Mandeln
Roggen – Thermogrütze	30-40 g				1:2	5-10 Min.	30 Min.	

Getreide	Menge pro Person	reinigen	einweichen	darren in der Pfanne	Wasser-verhältnis	Kochzeit	nachquellen	fett: Kräuter nach Wahl normal: Gewürze nach Wahl zus.:/ oder: Zusätzliches nach Wahl
Weizen – ganz	40-50 g	mit Tuch abreiben	2-6 Std.	10-15 Min. bei 70 °C	1:1,5-2	30 Min.	1-2 Std.	**Basilikum, Oregano, Rosmarin** Cayenne, Koriander, Piment, Salz **zus.:** Paprika, Sonnenblumenkerne, Ringelblumenblüten-Blätter **oder:** Kerbel, Kokosnuss, gem. Senf
Weizen – Flocken – Schrot	30-40 g		2-4 Std.		1:2	5-10 Min.	1-2 Std.	
Weizen – Thermogrütze	30-40 g				1:2	5-10 Min.	30 Min. bis 1 Std.	
Hülsen-früchte	25-50 g	verlesen	über Nacht		1:2,5	30 Min.	30 Min.	**Liebstöckel, Peterli, Oregano, Weinraute, Ysop, Zitronenthymian** Cayenne, Curry, gem. Fenchel, Koriander, Kreuzkümmel, Piment, Salz **zus.:** Baumnüsse, Knoblauch

Die zum Teil stark abweichenden Angaben im Vergleich zu anderen Tabellen resultieren aus folgenden Gründen:

Kürzere Einweichzeiten da der Keimprozess bereits nach 6 Std. einsetzt und sich die Bakterien alle 20 Min. verdoppeln.

Kürzere Kochzeiten und geringere Wassermenge da Pfannen mit gut schliessendem Deckel und Wärmespeicherung sowie zugedecktes Kochen mit geringer Wärme zum schonenden Garen und Nachquellen im Dampf vorausgesetzt wird.

Weizen (Triticum)

Der Weizen ist ein einjähriges Ährengras. Seine aufrechte Ährenspindel ist zweiteilig alternierend mit Ähren besetzt und hat 3-6 Blüten. Aber nur 3 dieser Blüten liefern Körner. Zur Hochblüte der ägyptischen Sonnenkultur wurde der 400-600fache Ertrag geerntet. Heute ist es das 40-60fache. In Grimm's Märchen »Die Kornähre« wird diese Tatsache aufgeschlüsselt.

Sommer-Weizen (Triticum durum/Hartweizen oder Glasweizen)

Sommerweizen liebt Wärme und wenig Niederschlag. Er wird vor allem noch in Ägypten und Vorderasien angebaut.

Winter-Weizen (Triticum aestivum)

Der Winterweizen ist eine anspruchsvolle Pflanze. Er stellt hohe Bedingungen an Boden und Klima und verlangt schwere, nährstoffreiche Böden mit hoher Wasserkapazität. Die Erträge nehmen im Welthandel eine Spitzenstellung ein.

Dinkel (Triticum spelta)

Dinkel ist gegenüber Umwelteinflüssen widerstandsfähig, will aber nicht gedüngt werden. Er liebt vor allem das Voralpengebiet.
Dinkel wird dann Grünkern genannt, wenn er in der Milch- bzw. Teigreife noch grün geerntet und anschliessend nachgetrocknet oder gedarrt wird.

Weizen, Dinkel, Grünkern

Die Beduinen bereiten den Weizen auf ihre Weise zu. Mit Wurzeln machen sie ein Feuer und lassen in einer Eisenpfanne den Wüstensand erglühen. Dann werden die mit Wasser genässten Weizenkörner zugegeben. Unter gelegentlichem Wenden kühlt der Sand aus und wird anschliessend ausgesiebt.

Weizen gehört zu den ältesten Kulturpflanzen. Er stammt aus dem vorderen Orient. Zahlreiche Wildformen waren am Genom der heutigen Kulturarten beteiligt. Alle bespelzten Formen, Einkorn und Emmer, haben heute keine Bedeutung mehr. Hingegen gewinnt Dinkel immer mehr an Bedeutung. Da Getreide alle nährenden und heilenden Stoffe besitzt, ernährt es den Menschen »an Haupt und Gliedern«. Es ist ein vollwertiges Lebensmittel.

Weizen – und Dinkel noch ausgeprägter – sind die ausgewogensten Getreide, welche das Lebensgleichgewicht wieder herstellen. Sie stärken die Organe und machen sie gegenseitig kommunikationsfähig. Ausserdem unterstützen sie den Knochenaufbau, der für die aufrechte Körperhaltung zuständig ist.

Im Weizenkorn sind die Nährstoffe ausgeglichen vorhanden, aber deutlich aufgeteilt. Der Keim enthält Fett, fettlösliche Vitamine und wertvolle Eiweisse. Die äusserste Schale entspricht der menschlichen Haut und besteht aus 7 Schichten. In den Randschichten befinden sich basespendende Mineralstoffe, Vitamine, Enzyme, Vitalstoffe und Eiweisse. Der Mehlkörper enthält Stärke und Klebereiweiss mit Säurewirkung.

Vorhergehende Seite: Reife Weizenähren

Weizen war das Grundnahrungsmittel der Sonnenkulturen. Noch heute kann er, mit der Sonne gehend, jeden Monat rund um die Erde geerntet werden.

Unser Kornfeld war der Dinkel. Er wurde unterschieden in Goldkorn und Silberkorn. In Hungerszeiten und vor allem während des 30-jährigen Krieges, wurde das Korn so schnell wie möglich in Sicherheit gebracht. Es wurde in der Milchreife geerntet, vorsichtig gedarrt und mittels »gerben« wurden die Kerne vom Spelz getrennt. In diesem Zustand nannte man den Dinkel Grünkern oder Schwabenkorn. Noch heute wird der Himmel über dem Schwarzwaldgebiet im Frühsommer durch die Holzfeuer orange und ein würziger Duft weist darauf hin, dass wie früher Grünkern gewonnen wird.

Weizen- oder Dinkel-Gericht Grundrezept

150	g	Weizen oder Dinkel	in ein Tuch geben, den Staub abreiben bis die Körner glänzen, in eine Schüssel geben, Körner in kaltem Wasser leicht bewegen, dass die Verunreinigungen obenauf schwimmen, Wasser abgiessen,
4,5	dl	Wasser	2-4 Std. einweichen, 30 Min. zugedeckt leicht kochen, min. 30 Min. quellen lassen
1	dl	Sauerrahm oder Rahm	
1/3	Tlf	Salz	
wenig		Ingwer, Macis, Koriander, Piment	
3	Lf	frische Kräuter, z.B. Brennessel, Majoran, Zitronenthymian, Spinat, Ysop, usw.	fein schneiden
1	Tlf	Hefebouillon	alles zugeben, abschmecken

Ev. doppelte Menge für 2 Tage kochen und die Hälfte für ein anderes Gericht gekühlt aufbewahren.

Menüvorschlag:

Abendsuppe

gemischter Salat

Weizen oder Dinkel
Malfatti
Käsesauce

Apfelschrottorte mit Schlagrahm

Weizen-Allerlei

200	g	gekochter Weizen	
2		Paranüsse	dazureiben
2	Lf	Sesam	
1	Lf	Sonnenblumenkerne	
6		eingeweichte Pflaumen	fein schneiden, alles mischen
2	Lf	Maiskeimöl	in einer Bratpfanne erhitzen, Weizengemisch knusprig anbraten
1	Tlf	Salz	
1	Tlf	Tamari	
4	Lf	Beinwell	fein schneiden
wenig		Macis	alles zugeben, abschmecken
Dazu:		Randensauce	

Weizenschrotbacklinge mit Majoransauce

Weizen-Backlinge

150	g	Weizenschrot	grob mahlen
3	dl	Wasser	2-4 Std. einweichen, in einer Pfanne unter Rühren aufkochen, zugedeckt quellen lassen. Es muss ein dicker Brei entstehen.
		Paste:	
200	g	Lauch	fein schneiden
2	Lf	Öl	erwärmen, Lauch andämpfen
50	g	feine Haferflocken	
½	Lf	Rahm oder Sauerrahm	
¾	Tlf	Salz	
¼	Tlf	Cayenne, Paprika, Piment, gem. Senf	
1	Tlf	Liebstöckel, Oregano	
6		schwarze Oliven	fein schneiden
2		Knoblauchzehen	mit Vollmeersalz zerdrücken
ev.		Mineralwasser	zugeben
wenig		Zitronensaft	
1	Tlf	Pinienkerne	fein hacken
1	Tlf	Peterli	fein schneiden, alles mischen, eine Paste herstellen
		Aus dem Weizenschrot runde Backlinge formen, mit dem Daumen in der Mitte eine Vertiefung machen, Vertiefung mit der Paste füllen.	
3	Lf	Weizengriess	Backlinge darin wenden, auf ein bebuttertes Blech legen
Backen:		30 Min. in mittlerer Rille bei 180 °C	
Dazu:		Majoransauce	

Weizen-Mus

2	dl	Wasser	
150	g	Weizenflocken	2 Std. einweichen
500	g	Schwarzwurzeln	in einer mit Wasser und wenig Essig gefüllten Schüssel schälen, in 2 cm lange Stücke schneiden
2	dl	Wasser	
1	Tlf	Hefebouillon	in einer Pfanne aufkochen, Schwarzwurzeln zugeben, 15 Min. kochen,

			Weizenflocken mit Einweichwasser zugeben, weitere 5 Min. kochen, 10 Min. quellen lassen
1	dl	Sauerrahm	
je 1	Lf	Peterli, Zitronenthymian	fein schneiden
1	Tlf	Salz	zugeben, abschmecken
3	Lf	geröstete Sonnenblumenkerne	darüber verteilen

Dazu: Lattichgemüse mit Kokosflocken

Werden Schwarzwurzeln in Essigwasser geschält, so werden diese nicht rot und die Hände nicht schwarz.

Weizen-Schrot **an Tomaten-Rahmsauce**

5	dl	Wasser	
200	g	Weizenschrot	2 Std. einweichen
500	g	Fenchel	vierteln und fein schneiden, andünsten, Weizen mit Einweichwasser zugeben
1	Tlf	Hefebouillon	zugeben, 10 Min. kochen, 20 Min. nachquellen lassen
1	Tlf	Salz	
wenig		Koriander, Senf	zugeben, abschmecken, in eine ausgebutterte Schüssel geben und warmhalten
2		Tomaten	2 Min. blanchieren, Haut abziehen, in Würfel schneiden, Saft und Kernen entfernen
2	dl	Rahm	leicht aufkochen, zur Hälfte eindicken lassen, Tomatenwürfel zugeben
2		Knoblauchzehen	mit Vollmeersalz zerdücken
1	Lf	frischer Kerbel, Koriander, Sellerieblätter	fein schneiden
wenig		Cayenne, Paprika, Piment, Tamari, Salz	der Tomaten-Rahmsauce zugeben, abschmecken

Weizenschrot auf eine Platte stürzen,
Tomaten-Rahmsauce darüber verteilen, servieren.

Weizenschrot-Braten

		Weizenschrot:	
4	dl	Wasser	
200	g	Weizenschrot	grob sieben, einweichen, unter Rühren aufkochen, 30 Min. zugedeckt quellen lassen
2	Lf	Buchweizenmehl	
3	Lf	Buttermilch	
wenig		Salz	
wenig		Cayenne,	
		Piment, gem. Senf	
1	Tlf	gem. Majoran	alles mischen, abschmecken
		Broccoli-Mousse:	
300	g	Broccoli	weichkochen, ein paar Röschen für die Garnitur weglegen, Rest pürieren
2	dl	Sauerrahm	
wenig		Salz	
wenig		Ingwer, Piment	
wenig		Zitronensaft	
1	Tlf	Oregano	
1	Tlf	Tamari	alles mischen, abschmecken
		Blumenkohl-Mousse:	
300	g	Blumenkohl	weichkochen, ein paar Röschen für die Garnitur weglegen, Rest pürieren
2	dl	Sauerrahm	
wenig		Salz	
wenig		Koriander, gem. Senf	
1	Tlf	Liebstöckel	
½	Tlf	Hefeboullion	
wenig		Zitronenschale	abreiben, alles mischen, abschmecken
			Schrot, Broccoli, Schrot, Blumenkohl, Schrot lagenweise in eine ausgebutterte Auflaufform füllen
1		Lorbeerblatt	darübergeben

Backen: 40 Min. in zweituntterster Rille bei 180°C

Anrichten: Weizenschrotbraten auf eine Platte stürzen und mit den verschiedenen gedämpften Gemüsen garnieren.

Dazu: Liebstöckelsauce

Cous-Cous Griess-Eintopf Nordafrika

Eintopf:

1		Zwiebel	fein schneiden
1	kg	Gemüse, z.B. Bohnen, Peperoni, Rüebli, Kohl, Tomaten, Zucchetti	schneiden
1	Lf	Butter	
1	Lf	Wasser	erwärmen, Zwiebel andämpfen, Gemüse mitdämpfen
1	l	Bouillon	ablöschen, knapp weichkochen

Cous-Cous-Griess:

1	dl	warmes Salzwasser	
150	g	Cous-Cous	
wenig		Cayenne	sorgfältig mischen

Cous-Cous: mind. ½ Std. quellen lassen, in ein Sieb geben, zugedeckt über dem Eintopf 20 - 30 Min. im Dampf erwärmen, ab und zu mit einer Gabel lockern, Konsistenz prüfen:
- ist er zu trocken, dann wenig Bouillon darübergeben
- ist er zu nass, so erhalten wir eine Mehlpappe, welche nicht mehr gerettet werden kann!

Cous-Cous mit Falaffel

3	Lf	Rosinen	wässern
1	Lf	Öl	
½	Tlf	Fenchel, Koriander, Kreuzkümmel	rösten, mörsern
½	Tlf	Zimt	
wenig		Cayenne, Piment	
100	g	gekochte Kichererbsen	alles sorgfältig unter den Cous-Cous mischen

Harissa: scharfe orientalische Pfefferschoten-Paste

½	cm	Harissapaste	
1	dl	Gemüsesud	zu einer Sauce vermischen

Anrichten:

Eintopf anrichten.
Der Eintopf enthält oft auch Lamm- und Pouletfleisch.

Cous-Cous auf einer Platte locker anrichten.
Durch Zugabe von Falaffel erhält Cous-Cous eine besondere Komponente.

Harissasauce anrichten und nach persönlichem Bedarf darübergeben, da diese Sauce sehr scharf ist.

Frauen und Töchter aus Nordafrika bereiten den Cous-Cous tagelang wie folgt vor: Feiner Weizengriess wird mit wenig Wasser zusammen auf einer Bastmatte gerieben, bis sich kleine Kügelchen gebildet haben. Diese werden dann getrocknet, später eingeweicht und über dem Dampf erwärmt.

Unser Cous-Cous wird maschinell hergestellt, da wir ja diese Kunst nicht beherrschen. In Frankreich ist dieses Gericht gut bekannt. Es wird in einer Cous-Cousière aus Ton zubereitet. Die Löcher im Aufsatz werden mit aufgerollten Lorbeerblättern gestopft, welche beim Kochen einen besonderen Duft verbreiten!

Sesam-Halbmonde

250	g	Thermo-Weizengrütze	
3	dl	Wasser	5 Min. zugedeckt kochen, nachquellen lassen
oder			
300	g	gekochter Schrot	verwenden
½	Tlf	Salz	
2		Knoblauchzehen	mit Vollmeersalz zerdrücken
wenig		Cayenne, gem. Koriander, gem. Kümmel, Piment,	
2	Lf	frische Kräuter, z.B. Korianderblätter, Liebstöckel, Oregano, Peterli, Weinraute	fein schneiden
3	Lf	Sauerrahm	alles zugeben, gut mischen,

			Masse zwischen 2 Backtrennfolien 2 cm dick auswallen, Halbmonde ausstechen
3	Lf	Sauerrahm	
3	Lf	Sesam	abwechlungsweise in Sauerrahm und Sesam wenden, Sesam gut andrücken
2	Lf	Maiskeimöl	erwärmen, Halbmonde beidseitig je 3 Min. anbraten

Menüvorschlag aus der Wüste:

Mandelcremesuppe

Salat nach Wüstenart

Sesamhalbmonde
gebackene Bananen
Currysauce

Dattelpudding

Grünkern-Eintopf

150	g	Grünkern	sorgfältig kalt waschen
2,5	dl	Wasser	zugeben, gut zugedeckt 10 Min. leicht kochen, gut nachquellen lassen
200	g	Lauch	fein schneiden
1	Lf	Öl oder Butter	erwärmen, Lauch andünsten,
2	dl	Bouillon	zugeben, 10 Min. kochen
1	Tlf	Basilikum	fein schneiden
1	Lf	frische Kräuter, z.B. Dost, Oregano, Peterli	fein schneiden
1		ausgereifte Avocado	fein schneiden
2		Knoblauchzehen	mit Vollmeersalz zerdrücken
wenig		Cayenne, Piment	
1/3	Tlf	Salz	alles zugeben, leicht unter den gekochten Grünkern mischen, abschmecken, anrichten
2	Lf	Gomasio	
3-4	Tlf	Chiliöl	darübergeben
1		Zitrone	in feine Scheiben schneiden
1	Tlf	Zitronenthymian	zum Garnieren

Ev. doppelte Menge für 2 Tage kochen und die Hälfte für ein anderes Gericht im Kühlschrank aufbewahren.

Menüvorschlag:

Tomatensuppe

Salatteller

Grünkern mit Meerrettichschaum
2-3 verschiedene gedämpfte Gemüse

Süssmostcreme

Grünkern-Auflauf

ca. 300	g	Lauch oder Krautstiel	fein schneiden
1	Lf	Olivenöl	erwärmen, Gemüse andünsten, 2 Lf Gemüse für die Garnitur wegnehmen
150	g	vorgekochter Grünkern	
3	Lf	Buchweizenmehl	
1	dl	Mineralwasser	
2	dl	Sauerrahm	
1/3	Tlf	Salz	
wenig		Cayenne, Ingwer, Piment, gem. Senf	
1	Tlf	Thymian	mischen, abschmecken in eine ausgebutterte Auflaufform geben

Backen: 20 Min. in zweitunterster Rille bei 200 °C

2	dl	Sauerrahm	
1	Lf	Mandelpüree	
50	g	geriebener Käse	mischen, über den Auflauf geben, 5 Min. überbacken
2	Lf	gedünstetes Gemüse	
1	Lf	Mandelscheiben	
½		Zitronenschale	in feine Streifen schneiden, garnieren

Gemüse **gefüllt mit Grünkern**

100	g	Grünkern	schroten
2	dl	Wasser	zugedeckt 5 Min. kochen lassen, nachquellen lassen
1		Zwiebel	fein schneiden
1	Lf	Öl	erwärmen, Zwiebel andämpfen
1	Lf	frische Kräuter, z.B. Basilikum, Peterli Liebstöckel	fein schneiden, mitdünsten

80	g	Feta	in Würfel schneiden, 10-30 Min. in wenig Milch einlegen, Milch abgiessen
2	dl	Sauerrahm	
4	Lf	Haferflöckli	
3	Lf	Pinienkerne	fein hacken
¼	Tlf	Salz	
wenig		Cayenne, Paprika, Piment	mischen, dem Angedünsteten zugeben, abschmecken
4-8		Tomaten	aushöhlen
oder			
4		rote Peperoni	halbieren
oder			
1		mittelgrosse Zucchetti	halbieren und aushöhlen
wenig		Kräutersalz	
1	Prs	Cayenne	Gemüse würzen, Masse in das Gemüse füllen, Fruchtfleisch der Tomaten und Zucchetti oder eine Tomatensauce in eine ausgebutterte Gratinform geben, gefülltes Gemüse hineinlegen

Backen: 30 Min. in zweitunterster Rille bei 180 °C

Varianten: Grünkernschrot kann durch Reisschrot ersetzt werden. Anstelle von Peperoni, Tomaten, Zucchetti können auch ausgehöhlte, in Salzwasser weichgekochte Kohlrabi oder Zwiebeln verwendet werden.

Dinkel mit Kohl

200	g	vorgekochter Dinkel	
750	g	Kohl	vierteln, säubern, waschen, fein schneiden
200	g	Beinwell	fein schneiden
2	l	Wasser	kochen, Beinwell und Kohl zugeben
2	Tlf	Salz	
1	Lf	Essig	
wenig		gem. Fenchel, Koriander, gem. Kümmel	zugeben, alles 20 Min. kochen lassen, abgiessen
1	Lf	Öl	in der Pfanne erhitzen
1	Tlf	Curry	

1	Tlf	Kokosflocken	andünsten, vorgekochten Dinkel und gekochten Kohl zugeben
wenig		frischer Meerrettich	dazureiben
ca. 2	dl	Bouillon	
3	Lf	Sauerrahm	zugeben, abschmecken
2	Lf	geschälte Mandeln	
2	Lf	frischer Eibisch, Kerbel, Peterli, Ysop	zum Garnieren

Dazu: Rüeblisauce

Dinkel mit Kohl

Dinkel mit Marroni und Quitten

150	g	vorgekochte Dinkelkörner	
500	g	Marroni	über die Wölbung einschneiden, auf einem Backblech verteilen, wenig Wasser zugeben, im Backofen 30 Min. bei 200 °C backen, anschliessend schälen
500	g	Quitten	in Schnitze schneiden, in wenig Honigwasser 10 Min. weichkochen
20	g	Butter	in einer Bratpfanne erwärmen, Dinkelkörner knusprig braten
1	Tlf	Salz	
wenig		Cayenne, Ingwer, Piment	zugeben, abschmecken, Marroni und Quitten zugeben
1	dl	Rahm	zugeben, alles kurz erwärmen
Dazu:		gedämpfter Fenchel	

Dinkel-Knödel mit Gorgonzola

5	dl	Wasser	
200	g	Dinkelschrot	2 Std. einweichen
1		Nelke	
1		Lorbeerblatt	
1		Rosmarinzweig	
1	Tlf	Hefebouillon	zugeben, unter Rühren aufkochen, 10 Min. leicht kochen, 20 Min. nachquellen lassen
1	Tlf	Salz	
1	Lf	Pistazienkerne	fein hacken
1	Lf	Oregano	zugeben, abschmecken, mit 2 Löffeln längliche Knödel formen
wenig		Olivenöl	in einer Bratpfanne erhitzen, Knödel knusprig braten
2	dl	Rahm	leicht aufkochen, etwas eindicken lassen
120	g	Gorgonzola	in kleine Würfel schneiden, zugeben, nicht mehr kochen
wenig		Cayenne, Macis,	

		Koriander, Piment	zugeben, abschmecken, über die Knödel verteilen
2	Lf	Baumnüsse	fein hacken
1	Lf	Peterli	fein schneiden, garnieren

Dinkel-Krapfen

Teig:

50	g	Buchweizenmehl	
150	g	Dinkelmehl	
1½	dl	Sauermilch	
1½	dl	Wasser	
¾	Tlf	Salz	
wenig		Ingwer, Macis, Koriander, Piment	alles gut mischen, einen Omelettenteig herstellen, mind. 2 Std. ruhen lassen

Füllung:

400	g	Kohlrabi	in dünne Scheiben schneiden, im Salzwasser weichkochen, Wasser abgiessen, pürieren
200	g	Hüttenkäse	
4	Lf	Paniermehl	
oder			
6		Grissini-Stangen	zerdrücken
2	Lf	frische Kräuter, z.B. Beinwell, Liebstöckel, Selleriekraut	fein schneiden
1	Lf	Baumnüsse	fein hacken
wenig		Cayenne, Piment	
ev.		Salz	alles gut mischen, abschmecken
1	Lf	Maiskeimöl	in einer Bratpfanne erhitzen

Zubereitung: 4-5 Lf Teig einzeln in der Pfanne verteilen, kleine Omeletten formen, 1. Seite anbraten, wenden, Füllung halbmondförmig darüber verteilen, Teig zu Krapfen überschlagen.

3-4 Tropfen Baumnussöl über die Krapfen geben

Dazu: Salat

Dinkel-Rosenkohl-Gericht

200	g	gekochter Dinkel	
600	g	knapp weichgekochter Rosenkohl	
20	g	Butter	in einer Bratpfanne schmelzen, Rosenkohl andünsten, Dinkel zugeben, 5 Min. mitdünsten
etwas		frischer Meerrettich	darüberreiben
2	dl	kaltes Wasser	
1	Tlf	Marantamehl	ins Wasser geben, anrühren
1	Tlf	Salz	
1	Tlf	Tamari	
½	Tlf	Hefebouillon	
1	Tlf	frischer Zitronenthymian	fein schneiden
1	Lf	Kürbiskerne	alles zugeben, 2 Min. kochen, abschmecken, anrichten
Dazu:		Randensalat	

Dinkel-Terrine

150	g	Dinkel	waschen, darren, grob schroten, ca. 1 Lf Dinkelschrot fein mahlen
1		Zwiebel	fein schneiden
30	g	Butter	erwärmen, Zwiebel andünsten
2		Rüebli	
½		Lauch	
¼		Sellerie	in Julienne schneiden (2 cm lange, hauchdünne Streifen), zugeben, mitdünsten
3	dl	Gemüsebouillon	ablöschen, alles aufkochen, Dinkelschrot und Mehl unter Rühren zugeben, kurz kochen lassen, 15 Min. nachquellen
2	Lf	feine Haferflocken	
5	Lf	gem. Haselnüsse	
1	Lf	Quark	
1	Tlf	Salz	
je 1	Lf	Korianderblätter, Majoran, Peterli	gut mischen, würzig abschmecken

In eine ausgebutterte Auflaufform streichen, mit einer bebutterten Backfolie bedecken.

Backen: 40 Min. in zweitunterster Rille bei 150 °C

In der Form auskühlen lassen, dann in Scheiben schneiden.

Kalt oder warm servieren mit einer Radieschen-Vinaigrette oder mit einer braunen Grundsauce.

Menüvorschlag
des Speisehauses am Goetheanum, Dornach

Rüeblicreme-Suppe

bunter Herbstsalat

Dinkel-Terrine
mit brauner Grundsauce garniert und gehackten Tomaten

Johannisbeer-Parfait

Weizenfeld (Winterweizen) kurz vor der Reife auf dem Mettauerberg im Fricktal.

Dinkelfeld in Oberkulm, Sorte Oberkulmer Rotkorn.

Reis (Oryza sativa)

Die Reiskultur blüht im tropischen und subtropischen Gürtel der Erde. Durch die hohe Transpirations-Intensität der Reispflanze ist die Wasserzufuhr entweder durch Niederschläge oder durch Bewässerung in diesen Bereichen gesichert. Die Beschaffenheit des Bodens ist entweder humusreich oder schwer und lehmig. Für die hohen Assimilationsleistungen während der Bestockung, der Bewurzelung im Frühstadium und während der Fruchtentwicklung ist ein hoher Lichtanteil notwendig. Sind die Bedingungen der Wasserzufuhr, Bodenbeschaffenheit und Lichtmenge erfüllt, dann ist ein schnelles Wachstum möglich. Je nach Sorte und ökologischen Bedingungen beginnt schon nach 3-9 Monaten mit dem Gelbwerden der Blätter, die Ernte. Aus einem ausgesäten Korn können 2000-3000 Reiskörner (1 Kindermahlzeit) heranreifen!

Heute sind im Handel über 1200 Reissorten sind erhältlich. Diese werden in die drei Gruppen Langkornreis, Rundkornreis und Mischformen eingeteilt.

Im Bangladesh-Delta erreicht eine Sorte eine Höhe von 6 m, um über der Flut reifen zu können. Auch hoch in den Bergen, auf Terrassen, ist Reisanbau möglich.
Dieser Fruchtbarkeit stehen jedoch Naturkatastrophen gegenüber, so dass ein Reisbauer erst ruhig schlafen kann, wenn die Ernte unter Dach ist und Katzen die Reisernte vor den Mäusen schützen. So entscheidet die Reisernte für viele Völker Asiens über Leben und Tod. Ihr sprachlicher Begriff für »essen« ist gleichbedeutend mit »Reis essen«, denn Reis ermöglicht ihnen menschliches Leben in ernährungsphysiologischer und wirtschaftlicher Hinsicht. Zugleich ist Reis ein Teil ihres allumfassenden Lebens, in dem sich der Mensch als Abbild der kosmischen Ordnung und der beseelten Natur versteht. Reisbau ist für diese Menschen Kultur in doppelter Bedeutung von »cultura und cultus«, von Anbau und Verehrung.

Börsenspekulationen und einseitige Gewinninteressen sowie die nachteiligen Klimaveränderungen durch den Raubbau am Regenwald gefährden heute die Ernteerträge viel nachhaltiger als jede sogenannte Naturkatastrophe. Mit den Naturkatastrophen haben die Bauern über Jahrtausende zu leben gelernt. Doch an diesen neuen, für sie undurchschaubaren Formen, kann die Reiskultur und die soziale Struktur dieser Menschen zerbrechen.

Ein Verwandter des Reis ist der Wasser-, Wild- oder Indianerreis »Zizania aquatica«. Dieses einjährige stattliche Rispengras wächst an den Ufern von Seen und Flüssen in Nordamerika. Indianer fahren noch heute in schlanken Booten aus, ziehen die Rispen ins Boot und ernten die knapp reif gewordenen Körner. Ausgereift fallen die Rispen ins Wasser und dienen den Fischen als Futter. Der im internationalen Handel erhältliche Wildreis wird heute auf Feldern kultiviert.

Reis ist das Hauptnahrungsmittel für mehr als die Hälfte der Weltbevölkerung. Er weist einen geringeren Fettanteil und Eiweissgehalt auf als unser einheimisches Getreide. Das Reiseiweiss durchwirkt aber den ganzen Stärkekörper und macht ihn zu einem leicht verdaulichen Aufbaumittel. Da das Gluteneiweiss fehlt, ist Reis ein Breigetreide. Die Reisstärke lässt sich zu feinstem Mehl vermahlen, welches sich durch eine starke Schleimbildung auszeichnet. Sie dient zur Reinigung unserer Schleimhäute im Magen-Darm-Trakt. Durchfälle, verursacht durch Vergiftungen, können mit Reis schonend regulierts werden. Der niedrige Natriumanteil reguliert den Flüssigkeitshaushalt und entlastet dadurch Herz und Nieren.

Polierter Reis als Hauptnahrungsmittel führt zu einem Vitamin B1-Mangel, bekannt als »Beri-Beri-Krankheit«. Dies machte die Wissenschaft darauf aufmerksam, dass durch das Entfernen der Schale wichtige Vitamine vom Reiskorn verloren gehen. Die Tore für eine Vollwerternährung wurden geöffnet.

Reis-Kocharten

Mit Dampf kochen

In gut schliessendem Topf mit der 1½-fachen Menge Wasser den Reis 20 Min. kochen. Beim Nachquellen wird die Dampfwirkung zum Aufschliessen des Kornes genutzt, indem der Kochtopf möglichst lange warm gehalten wird. Für diese Zubereitung sind spezielle, doppelwandige Kochtöpfe im Handel erhältlich.

Garen auf offenem Feuer

Die 2 ½-fache Menge Wasser mit dem Reis aufsetzen. Das Wasser ohne Deckel verdampfen. Der Reis trocknet von oben nach unten. Um ein Anbrennen zu verhindern darf nie gerührt werden!

oder

Den Reis in viel Salzwasser knapp garsieden (1 Tlf Salz pro 1 l Wasser). Die Körner drehen sich im Wasser, werden dadurch länger und behalten ihre Form. Dieser Drehbewegung können wir mit einer Drahtkelle sorgfältig nachhelfen. Diese Kochart ist vor allem für Langkorn- und Wildreis geeignet.

Stufenweises garen

Traditionell aufgebaute Reisgerichte
wie z.B. Risotto, Persischer Reis, Aufläufe, usw.

Reis-Sorten

Kleiner Rundkorn-Reis

hat einen süsslichen Geschmack
und eignet sich für Milchreis oder süsse Reisgerichte

Mittelkorn-Reis

ist für Risotto, Eintöpfe oder Aufläufe geeignet. Vorzüglich schmecken der rote Camargue-, Arboria-, Carnarolireis und der Vialonereis aus dem Piemont.

Langkorn-Reis

für Trocken- oder Wasserreis. Geeignet sind asiatische Reissorten wie z.B. Basmatireis, bekannt als Tempelreis, weil er heute noch von Hand geerntet wird.

Beim Einkauf ist auf ganzkörnigen Reis zu achten, da gebrochenes Korn und billigere Sorten oft dazugemischt werden. Gemischter Reis erfordert unterschiedlich lange Kochzeiten und wird durch die austretende Stärke pampig.
Die reinigende Wirkung der Reisstärke im Reiskorn zieht Schadstoffe an, welche durch die in der Schale vorkommenden Eiweisse gebunden werden. Diese Schadstoffe müssen zusammen mit den Staubpartikeln und den ranzigen Stoffen, welche beim Schälvorgang

durch Verletzung der Wachsschicht entstanden sind, herausgewaschen werden. Vollkornreis wird dadurch weiss und sein zartes Aroma für uns erlebbar. Dabei fällt der geringe Vitaminverlust durch das Waschen weniger ins Gewicht, als eine zu lange Kochzeit. Da zudem Reis vitaminarm ist, muss eine Reismahlzeit durch Zutaten ergänzt werden, z.B. mit Erbsen (Risibisi-Gericht), Buchweizen oder Linsen.

Reis-Gericht Grundrezept

		kaltes Wasser	in eine Schüssel geben
200	g	Vollkornreis	Reis etwas einweichen, sorgfältig waschen, Wasser abgiessen, Reis insgesamt 7 mal waschen, (Wasser 6 mal wechseln), bis das Reiskorn einem Edelstein gleicht
3,5	dl	Wasser oder ungesalzene Bouillon (1½-fache Menge des Reis)	in eine Pfanne geben, Reis zugeben
1		Bouquet garni	zugeben, zugedeckt 20 Min. leicht köcheln, 40 Min. nachquellen lassen
1	Tlf	Salz	
1	Lf	Butter oder Distelöl	zugeben, mit Restwärme einwirken lassen
1	Port	Safran	
1	Lf	Ringelblume	mit wenig Reis vermischen zum Garnieren des angerichteten Reis

Sinvollerweise kann auch die doppelte Menge Reis gekocht werden.

Durch das sorgfältige, siebenmalige Waschen des Reis wird sein zartes Aroma für uns erlebbar.
Das Wasser vom Reiswaschen kann den Pflanzen gegeben werden. Es enthält Phosphor, welcher das Blütenwachstum anregt.
Das Reis-Wasser-Verhältnis von 1:1,5 kann anstelle eines Messbechers für zukünftige Zubereitungen auch wie folgt eingehalten werden:
Wasser in die Pfanne geben, Reis zugeben, mit der Hand die Eintauchtiefe in das Wasser festhalten.

Den Reis beim Andämpfen nicht zu hoch erhitzen, da sonst das Klebereiweiss verkleistert. Dies wird auch durch stundenlanges kochen nicht mehr weich!

Zutaten können je nach Jahreszeit vielfältig kombiniert werden. Reisresten können beliebig angereichert und in der Auflaufform gratiniert oder gebraten werden.

Gegenüberliegende Seite: Reisfeld in Asien

Grünen Reis erhalten wir durch Zugabe von 100 g gekochten Erbsen und 4 Lf frisch gehacktem Dill oder Peterli am Schluss des Kochprozesses.
Roter Reis entsteht mit 2 Lf Tomatenmark und roten Peperonistreifen.

Zum Binden verschiedener Saucen kann gekochter Reis mit einer Gabel zerdrückt oder gemixt werden.

Menüvorschlag:

Rohkostteller

Safranreis, gefüllte Zucchettiringe, Kerbelsauce

Bananencreme

Nasi Goreng

200	g	Basmatireis	sorgfältig waschen
1		Zwiebel	fein schneiden
200	g	Lattich	fein schneiden
200	g	Lauch	in feine Stengel schneiden
½		rote Peperoni	in feine Streifen schneiden
1	Lf	Maiskeimöl	erhitzen, Zwiebeln andünsten, Gemüse und Reis zugeben, mitdünsten
3	dl	Wasser	
2	Tlf	Curry	
½	Tlf	Salz	
1	Tlf	Tamari	
1	Tlf	Sambal-Olek	zugeben, 10 Min. kochen, 15 Min. quellen lassen
2	Lf	Kokosflocken	
2	Lf	geröstete Sonnenblumenkerne	zugeben, sorgfältig mischen

Dazu: nach Belieben Ananas, gebratene Bananen, Comasio, Mandelsplitter, Mangochutney, süss-saure Früchte

Persischer Reis **Bereng pilaw**

3	l	Wasser	aufkochen
3	Tlf	Salz	
1	Tlf	Öl	zugeben
300	g	Basmati- oder asiatischer Reis	sorgfältig waschen, ca. 15 Min. weichkochen, Wasser abgiessen, mit etwas lauwarmem Wasser abspülen

2		Eier	verquirlen
1	Port	Safran	
3	Lf	Wasser	ca. 200 g gekochter Reis dazumischen
1		Kartoffel	in Scheiben schneiden
2	Lf	Maiskeimöl	in einer Bratpfanne erhitzen, in der das Bratgut nicht anbrennt, Kartoffelscheiben auf den Boden legen, Eier-Reis-Mischung zugeben, restlichen Reis zugeben
1-2	Lf	Öl oder Butter	darüberverteilen, gut schliessenden Deckel mit einem nassen Tuch umwickeln, Pfanne zudecken, kurz erhitzen bis alles gut durchwärmt ist, bei kleiner Hitze 1-3 Std. garen, bis der Boden getoastet ist

Anrichten: Den Reis pyramidenförmig anrichten. Den Reistoast mit der goldigen Kruste in 12 Teile schneiden und garnieren.

Dazu: Zwiebel-Rhabarber-Gemüse

Polpettone con olive Olivenauflauf

400	g	gekochter Reis	
10		schwarze Oliven	
6		grüne Oliven	
ev. 1		Peperoncini	fein schneiden
je 1	Lf	Basilikum, Peterli	fein schneiden
2		Knoblauchzehen	mit Vollmeersalz zerdrücken
2	Lf	Olivenöl	
ev.		Salz	zugeben, gut mischen, in eine ausgebutterte Auflaufform geben

Backen: 30 Min. in zweitunterster Rille bei 180 °C

Dazu: Tomatensalat mit Mozzarella

Reis-Chutney

300	g	Reis	kochen
1/3	Tlf	Salz	
3	Lf	Zitronenchutney	

wenig		Cayenne, Ingwer, Piment, gem. Kümmel, gem. Senf	zugeben
1	dl	Rahm	vermischen, in ausgebutterte Auflaufförmchen füllen,
20	g	Butterflöckli	darüberverteilen

Backen: 10 Min. in zweitunterster Rille bei 200 °C

Dazu: grosser, gemischter Salat

Reis-Gericht San Remo

200	g	Vialone-Vollkornreis	gut waschen
1		Zwiebel	fein schneiden
1	Lf	Olivenöl	erhitzen, Zwiebel andünsten, Reis zugeben, mitdünsten
5	dl	Wasser	
1	Tlf	Hefebouillon	
1		Lorbeerblatt	
1		Nelke	
2	Prs	Kardamom	zugeben, zudedeckt 20 Min. kochen, 30 Min. nachquellen lassen
100	g	schwarze Oliven	
2	Lf	Wallnüsse	fein hacken
je 1	Lf	Kerbel, Majoran, Peterli	fein schneiden
1	Tlf	Salz	
2		Orangen	ohne weisse Haut in kleine Stücke schneiden
2		frische oder getrocknete Feigen	fein schneiden, alle Zutaten locker unter den Reis mischen

Dazu: Sardellenpaste und ein Kopfsalat geviertelt, gewaschen, mit Rahmsalatsauce

Camargue-Reis

200	g	Camarguereis	7mal waschen
6	dl	Wasser	
1		Lorbeerblatt	
6		getrocknete Tomaten	
1	Tlf	Hefebouillon	zugeben, zugedeckt 40 Min. kochen, 40 Min. nachquellen lassen

Risotto mit Camargue-Reis

1	Tlf	Salz	
je 1	Lf	Brennessel, Selleriekraut	fein schneiden
2	Lf	schwarze Oliven	
20	g	Butter	alles zugeben, abschmecken
½		rote Peperoni	ganz fein schneiden, garnieren
Dazu:		Pilzsauce, Salat	

Reis-Küchlein gefüllt

4	dl	Bouillon	
250	g	Reisschrot	zugeben, 10 Min. weichkochen
2	Lf	Buchweizenmehl	
2	Lf	Haferflocken	
1	Tlf	Sesam	
nach Bedarf		Salz	
wenig		Cayenne, Piment	alles zu einem Brei mischen, 1 cm dick auf eine Backtrennfolie streichen, gleichgrosse Rechtecke schneiden

100	g	Bergkäse	
2-3		reife Birnen	in hauchdünne Scheiben schneiden, auf die Rechtecke legen, eine zweite Scheibe darauf legen, gut andrücken
2		Eier	verquirlen
		Paniermehl	Küchlein zuerst im Ei wenden, dann im Paniermehl wenden
2	Lf	Maiskeimöl	erhitzen, Küchlein beidseitig goldgelb backen

Dazu: Salat

Diese Reisküchlein können beliebig variiert werden.

Risotto

Bouillon:

1,5	l	Wasser	
½		Lauch	
1		Rüebli	
¼		Sellerie	
1		Bouquet garni	(je 1 Lorbeerblatt, Rosmarin- und Thymianzweig)
1		ungeschälte Zwiebel	alles grob schneiden
1		Nelke	alles zugeben, 20 Min leicht kochen lassen
½	Lf	Tamari	
1	Lf	Hefebouillon	
wenig		Cayenne, Piment	zum Würzen

Die Bouillon, Reissorte und Zutaten bestimmen den Risotto-Charakter!

Risotto:

200	g	Reis	gut waschen
1		Zwiebel	fein schneiden
1	Lf	Olivenöl	erhitzen, Zwiebel andämpfen, Reis zugeben, 10 Min. mitdämpfen

Zubereitung: Bouillon zugeben bis der Reis mit Flüssigkeit zugedeckt ist, einkochen lassen, tüchtig rühren, mit Bouillon bedeckt wieder einkochen lassen. Vorgang 1 Std. lang wiederholen.

1		Knoblauchzehe	mit Vollmeersalz zerdrücken
30	g	geriebener Käse	

2	Lf	frischer Basilikum, Majoran, Oregano, Thymian	
1	Lf	Peterli	fein schneiden, alles zugeben

Dazu: Knoblauchbrot und ein Erfrischungstrunk

Risotto kann mit verschiedenen Gemüsen schmackhaft variiert und kombiniert werden.
- Kerbel, Kokosflocken, Kürbis, Rüebli
- Curry, Mandelsplitter, Peterli, Pilze, Zitronenthymian
- Broccoli, Dill oder Majoran, Erbsen, Krautstiel, Zucchini
- Aubergine, Basilikum, Oregano, Peperoni, Tomaten, Zucchetti

Zu beachten ist, dass einige Risotto-Reissorten vorher nicht gewaschen werden dürfen. Diese Sorten haben auf der Verpackung einen entsprechenden Hinweis.

Riz casimir

200	g	Basmatireis	leicht waschen
3	dl	Wasser	
1		Lorbeerblatt	
1		Thymianzweig	
1	Tlf	Hefebouillon	alles dem Reis zugeben, 5 Min. kochen, 20 Min. nachquellen lassen
1	Tlf	Salz	
20	g	Butter	mit einer Gabel leicht darunter-mischen, locker anrichten
20	g	Butter	in einer Bratpfanne schmelzen
2	Lf	gepuffter Amaranth	
1		Feige	in feine Streifen schneiden
1	Lf	Rosinen	
2	Lf	Mandelscheiben oder Kokosflocken	
wenig		gem. Anis, Cayenne, gem. Ingwer, Kardamom, Koriander, Piment, gem. Kreuzkümmel	alles leicht andünsten, über den Reis anrichten

Dazu: getrocknete Ananas, Bananen und Pfirsiche an Currysauce

Wildreis-Gericht

200	g	Reis	gut waschen
1		Zwiebel	fein schneiden

1	Lf	Wasser	
1	Lf	Butter	erhitzen, Zwiebel andünsten Reis zugeben, mitdünsten
30	g	Wildreis	
6	dl	Bouillon	schwach salzen, zugeben, Reis ohne Deckel 40 Min. leicht köcheln lassen. Nicht rühren, da der Reis von oben nach unten trocknet!
4	Lf	frische Kräuter, z.B. Beinwell, Brennesseln, Kerbel, Liebstöckel, Oregano	fein schneiden
2-3	Lf	Paranüsse	mahlen
1	Lf	Distelöl	
nach Bedarf		Salz	alles zugeben, locker vermischen

Dazu: Linsenpaste, verschiedene gedämpfte Gemüse

Reisfeld in der Camargue

Gerste (Hordeum vulgare)

Die Urform dieses ältesten Brotgetreides trifft man heute noch in Tibet bis auf 4700 m sowie in Palästina und im Kaukasus an. Die ausserordentlich widerstandsfähige Gerste ist weitverbreitet, da sie keine Ansprüche stellt.

Sommergerste reift in 95 Tagen bei nicht sehr hohen Temperaturen und ist daher für die nördlichen Regionen und Berggebiete geignet.
Wintergerste braucht mehr Wärme und hat eine Reifezeit von 9 Monaten. Sie wird Ende September ausgesät und reift an Pfingsten. Im alten Griechenland war Pfingsten immer am 2. Juni. An diesem Tag wurde die Gerste geerntet und der Demeter geweiht. Dies ist auch der Tag, an dem Demeter's Tochter Persephone geraubt wurde.

Die Ähren können sich zwei-, vier- oder sechszeilig gestalten, doch liegt allen Formen ein gemeinsamer Bauplan zugrunde. Beeindruckend ist das Gerstenfeld im Frühstadium, wenn die Grannenbildung weich und zartgrün ist und der Mohn daraus intensiv rot hervorleuchtet. Während dem Reifen richten sich die Ähren in strahlend gelber Farbe auf,

Gerstenähre

dem Licht entgegen. Die Ähren öffnen sich wie ein Fächer und neigen sich zur Erntezeit wieder der Erde zu.

Für Gerstengerichte eignet sich die Nacktgerste. Gerstenwasser können wir mit der Nacktgerste, ganzen Spelzgerste oder Spiesskorngerste, eine Kreuzung beider Sorten, zubereiten.

Der Spelz ist für den menschlichen Körper unverdaulich. Deshalb muss die Spelzgerste in der Mühle, in einem speziellen Verfahren, zuerst geröllt werden. So entsteht Rollgerste. Spelzgetreide, dazu gehören auch Reis, Hirse und Dinkel, sind vor umweltbelastenden Stoffen gut geschützt. Viel anfälliger sind dagegen die Nacktgetreide Roggen, Weizen, Hafer und Mais, wobei bis heute wissenschaftlich nicht geklärt werden konnte, weshalb Roggen viel weniger Radioaktivität aufnimmt als Weizen.

Die Gerste hat uns viel zu geben. Sie dient als Nahrungsmittel und hat eine grosse Heilwirkung. Als Grossmutters Gesundheitstrank ist sie bei Rekonvaleszenten, Magen- und Darmkranken, bei geistiger wie körperlicher Schwäche in China und Neuseeland genauso bekannt wie bei uns. Der Gesundheitstrank aus Gerstenwasser beinhaltet Gerstenschleim, welcher die Verdauungsorgane beruhigt und schont, sowie zahlreiche Spurenelemente, z.B. Gold und Silber, welche den gesamten Gesundheitszustand verbessern.

Die Stärke der Gerste lässt sich gut zu Malz dextrinieren, wenn die Körner in der Totreife geerntet werden. Mit Früchten zusammen ist Malz als ein gut schmeckendes Aufbaumittel vielen bekannt. Die hohen Werte von Niacin, Kalium und Natrium weisen darauf hin, dass die Gerste ein Gleichgewicht zwischen dem physischen Körper und der Psyche schafft, wodurch wir harmonischer leben können.

Gersten-Gericht Grundrezept

150	g	Nacktgerste	Gerste leicht waschen,
4,5	dl	Wasser	2-4 Std. einweichen,
			ev. darren,
			20 Min. zugedeckt kochen,
			30 Min. nachquellen lassen
1		Sellerie	in Würfel schneiden
20	g	Butter	schmelzen, Sellerie andünsten
2	dl	Bouillon	ablöschen,
			10 Min. weichkochen
1	dl	Sauerrahm oder Rahm	
3	Lf	Mandelsplitter	
1/3	Tlf	Salz	
je 1	Tlf	Liebstöckel,	
		Majoran, Selleriekraut	
wenig		Cayenne, Piment	
1/3	Tlf	Curry	
1	Tlf	frische Peterli	fein schneiden,
			kurz vor dem Anrichten
			unter die Gerste mischen

Menüvorschlag:

Artischocken mit Kräutersauce

Gerste
Spinat-Pilz-Gemüse

Fruchtsaftcreme

Gersten-Kokosnuss-Küchlein

150	g	Gerstenschrot	4-6 Std. einweichen
3	dl	Einweichwasser	Gerstenschrot 10 Min. kochen, 15 Min. nachquellen lassen
1	Lf	Kokosflocken	
2	Lf	Haferflocken	
½	Tlf	Hefebouillon	
2	Lf	Quark	luftigrühren
1	Tlf	Curry	
¼	Tlf	Salz	zugeben, mischen, Küchlein formen, flach drücken
2	Lf	Maiskeimöl	erhitzen, Küchlein goldgelb backen

Dazu: Verschiedene längsgeschnittene Gemüse roh oder weichgekocht, mit einer Sauerrahmsauce zum Tunken.

Gersten-Kugeln

4	dl	Wasser	
200	g	Gerstenschrot	2 Std. einweichen
1	Tlf	Hefebouillon	
1		Lorbeerblatt	zugeben, 10 Min. kochen, 40 Min. nachquellen lassen
2	Lf	Pistazien	
2	Lf	Haferflocken	
1	Lf	Buchweizenmehl	
je 1	Lf	frischer Beinwell, Peterli	fein schneiden
1/3	Tlf	Salz	
½	Tlf	Curry	alles mischen, abschmecken, Kugeln 3 cm ø formen, 1 Std. ruhen lassen, im Salzwasser vor dem Siedepunkt 5 Min. ziehen lassen
1	Port	Spinatsauce	
1	Port	Rüeblisauce	
500	g	gekochte Spargeln	in Stücke schneiden, alles kunstvoll anrichten

Gersten-Eintopf

200	g	vorgekochte Vollgertste	
500	g	grüne Spargeln	in 3 cm lange Stücke schneiden
200	g	Lauch	in feine Stengel schneiden
200	g	Rüebli	in feine Stengel schneiden, jedes Gemüse jeweils 5 Min. blanchieren
2		Frühlingszwiebeln	fein schneiden
1	Lf	Maiskeimöl	erhitzen, Zwiebel andünsten
2	Lf	junge Brennesselblätter	
1	Lf	frischer Liebstöckel	fein schneiden, mitdünsten

Gersteneintopf mit Wildreis garniert

3	dl	Wasser	
2	Lf	Doppelrahm	
1	Tlf	Salz	
1	Tlf	Tamari	
1	Tlf	Hefebouillon	zugeben, Getreide und Gemüse zugeben, vorsichtig mischen, 10 Min. kochen

Dazu: Sauerrahm mit Curry und Knoblauch abgeschmeckt

Gersten-Pilar

150	g	Nacktgerste	einweichen
1		Zwiebel	fein schneiden
30	g	Butter	schmelzen, Zwiebel andünsten
		Nacktgerste	zugeben, mitrösten, bis sie sich zu bräunen beginnt,
3	dl	Hefebouillon	zugeben, 20 Min. zugedeckt kochen lassen
6-8		Auflaufförmchen	ausbuttern
150	g	Quark	luftigrühren
1,8	dl	Sauerrahm (1 Becher)	dazuschlagen
2	Lf	Kürbiskerne	
1/3	Tlf	Salz	
wenig		Cayenne, Piment	
1	Lf	Liebstöckel oder Kerbel	fein schneiden, zugeben, mit der Gerste mischen, in die Auflaufförmchen einfüllen, gut andrücken

Backen: 45 Min. in zweitunterster Rille bei 150 °C

Anrichten: Pilar aus den Förmchen lösen, auf einen Teller stürzen, mit Peterli garnieren.

Dazu: Broccolisalat und weisse Bohnen an Käsesauce

Gersten-Schnitten

300	g	Gerstenflocken	
6,5	dl	Mineralwasser	einweichen
wenig		gem. Anis	
wenig		Cayenne, Piment	
je ½	Tlf	Koriander, gem. Kümmel	
100	g	geriebene Haselnüsse	alles zusammen leicht rösten
1		Zwiebel	
200	g	Lauch	fein schneiden

1	Lf	Öl	erhitzen, Zwiebel andünsten, Lauch zugeben, mitdünsten
¾	Tlf	Salz	
je 1	Tlf	Liebstöckel, Majoran, Zitronenthymian	alles mischen, abschmecken, Masse auf ein ausgebuttertes Blech 2 cm dick ausstreichen
Backen:		20 Min. in zweitunterster Rille bei 200 °C	
2	dl	Sauerrahm	
300	g	geriebener Käse	
wenig		Cayenne, Macis, Piment	mischen, über die Schnitten streichen, nochmals goldbraun überbacken
Dazu:		Gemüsemousse	

Gersten-Thermoschrot-Küchlein

150	g	Thermo-Gerste	
3	dl	Wasser	Gerste 5 Min. leicht kochen, 15 Min. nachquellen lassen
50	g	Buchweizenmehl	
3	Lf	Mineralwasser	
100	g	Quark	luftigrühren, zugeben, zum Binden und Lockern
1/3	Tlf	Salz	
2		Paranüsse	reiben
je 1	Tlf	Thymian, Ysop	
wenig		Cayenne, Piment	zugeben, würzen
		Masse zwischen 2 Backtrennfolien 2 cm dick auswallen, Formen ausstechen, auf ein Blech legen, mit Sauerrahm bestreichen, mit Kürbiskerne garnieren.	
Backen:		20 Min. in zweitunterster Rille bei 200 °C	
Dazu:		Randeneintopf	

Hirse (Millet)

Unter Hirse werden mehrere Hirsenarten der Tropen, Subtropen und Mitteleuropas verstanden, welche regionale Bedeutung haben. Sie weisen allesamt kleine, meist rundliche Karyopsen auf, gedeihen mit Vorliebe auf armen, sandigen, lockeren Böden und stellen nur bescheidene Wasseransprüche und lieben viel Licht und Wärme. Dies können sie durch den reichbehaarten Halm, der ca. 1,2 m hoch wird, aufnehmen. Die Vegetationszeit beträgt 3-4 Monate. Dank ihren Lichtantennen kann Hirse in den Sommermonaten auch bei uns gedeihen. In der Schweiz wie in Europa war früher die Rispenhirse (Panicum miliaceum) oder echte Hirse beheimatet. Aus Abessinien stammt die wichtigste Zwerghirse (Eragrostis) und aus Indien und dem Sudan die Fingerhirse (Eleusine coracan). In Afrika sind die Kolbenhirse (Pennisetum glaucum) sowie die Borstenhirse (Setariaitalica) beheimatet. Auf dem Weltmarkt wird heute die Mohrenhirse (Sorghum bicolor) gehandelt.

Durch die Hirse wird die ganze Peripherie des Menschen gestärkt (Haare, Nägel, Lunge, Darmwand, Zahnschmelz, Augen und Nerven). Ihre wesentlichen Inhaltsstoffe sind leicht verdauliche Eiweisse, die mit Milch ergänzt vollwertig sind. Sie ist ebenfalls ein Breigetreide und enthält dementsprechend kein Gluteneiweiss. Von Bedeutung sind auch die den Organismus wärmenden Fette. Kieselsäure, Magnesium, Eisen und Kalium unterstützen das Nervensystem, den Blutkreislauf und gleichen diesen aus. Ein Hirsekissen erleichtert den Kleinkindern das Zahnen. Die gespeicherte Wärme hat eine entzündungshemmende Wirkung.

Unser Brotgetreide ist der Dinkel. Leider konnten früher nur wenige Menschen davon bekommen. Für einfache Leute gab es deshalb den Hirsebrei. Vielleicht konnte die Hirse dafür etwas Licht und Wärme in deren Alltag bringen. Heute wird in Europa die Hirse nur noch in Niederösterreich angebaut.

Der Anbau ist jedoch sehr arbeitsintensiv und mühsam. Das Feld muss von Hand gejätet werden, damit die Pflanzen genügend Licht erhalten. Ebenso wird die Ernte von Hand gesichelt. In der Tenne breitet man die Rispen aus, damit ein Ochse mit seinen Hufen die Karyopsen von den Halmen trennen kann. Im Hof wird unterdessen ein Wasserkessel erhitzt. Darin lässt man das Trenngut mit einem Apfel so lange kochen, bis dieser gar ist. Die Körner müssen anschliessend »Vier gute Sonnen lang« trocknen, bis sie geschält werden können. Erst dann treten aus den grauen Schalen kleine runde gelbe Körner hervor, welche an der Sonne glänzen.

Hirse-Gericht Grundrezept

150 g	Hirse	in ein Sieb geben, mit kochendem Wasser übergiessen, im aufgefangenen Wasser schwenken, damit die Schadstoffe besser austreten, ca. 15 Min. leicht darren, bis die Hirse wieder trocken ist
ev. wenig	Fenchelsamen	mitdarren

1.5-2	dl	Wasser	zugeben, mit gut schliessendem Deckel 5 Min. leicht kochen, nachquellen lassen, Hirse mit einer Gabel lockern
20	g	Butter	
1/3	Tlf	Salz	
1	Tlf	Sonnenblumenkerne	
1	Tlf	frische Kräuter, z.B. Kerbel, Korianderblätter, Zitronenthymian	fein schneiden, zugeben

Menüvorschlag:

Tarator (Suppe)

Hirse mit Tomatensauce und Sonnenblumenbratlinge

Hirse-Aprikosencreme

Hirsegericht

Vorhergehende Seite: Kolbenhirse (Sorghum caudatum) einen Monat vor der Ernte (Nord-Kamerun).

Hirse enthält reichlich Schadstoffe. Beim Waschen mit heissem Wasser entsteht Schaum. Dies sind Seifenstoffe, welche die Pflanze mitliefert, damit sie gut gereinigt werden kann! Es empfiehlt sich, keine grossen Vorräte anzulegen, da die Fette ranzig werden und der Hirse den bitteren Beigeschmack geben. Als Vorrat kann ein ganzer Pack Hirse heiss gewaschen und getrocknet werden. Wenn durch das Trocknen das Anfangsgewicht wieder erreicht ist, kann sie über längere Zeit aufbewahrt werden.

Hirse-Auflauf mit Mangold

200	g	Hirse	heiss waschen, kochen gem. Grundrezept
800	g	Mangold	fein schneiden, im Salzwasser blanchieren
250	g	Quark	luftigschlagen
4	Lf	Mineralwasser	
50	g	feine Haferflocken	
je 1	Lf	Ananassalbei, Curryblatt, Liebstöckel, Kurkuma	
wenig		Cayenne, Piment	
1	Tlf	Mandelpüree	
wenig		Kräutersalz	
1		Feige	fein schneiden
1/3	Tlf	Salz	
1	Lf	Öl	alles zugeben, mit dem Mangold vermischen, abschmecken Hirse und Mangold in eine ausgebutterte Gratinform lagenweise einschichten,
3		Paranüsse	darüberreiben
Backen:		30 Min. in zweitunterster Rille bei 180 °C	

Hirse-Gnocchi

250	g	Quark	luftigschlagen
1		Ei	verquirlen
1/3	Tlf	Salz	
wenig		Cayenne, Macis, Piment	
1		Knoblauchzehe	mit Vollmeersalz zerdrücken
1	Lf	Liebstöckel	
100	g	Hirseflocken	
nach Bedarf		Wasser	alles zu einem Teig verarbeiten, 1 Std. ruhen lassen, im Salzwasser dressieren, ziehen lassen bis die Gnocchi obenauf schwimmen

2		Knoblauchzehen	mit Vollmeersalz zerdrücken
1	Lf	Butter	erhitzen
¼	Tlf	Zimt	
1	Prs	gem. Nelken	
1	Lf	Salbei	fein schneiden, alles kurz rösten, über die Gnocchi anrichten
50	g	geriebener Käse	darüberstreuen, ev. das Ganze überbacken

Dazu: Rotkraut mit Kürbis-Kastanienkugeln

Hirse-Käse-Gebäck

300	g	Hirse	heiss waschen, kochen gem. Grundrezept
7	dl	Wasser	Hirse 5 Min. kochen, nachquellen lassen
200	g	Quark	luftigschlagen
200	g	geriebener Käse	
5		Wacholderbeeren	zerdrücken
100	g	feine Haferflocken	
1/3	Tlf	Salz	
wenig		Ingwer, Koriander, Macis, gem. Senf	alles gut mischen, kleine Häufchen auf ein eingefettetes Blech setzen

Backen: 30 Min. in zweitunterster Rille bei 180 °C

Dazu: gemischte Salatplatte

Hirse-Knödel

100	g	Hirse	heiss waschen, kochen gem. Grundrezept
2	dl	Wasser	Hirse zugedeckt 10 Min. kochen, nachquellen lassen, die Hirse sollte nun breiartig sein
80	g	Quark	luftigschlagen
6	Lf	Haferflocken	zugeben
1/3	Tlf	Salz	
wenig		Cayenne, Piment	
1		Knoblauchzehe	mit Vollmeersalz zerdrücken,
je 1	Tlf	Liebstöckel, Korianderblätter	würzen, Masse gut quellen lassen

Sudwasser:

2	l	Wasser	
3	Lf	Haferflocken	aufkochen

Knödel herstellen:

Probekloss formen und im Sudwasser ziehen lassen, bis er obenauf schwimmt.
Falls die Masse zu locker ist, etwas Haferflocken zugeben.
Alle Knödel im siedenden Wasser ziehen lassen.
Fertige Knödel herausnehmen, mit Butter und frisch gehackten Kräutern verfeinern.

Hirseknödel können auch gut in eine Suppe gegeben werden (siehe Rezept).

Hirse-Schnellgericht

200	g	Hirse oder blanchierter Quinoa	heiss waschen, 10 Min. darren
1		reife Avocados	
250	g	Champignons	alles fein schneiden, der Hirse zugeben, zusammen andünsten
2	dl	Wasser	
1	Tlf	Hefebouillon	
1		Lorbeerblatt	zugeben, zugedeckt 10 Min. kochen, 10 Min. nachquellen lassen
1		Knoblauchzehe	mit Vollmeersalz zerdrücken
1	Lf	frische Kräuter	fein schneiden
1	Lf	Wallnussöl	
1	Tlf	Salz	zugeben, sorgfältig mischen

Dazu: Kräutersauce, Salat

Hirse-Taler

1		Zwiebel	fein schneiden
1	Lf	Butter	
1	Lf	Wasser	erwärmen, Zwiebel andünsten
200	g	Hirseflocken	
3	Lf	Buchweizenmehl	zugeben, leicht mitdünsten
3,5	dl	Bouillon	ablöschen, kurz aufkochen lassen

wenig		Cayenne, Macis, Piment	
1	Lf	Kürbiskerne	
3	Lf	Reibkäse	
1	Lf	Peterli	schneiden, zugeben, würzen, abschmecken, Rondellen formen in Butter oder Maiskeimöl auf beiden Seiten goldgelb backen

Dazu: feingeschnittenes Gemüse mit Kräuterquarksauce

Raghi ist eine einheimische Hirseart aus Süd-Indien.

Die Kolbenhirse zieht über die feinen (Kiesel-)Haare das Sonnenlicht tief ins runde Hirsekorn hinein.

Roggen (Secale cereale)

Das höchstgelegene Roggenfeld liegt im Matterhorngebiet, in Findeln, auf über 2000 m Höhe. Geringes Wärmebedürfniss, bescheidene Bodenansprüche und eine genügende Winterfestigkeit ermöglichen dem Roggen, im hohen Norden wie auch in Bergregionen zu wachsen. Seine Heimat ist das Kaukasusgebiet.

Roggen wird Ende September gesät und ein Jahr später, wiederum im September, geerntet. Somit erlebt die Pflanze den ganzen Jahreskreislauf. Sie erreicht eine stattliche Höhe von 2,5 m und mehr und eine Ährenlänge von 30 cm. Die grau-blauen Ähren wiegen sich im Winde und durch die Lichteinwirkung werden die Spitzen intensiv rot. Wenn die Blütezeit im Juni naht, können wir beobachten, wie um die Mittagszeit in der ganzen Region alle Roggenfelder gemeinsam blühen. Über die Felder ziehen dann dichte Pollenschwaden, welche einen feinen Brotduft verströmen. Durch den Wind, der sachte durch die kraftvollen Halme weht, können wir in der Stille das Korn singen hören.

Roggen ist das kräftespendende Getreide. Er unterstützt und strukturiert den Körperbau, enthält Calcium und Fluor für den Knochenbau und die Zähne sowie Kalium und Natrium für ein gesundes Zellgewebe. Kränkliche Menschen müssen ihn aber meiden, da er Verdauungsstörungen wie Blähungen, Sodbrennen und Unwohlsein im Magenbereich verursacht.

In der Küche ist eine fachgerechte und kunstvolle Zubereitung erforderlich, wenn wir die lebensstärkenden Wirkungen erreichen wollen. Die rhythmische Tätigkeit von Herz und Lunge wird durch Roggenspeisen gefördert. Durch den hohen Kaliumanteil werden die Leber sowie die Muskeltätigkeit angeregt.
1 Tlf Roggen, möglichst mit der Handmühle fein gemahlen, passt in die Salatsauce oder ins Müesli und spendet der ganzen Familie neue Lebenskraft!
Roggen ist das Brotgetreide, das alle Lebensfaktoren enthält, welche für eine Sauerteigherstellung benötigt werden, damit ein Brot entstehen kann.

Selbst das Roggenstroh dient uns in vielfacher Form, z.B. als Bedachungsmaterial zum Schutz vor Kälte und Wetter, zum Einstreuen im Stall oder geflochten als Roggenbrotgärkorb.

Roggen-Gericht Grundrezept

150	g	Roggen	reinigen
3	dl	Wasser	Roggen 2-6 Std. zugedeckt einweichen, Wasser abgiessen, aufbewahren, 20 Min. leicht darren, bis ein süsslicher Duft aufsteigt
3	dl	Einweichwasser und frisches Wasser	zugeben, gut zugedeckt 30 Min. leicht kochen, gut nachquellen lassen, falls der Deckel nicht dicht schliesst, mehr Wasser zugeben

1	Lf	frische Kräuter, z.B. Borretsch, Minze, Rosmarin, Thymian, Ysop	fein schneiden
wenig		Ingwer, gem. Senf, gem. Kümmel	
je 1/3	Tlf	Salz, Curry	
1	Tlf	Kürbiskerne	
1	Tlf	Distelöl	alles zugeben, abschmecken

Ev. die doppelte Menge Roggen für 2 Tage kochen und die Hälfte für andere Rezepte bzw.Mahlzeiten kühlstellen.

Menüvorschlag:

Randensuppe

Saisonsalat

Roggen mit Blumenkohlmousse, Käsekekse

Früchtegelee

Roggen-Eintopf

ca. 500	g	Kürbis	in Würfel schneiden
2		Zwiebeln	fein schneiden
1	Lf	Maiskeimöl	erhitzen, Zwiebel und Kürbis zugeben, andünsten
2	dl	Bouillon	zugeben, 10 Min. kochen lassen
1		Apfel	in Schnitze schneiden
150	g	Sojakeimlinge	heiss waschen
150	g	vorgekochter Roggen	
wenig		Cayenne, Ingwer, Piment Koriander, gem. Kümmel	
2	Lf	frische Kräuter, z.B. Peterli, Quendel, Salbei, Zitronenthymian	fein schneiden
je 1/3	Tlf	Salz, Curry	
1	dl	Sauerrahm	alles zugeben, leicht mischen, anrichten
1		Roggenbrotscheibe	in Würfel schneiden, in wenig Butter anrösten, über das Gericht geben
1		rohe Rande	mit der Bircherraffel fein darüberreiben

Roggen-Pasteten

200	g	gekochten Dinkelschrot	
200	g	gekochten Roggenschrot	vermischen
¼	Tlf	Salz	
1	Tlf	Zitronenthymian	fein schneiden
wenig		Cayenne, Macis, Piment	
100	g	Quark	luftigschlagen
ca. 1	dl	Mineralwasser	
1	Lf	geriebenen Käse	würzen, die weiche Masse ¾ cm dick auf Backtrennfolie streichen, gleich viele und gleich grosse Ringe und Rondellen ausstechen, auf eine neue Backtrennfolie geben, mit Wasser bestreichen, je einen Ring aufsetzen
1	Port	Selleriemousse	in die Hohlräume verteilen

Backen: 30 Min. in zweitunterster Rille bei 200 °C

Dazu: Pastinakengemüse

Roggen-Platten

150	g	Roggenfeinschrot	
50	g	Buchweizenmehl	
100	g	Baumnüsse oder Haselnüsse	fein hacken
1	Lf	Baumnussöl	
½	Tlf	Salz	
½	Tlf	gem. Anis, gem. Fenchel, Koriander, gem. Kümmel	
1,2	dl	Sauermilch	
ev.		Wasser	alles zugeben, zu einem weichen Teig mischen, eine 5 cm dicke Rolle formen, 1-2 Std. kaltstellen, in 2 cm dicke Scheiben schneiden
4		Grissini oder Paniermehl	zerdrücken Scheiben darin wenden, auf ein Backblech legen

Backen: 12 Min. in zweitunterster Rille bei 220 °C

Dazu: Roquefortsauce und Borlottibohnensalat

Roggen-Rollen mit Mohnfüllung

300	g	Thermo-Roggengrütze	
4	dl	Wasser	5 Min. kochen, nachquellen, ev. auch gekochten Schrot verwenden
1/3	Tlf	Salz	
wenig		Cayenne, Piment, gem. Kümmel, Koriander	
1	Lf	frischer Zitronenthymian	fein schneiden
4	Lf	Buchweizenmehl	
ev.		Mineralwasser	
½	Tlf	Hefebouillon	
1	Lf	Baumnussöl	
2	dl	Sauermilch	zu einer weichen Masse mischen, auf einer beölten Backtrennfolie ausstreichen
		Füllung:	
100	g	Mohnsamen	
wenig		Salz	
1	dl	Rahm	
80	g	Quark	luftigschlagen
4	Lf	Grissini oder Paniermehl	zerreiben alles vermischen, auf die Masse streichen, mit Hilfe des Papiers eine Rolle formen

Backen: 20 Min. in zweitunterster Rille bei 180 °C

Dazu: Räbengemüse und rote Grütze als Nachspeise

Roggen-Schnitten

150	g	Thermo-Roggengrütze	
4	dl	Wasser	5 Min. kochen, 15 Min. quellen lassen
oder		gekochter Roggenschrot	verwenden
2	Lf	Buchweizenmehl	
2	Lf	Sauerrahm	
¼	Tlf	Salz	
1	Tlf	Curry	
1	Tlf	Tamari	
1	Tlf	Thymian	

Vorhergehende Seite: Das höchstgelegene Roggenfeld Europas, angebaut von A. Laauser, liegt in Findelen ob Zermatt auf 2068 ü.M.

ca. 1	dl	Mineralwasser	alles zugeben, auf ein bebuttertes Blech dünn streichen. Die Masse muss eine weiche Konsistenz aufweisen.
3	Lf	Baumnüsse	fein hacken
80	g	Gorgonzola	in Würfel schneiden
2	dl	Sauerrahm	mischen, auf den Brei streichen

Backen: 20 Min. in zweituntersten Rille bei 200 °C

Dazu: gemischter Salat

Roggenschnitten mit Bohnensalat.

Roggen-Schrot gekocht

Menge für 2 Gerichte:

400	g	Roggen	frisch schroten
6	dl	Wasser	Schrot 4-6 Std. einweichen

Zubereitung: Unter Rühren langsam aufkochen,
nach Bedarf Wasser zugeben,
5 Min. zugedeckt leicht kochen lassen.
Darauf achten, dass der Brei nicht anbrennt.
Auf ausgeschalteter Herdplatte gut nachquellen
und langsam auskühlen lassen.

Weiter verarbeiten zu verschiedenen Rezepten.

Roggen-Gratin

200	g	gekochter Roggenschrot	in eine ausgebutterte Gratinform geben
1/3	Tlf	Salz	
1	Tlf	frischer Thymian	fein schneiden, darübergeben
800	g	Schwarzwurzeln	in Scheiben schneiden, im Salzwasser ca. 10 Min. knapp weichkochen, über den Roggen verteilen
1	Tlf	Senfsauce	darüber verteilen

Backen: 30 Min. in zweitunterster Rille bei 200 °C

1	Lf	gekochte Ringelblumenblätter	zum Garnieren

Dazu: süss-sauer eingemachte Kürbisse

Hafer (Avena sativa)

Hafer ist ein einjähriges Rispengras von niedrigem Wuchs. Er benötigt feuchtkühles Klima und regelmässige Wasserversorgung. An den Boden stellt er keine Ansprüche. Seine Heimat sind Gebiete, welche durch den Golfstrom beeinflusst werden, wie Dänemark, England, Schottland, Irland, Finnland, Schweden, Norddeutschland, Polen, Russland, USA und Kanada.

Die Haferkörner reifen zuerst an der Peripherie und müssen schon in der Gelbreife geerntet werden, da sie sonst auf den Boden fallen. Das Haferfeld erstrahlt zum Erntezeitpunkt in einem lebendigen Seidenglanz und erinnert an weiches blondes Haar. Die nordische Sage berichtet vom goldenen Haar ihrer Muttergöttin Birgit.
Im Vergleich zu den anderen Getreidearten erlangte Hafer, das Korn der Engländer, als Volksnahrungsmittel für die nordisch-germanischen Völkergruppen erst spät grosse Bedeutung.
Betrachtet man seine idealen Inhaltsstoffe, so ist es kaum zu verstehen, dass Hafer lange Zeit nur armer Leute Nahrung und Viehfutter war.
Im Eiweissanteil ist er den anderen Getreidearten mengenmässig überlegen. Wegen dem fehlenden Gliadin eignet sich Hafer aber nicht zum Backen. Umsomehr ist er ein geschätztes Diätetikum bei Allergien, Zöliakie und Sprue (Gluteneiweiss-Unverträglichkeit), da sein Eiweiss gut aufgenommen und verdaut werden kann. Seine idealen Fettverhältnisse wärmen den Organismus, fördern den Geschmacks- und Geruchssinn, schützen Herz und Kreislauf und wirken der Arteriosklerose entgegen. Die Phytosterine verhindern eine Aufnahme des Cholesterins aus der Nahrung im Darm. Von Bedeutung sind auch die Kohlenhydrate, welche vom Darm leicht resorbiert werden können. Dies ist vor allem in der Kinder- und Krankenernährung von grosser Bedeutung. Haferschleim wirkt durch das hohe Quellvermögen der unverdaulichen Glukane bei Magen- und Darmerkrankungen heilend.

Im Hafer sind viele mit Fructose aufgebaute Kohlenhydrate, welche nur langsam in freien Fruchtzucker zerfallen. Deshalb hat sich eine »Haferkur« bei Diabetikern bewährt. Die Faserstoffe heizen den Verdauungsofen ein, regen an, regeln und stärken den ganzen Stoffwechsel. Hinzu kommen noch ausgezeichnete Inhaltsstoffe wie z.B. Pantothensäure, Calcium, Eisen, Magnesium, Mangan und Zink.
Hafer verbessert auch unser Durchhaltevermögen, stärkt unsere Widerstandskraft, steigert die Leistungsfähigkeit und wirkt sogar antidepressiv.
Dennoch sollen wir ihn mässig essen, denn vom »Feuer« des Hafers kann man auch zuviel bekommen. Es gilt auch das Sprichwort: »Es sticht ihn der Hafer!«

Der Wildhafer ist ein gefürchtetes Unkraut, da er sich sehr schnell verbreiten kann. In seiner Urform besitzt er noch Grannen. Durch Feuchtigkeit drehen sich diese auf wie eine Feder und entspannen sich, sobald genügend Kraft vorhanden ist. So wird das Korn transportiert, bis es auf weichen Boden gelangt und Wurzeln schlägt.

Ausser Nackthafer muss jeder Hafer in der Mühle zuerst entspelzt werden. Dabei werden Wachse eliminiert, welche die Fettsäuren schützten. Anschliessend wird der Hafer in der Mühle 60-90 Min. lang bei 75 °C gedarrt, damit er nicht ranzig und bitter wird. Dabei werden Enzyme deaktiviert, welche mit den Linolsäuren Bitterstoffe bilden.

Geschroteter Hafer muss zusätzlich bei 75 °C gedarrt werden, damit dieser nicht bitter wird. Die hochaktiven Fettsäuren verlieren ihre Wirkung, je länger und je höher Hafer erhitzt wird.

Empfehlenswert ist:
- nur kleine Vorräte einkaufen
- ganzen oder frisch geschroteten Hafer nicht einweichen

Flocken werden aus entspelztem Hafer hergestellt. Unter Dampfeinwirkung werden die Körner gepresst und anschliessend getrocknet.

Hafer-Gericht Grundrezept

150	g	Hafer	leicht waschen, 10 Min. darren
4,5	dl	kaltes Wasser	zugeben, 15 Min.zugedeckt kochen, ca. 20 Min. nachquellen lassen
1/3	Tlf	Salz	
wenig		Koriander, Macis, gem. Senf, Galgant oder Ingwer	
1	Tlf	Ysop	

Hafer zur Erntezeit.

Vorhergehende Seite: Haferfeld im Zuchtgarten von Gran Alpin.

2	Lf	Sauerrahm	
2	Lf	frische Korianderblätter, Orangenbasilikum	
1	Tlf	Pinienkerne	zugeben, abschmecken

Bei Bedarf doppelte Menge Hafer für 2 Tage kochen.

Menüvorschlag:

Barley-Water

Hafer,
Sauerkraut mit gebratenen Ananasscheiben und Currysauce

Amaranthköpfchen

Hafer-Grüsch

100	g	Hafer	
50	g	ganzer Buchweizen	beides 5 Min. in kochendem Wasser sieden, abgiessen
20	g	Butter	in einer Bratpfanne schmelzen, Körner darin 15 Min. leicht rösten
3	Prs	Salz	
½	Tlf	Zimt	
je 1	Prs	Macis, gem. Nelken	
2	Lf	Honig	zugeben

Dazu: Apfelmus und Schlagrahm

Hafer-Knödel

5	dl	Wasser	aufkochen
200	g	Hafer	schroten
oder		Haferflocken	unter Rühren einstreuen, 5 Min. kochen, zugedeckt nachquellen lassen
20	g	weiche Butter	
50	g	Haselnüsse	mahlen
1		Ei	verquirlen
¾	Tlf	Salz	
wenig		Cayenne, gem. Fenchel, Koriander, Piment, gem. Senf	
je 1	Lf	Curryblätter, Kerbel	schneiden
ca. 2	Lf	Rahm	alles zugeben, vermischen, Schrot zugeben, abschmecken,

			Bällchen formen
2	l	Wasser	aufkochen
2	Tlf	Salz	zugeben, Bällchen darin 15 Min. ziehen lassen
20	g	Butter	
4	Lf	Haferflocken	
3	Lf	Haselnüsse	mahlen, rösten, über die angerichteten Knödel geben
Dazu:		grüne Sauce	

Hafer-Mix

200	g	vorgekochter Hafer	
400	g	Kohlrabi	in ganz feine Streifen schneiden
je 1	Lf	frischer Kerbel, Ysop	fein schneiden
je 1	Lf	Baumnüsse, Haselnüsse, Mandeln	
2		Paranüsse	fein hacken, in einer Bratpfanne mit dem Hafer zusammen rösten, Kohlrabi und Kräuter zugeben, alles ca. 5 Min. dünsten
1	dl	Rahm	
1	dl	Bouillon	zugeben
1	Tlf	Salz	
wenig		gem. Koriander, Ingwer, gem. Senf	
1	Tlf	Shoyu	zugeben, abschmecken, sofort servieren
Dazu:		rohe Rüeblistengel	

Hafer-Taler

80	g	Haferkörner	
80	g	Buchweizen	heiss abspülen
80	g	rote Linsen	waschen
3,5	dl	Wasser	5 Min. leicht kochen, nachquellen
2	dl	Rahm	
¾	Tlf	Salz	
wenig		Salz, Cayenne, Ingwer, Koriander, Liebstöckel, Oregano, Piment, Ysop	
je 1	Prs	gem. Nelken, Kardamom	zugeben, Küchlein formen
Backen:		15 Min. in zweitunterster Rille bei 200 °C	
Dazu:		Sauerkraut mit Kräutersauce	

Haferflocken-Schnitten Rober

150	g	Haferflocken	
2,5	dl	Mineralwasser	
50	g	Haselnüsse	mahlen
1	Lf	Distelöl	
½	Tlf	Salz	
wenig		Cayenne, Macis, Piment, gem. Kümmel, gem. Senf	
½	Tlf	gerebelter Kerbel	mischen, 1 Std. quellen lassen, auf einem mit Backtrennfolie belegten Blech dünn ausstreichen

Vorbacken: 10 Min. in der Mitte bei 200 °C

Kabisbelag:

500	g	Kabis	fein schneiden, in wenig Salzwasser garkochen, Wasser abgiessen

Haferschnitten mit gedämpftem Kabis an einer Haselnußsauce.

½	Tlf	Hefebouillon	
wenig		Cayenne, Piment, gem. Kümmel, gem. Senf, Galgant oder Ingwer	
je 1	Tlf	Dill, Kerbel	zugeben, abschmecken
1	Port	Haselnußsauce	zubereiten
		Gemüse	auf den vorgebackenen Teig verteilen, Haselnußsauce
		darübergeben	
Fertigbacken:		20 Min. in der Mitte bei 200 °C	
		Noch warm in rhombusförmige Stücke schneiden, mit frischem Peterli und Haselnüssen garnieren.	

Die Kombinationen von Zutaten können beim Betrachten von Landschaften entstehen. Hinter diesem Rezept verbirgt sich z.B. eine karge Nordlandschaft mit einem Hafer- und einem angrenzenden Kabisfeld, umgeben von einer Haselnusshecke.

Kohlkopf **gefüllt mit Hafer**

1		mittelgrosser Kohl	grosse Blätter sorgfältig lösen, Rippen in der Mitte einschneiden, im Salzwasser 15 Min. kochen, gut abtropfen lassen
		Füllung:	
150	g	Haferkörner	
4,5	dl	Wasser	Hafer 20 Min. kochen
50	g	Haferflocken	
2	dl	Sauerrahm	
1	Tlf	Salz	
wenig		Cayenne, Koriander, Ingwer, Macis, Piment, gem. Kümmel, gem. Senf	
je 1	Lf	Peterli, Bohnenkraut	fein schneiden
2	Lf	Oliven oder Kapern	schneiden, zugeben, vermischen, abschmecken

Kohl und Füllung:

Ein kalt abgespültes Gazetuch in eine runde Schüssel legen, Kohlblätter abwechslungsweise mit der Füllung zu einem Kohl formen, Tuch satt verknoten, die Enden um eine Kelle binden, das Ganze in einen mit kochendem Salzwasser gefüllten Topf hängen, 40 Min. leicht kochen lassen.

Dazu: Kapernsauce

Je nach Jahreszeit kann auch anderes Gemüse verwendet werden wie z.B. Lattich, Kohlrabi, Zucchetti, Kürbis.

Schnitz und Drunder mit Hafer

2	dl	Wasser	
150	g	gedörrte Apfelschnitze (mit Schale)	mind. 2 Std. einweichen
3	Lf	Birnel	vorsichtig caramelisieren
20	g	Butter	zugeben, Apfelstücke mit Einweichwasser zugeben, 20 Min. kochen
500	g	Kartoffeln	in kleine Würfel schneiden
1	Tlf	Hefebouillon	
1	Lf	Salz	alles der caramelisierten Masse zugeben
ev. wenig		Wasser	die Masse sollte dickflüssig sein
50	g	Hafer	frisch quetschen, leicht rösten, zugeben
1	dl	Rahm	schlagen
1	Lf	Hagebuttenmark	zugeben, mischen, garnieren

Mais (Zea mays, Welschkorn)

Die einjährige Maispflanze mit ihrem üppigen Wuchs unterscheidet sich deutlich von den anderen Getreidearten. Der markgefüllte Halm wird bis zu 2,5 m hoch und 5 cm dick. Eine kräftige Blattbildung verdeckt die weiblichen Blütenstände, an denen später die Kolben wachsen, welche von einigen »Lieschen« umhüllt werden. Der Halm endet in der männlichen Infloreszenz, einer Rispe.

Die Maispflanze benötigt wenig Wasser und bevorzugt warme Standorte. Bei Trockenheit kann sie sich durch Einrollen der Blätter etwas schützen. Frost und starke Hitze verträgt sie jedoch nicht. An die Bodenbeschaffenheit stellt sie keine besonderen Ansprüche. Sie kann auch dort noch vegetieren und Giftstoffe binden, wo durch zuviel Jauche kein Gras mehr wachsen kann. Die Maispflanze ist dann sehr giftig und deutlicher Spiegel unserer Kultur.

Die Maispflanze weist einen Sortenreichtum auf, dem jahrtausendalte Kulturen vorausgegangen sind. Hartmais gewann erst im 17. Jh. in Europa an Bedeutung. Bewohner der karibischen Inseln nannten ihn »mahiz«, und die Spanier übernahmen diesen Namen, als sie ihn um 1500 nach Europa brachten. Über Italien und das Tessin, wo der Mais heute noch als Polenta über dem Feuer gekocht wird, gelangte er nach Russland. Erst seit neuerer Zeit wird er auch in Afrika angebaut, um die Hungersnot zu lindern. In den Industrieländern muss der Mais als Viehfutter, Ofenheizmaterial und für industrielle Zwecke herhalten.
Reste des ursprünglichen »Wildmaises« sind in Höhlen Südmexikos gefunden worden. Vermutlich sind dies Hinterlassenschaften von Menschen vorgeschichtlicher Kulturen.

Ernährungsphysiologisch ist es bedeutsam, dass das Maiseiweiss nicht vollwertig ist, d.h. wichtige Aminosäuren wie Glutamin, Lysin und Tryptophan fehlen. Bei einseitigem Maisgenuss, wie er in Mittelamerika teilweise vorgekommen ist, besteht die Gefahr des Niacin- bzw. Vitamin B3-Mangels, bekannt als Avitaminose Pellagra. Niacin wird mit der essentiellen Aminosäure Tryptophan und den Faserstoffen im menschlichen Darm gebildet. Die Indianer pflanzen deshalb rund um den Mais Bohnen an, welche sich an den Maispflanzen emporranken. Diese Pflanzengemeinschaft ergänzt sich sowohl im Wachstum wie auch in den Mahlzeiten. Diese klassische Kombination von Mais und Bohnen beinhaltet alle lebensnotwendigen Eiweisse.
Andererseits ist aber im Mais mehr Vitamin B2 enthalten als in allen anderen Getreidesorten.
Aus den fettreichen Keimen wird das Maiskeimöl mit den wertvollen Vitaminen A und E gewonnen, welche für einen aktiven Stoffwechsel verantwortlich sind.
Früher wurde auch noch der an der Oberfläche der Halme ausgeschiedene Wachs durch Austrocknen gewonnen und für Kerzen oder Bohnerwachs genutzt. Aus den Lieschenblättern, welche das Korn umhüllen, wurde Zigarettenpapier hergestellt.

So schenkt uns der Mais einen Reichtum an zusätzlichen Gaben, welche uns erkennen lassen, dass wir nicht nur durch Nährstoffe allein satt werden. Dazu gehört auch noch ein »savoir vivre«!

Mais-Gericht Grundrezept

250	g	Maiskörner	
8	dl	kalkfreies Wasser	Maiskörner 12 Std. einweichen
1	Prs	Natron	
oder:			
2	Lf	Holzasche	in ein Baumwolltuch knoten, mit dem Mais und Wasser in eine Pfanne geben, ½-1 Std. zugedeckt kochen, 1-2 Std. nachquellen lassen, Wasser abgiessen, Maiskörner mehrmals gut spülen
20	g	Butter	erwärmen
1		Tomate	
½		Peperoni	
1		Zucchetti	alles fein schneiden, andünsten
1	Lf	frische Kräuter	fein schneiden, mitdünsten
¼	Tlf	Salz	
1	Tlf	Tamari	
wenig		Cayenne, Piment	würzen
5	Lf	gekochte Bohnenmischung	zugeben, Mais zugeben, alles erwärmen, anrichten

Maiskörner in kalkfreiem Wasser kochen, damit er nicht bitter wird. Die längere Einweich-, Koch- und Nachquellzeit ist nötig, damit die äussere rauhe Maiskornhaut weich wird.

Mexikanischer Menüvorschlag:

Gaspacho, eine erfrischende Vorspeise

Tortillas

Chili con verdura

Melonensalat

Ein mexikanisches Getränk aus Wasser, Honig und Zitronensaft, einige Stunden kühlgestellt, passt gut zu Maisgerichten.
Zum Abschluss jeder mexikanischen Mahlzeit wird ein Schluck Tequila nach folgendem Ritual getrunken:
Auf die linke Handfläche zwischen Daumen und Zeigefinger gibt man eine Prise Salz und Pfeffer, dann beisst man herzhaft in einen Zitronenschnitz, leckt das Salz und den Pfeffer ab, klopft ein Glas mit Maisbranntwein »Tequila« auf den Tisch, so dass er schäumt und trinkt das Glas in einem Zug leer.

Die mexikanische Küche ist geprägt von der Kultur der Azteken, Spanier und Chinesen.

Gegenüberliegende Seite: Maiskolben mit farbigen Maisnarben, Maisgriffel.

Mais-Gratin

20	g	Butter	eine Gratinform ausbuttern
500	g	Tomaten, Peperoni, Zucchetti oder gekochte Bohnen	schneiden, in die Form geben
1/3	Tlf	Salz	
200	g	Bramatamais	darüberstreuen
wenig		Cayenne, Piment	
1	Tlf	Kräutermischung	würzen
5	dl	Mineralwasser	zugeben

Backen: Backofen auf höchster Stufe vorwärmen, Backen 30 Min. in zweitunterster Rille bei 250 °C

2	dl	Sauerrahm	
50	g	geriebener Käse	miteinander vermischen, über den Auflauf geben, nochmals 5 Min. backen

Menüvorschlag:

Gemüsesuppe

Maisgratin mit Bohnen- oder Tomatensalat

Vanilleglacé, heisse Apfelstückchen und gemahlener Zimt

Ganze Maiskörner werden selten gekocht, da ihre Schalen nach dem Kochen noch rauh sind. Gemahlener Mais ist deshalb beliebter.

Mais-Schnitten gebraten

Maisbrei:

5	dl	Wasser	aufkochen
40	g	Butter	
1	Prs	Macis	
1	Lf	Hefebrühe	zugeben
250	g	Maisgriess	unter ständigem Rühren einstreuen, 10 Min. zugedeckt auf kleinem Feuer kochen lassen
5	dl	Milch	zugeben, 20 Min. nachquellen, ein Backblech mit einer Backtrennfolie auslegen, Brei ca. 1 cm dick ausstreichen, abkühlen lassen
300	g	gut ausgereifter Greyerzer	(schmilzt weicher), in dünne Streifen schneiden, über die halbe Maismasse verteilen

ca. 10		Ananassalbeiblätter	über den Mais verteilen, die andere Maishälfte mit kaltem Wasser bestreichen, überschlagen, gut andrücken, Schnitten oder Taler schneiden
½	dl	Rahm	auf die Schnitten streichen
2-3	Lf	Paniermehl	darüberstreuen, Schnitten wenden, Vorgang wiederholen, Paniermehl gut andrücken
50	g	Butter	in einer Bratpfanne schmelzen Schnitten auf der ersten Seite 2 Min. anbraten, wenden, zugedeckt 5 Min. durchbraten. Dadurch wird das Auseinanderfallen der Schnitten vermieden.

Dazu: Kohlrabisalat mit noch warmen, gerösteten und gehackten Nüssen.

Mais-Schnitten mit Shitaki

		vorgekochter Maisbrei	auf einer Backtrennfolie ca. 1 cm dick ausstreichen
		Shitaki-Belag:	
750	g	Shitaki	10 Min. in kaltes Wasser legen Stil abschneiden, kleine Pilze halbieren, grosse Pilze dreiteilen und fein schneiden, in einen Topf mit gut schliessendem Deckel geben, auf kleiner Stufe 20 Min. dämpfen, Pilzwasser mit wenig Pilzen wegstellen, später für eine Pilzsuppe verwenden
2		Zwiebeln	fein schneiden
1	Lf	Olivenöl	erhitzen, Zwiebeln andünsten
2	Lf	Peterli	fein schneiden
2	Lf	Dill, Liebstöckel, Majoran, Oregano	
2	Lf	Haushaltsmehl	alles zugeben, mitdünsten
1	dl	Weisswein oder kaltes Wasser	ablöschen

2	dl	Pilzwasser	
1	Tlf	Salz	
1	Tlf	Tamari	
½	Tlf	gem. Chili	
1	Tlf	Hefebrühe	
wenig		Cayenne, Piment	
3	Lf	Doppelrahm	mit den Pilzen alles zugeben, aufkochen lassen. Nach 5 Min. sollte die Masse dickflüssig sein, andernfalls
1-2	Tlf	Marantamehl	
3	Lf	kaltes Wasser	anrühren, der Masse zugeben, Pilze zugeben, alles über den Mais verteilen

Backen: 25 Min. in zweitunterster Rille bei 200 °C

Mit Peterli garnieren

Dazu: Salat

Die Maisgriffel haben 0,1-0,2 mm Durchmesser und eine Länge von über 20 cm. Sie leiten das männliche Pollenkorn zur Körnerbildung in den Kolben.

Kukuruz Mais-Gericht

600	g	Krautstiel	fein schneiden, 5 Min. blanchieren
1		Zwiebel	fein schneiden
1	Lf	Olivenöl	erhitzen, Zwiebel andünsten,
200	g	Bramatamais	zugeben, mitdünsten, Krautstiel zugeben
4	dl	Wasser	
1	Tlf	Hefebouillon	zugeben, 20 Min. zugedeckt kochen
1		Knoblauchzehe	mit Vollmeersalz zerdrücken
1	dl	Sauerrahm	
1	Tlf	Salz	
wenig		Cayenne, Macis, Piment	zugeben, kurz mitkochen
Dazu:		Kräutersauce	

Polenta

Polenta Mais-Gericht Tessin

2	l	Bouillon	in einer Pfanne separat zubereiten
50	g	Buchweizenmehl	
170	g	Bramatamais	vermischen
1	l	Bouillon	zugeben, unter ständigem Rühren 45 Min. kochen lassen, damit das Wasser verdampft, immer wieder nach Bedarf Bouillon zugeben, damit die Polenta luftig wird
2		Zwiebeln	fein schneiden
1	Lf	Wasser	
30	g	Butter	erwärmen, Zwiebel andämpfen
50	g	geriebener Hartkäse	alles unter die Polenta mischen, Polenta solange weiter rühren, bis sie sich von der Pfanne löst, dann auf eine Platte stürzen
		Gorgonzola mit Mascarpone	in Streifen schneiden, über die Polenta legen
Dazu:		Tomatensauce	

Für die Tessiner Polenta wird zur Aufwertung der Eiweisskombination Maisgriess und Milchwasser verwendet. Ursprünglich wurde Polenta auf einer weissen Serviette auf einem runden Weidengeflecht serviert.

Peruanischer Mais Succotasch

200	g	vorgekochte Azukibohnen	
500	g	Fleischbohnen	ca. 2 cm breit und 22 cm lang, schräg in feine Streifen schneiden, in wenig Salzwasser 10 Min. weichkochen
4-5		Zuckermaiskolben	Körner vom Kolben lösen, im Salzwasser 20 Min. weichkochen
4		Okras oder Pastinaken	
je 1	Tlf	Peterli, Krauseminze, Korianderblätter	alles fein schneiden
1	Lf	Olivenöl	erhitzen, alles kurz andünsten Bohnen, Maiskörner zugeben

1	Tlf	Salz	
1	Tlf	Tamari	
2	dl	Bouillon	
½	Tlf	gem. Chili	
wenig		Cayenne, Piment	
3		Knoblauchzehen	mit Vollmeersalz zerdrücken
3	Lf	Doppelrahm	
1	Tlf	Zitronensaft	zugeben, würzen, alles kurz aufkochen, anrichten
4-10	Trpf	Chiliolivenöl	über das Gericht geben

Dazu: Schalenkartoffeln

Ribel Mais-Gericht aus dem Rheintal

2	dl	heisses Milchwasser	
100	g	weisses Maismehl	
½	Tlf	Salz	in einer Schüssel gut vermischen zugedeckt 3 Std. stehenlassen
40	g	Butter	in der Bratpfanne schmelzen, Ribel bei mittlerer Hitze ca. 20 Min. langsam unter ständigem Rühren rösten, auf einen süsslichen Duft und eine ribbelige Konsistenz achten

Dazu: Sauermilch mit Beeren oder Milchkaffee

Die weisse Maissorte (Türgge) wird im Rheintal heute noch angebaut. Sie wird vor allem als Zutat für süsse Speisen geschätzt, da die Maisstärke leicht in Dextrine abgebaut wird und dadurch einen süsslichen Geschmack aufweist.

Tortillas Mais-Fladen

entweder:

150	g	feines Maismehl	
50	g	Buchweizenmehl	
6	dl	Mineralwasser	vermischen, ca. 3 Std. quellen lassen, dünne kleine Fladen backen (grössere Fladen brechen leicht)

Will man Maiskörner selber mahlen, so benötigt man dazu eine gute Haushaltsmühle. Die Körner werden zuerst grob gemahlen, dann feiner und erst im dritten Durchlauf erhalten wir das gewünschte feine Maismehl.

oder:

	Maiskörner	12 Std. einweichen
6 dl	Einweichwasser	30 Min. kochen, 2 Std. nachquellen

Zubereitung: Mais mit feiner Scheibe durch den Fleischwolf drehen, handtellergrosse Fladen formen, zwischen 2 dicken Plastikfolien so dünn wie möglich auswallen, in einer Bratpfanne mit wenig Maiskeimöl auf beiden Seiten ½-1 Minute bakken, in einem Küchentuch im Backofen bei 80 °C warmhalten, sofort servieren mit:

Dazu:
- Frijoles
- Bohnengemüse
- Chili con verdura

Eine Auswahl roh geschnittener Gemüse wie:
- Avocados, Chinakohl, Gurken, Peperoni, Salat, Tomaten
- Zwiebelringe (vorher in Salzwasser eingelegt)
- Käsewürfel, ev. Sauerkäse, Sauerrahm
- Avocadosauce »Guacamole«
- Chilisauce

Tortillas können als Mais-chips gekauft werden. Als Apéro werden sie in eine Chilisauce »Salsa« getaucht und gegessen. Diese Sauce wird von Nicht-Einheimischen meist schlecht vertragen, da sie sehr scharf ist. Auch ein geschmolzener Weichkäse ist dazu empfehlenswert.

Maiswurzeln (Kamerun)

Burritas gebratene Tortillas

		pro Person:	
3		gebratene Tortillas	
200	g	Frijoles	
		und Gemüse	fein schneiden, Tortillas füllen, aufrollen, in eine ausgebutterte Gratinform legen,
		junger Bergkäse	in Streifen schneiden, darüber verteilen
Überbacken:		10 Min. in mittlerer Rille mit Oberhitze bei 200 °C	

Maisfeld im Dorf (Kamerun).

Enchiladas gebratene Tortillas

		pro Person:	
3		gebratene Tortillas	auf einen Teller legen
½		Tomate	in Schnitze schneiden
½		Zwiebel	fein schneiden
1	Lf	geriebener Käse	
1		Knoblauchzehe	mit Vollmeersalz zerdrücken
1	Stk	Chili	alles über die Tortillas verteilen, im Backofen bei 80 °C warmhalten, sofort servieren

Tacos gebratene Tortillas

		pro Person:	
3		gebratene Tortillas	zu einem Halbmond umlegen
150	g	rohes oder gekochtes Gemüse, z.B. Chinakohl, Lauch, Sellerie, Tomaten oder Zwiebeln	fein schneiden
ev. 1	Lf	geriebener Käse	
oder:			
50	g	gebratenes Pouletfleisch	
oder:			
50	g	gekochte Fleischstückchen	Tortillas damit füllen, im Backofen bei 80 °C warmhalten oder sofort servieren

Die verschiedenen Zutaten in Schalen auftischen, damit sich jeder selber bedienen kann.

Dazu: Tomaten- oder Chilisauce

Zerealien

Buchweizen (Fagopyrum escul., Heidekorn)

Dieses einjährige, raschwüchsige Kraut wird bis zu 60 cm hoch und trägt wechselständige, herzpfeilförmige Blätter. Aus den weissen, fünfzähligen zarten Blüten gehen dreikantige Nüsse hervor, welche an die Bucheckern erinnern und zum Namen Buchweizen geführt haben.
Die spelzartige, harte Fruchtschale des Buchweizens enthält ungeniessbare Stoffe wie z.B. Oxalsäure, Saponine und Bitterstoffe. Deshalb ist der Buchweizen schon geschält im Handel erhältlich.
Durch die grosse Bindefähigkeit eignet sich Buchweizen gut für Auflauf, Klösse, Bratlinge, Omeletten, Gemüsemischungen oder als Eierersatz. Eier sind in Vollkorngerichten schwerer verdaulich als Buchweizen.

- 1 Ei kann durch 1 Lf Buchweizenmehl und 2 Lf Wasser ersetzt werden
- in einem Kuchen können die Eier bis zur Hälfte durch Buchweizen ersetzt werden

Der Buchweizen ist ein Knöterichgewächs wie der Sauerampfer und Rhabarber. Fährt ein Bauer auf dem Traktor durch die Wiese, so liegt das Gras in den Fahrrinnen flach. Der Sauerampfer richtet sich wieder auf. Das Rutin bewirkt in diesen Pflanzen eine »Stehauf-Männchen-Wirkung«.
Uns Menschen dient das Rutin im Buchweizen zur Regeneration. In der Getreideküche ist der Buchweizen für uns eine willkommene Ergänzung, da er leicht verdaulich ist und unsere Nahrung lichtet.

Der Buchweizen ist auch als Heidekorn bekannt. Er wurde im 14. Jh. von den Mongolen aus der Urheimat, dem Amurgebiet, nach Mitteleuropa gebracht. Dieses Knöterichgewächs gedeiht nur auf armen, sandigen Böden und wurde in den Heidegebieten Nordwestdeutschlands, im Puschlav (Graubünden), Südtirol, Balkan, in Russland, Holland und in der Bretagne (Frankreich) angebaut. Heute wird der Buchweizen nur noch aus Russland, Japan, Nordamerika und aus dem Balkan importiert.

Buchweizen-Gericht

150	g	Buchweizen	heiss waschen, ev. 1 Min. blanchieren
3	dl	Wasser	Buchweizen 15 Min. zugedeckt leicht kochen, etwas nachquellen lassen
1	Tlf	Distelöl	
1/3	Tlf	Salz	
wenig		Cayenne, Piment, Koriander, gem. Senf	
1-2	Lf	Sonnenblumenkerne	
1-2	Lf	frische Kräuter, z.B. Borretsch, Kerbel, Liebstöckel, Peterli	fein schneiden, zugeben, abschmecken

Menüvorschlag:

Wildkräutersuppe

Gemischter Salat

Buchweizen
Haselnusssauce
2-3 Sorten gedämpftes Gemüse

Leichte Quarkcreme

Buchweizen-Croquetten

½	l	Wasser	
½	Tlf	Salz	aufkochen
100	g	Buchweizenmehl	im Sturz beigeben und unter tüchtigem Rühren das Wasser verdampfen lassen, bis die Masse sich vom Pfannenboden löst

Buchweizen

Vorhergehende Seite: Buchweizen aus der Gärtnerei Spitzli

½	Lf	Distelöl	
3	Lf	Sauermilch	
50	g	Dinkelmehl	
wenig		Cayenne, Piment	
1	Lf	Kerbel, Liebstöckel, Selleriekraut	
100	g	Zucchetti	ganz fein schneiden, zugeben,
1	Lf	Peterli	fein schneiden, alles mischen, Rondellen formen
4	Lf	Haferflocken oder Kleie	Rondellen darin wenden und in Maiskeimöl backen
Dazu:		Gemüseplatten	

Buchweizen-Eintopf

200	g	Buchweizen	blanchieren, Wasser abgiessen, zugedeckt nachquellen lassen
400	g	Stangensellerie	fein schneiden
2	Lf	Butter	schmelzen, Sellerie andünsten,
2	dl	Bouillon	ablöschen, 10 Min. weich kochen
3		Ananasscheiben	in kleine Stücke schneiden
1		kleiner, säuerlicher Apfel	in feine Scheiben schneiden
3	Lf	Baumnüsse	fein hacken
1	dl	Rahm	
1	Tlf	Salz	
½	Tlf	Curry	
je 1	Lf	Ananassalbei, Kerbel, Dill	fein schneiden
		vorgekochter Buchweizen	alles sorgfältig mischen, zugedeckt 10 Min. nachquellen

Ikascha altjüdisches Buchweizen-Gericht

150	g	Buchweizen	heiss abspülen
2		Eiweiss	mit dem Buchweizen in einer Pfanne mischen, unter ständigem Rühren leicht erhitzen, bis die Körner so trocken sind wie der Sand in der Sonne
3	Lf	Haselnüsse	fein hacken, zugeben, mitrösten bis ein herrlicher Duft aufsteigt

3	dl	Wasser	aufkochen, die Hälfte davon zur Ikascha giessen, (es spritzt, sprudelt und wird wieder trocken), restliches Wasser zugeben, zugedeckt quellen lassen. Je länger die Ikascha quellen kann, umso brauner, lockerer und aromatischer wird sie.
1/3	Tlf	Salz	vor dem Essen zugeben

Dieses Gericht wird mit Milch als Abendmahlzeit gegessen. Ukrainische Bauern assen dazu süsse Milch oder gedünstete Zwiebeln.

Kaska Buchweizen-Gericht

200	g	Buchweizen	2 Min. blanchieren
500	g	Wirz	fein schneiden, 5 Min. blanchieren
1		Zwiebel	fein schneiden
1	Lf	Kürbiskernenöl	erhitzen, Zwiebel andünsten, Buchweizen und Wirz zugeben, mitdünsten
1	Tlf	Hefebouillon	
2	Lf	Baumnüsse	fein hacken
4	dl	Wasser	zugeben, 15 Min kochen lassen
1	Tlf	Salz	
wenig		Cayenne, Piment	zugeben, abschmecken
1	Tlf	Rosenpaprika	
1	dl	Doppelrahm	mischen, marmorartig unter das Gericht ziehen
Dazu:		gebratene Brotwürfeli	

Schwarzplenten-Torte aus Buchweizen

250	g	weiche Butter	schaumigrühren
200	g	Rohrzucker	
4		Eigelb	
1	Tlf	Zimt	
1	Prs	gem. Nelken	
1	dl	Mineralwasser	zugeben, gut rühren
250	g	Buchweizenmehl	
250	g	Mandeln	reiben

	4	Eiweiss	zu Eischnee schlagen, der Masse zugeben, leicht mischen, lagenweise in eine ausgebutterte Springform geben
Backen:		ca. 1 Std. bei 180 °C mit Dampfstau	
		Kuchen	auskühlen lassen, halbieren
		Preiselbeer- oder Heidelbeerkonfitüre	zwischen die Kuchenhälften und etwas oben auf den Kuchen verteilen
		geschälte Mandeln	halbieren
	2 dl	Rahm	schlagen, garnieren

Backen mit Dampfstau:

Über der Springform so nah wie möglich ein Blech einschieben, damit sich ein Dampfrückstau bildet. Dadurch geht der Kuchen besser auf. 10 Min. vor Backende das Blech entfernen. Dies ist vor allem bei Heissluftbacköfen zu empfehlen.

Blühender Buchweizen

Amaranth (Amaranthus caudatus)

Amaranth ist ein Fuchsschwanzgewächs mit getreideähnlichem Samen. Von den spanischen Eroberern wurde er »Inka-Weizen« genannt. Ausgrabungen in Mexico haben jedoch gezeigt, dass der Amaranthanbau über 5500 Jahre alt ist. Zahlreiche Legenden und Rituale charakterisieren den Amaranth als lebenswichtiges Grundnahrungsmittel. Mit Weizen kombiniert ergibt er eine vollwertige Eiweisskombination. Als Fladenbrot, Konfekt, aufgepuffert zu Mehl vermahlen und zu Kuchen verbacken, ist er auch im asiatischen Hochland bei den Bergstämmen Indiens, Pakistans, des Nepals, Tibets, Chinas und den Steppen der Mongolei bekannt und geschätzt. Er ist vor allem für Kinder und Kranke eine wertvolle Aufbaunahrung.

Amaranth

Amaranth-Köpfli

150	g	Amaranthsamen	
1	Lf	Mandelpüree	
2	dl	Wasser	10 Min. kochen lassen
2	dl	kalte Milch	
1	Tlf	Agar	zugeben, vor dem Siedepunkt 5 Min. lang auflösen lassen
1	Prs	Salz	
3	Lf	Honig	
1/5	Tlf	Vanille	
1		Zitronenschale	abreiben
2	Lf	Mandelsplitter	zugeben, in kalt ausgespülte Puddingformen geben, erkalten lassen, stürzen
5	dl	Wasser	aufkochen
100	g	Schokolade	ohne zu rühren mit siedend heissem Wasser übergiessen, warten bis sie geschmolzen ist, dann das Wasser sorgfältig abgiessen
20	g	Butterflocken	dazurühren und über die Puddings anrichten

Anstelle von Schokolade können heisse Beeren, mit wenig Honig gesüsst, serviert werden. Eine weniger süsse Komponente erhalten wir mit Johannisbrotwürfeln, die im heissen Wasserbad flüssig gemacht werden.

Amaranth-Omeletten

150	g	Amaranth	in einer Pfanne bei mittlerer Hitze puffen lassen
150	g	Dinkelmehl	
1,5	dl	Sauermilch	
1,5	dl	Wasser	
¾	Tlf	Salz	
1	Tlf	Mohnsamen	Omelettenteig herstellen, ruhen lassen
		Maiskeimöl	erhitzen, Teig löffelweise zu Omeletten backen
Dazu:		Apfelmus	

Amaranth-Pastete

1	Port	Quarkblätterteig	rechteckig auswallen
		Füllung:	
150	g	Amaranth	in einer Pfanne bei mittlerer Hitze puffen lassen
4		Eier	
300	g	Hüttenkäse	
100	g	Paniermehl oder Grissini	
½	Tlf	Salz	
wenig		Cayenne, Macis, Piment, Koriander	
2	Lf	Sonnenblumenkerne	
2		Knoblauchzehen	mit Vollmeersalz zerdrücken
je 1	Tlf	Dill, Kerbel	
1	Lf	Peterli	fein schneiden, alles sorgfältig mischen, Füllung auf eine Teighälfte geben,Teigränder mit Wasser benetzen, die andere Hälfte überschlagen, gut andrücken, Teig einstechen,
		Rahm oder Sauerrahm	zum Bestreichen
Backen:		40 Min. in zweitunterster Rille bei 180 °C	
Dazu:		Salat	

Lattich mit Amaranth-Füllung

2		mittelgrosse Lattich	Blätter im Salzwasser blanchieren
		Füllung:	
2	dl	Wasser	
150	g	Amaranth	zugeben, 10 Min. kochen
1		Zwiebel	fein schneiden
1	Lf	Öl	erhitzen, Zwiebel andünsten
200	g	Gemüse, z.B. Fenchel, Lauch, Rüebli oder Sellerie	ganz fein schneiden, zugeben, mitdünsten
1	dl	Wasser	zugeben, 10 Min. weichkochen
1/3	Tlf	Salz	
wenig		Cayenne, Piment	
1	Lf	frische Kräuter	fein schneiden, würzen
		Amaranth	dazumischen, abschmecken, Füllung in die Lattichblätter einwickeln, in eine ausgebutterte Gratinform legen
2	dl	Bouillon	darübergiessen
Backen:		20 Min. in zweitunterster Rille bei 200 °C	
Dazu:		Reis und Kürbismousse	

Kohlblätter gefüllt mit Amaranth.

Quinoa (Chenopodium Quinoa, Reismelde)

Quinoa gehört zur Familie der Hahnenfussgewächse und ist ein Scheingetreide, wie Amaranth oder Buchweizen. Seine wertvollen Inhaltsstoffe, welche der Milch sehr ähnlich sind, machen Quinoa zu einem ausgewogenen Grundnahrungsmittel. Seit 5000 Jahren werden diese Pflanzen in den Anden in 3000-4000 m Höhe angepflanzt. Als ein wichtiges Grundnahrungsmittel sichert es die Unabhängigkeit und Entwicklung der einheimischen Bevölkerung. Heute ist der Anbau durch Fehlentwicklungen mehr und mehr bedroht. Dadurch werden diese Drittweltländer immer mehr von der 1. Welt abhängig. Durch den Einkauf von Produkten, welche die OS3-Organisation vermittelt, helfen wir mit, diesen verhängnisvollen Folgen entgegenzusteuern.

Quinoa-Gericht

200	g	Quinoa	Steinchen gut herauslesen, 1 Min. blanchieren, Wasser abgiessen, bei schmutzigem Quinoa 2-3 mal wiederholen
200	g	Lauch oder anderes Gemüse	fein schneiden
1	Lf	Olivenöl	erhitzen, Gemüse andämpfen
2	dl	Bouillon	zugeben, 10 Min. dämpfen
		Quinoa	zugeben, 5 Min. mitkochen
wenig		Salz, Cayenne, Piment	
1	Lf	Sonnenblumenkerne	
1	Lf	frische Kräuter	fein schneiden, zugeben, abschmecken
Dazu:		Kapernsauce und Salat	

Quinoa-Eintopf

200	g	Quinoa	Steinchen gut herauslesen, 1 Min. blanchieren, Wasser abgiessen, bei schmutzigem Quinoa 2-3 mal wiederholen, 5 Min. blanchieren
½	Tlf	Salz	
wenig		Cayenne, Piment	
je 1	Lf	frischer Kerbel, Dill, Peterli	fein schneiden, zugeben, mit 1 Tasse gekochtem Quinoa vermischen

500	g	Rüebli	schneiden
40	g	Butter	erwärmen, Rüebli andämpfen
3	dl	kaltes Wasser	zugeben, 15 Min. weichkochen, pürieren
½	Tlf	Salz	
wenig		Ingwer, Koriander, gem. Senf	zugeben, abschmecken
2	dl	Rahm	
2	Lf	Baumnüsse	fein hacken
wenig		Macis, Paprika, Salz	alles in eine Pfanne geben, würzen, abwechselnd Quinoa und Rüeblipüree lagenweise einschichten, mit Kräutergemisch garnieren, zugedeckt kurz aufkochen, 10 Min. quellen lassen
		Borretschblüten	zum Garnieren
Dazu:		Salat	

Quinoa

Hülsenfrüchte (Leguminosae)

Linsen (Lens culinaris)

Linsen stärken dank ihrem hohen Gehalt an Niacin, Pantothensäure, Vitamin B1, B2 und B6 das Nerven-Sinnessystem. Dies verleiht uns die Fähigkeit geistiger Beweglichkeit und somit Altes loszulassen und für Neues Platz zu schaffen. Deshalb wurden bei uns traditionsgemäss an Silvester der Linsen-Kabiskopf und am Karfreitag die Linsensuppe gegessen.

Dieselbe Bedeutung liegt im Märchen vom Aschenputtel verborgen. Es musste die Linsen allerdings zuerst mit grosser Geduld verlesen.
Auch Jakob bereitete ein Linsengericht zu und verkaufte es Esau für sein Erstgeburtsrecht (Gen. 25, 29-34).

Linsen müssen gut verlesen werden, da sie oft Steinchen und Erdkrumen enthalten. Die in Ägypten und Kleinasien beheimateten einjährigen Kulturpflanzen wachsen am Boden liegend. Bei dichtem Stand stützen sie sich gegenseitig und richten sich auf. Zusätzlich werden Stützen eingesetzt, an denen sie sich mit ihren Wickelranken emporwinden, ohne sich gegenseitig zu ersticken. Die schweren Fruchthülsen befinden sich knapp über der Erde. Deshalb werden oft Steinchen und Erdkrumen mitgeerntet. Früher war das Linsenlesen eine zeitaufwendige Handarbeit. Heute werden Maschinen eingesetzt.

In den Mittelmeerländern sind Linsen eine wichtige Nahrungskomponente zu Weissbrot, Teigwaren, Salat und Kaffee. Leider wird diese traditonelle Ernährungsweise heute nicht mehr beachtet. Ernährungsbedingte Zivilisationskrankheiten sind die Folge. Nahrungsmittel aus der Umgebung garantieren im Normalfall eine ausgeglichene Ernährung.

Linsen geröstet

150	g	grosse Linsen	in eine Schüssel mit kaltem Wasser geben, umrühren, Verunreinigungen mit dem Wasser abgiessen
2	dl	Wasser	zugeben, über Nacht einweichen in einer Bratpfanne leicht rösten bis alles Wasser verdampft ist
20	g	Butter	
1/3	Tlf	Salz	
1	Tlf	Tamari	
wenig		Cayenne, Piment, Zimt	
1		Knoblauchzehe	mit Vollmeersalz zerdrücken
1	Tlf	Salbei	fein schneiden
ev. 200	g	Kastanien	kochen, alles zugeben, durchziehen lassen

Dazu: Gemischter Salat mit Hafercrakers

Linsen-Eintopf

200	g	kleine Linsen	in eine Schüssel mit kaltem Wasser geben, umrühren, Verunreinigungen mit dem Wasser abgiessen
200	g	Rüebli	fein schneiden
200	g	Pastinaken	in Würfel schneiden
200		Lauch	schneiden
4	dl	Wasser	zugeben, 15-20 Min. weichkochen
1/3	Tlf	Salz	
1	Tlf	Essig	
1	Tlf	Birnel	
wenig		Cayenne, Paprika, Piment Macis, gem. Nelken	
1	Lf	Peterli	
2	Lf	Rahm	alles zugeben, würzen
2		Knoblauchzehen	mit Vollmeersalz zerdrücken
6		schwarze Oliven	halbieren
1	Lf	Rosinen	unter die Linsen mischen

Dazu: Sauerkrautsalat mit Mandelmayonnaise

Linsen-Paste

200	g	rote Linsen	gut waschen
3	dl		Wasser zugeben, 15-20 Min. weichkochen, mit einer Gabel zerdrücken
1	dl	Sauerrahm	
3	Lf	Rahm	
½		Zitronenschale	abreiben
3		Knoblauchzehen	mit Vollmeersalz zerdrücken
1/3	Tlf	Salz	
1	Tlf	Tamari	
wenig		Cayenne, Koriander, Kreuzkümmel, Macis, Paprika, Piment	
½	Tlf	Curry	würzen, abschmecken
1-2	Lf	Peterli	fein schneiden
1	Lf	Baumnüsse	fein hacken, darübergeben

Menüvorschlag: Asiatische Reistafel

Basmati-Trockenreis, ein indischer Tempelreis, der sich dazu besonders gut eignet

Linsenpaste

verschiedene gekochte Gemüse

Sonnenblumenbacklinge

Die Hälfte der Paste kann z.B. zu einem Brotaufstrich (siehe Rezept) weiterverarbeitet werden.

Brotaufstrich mit Linsen-Paste

		Linsenpaste	zubereiten gem. Rezept
100	g	weiche Butter	luftigschlagen, dazumischen, im Kühlschrank aufbewahren

Kabiskopf mit Linsenmus - ein Silvesteressen

1		mittelgrosser Kabis	als Deckel etwas wegschneiden, aushöhlen, im Salzwasser weichkochen
		Füllung:	
1		Zwiebel	fein schneiden
1	Lf	Olivenöl	erhitzen, Zwiebel andünsten
200	g	Lauch	fein schneiden, mitdünsten
200	g	rote Linsen	waschen
3	dl	Wasser	zugeben, 15 Min. weichkochen, mit einer Gabel zerdrücken
½	Tlf	Salz	
1	Tlf	Tamari	
1	Tlf	Majoran	
wenig		Cayenne, Ingwer, Paprika, Koriander, Macis, Piment, gem. Senf, gem. Kümmel	
1	Lf	Peterli	fein schneiden
4	Lf	Rahm	
2		Knoblauchzehen	mit Vollmeersalz zerdrücken, zugeben, würzen
5	dl	Tomatensauce	zubereiten, in eine ausgebutterte Gratinform geben, Kabis mit der Masse füllen, in die Gratinform legen

Backen: 30-40 Min. in zweitunterster Rille bei 200 °C

Bohnen (Phaseolus)

Eingeweichte Bohnen sollten solange jeweils mit neuem Wasser aufgekocht werden, bis sich kein Schaum mehr bildet.
Früher wurden diese schäumenden Stoffe häufig durch eine lange Kochzeit eliminiert. Dadurch wurden aber auch die Vitamine zerstört!

Hülsenfrüchte sollten mit kalkarmem Wasser, ev. Mineralwasser, gekocht werden, damit die Aromen erhalten bleiben.

Durch Zugabe von 1 Messerspitze Natron kann die Kochzeit verkürzt werden. Natron ist aber ein Vitamin B-Räuber. Besser bewährt hat sich die Zugabe von 1 Lf Holzasche in einem Leinensack eingepackt.
Hülsenfrüchte sollten nicht kalt abgeschreckt werden, damit die äusserste Haut nicht wieder hart wird.

Verdaubarkeit von Bohnen:
- rohe grüne Bohnen sind giftig, sie enthalten Phasin
- tiefgekühlte, rohe grüne Bohnen blähen besonders stark
- gekochte grüne Bohnen mit Salat serviert, verursachen ebenfalls Blähungen
- die Inhaltsstoffe gekochter Bohnen werden mit viel grünen Kräutern besser verdaut

Ideale traditionelle Hülsenfrucht-Kombinationen sind:
- Mais und Bohnen
- Reis, Curry und Linsen
- Weizen oder Hirse und Kichererbsen

Ideale Gewürze sind:
- Cayenne, Curry, Koriander, Kümmel, Majoran, Paprika, Piment, Rosmarin, Thymian

Ideale süsse Gewürze sind:
- Anis, Fenchel, Kardamom, Kreuzkümmel, Macis

Mengen für Hülsenfrucht-Rezepte:

als Beilage für 4 Personen	100 g Hülsenfrüchte
als Hauptgericht für 4 Personen	200 g Hülsenfrüchte

Diätetische Hinweise:

Die Schalen der Hülsenfrüchte enthalten schwerverdauliche Zuckerarten, die Glykosine und Saponine. Diese bauen die Darmbakterien ab und erzeugen dadurch Darmgase.

Durch Einweichen, Schaumentfernung beim Kochvorgang und Zugabe von je 1 Tlf Anis, Fenchel, Kümmel, Milchzucker und Koriander am Schluss des Kochprozesses, können diese unangenehmen Begleiterscheinungen weitgehend vermieden werden. Aus denselben Gründen wurde früher Holzasche zugegeben.

Bei Gemüsearten wie Kohl und Topinambur haben wir vergleichbare Erscheinungen.

Hülsenfrüchte enthalten viel Faserstoffe, lebenswichtige Eiweisse, wenig Fett, wertvolle Mineralstoffe wie Kalium, Calcium, Phospor, Magnesium, Eisen sowie die Vitamine A, B1, B2, B6 und Folsäure. Hülsenfrüchte sind also eine willkommene Ergänzung in der Vollwertküche, da das Getreide durch den Kochprozess das Schlüsselvitamin B1 verliert!

Borlotti-Bohnen Grundrezept

100	g	getrocknete Borlottibohnen	im Messbecher bis 1 dl gefüllt
3	dl	Wasser	Bohnen über Nacht einweichen
1	dl	Wasser	dazugeben, kurz aufkochen, Wasser abgiessen, Bohnen heiss abspülen,
3	dl	Wasser	zugeben, Bohnen 30 Min. garkochen bis die Flüssigkeit aufgesogen ist

Chili con Verdura Gemüse-Bohnen-Eintopf

1	Tlf	Anis-, Fenchel-, Kümmelsamen	
1/3	Tlf	Kreuzkümmel	zusammen in einer Pfanne rösten, dann vermörsern
1		Zwiebel	fein schneiden
1	Lf	Olivenöl	erhitzen, Zwiebel andünsten
700	g	Gemüse, z.B. Lauch, Chinakohl, Peperoni, Rüebli, Stangensellerie	fein schneiden, mitdünsten
3 dl		Bouillon	ablöschen, 10 Min. kochen
1/3	Tlf	Salz	
1	Lf	frische Kräuter	fein schneiden
2-3	Trpf	Tabasco	
½	Tlf	gem. Chili	
100	g	gekochte, schwarze Bohnen	
3	dl	Tomatenmark	
3		Knoblauchzehen	mit Vollmeersalz zerdrücken
1	Tlf	Olivenöl mit eingelegten Paprikaschoten	alles zugeben, kurz aufkochen, sofort servieren

Eintopf mit Reis und schwarzen Bohnen

100	g	schwarze Bohnen	einweichen
200	g	Vollreis	7 mal waschen
1		Zwiebel	fein schneiden
1	Lf	Olivenöl	erhitzen, Zwiebel andämpfen
6	dl	Wasser	
je 1		Lorbeerblatt, Nelke	alles zugeben, zugedeckt 20 Min. weichkochen

200	g	Saisongemüse	fein schneiden, zugeben, 40 Min. quellen lassen
1	Tlf	Salz	
1	Lf	Peterli	fein schneiden
2	Lf	Erdnüsse	fein hacken
2	Lf	Ysop oder Dill	
etwas		Cayenne, Piment	
etwas		Koriander-, Pfefferminzblätter	zugeben, abschmecken

Dazu: Salat

Diätetische Hinweise:

Erdnüsse sind sehr schwer verdaulich!

Frijoles schwarze, getrocknete Bohnen

200	g	schwarze, getrocknete Bohnen	im Messbecher gut bis 2 dl gefüllt,
5	dl	Wasser	Bohnen über Nacht einweichen
1	dl	Wasser	zugeben, kurz aufkochen lassen, Wasser abgiessen, Bohnen heiss abspülen
6	dl	Wasser	zugeben, Bohnen 30 Min. garkochen
je ½	Tlf	Cayenne, Koriander, Kreuzkümmel, Piment	im Mörser zerstossen
je 2		Lorbeerblätter, Nelken	in einer Bratpfanne rösten
1	Lf	Olivenöl	zugeben
1		Zwiebel	fein schneiden, mitdünsten, Bohnen zugeben, unter Rühren braten, bis aller Saft verdunstet ist. Die Bohnen sollen cremeartig sein.
wenig		Salz	
2	Lf	Korianderblätter	
2		Knoblauchzehen	mit Vollmeersalz zerdrücken
		oder Zitronenthymian	fein schneiden, zugeben, abschmecken

Passt zu: Butterbrot, Gschwellti, Salat

Rote Bohnen

100	g	rote, getrocknete Bohnen	im Messbecher bis zum 1 dl-Mass einfüllen,
3	dl	kaltes Wasser	zugeben, über Nacht einweichen

1 dl	Wasser	zugeben, kurz aufkochen lassen, Wasser abgiessen, Bohnen heiss abspülen
3-4 dl	Wasser	zugeben, Bohnen 30 Min. garkochen, bis die Flüssigkeit aufgesogen ist
3	rohe Kartoffeln	in Streifen schneiden, eine zeitlang im Essigwasser ziehen lassen
1	Zwiebel	fein schneiden
1 Lf	Olivenöl	erhitzen, Zwiebel andünsten
1	Avocado	in Würfel schneiden, mitdünsten
2 dl	Wasser	ablöschen, Kartoffeln zugeben, 15 Min. weichkochen
2 Lf	Ananassalbei oder Ysop	fein schneiden
wenig	Cayenne, Piment, gem. Chili	
2 dl	Hefebouillon	
1 Lf	Zitronensaft	
1/3 Tlf	Salz	zugeben, Bohnen zugeben, kurz aufkochen lassen, sofort servieren

Dazu: Tomaten- und Peperonisalat

Weisse Bohnen in Käsesauce

100 g	weisse Bohnen	im Messbecher bis gut 1 dl füllen,
3 dl	kaltes Wasser	Bohnen über Nacht einweichen
1 dl	Wasser	zugeben, kurz aufkochen lassen, Wasser abgiessen, Bohnen heiss abspülen
2 dl	Wasser	zugeben, Bohnen 20 Min. garkochen, bis die Flüssigkeit aufgesogen ist
	Käsesauce:	
20 g	Butter	in einer Pfanne schmelzen
2 Lf	Mehl	dünsten
3 dl	Bouillon	ablöschen, 10 Min. köcheln lassen
100 g	weisse, gekochte Bohnen	
80 g	Ziegenkäse	in Würfel schneiden
2 Lf	Sauerrahm	
2 Lf	Peterli	fein schneiden

1/3	Tlf	Salz	
wenig		Cayenne, Ingwer, Muskat, Paprika, Piment	
1	Lf	Kokosraspeln	
2	Lf	Kapern	
1	Lf	Estragon	fein schneiden, alles mischen, etwas durchziehen lassen

Dazu: Chapati und Auberginensalat

Soja (Glysine max)

Soja enthält wertvolles Eiweiss, Faserstoffe, Lecithin und hat gegenüber anderen Hülsenfrüchten einen höheren Fettanteil.
Wichtige Mineralstoffe sind Kalium, Calcium, Phosphor sowie Höchstwerte von Zink und Mangan. Am meisten vertreten sind die Vitamine A, B1, B2, E und Niacin. Soja enthält gleichviel Vitamin K wie Kopfsalat oder Spinat, erreicht aber nicht die Werte von Weizenkeimen, Blumenkohl, Rosenkohl, Rotkohl oder Sauerkraut welche den höchsten Anteil aufweisen.
Purinstoffe, Cholesterin sowie andere Inhaltsstoffe weisen darauf hin, dass mit Soja vorsichtig umgegangen werden muss.

Da in den Rezepten dieses Kochbuchs genügend Milch und Milchprodukte vorkommen, erübrigt sich die Zugabe von Soja. Es kann aber zur Abwechslung durchaus verwendet werden.

Beim Einkauf von Tofu (Sojaquark) ist auf eine naturgemässe Zubereitung zu achten. Soja wird in der Lebensmittelindustrie gerne mit technischen und chemischen Mitteln verarbeitet, da sich das Eiweiss dafür gut eignet! Anders ausgedrückt: Das Sojaeiweiss lässt sich spielend manipulieren.

Sojamehl kann in der Küche als Emulgator verwendet werden. Das Lecithin ist in der Lage, Fett mit Wasser zu emulgieren. Ausserdem ist es ein gutes Teiglockerungsmittel.

Erbsen (Pisum sativum)

Erbsen-Püree mit Topinambur

100	g	grüne, getrocknete Erbsen	im Messbecher bis gut 1 dl gefüllt,
3	dl	Wasser	Erbsen über Nacht einweichen,
1	dl	Wasser	zugeben, kurz aufkochen lassen, Wasser abgiessen, Erbsen heiss abspülen
2	dl	Wasser	zugeben, Erbsen 15-20 Min. weichkochen bis die Flüssigkeit aufgesogen ist

300	g	Spinat	waschen
1	dl	Hefebouillon	zugeben, kurz mitkochen, das Ganze pürieren
1	Tlf	Zitronenthymian	
½	Tlf	Salz	
1	dl	Rahm	
1	Tlf	Tamari	
wenig		Cayenne, Piment	alles zugeben, abschmecken
500	g	Topinambur	in Würfel schneiden
1	l	Salzwasser	
1	Lf	Essig	Topinambur weichkochen, anrichten, mit dem Erbsenpüree überziehen
2	Lf	Kerbel	fein schneiden
2	Lf	Kokosflocken	zum Garnieren

Dazu: Kümmel-Grissini

Falaffel **Kirchererbsen-Küchlein**

150	g	Kichererbsen	
3	dl	Wasser	Erbsen über Nacht einweichen
3	dl	Wasser	zugeben, kurz aufkochen lassen, abgiessen, Erbsen abspülen
3	dl	Wasser	zugeben, Kichererbsen 30 Min. garkochen, quellen lassen, anschliessend mit der Gabel zerdrücken oder mit etwas Wasser zusammen pürieren, ev. durch die grobe Scheibe des Fleischwolfs drehen
1	Lf	Paniermehl	
2	Lf	Vollkornmehl	
2		Knoblauchzehen	mit Vollmeersalz zerdrücken
1	Lf	Zitronensaft	
1	Lf	Olivenöl	
2	Lf	Peterli	fein schneiden, alles zugeben, mischen
½	Tlf	phosphatfreies Backpulver	
nach Bedarf		Salz, Cayenne, Ingwer, Koriander, Majoran, Piment, Paprika, gem. Senf, Tamari	abschmecken, Backlinge formen, ev. heisses Wasser zugeben, falls sie nicht zusammenhalten

wenig		Maiskeimöl	erhitzen, Backlinge in der Bratpfanne backen oder mit Sauerrahm bestreichen und im Ofen backen
Backen:		25 Min. in zweituntersterster Rille bei 220 °C	
2	Lf	Minze	fein schneiden, garnieren

Um ein intensiveres Aroma zu erhalten, können Kichererbsen angekeimt und weniger lang gekocht werden.

In Israel werden diese Küchlein fritiert und in einer Brottasche, der sogenannten »Pita«, auf der Strasse verkauft.
Dem flachen, runden Brötchen wird ein Deckel weggeschnitten und die Krume leicht gelöst, so dass es eine Tasche gibt. Diese wird lagenweise mit Gemüse, Sauce und Falaffel wie folgt gefüllt:
– fein geschnittenes Gemüse wie Tomaten, Gurken, Zucchetti, Peperoni und Kabis
– Knoblauch-, Chili- und Avocadosauce
– Falaffel

Hummus **Kichererbsen-Knoblauch-Mousse**

600	g	Kichererbsen	kochen, pürieren
1/3	Tlf	Salz	
etwas		Cayenne, Piment	
3		Knoblauchzehen	mit Vollmeersalz zerdrücken
1	Lf	Zitronensaft	
2	Lf	Sesampaste	alles zugeben, mischen
1	Lf	Olivenöl	nach und nach zugeben
Passt zu:		Reisgerichten	

Kartoffeln (Solanum tuberosum)

Kartoffeln gehören zur Familie der Nachtschattengewächse wie die Tomaten. Die krautige, intensiv grüne Kartoffelpflanze trägt weisse oder violette Blüten. Ihre kirschengrossen Früchte sind Beeren mit zahlreichen Samen. Diese sind ungeniessbar, da sie Giftstoffe enthalten.

Die Kartoffeln wachsen an den Wurzeln, dienen zur Vermehrung und werden zur Ernährung geerntet. Aus den »Augen« an den Knollen keimen im nächsten Jahr neue Triebe hervor.
Ein kühl-trockenes Klima, nicht allzuviel Niederschläge, sandige bis leicht lehmige durchlässige Böden sind ideale Voraussetzungen. Für eine gute Qualität ist aber die Bodenbeschaffenheit ausschlaggebend. Die Qualität kann wohl an den Heidekartoffeln gemessen werden.

Die Urheimat der Kartoffel, rund um den Titicacasee, liegt in dunkler Vergangenheit. Noch heute können wir den Indianern zusehen, wie sie die Kartoffeln als Vorrat zum »Chunos« verarbeiten. Sie lassen die Kartoffeln mehrmals über Nacht gefrieren und tagsüber wieder auftauen, bis sie weich und runzelig geworden sind. Mit nackten Füssen werden sie zerstampft und anschliessend an der Sonne getrocknet.

Um 1555 brachten spanische und englische Seefahrer die Knollen nach Europa. Die damalige Dreifelderwirtschaft liess keinen Raum für den Kartoffelanbau. Erst 200 Jahre später brachten Getreidemissernten und Hungersnöte die Menschen dazu, die Kartoffel nicht nur als Zierpflanzen zu halten, sondern auch als Nahrungsmittel zu gebrauchen. Dank ihren idealen Nähr- und Heilstoffen ist sie zu einem wichtigen, preisgünstigen Hauptnahrungsmittel geworden. Die Kartoffel wurde hauptsächlich zu einem Mahl für die Armen.

Diese Armut erlebte ich einmal als Kind auf einer Wanderung in den Walliser Bergen. Bei einer Bergbauernfamilie stand in der dunklen Küchenecke auf einem Stuhl eine Schüssel, gefüllt mit Kartoffelschalen. Darüber hing ein schwarzes Kreuz, leicht in den Raum hineinhängend. Wenn die Kinder daran vorbeikamen, bekreuzten und bedankten sie sich, bevor sie mit ihren schmutzigen Händen die Kartoffelschalen als Leckerbissen aus der Schüssel nahmen.

Als ich viel später einmal im Abendschein mit meiner Familie am Feuer sass und in den Holzgluten unsere Kartoffeln garten, musste ich über dieses Erlebnis nachdenken und mich fragen: »Ist die Kartoffel wirklich ein Mahl der Armen?«
Als die Schalen der Kartoffeln erdartig aussahen, konnten wir sie herausnehmen, halbieren und das heisse, herrlich duftende Innere mit wenig Kräuterbutter geniessen. Dies war für uns ein Festmahl!

Ein andermal fuhr ich durch eine freundliche Gegend. Alles schien in bester Ordnung zu sein. In den Hausgärten blühte es und auf dem »Kartoffelpflanzblätz« wucherten die Kartoffelstauden. Die grossen Kartoffelfelder lagen abwechselnd mit anderen Feldern draussen auf der Flur. Ich fragte mich, warum wird wohl der »Kartoffelpflanzblätz« zusätzlich angelegt? Von einer Bauersfrau erhielt ich zur Antwort: »Die Kartoffeln von den Feldern sind für die Wirtschaft und diese Kartoffeln, ohne Dünger und mit viel Mist gewachsen, pflanzen wir für uns selber an!«

Als ich Ende September einmal bei einem Bauern Gemüse holte, stieg mir im Hof ein würziger Erdduft in die Nase. Da musste ich in meinem Tun innehalten, denn dies

weckte in mir Bilder des vergangenen Sommers. Der Bauer erklärte mir, dass sie heute auf dem Hof Kartoffeln sortiert hätten. Wehmütig dachte ich:
»Wenn das Getreide Stärke gewordenes Licht ist, so ist für mich die Kartoffel die Erinnerung an dieses Licht.«

Dass diese Erinnerung uns neue Hoffnung schenkt, ist für mich eine so überzeugende innere Gewissheit geworden, dass mich der Streit, ob die Kartoffel gut oder »die Rache der Indianer an den Weissen ist«, nicht mehr interessierte.

Alte Sprichwörter besagen z.B.:
Eine Freundschaft aus zweckmässigen Gründen sei eine »Kartoffel-Freundschaft«. Damit wird die materielle Gesinnung der Freundschaft ausgedrückt.
Durch den Kartoffelgenuss entstehe Kopfweh und Dummheit. Ob dies wohl an die Zeiten erinnert, als die Kartoffel ein Mahl der Armen war?

Vielleicht resultiert auch aus solchen eingeprägten Bildern die heute bestehende Meinungsverschiedenheit, ob wir Kartoffeln essen sollen oder nicht. Für mich sind solche Auseinandersetzungen das Gegenteil einer Dankesbezeugung an die Natur!

Das Sprichwort: »Der Mensch ist was er isst«
sehe ich umgekehrt: »Der Mensch isst was er ist«.

Wir sind es selbst, die es zu verantworten haben, was wir aus den Gaben der Natur machen. Ich beobachte die Pflanze lieber, um aus ihrer Bildsprache ihre Informationen erkennen zu können. Daraus ziehe ich meine Schlüsse, ob, wie und für was mir diese Pflanze dienen kann.

Lagerung

Kartoffeln sind vor Licht geschützt, im dunklen Keller zu lagern, am besten unten in der Apfelhurde. Als Schutz vor dem Reifegas der Äpfel, welches sich durch das Atmen der Äpfel entwickelt und das Verfaulen von Kartoffeln und Gemüse beschleunigt, sind die Äpfel auf einem Packpapier ganz satt einzuordnen. Dadurch wird der Atmungsvorgang und die Reifebildung der Äpfel herabgesetzt. Die Äpfel bleiben so in einer Art »Winterschlaf« und sind dadurch länger haltbar. Durch gute Belüftung des Kellerraumes kann das Reifegas entweichen, da es leichter ist als Luft. So kann es den Kartoffeln und dem Gemüse nicht mehr schaden.

Erhalten Kartoffeln einen Kälteschock unter 4 °C, so verzuckert sich die Stärke. Dieser Süssgeschmack verliert sich wieder, wenn sie ca. 14 Tage lang bei ca. 20 °C an der Wärme liegen.
Das Keimen der Kartoffeln lässt man am Besten gewähren. Die Keime entfernt man erst bei der Zubereitung. Augen und grüne Stellen müssen entfernt werden, da diese Solanin enthalten und somit giftig sind.

Kartoffel-Sorten

Die Kartoffelsorte bestimmt das Kartoffelgericht. Frühkartoffeln eignen sich nicht für luftigen Gnocchi, Kartoffelstock, Kartoffelschnee, Pommes-frites oder Rösti.

Frühsorten: Charlotte, Christa, Sirtema, Ostara sind geeignet für Bratkartoffeln, Salat, Salatkartoffeln, Salzkartoffeln

Spätsorten: Bintje, Nicola, Urgenta

Lagersorten: Bintje, Desirée, Granola, Nicola, Palma, Stella, Urgenta.
Lagersorten sind vielseitig verwendbar.
Für Rösti und Kartoffelstock eignet sich speziell die Urgenta.

Kochen

Für »Gschwellti« (Schalenkartoffeln) benütze ich keinen Dampfdrucktopf, da sich die Aromen beim Kochen unter Dampfdruck nicht entfalten können. Dasselbe gilt auch für alle anderen Lebensmittel. Kochen ist für mich ein Reifen, welches Vorhandenes umwandelt und Neues bildet, und nicht das Zerstören von Zellen, welche dadurch weich werden. Durch die längere Kochzeit ohne Dampfdruck wird das Solanin der Kartoffeln unwirksam. So können auch die Schalen bedenkenlos mitgegessen werden. Den höheren Energieverbrauch können wir ausgleichen, indem wir die doppelte Menge kochen. Daraus lässt sich andertags z.B. Rösti zubereiten.
Wird im Dampfdrucktopf gekocht, so empfiehlt es sich, nur bis zum 1. Druckanzeiger zu erhitzen.

Gschwellti **Frühjahrs-Kartoffeln, Schalen-Kartoffeln, Pellkartoffeln**

1	kg	neue Frühjahrskartoffeln	waschen
1		Zweig Pfefferminz	
5	dl	Wasser	
ev. 1	Tlf	Salz	zugeben, 30 Min. weichkochen, Wasser abgiessen, zugedeckt an der Wärme nachdämpfen lassen, damit sich das Kartoffelaroma entwickelt

Dazu: Kräuterquark oder Eierbutter, Hexenmischung, Kapern in Olivenöl, Rettich, schwarzer Bohnensalat

Der Rettich verliert an Schärfe, wenn er eine zeitlang mit Salz vermischt ziehen kann.

Diätetische Hinweise: Ohne Salz gekochte Kartoffeln wirken entwässernd. Mit Salz gekochte Kartoffeln werden besser verdaut.

Bratkartoffeln

1	kg	Kartoffeln	waschen, ev. schälen, in kleine Würfel schneiden
3	Lf	Bratbutter	in eine Bratpfanne geben, erwärmen, Kartoffeln zugeben

Zugedeckt mit wenig Hitze 10 Min. dämpfen. Ohne Deckel bei mittlerer Hitze ca. 20 Min. gleichmässig braun braten.

½	Tlf	Salz	
wenig		Paprika	über die Kartoffeln streuen

Kartoffelwürfel lassen sich besser gleichmässig anbraten wie Kartoffelscheiben.
Für die Kartoffelmengen-Berechnung den Wasserverlust durch das Braten beachten.

Anstelle Bratbutter kann z.B. Maiskeimöl verwendet werden. Nach dem Fertigbraten mit Öl sollten die Bratkartoffeln gut abtropfen, da die gesättigten Fettsäuren des Bratöls verdauungsbelastend sind und keine Vitamine mehr enthalten. Durch das Anrichten in einer mit Haushaltspapier ausgelegten Schüssel lässt sich weiteres Bratöl entfernen.

Rösti Kartoffel-Gericht

1	kg	Kartoffeln	kochen, abkalten lassen, schälen mit der Röstiraffel reiben
1	Tlf	Salz	
wenig		Cayenne, Macis, Paprika, Pfeffer, Piment	
ev.		gem. Kümmel	unter die Kartoffeln mischen
1		Zwiebel	fein schneiden
1	Lf	Maiskeimöl oder Traubenkernenöl	in einer Bratpfanne erhitzen, Zwiebel andünsten, Kartoffeln zugeben, zugedeckt mit wenig Hitze gut durchwärmen, gelegentlich wenden
20	g	Butterflocken	am Pfannenrand verteilen (Butter gibt die goldgelbe Farbe)

Rösti mit höherer Temperatur fertigbraten, einen runden Kuchen formen, warten, bis sich eine Kruste bildet.
Rösti mit Hilfe eines Tellers wenden, 2. Seite krustig braten.

Gnocchi Kartoffel-Speise

400	g	Kartoffeln	waschen, schälen, in Scheiben schneiden
		kaltes Wasser	mit den Kartoffeln aufsetzen, weichkochen, Wasser abgiessen, Kartoffeln gut verdampfen lassen, indem man sie in der Pfanne leicht schüttelt. Dadurch fallen sie leicht auseinander und können zerstampft oder püriert werden.

70	g	Haushaltsmehl	
1		Ei	verquirlen
¾	Tlf	Salz	
wenig		Cayenne, Piment	
1	Prs	Macis, gem. Nelken	zugeben, Teig tüchtig klopfen, fingerdicke Rollen formen, in 3 cm lange Stücke schneiden
2	l	Wasser	zum Kochen bringen
2	Tlf	Salz	zugeben, Gnocchi der Länge nach auf eine Gabel rollen, im Salzwasser 5 Min. ziehen lassen
40	g	geriebener Käse	darüberstreuen

Dazu: Birnenkompott, Quittenmus oder Kapernsauce

Frühjahrskartoffeln eignen sich nicht für Gnocchi!
Je besser der Teig geklopft wird, umso besser die Qualität!

Kartoffel-Stock **Kartoffel-Brei**

1	kg	Lagerkartoffeln	waschen, schälen, Scheiben halb durchschneiden, abbrechen damit beim Kochen die Stärke austreten kann
		kaltes Wasser	in eine Pfanne geben, Kartoffeln weich kochen, Wasser abgiessen, Kartoffeln in der Pfanne gut verdampfen lassen bis sie leicht zerfallen, erst dann zerstampfen und pürieren
40	g	Butter	schmelzen
2,5	dl	Milch	
¾	Tlf	Salz	
wenig		Cayenne, Macis, Piment	würzen, Kartoffeln zugeben, 100 mal tüchtig rühren, bis der Kartoffelstock vom Dampf luftig geworden ist und auf der Zunge zerfliesst

Anstelle gekochter Kartoffeln kann auch gekochte Hirse verwendet werden.

Kartoffel-Pfannkuchen

1	kg	Herbstkartoffeln	waschen, grüne Stellen und Augen ausschneiden, durch eine Bircherraffel reiben, Saft leicht auspressen, trinken
3	Lf	Buchweizenmehl	
1		Ei	verquirlen
1	Tlf	Salz	
wenig		Cayenne, Piment	
wenig		gem. Kümmel, Macis	zugeben, mischen, Pfannkuchen formen
		Maiskeimöl	erhitzen, Pfannkuchen beidseitig braten
Dazu:		Heidelbeerkompott	

Diätetische Hinweise:

Darauf achten, dass Augen und grüne Stellen ausgeschnitten werden. Roher Kartoffelsaft beruhigt die Magenschleimhaut und stärkt den Magen. Der hohe Kaliumgehalt neutralisiert den krankhaften, hohen Säurewert im Magensaft, so dass unmittelbar nach dem Genuss von Kartoffelspeisen eine Besserung eintritt. Saures Aufstossen, Magenbrennen und Magendruck verschwinden.
Roh geriebene Kartoffeln sind als Umschläge ein Hausmittel bei Verstauchungen, Beingeschwüren, Furunkeln, Lungenentzündungen und Nierenleiden.

Ofenkartoffeln

800	g	Kartoffeln	waschen, schälen, halbieren, mit einem Aushöler eine Vertiefung ausstechen
2-3	Lf	Öl	Kartoffeln und Ausgestochenes mit Öl bestreichen und auf ein beöltes Blech legen oder Ausgestochenes roh essen
½	Tlf	Kümmel	darüberstreuen
Backen:		40 Min. in zweitunterster Rille bei 200 °C	
150	g	Gorgonzola	in Würfel schneiden, in den letzten 5 Min. in die Kartoffel legen und Ausgestochenes darauflegen

Beim Anrichten etwas Salz darüberstreuen.

Beilagen

Brot-Aufstrich

1		Zwiebel	fein schneiden
100	g	Butter	schmelzen, Zwiebel andünsten
50	g	Dinkel	fein mahlen, zugeben
1	dl	heisses Wasser	dazurühren, bis sich die Masse von der Pfanne löst
wenig		Salz, Cayenne, Piment, Paprika, Zimt	
je 1	Lf	Beinwell, Dill, Kerbel, Oregano, Peterli, Zitronenthymian	alles fein schneiden
1	Lf	Pinienkerne	fein hacken
1	Lf	Majoran	
1	Tlf	Curry	alles zugeben, abschmecken

Zum Aufbewahren in ein Gefäss abfüllen.

Buchweizen-Nüssli

100	g	ganzer Buchweizen	in kochendes Wasser geben, 1 Min. aufkochen, Wasser sofort abgiessen
3	Lf	Mandeln	mahlen, mit dem Buchweizen in einer Bratpfanne leicht knusprig rösten, in eine Schüssel geben, zum Essen servieren

Passst zu: Salat, Suppe, Müesli

Darauf achten, dass der Buchweizen nicht zu hart wird, da er durch das Auskühlen nachtrocknet!

Eier-Butter

60	g	weiche Butter	schaumigrühren
wenig		Cayenne, Piment, gem. Senf	
1	Tlf	Shoyu	
2	Lf	Schnittlauch	alles vermischen
2		hartgekochte Eier	durch eine Drahtkelle streichen oder sehr fein verhackt zugeben

Grünzeug grüne Gemüse, Kräuter, Blätter

400	g	Krautstielblätter, Beinwell, Mangold, Löwenzahn, Brennessel, Giersch oder Catalogna, Spinat, Borretschblätter	20 Min. in lauwarmes Biosmon-Wasser einlegen, in einem Tuch trocknen, ganz fein schneiden
1	Tlf	Roggen	frisch mahlen
½	Tlf	Shoyu	
4	Lf	Rahm	
1	Lf	Olivenöl	
wenig		Kräutersalz, Cayenne, Piment	
1	Lf	Zitronensaft	miteinander vermischen
1-2		gekochte Eier	fein schneiden, zugeben, wenn der Bittergeschmack zu dominant ist

Schmeckt zum Frühstück vorzüglich als Brotaufstrich.

Kräuterquark-Trüffel

100	g	weiche Butter	
200	g	Rahmquark	
1	Lf	Reibkäse	zugeben, mischen
½	Tlf	Curry	
½	Tlf	Kräutersalz	
3	Lf	verschiedene frische Kräuter	fein schneiden, würzen, kaltstellen
100	g	Pumpernickel oder gepuffter Amaranth	mit einer Gabel zerdrücken

Kaltgestellte Masse mit eingeölten Händen zu kleinen, länglichen Trüffeln formen, im Pumpernickel wenden, kaltstellen.

Passt zu: Salatteller

Kürbiskerne oder Sonnenblumenkerne geröstet

200	g	Sonnenblumenkerne oder Kürbiskerne	sorgfältig rösten

1	Lf	Shoyu	zugeben, gut mischen, abkühlen lassen

Schmeckt als Bereicherung zu Rohkost und Gekochtem.

Pflaumen gedörrt

150	g	gedörrte Pflaumen ohne Steine	
1	l	heisser Schwarztee	Pflaumen überbrühen, abkühlen lassen, auf eine Platte legen, mit folgender Füllung anrichten

Omeletten-Füllung:

4	Lf	Birnel	caramelisieren
3	Lf	Wasser	
2	Prs	gem. Nelken	
4	Lf	Kokosflocken	
2	Lf	Buchweizenmehl	
½	Tlf	Zimt	zugeben, darunterrühren, kurz aufkochen
½		Zitrone	Saft auspressen, zugeben, abkühlen lassen

Passt zu: Omeletten

Sesam-Paste Miso

6	Lf	Sesam	

Rösten: 50 Min. bei 80 °C, bis ein angenehmer Duft aufsteigt

1	Lf	Miso	dazumischen, abkühlen lassen

Schmeckt wunderbar als Brotaufstrich.

Sesam-Salz Gomasio

1	l	Wasser	
1	Lf	Salz	
200	g	geschälte, ganze Sesamkörner	im Salzwasser waschen, in einem Sieb abtropfen und auf einem Tuch trocknen lassen, auf einem Backblech dünn verteilen

Rösten: 50 Min. bei 80 °C, bis ein angenehmer Duft aufsteigt

Kurz vor dem Servieren durch eine Mohnmühle quetschen, mit 8 Teilen Sesam, 1 Teil Meersalz und ev. 3 Prisen Macis mischen.

Sesamsalz ist eine ideale Ergänzung zu Reisgerichten.

Sonnenblumen-Bratlinge

150	g	Rüebli	
150	g	Sellerie	
150	g	Sonnenblumenkerne	alles mit einer Nussmühle nacheinander mahlen oder Sonnenblumenkerne mit wenig Wasser pürieren, Gemüse fein reiben
1	Lf	Peterli	
	½	Zwiebel	
	½	rote Peperoni	alles fein schneiden
1	Lf	Sonnenblumenöl	
2	Lf	Buchweizenmehl	
wenig		Basilikum, Cayenne, Paprika, Salz	alles sorgfältig mischen, mit eingeölten Händen zu Kugeln formen und auf ein Blech legen

Backen: 15-20 Min. in zweitunterster Rille bei 200 °C

Passt zu: Hirse mit Sauce

Warme Saucen

Braune Grund-Sauce

1		Zwiebel	fein schneiden
2	Lf	Maiskeimöl	erhitzen
2	Lf	Haushaltsmehl	goldgelb rösten, Zwiebel mitrösten
1	Lf	Tomatenpüree	zugeben
3	dl	kalte Gemüsebouillon	zugeben, 10 Min. kochen lassen
1	Lf	Provencekräuter (Rosmarin, Thymian)	
1		Knoblauchzehe	mit Vollmeersalz zerdrücken
1	Lf	Tamari	
½	Tlf	Salz	zugeben, abschmecken

Die Sauce vor dem Servieren pürieren.

Weisse Grund-Sauce

2	Lf	Butter	
3	Lf	Haushaltsmehl	
oder:			
4	Lf	Reismehl	dünsten, bis sich ein gutes Aroma entfaltet
5	dl	kalte Milch	
oder:			
5	dl	kalte Bouillon	
oder:			
2	dl	Bouillon und	
1	dl	frischer Sauerrahm	zugeben, 10 Min. köcheln lassen
¼	Tlf	Salz	
½	Tlf	Tamari	
wenig		Cayenne, Macis, Piment, gem. Senf	zugeben, abschmecken

Rohe Milch hebt durch ihre Enzyme die Bindefähigkeit der Stärke auf, deshalb abgekochte oder Pastmilch verwenden! Heisses Mehl mit kalter Flüssigkeit ablöschen.

Béarnaise-Sauce

6	Lf	Weisswein	
wenig		Cayenne, Shoyu	

3	Prs	Salz	
1	Tlf	Estragon	
2		Eigelb	alles in eine Schüssel geben, im heissen Wasserbad vor dem Siedepunkt aufschlagen bis sich Schaum bildet
50	g	weiche Butterflöckli	langsam zugeben
2	Lf	heisses Wasser	am Schluss sorgfältig unter die Masse schlagen

Passt zu: Artischocken, Spargeln oder anderem gekochtem Gemüse

Haselnuss-Sauce

1	Port	weisse Grundsauce	zubereiten
3	Lf	Haselnüsse	mahlen, mit dem Mehl der Grundsauce mitdünsten
je 1	Prs	Koriander, gem. Nelken	zum Abschmecken

Kapern-Sauce

1	Port	weisse Grundsauce	zubereiten
2	Lf	Kapern	zugeben, falls die Kapern sehr salzig sind, vorher wässern

oder:

2		hartgekochte Eier	in Würfel schneiden, zugeben
2	Lf	Kapuzinerkresse-Früchte	zugeben

Passt zu: Kartoffelstock

Kartoffelstock mit Birnenkompott
ist ein traditionell schweizerisches Gericht.

Käse-Sauce

1	Port	weisse Grundsauce	zubereiten
4	Lf	Hartkäse	reiben
2	Lf	Sauerrahm	
1	Lf	Kokosraspeln	zugeben
wenig		Galgant oder Ingwer	zum Verfeinern

Kräuter-Sauce

Wie Majoransauce zubereiten.
Anstelle von Majoran beliebige andere Kräuter verwenden.

Würz-Öle

In frischen Kräutern wirken neben den Heilstoffen auch das Blattgrün (Chlorophyll). Ausser den heilenden ätherischen Ölen können in frischen Kräutern jedoch auch Umweltgifte enthalten sein. Durch die Herstellung von Essenzen werden solche Gifte eliminiert und die Heilwirkung intensiviert. Die Verwendung einer guten Würzölqualität ist zu empfehlen!

Würzöle eignen sich sehr gut zur Verwendung in Saucen.
So können 3-4 Tropfen Majoranwürzöl eine heilende Wirkung unterstützen.

Variationen mit anderen Heilpflanzen sind möglich, z.B. Borretsch und Borretschöl, Kerbel und Kerbelöl, Oregano und Oreganoöl, Thymian und Thymianöl, usw.

Würzöle und Fruchtessenzen sind erhältlich als Primavera-Essenzen. Sie sind 100%-ig reine ätherische Öle, vorwiegend von Pflanzen aus kontrolliert biologischem Anbau oder Wildwuchs. Bezugsquellen sind z.B.:

Deutschland:	Firma Primavera D-8961 Sulzberg	oder in Naturkostläden
Österreich:	Firma Naturgarten Grünangergasse 14 A-2700 Wiener-Neustadt	
Schweiz:	Bäckerei Scharrenberg Rellikonstrasse 7 CH-8124 Maur	Tel. 01/980 30 01

Eine weitere gute Qualität sind die Oshadhi ätherischen Öle, importiert durch:

Schweiz:	Emilio Schatzmann CH-5522 Tägerig

Susanne Fischer, die Gründerin der Primavera-Fruchtessenzen, schreibt bezüglich ihrer Beziehung zu diesen Essenzen in ihrem Buch »Himmlische Düfte«:
»Ich lade Sie ein zu einer Reise ins Reich der Pflanzendüfte. Sie berühren unser Herz, öffnen uns für die Schönheit, welche uns umgibt, und schliessen geheime Türen unserer Seele auf. Diese Essenzen bringen ein neues Element in unser Leben. Sie regen Freude, Begeisterung, Offenheit und die Selbstheilungskräfte unseres Körpers an. Jeden Tag entdecke und lerne ich Neues; die Freude darüber geht nicht aus ...«

Mandel-Sauce

1	Port	weisse Grundsauce	zubereiten
1	Lf	Mandelpüree	zugeben

Majoran-Sauce

½		Zwiebel	fein schneiden
1	Lf	Wasser	

1	Lf	Butter	erwärmen, Zwiebel andünsten
½	Lf	Marantamehl	
2	dl	kaltes Wasser	anrühren, zugeben, 3 Min. kochen lassen
3	Lf	frischer Sauerrahm	zugeben
wenig		Salz	
½	Tlf	Tamari	
1	Lf	Majoran	
wenig		Cayenne, Piment	abschmecken

Durch längeres Kochen verliert Marantamehl die Bindefähigkeit und die Sauce wird wieder flüssig.

Meerrettich-Sauce warm

1	Port	weisse Grundsauce	zubereiten
		frischer Meerrettich	dazuraffeln, bis die gewünschte Schärfe erreicht ist
½		Zitronenschale	abreiben zum Abschmecken

Paprika-Sauce

4		rote Paprika	5 Min. blanchieren, Paparikahaut abziehen
1	Lf	Paprika	fein schneiden für die Garnitur
1	dl	Rahm	mit blanchiertem Paprika zusammen pürieren
je ½	Tlf	Rosenpaprika, scharfer Paprika	
wenig		Cayenne, Piment	
½	Tlf	Tamari	abschmecken, garnieren

Paranuss-Sauce

1	Port	weisse Grundsauce	zubereiten
3-4		Paranüsse	dazuraffeln

Rosmarin-Sauce

1	Port	weisse Grundsauce	zubereiten
1	Lf	Rosmarin	fein schneiden, zugeben, gut mischen, nicht mehr kochen

Senf-Sauce

1	Port	weisse Grundsauce	zubereiten
2-3	Lf	Senf (gute Qualität)	zugeben, gut mischen
1	Lf	Rahm	
wenig		Safran	zum Verfeinern

Zitronen-Sauce warm

1	Port	weisse Grundsauce	zubereiten
1	Tlf	Zitronensaft	
1		Zitronenschale	abreiben
wenig		Ingwer, Koriander	abschmecken
1	Tlf	frischer Pfefferminz	schneiden, garnieren

Curry-Mischung

1	Tlf	Zimt	
¼	Tlf	Macis	
½	Tlf	Piment	
½	Tlf	Ingwer	
1	Lf	Kurkuma	gibt die Farbe
1	Tlf	gem. Senf	
1	Lf	Curryblatt	
wenig		Kardamom	
¼	Tlf	Chilipfeffer	bestimmt die Schärfe
wenig		gem. Nelken	
1	Tlf	Bockshornklee	rösten
¼	Tlf	schwarzer Pfeffer	
¼	Tlf	gem. Kreuzkümmel	alles fein mahlen oder mörsern
wenig		Galgant, Knoblauch, Kokosraspeln, Limette, unreife Mango oder andere Sauerfrüchte, Rohrzucker, Tamarinde, Zitronengras, Zwiebeln	zugeben
1	Tlf	Mohnsamen oder rote, gem. Linsen	verbessern die Konsistenz

Curry-Sauce

1-2		Zwiebeln	fein schneiden
1	Lf	Wasser	
1	Lf	Butter	erwärmen, Zwiebeln andünsten
2	Lf	Reismehl	
3	Lf	Curry	zugeben, mitdünsten
5	dl	Bouillon	ablöschen

2	Lf	Apfel	reiben
2	Lf	Banane	zerdrücken
1	Tlf	Ananassaft	zugeben, 20 Min. kochen lassen (eindicken)
1	dl	frischer, kochfester Sauerrahm	zugeben
wenig		Curry, Salz	abschmecken
ev.		frischer Rahm	darunterziehen

Eine Currymischung kann selbst hergestellt werden, siehe Rezept.

Gemüse-Sauce

300	g	Gemüse wie z.B. Rüebli, Blumenkohl, Sellerie	fein schneiden, mit wenig Wasser gut weichkochen, ev. gekochte Gemüseresten verwenden
30	g	Reis	mit einer Gabel zerdrücken, ev. Reisresten verwenden
2-3	dl	kaltes Wasser	zugeben, alles pürieren, aufkochen
2	Lf	Rahm	
1	Lf	frische Kräuter	fein schneiden, abschmecken

Grüne Sauce

500	g	Brennessel, Lattich, Mangold, Spinat, usw.	waschen, fein schneiden
1	dl	Wasser	zugeben, ohne Deckel weichkochen
2	Lf	Marantamehl	
3	Lf	kaltes Wasser	vermischen, einrühren
½	Tlf	Salz	
1	dl	Rahm	
½	Tlf	Tamari	
½	Tlf	Hefewürze	
wenig		Cayenne, Macis, Piment, Koriander, gem. Senf	
wenig		Zitronenschale	abreiben, zugeben, ev. pürieren, kurz aufkochen, abschmecken, sofort servieren

Roquefort-Sauce

30	g	Butter	in einer Pfanne leicht schmelzen
100	g	Roquefortkäse	in Würfel schneiden, zugeben, schnell schmelzen lassen
1	dl	Rahm	
wenig		Cayenne, Piment	zugeben, kurz erwärmen, sofort servieren

Tomaten-Sauce

½		Zwiebel	fein schneiden
1	Lf	Olivenöl	erwärmen, Zwiebel andünsten
1		Nelke	
1		Lorbeerblatt	
3	dl	Tomatensaft	
5	dl	Tomatenmark	
1		Bouquet garni	
1		Rosmarinzweig	
2		eingelegte Tomaten	fein schneiden, alles zugeben, einkochen lassen
2		Knoblauchzehen	mit Vollmeersalz zerdrücken
¼	Tlf	Ahornsirup	
¼	Tlf	Salz	
½	Tlf	Tamari	
je 1	Tlf	Basilikum, Oregano	
wenig		Cayenne, Paprika, Piment	zugeben, abschmecken
ev. 1	Tlf	Tomatenpüree	zum Eindicken

Eine Tomatensauce wird nie mit Mehl gebunden. Man lässt sie bis zur gewünschten Konsistenz einkochen. Eine zu dünne Sauce wird mit Tomatenpüree eingedickt.

Ein Bouquet garni besteht aus einem Sträusschen Bohnenkraut, Lorbeer, Majoran, Peterli, Rosmarin und Zitronenthymian. Es kann ergänzt werden mit einer Knoblauchzehe, Macis, Selleriekraut und Zimtrinde.

Tomaten eingelegt

3	dl	Essig	
200	g	getrocknete Tomaten	20 Min. einlegen, herausnehmen Essig für Salatsauce weiterverwenden
1	Lf	Basilikum	fein schneiden
1	Tlf	Salz	
4		Knoblauchzehen	mit Salz gut zerdücken, bis Wasser aus den Zehen tritt

		eingelegte Tomaten	vorbereitete Tomaten lagenweise in ein Schraubglas einfüllen
2-3	dl	Olivenöl	zugeben, bis das Eingelegte gut bedeckt ist

Eingelegte Tomaten sind so als Vorrat längere Zeit haltbar. Sie müssen aber stets mit Olivenöl bedeckt sein. Auf diese Weise wird das Tomatenaroma konserviert und gibt der Sauce den eigentlichen Tomatencharakter!

Wird frischer Basilikum in Öl eingelegt, so muss er vorher mit Salz vermischt werden, damit das Zellwasser austreten und das Kraut nicht mehr faulen kann.

Kalte Saucen

Avocado-Sauce

2		reife Avocados	fein schneiden, mit einer Gabel zerdrücken
2		Tomaten	in Würfel schneiden
oder		Tomatenmark	
1		Zwiebel	fein schneiden
1	Lf	Peterli	fein schneiden
¼	Tlf	Kräutersalz	
wenig		Cayenne, Piment	
wenig		Gewürzmischung	
½	Tlf	Tamari	
½	Tlf	gem. Chili	
1	Tlf	Zitronensaft	
2	dl	Sauerrahm	alles vermischen
ev. 1		Eigelb	verquirlen, dazumischen, kaltstellen

Anstelle von Avocados kann auch eine gekochte Aubergine verwendet werden.

Baumnuss-Sauce

2	Lf	Mineralwasser	
80	g	Gorgonzola	in Würfel schneiden
4	Lf	Baumnüsse	fein hacken
2	dl	Sauerrahm	
2	Lf	Rahm	
wenig		Cayenne, Piment, Kräutersalz, Paprika	alles mischen, abschmecken

Chili-Sauce

1	Lf	Honig	
1	dl	Wasser	
1		Zwiebel	fein schneiden
1	Lf	Olivenöl	
3		Tomaten	in Würfel schneiden
3	Lf	Weinessig	
2	Lf	Tomatenpüree	
2		Knoblauchzehen	mit Vollmeersalz zerdrücken
je ½	Tlf	Salz, gem. Chili Koriander, Piment	
wenig		gem. Kreuzkümmel	
3	Prs	Cayenne	alles mit dem Mixer pürieren, in ein Schraubglas füllen

Vor Gebrauch:

Chilisauce schütteln	
Korianderblätter oder Zitronenthymian	fein schneiden, dazumischen

Die Chilisauce ist im Kühlschrank 3-4 Wochen haltbar.

Chili-Pulver herstellen

	getrocknete Pfefferschoten	leicht rösten, bis sie dunkelrot werden, in einer Mühle mahlen, aussieben
wenig	Oregano, gem. Kreuzkümmel	dazumischen

Tabasco-Sauce herstellen

4		frische, rote Pfefferschoten	
8		kleine mexikanische Chilischoten	fein schneiden, gut zerstossen
1	dl	Olivenöl	dazumischen, 6 Wochen stehenlassen, absieben

Tabascosauce nur tropfenweise verwenden
und vor dem Servieren den Gerichten zugeben.

Sambal Oelek Paste herstellen

8		scharfe Paprikaschoten	fein schneiden, gut zerstossen
2	Lf	Salz	dazumischen, satt in kleine Gläser abfüllen

Sambal = pastenartige Würzsauce, Oelek = gestampft.

Cumberland-Sauce

2	dl	Rotwein	
1	Lf	gem. Senf	
1	dl	Orangensaft	frisch pressen
1	Lf	Preiselbeerkonfitüre	
1	Lf	Johannisbeerkonfitüre	zusammen aufkochen, durch ein Sieb streichen
je ¼		Orangenschale, Zitronenschale	mit dem Sparschäler die Schale abziehen, fein schneiden
1	Tlf	Zitronensaft	zugeben

Alkohol verflüchtigt beim Kochen sehr schnell.

Die Alkoholverträglichkeit des Menschen hängt sehr stark von seiner körperlichen und seelischen Verfassung ab. Zu beachten sind auch die versteckten Alkohole, wie sie z.B. in überreifen Früchten oder als Aromenverstärker in Fruchtkonserven vorkommen. Im Zusammenhang mit dem Autofahren wird auf solche Zusammenhänge und Wirkungen immer wieder hingewiesen.

Knoblauch-Sauce

1	Tlf	Zitronensaft	
½	Tlf	Hefebouillon	
je 1	Lf	Basilikum, Peterli	fein schneiden
1		ganzer Knoblauch	in eine Schüssel pressen
wenig		Salz, Cayenne, Piment, Shoyu	
1	Prs	Agar	
1		Eigelb	
3	Lf	Distelöl	mischen
1	dl	heisses Wasser	langsam unter Rühren zugeben, abschmecken

Kalte Saucen mit heissem Wasser binden.

Kräuter-Sauce kalt

1	Lf	Dill	
1	Lf	Kerbel	
1	Lf	Estragon	fein schneiden
1	Lf	Distelöl	
2	Lf	heisses Wasser	zugeben
wenig		Salz	
wenig		Cayenne, Piment, gem. Senf	
2	dl	Rahm	schlagen, abschmecken, 1 Std. durchziehen lassen

Marinade für 1 kg Fleisch oder Fisch

1		Eiweiss u. ev. Eigelb	
1	Tlf	Olivenöl, Senf oder Zitronensaft	
wenig		Cayenne, Pfeffer, Piment	
1	Tlf	Marantamehl u. Tamari	
ev. wenig		Papaya	alles mischen, Fleisch oder Fisch direkt nach dem Einkauf bzw. min. 1 Std. vor der Zubereitung mit der Marinade einstreichen, bis zur Zubereitung kühlstellen
1	Tlf	Kräutermischung *	
1½	Tlf	Salz	kurz vor dem Braten/Kochen über Fleisch/Fisch verteilen

* Kräutermischung für:	Helles Fleisch:	Dill, Kerbel, Koriander, Sellerieblatt
	Rindfleisch:	Rosmarin, Sellerieblatt, Thymian
	Schweinefleisch:	Knoblauch, Rosmarin, Salbei
	Schaffleisch:	Thymian, Zimt

- Marantamehl bindet den Fleischsaft
- Paprika verbrennt gerne beim Anbraten und wird dadurch bitter
- Eiweiss verhindert bzw. bindet den unangenehmen Fleisch- und Fischgeruch
- Salz kurz vor dem Braten/Kochen zugeben bindet Zellwasser/verhindert Austrocken
- Ölsäure oder Zitronensaft lässt das Eiweiss gerinnen und verhindert das Austrocknen
- Papaya enthält Enzyme, welche Fisch und Fleisch zarter u. leichter verdaulich machen

Meerrettich-Schaum

2	dl	Rahm	schlagen
1	Prs	Salz	
wenig		Cayenne	
1	Lf	Meerrettich	dazureiben, vermischen, abschmecken

Wacholderbeeren-Sauce

10		Wacholderbeeren	quetschen
1	Tlf	Baumnussöl	zugeben
wenig		Salz, Cayenne, Ingwer, Koriander, Piment, gem. Senf	
½	Tlf	Zitronensaft	
2	dl	Rahm	schlagen, zugeben, abschmecken

Zitronen-Sauce kalt

2	dl	Rahm	schlagen
1	Prs	Salz	
wenig		Zimt	
1	Tlf	Zitronensaft	
1		Zitronenschale	abreiben, vermischen, abschmecken

Milch und Milchprodukte

Unsere Kuhmilch ist ein Grundnahrungsmittel, welche alle Stoffe enthält, die ein Jungtier zum Leben benötigt. Aus diesem Grunde sollte man die Milch eigentlich essen, oder verdünnt trinken.

Ausschlaggebend für eine gute Milchqualität ist die Haltung und Fütterung der Tiere sowie eine sorgfältige und saubere Verarbeitung der Milch. Frisch gemolkene Milch muss in den ersten 6 Stunden unter 4 °C abgekühlt werden, da sich sonst die in der Milch enthaltenen Milchsäurebakterien alle 20 Minuten verdoppeln. Diese schädlichen Bakterienstämme haben eine ideale Vermehrungstemperatur von 4-18 °C und von 47-74 °C. Sie sind für den Menschen gesundheitsgefährdend.

Natürliche Sauermilchbakterien lassen die Milch bei Zimmertemperatur, 20-24 °C, innerhalb kurzer Zeit sauer werden. Diese gesundheitsfördernden Kulturen bauen den Milchzucker zu Milchsäure ab. Dabei gehen aber diese rechts- oder linksdrehenden Kulturen bereits nach kurzer Zeit ein Racemat ein (werden neutral).
Wird eine Milch im Kühlschrank bei 4-12 °C sauer, so enthält sie schädliche Bakterienstämme (Kolibakterien und Staphylokokken) und ist ungeniessbar.

Muss die Milch aus hygienischen Gründen pasteurisiert werden, so wird sie schnell auf 74 °C erhitzt und wieder auf die gewünschte Temperatur abgekühlt.
Wird die Milch zu Joghurt oder Sauermilch weiterverarbeitet, so genügt eine Erwärmung auf 64 °C.

Die Kuh

Milchprodukte		1 Liter Milch enthält:		Milchprodukte
Gerinnung durch Hefepilze zu **Kefir**	←	33 g Eiweiss		
Gerinnung durch Milchsäurebakterien zu **Joghurt** oder zu **Sauermilch**		48 g Milchzucker	→	durch Auflösen und Trocknen zum **Diätetikum**
		37 g Milchfett	→	durch Aufrahmen oder Zentrifugieren zu **Rahm** Rest **Magermilch** oder zu **teilentrahmter Milch**
durch Labzugabe in die Sauermilch zu **Quark** Rest **Molke**		1 g Mineralsalze Enzyme, Vitamine A, B, C, D		
durch Labzugabe in die Milch zu **Käse** Rest **Sirte** oder **Schote**		881 g Wasser		Rahm weiter schlagen zu **Butter** Rest **Buttermilch**

Milch-Ausbeute

100 l Milch	ergeben:	8-10 kg Käse
	oder:	10 l Rahm und 33 kg Magerquark
10 l Rahm	ergeben:	4 kg Butter

Für 200 g Butter werden 5 dl Rahm oder 5 l Milch benötigt.

Milch-Aufbewahrung

- Milch unter 4 °C in einem sauberen Milchgeschirr aufbewahren
- Milch dunkel aufbewahren, da die Milchsäure bei Licht sofort ein Racemat bildet
- Milchgeschirr sauber halten, mit Molke und siedendheissem Wasser waschen

Wissenswertes über Milch

Milch soll nur kurz gekocht werden, da sonst die Milcheiweisse schwer verdaulich werden. Die Milchhaut besteht aus Milchfett und den Eiweissarten Albumin und Kasein. Sie entsteht beim Erhitzen der Milch und kann durch Schlagen mit dem Schwingbesen vermieden werden. Das Aufsteigen und Anbrennen der Milch ensteht durch das Ausscheiden des Milchalbumins.
Je naturbelassener die Verarbeitung von Milch zu Milchprodukten ist, umso besser ist die Qualität und umso klarer ihr Charakter. Beim Käse sprechen wir z.B. von einem »Käselaib«, welcher mit substantiellem Fachwissen einzeln begutachtet und beurteilt

wird. Schade wäre es, wenn durch eine Vermassung der Milchprodukte dieses Fachwissen verloren ginge!
Jährlich erscheinen unzählige neue Milchprodukte auf dem Markt, welche mit genmanipulierten Mikrokulturen hergestellt werden. Dieser Vermassung können wir durch unser Kaufverhalten einen individuellen Gegenpool setzen.

Milch-Arten

Vollmilch	
Frischmilch	frisch gemolkene Kuhmilch
Vorzugsmilch	unbehandelte, besonders streng kontrollierte Trinkmilch
Trinkmilch	trinkfertige Past- oder UHT-Milch
Magermilch	entrahmte Milch
teilentrahmte Milch	Fettgehalt 0,5 - 2,8 %
halbentrahmte Milch	restliche Milchbestandteile sind unverändert

Sauermilch-Arten

Dickmilch, Langmilch, Sauermilch und Schwedenmilch	Dies sind durch Milchsäurebakterien angesäuerte Milcharten mit erhöhtem Vitamin C-Gehalt
Buttermilch	Restmilch aus der Butterherstellung, ohne Fettgehalt
Milchmischgetränke	unbehandelte oder behandelte Milch mit Aromanzugaben
Kondensmilch	unter Vakuum und Hitze wird das Wasser bis zu einem Verhältnis von 3 : 1 entzogen
Pulvermilch	die Milch wird nach zwei Verfahren getrocknet: – Walzentrocknung oder Sprühtrocknung

Frischprodukte

Bifidus	Bifidusbakterien bauen den Milchzucker zu Essig- und Milchsäure ab, welche die Bildung unerwünschter Verdauungsbakterien hemmen.
Joghurt	Natürliche Joghurtbakterien entstehen in der Schafmilch, wenn sie im Sommer bei 40 - 44 °C im Schatten steht. Ursprungsgebiete sind der Kaukasus und die Balkanländer.
Kefir	durch Hefepilze angesäuert

Milch-Aufbereitungsverfahren

Pasteurisieren

Rohmilch wird nach dem Verfahren von Louis Pasteur heute auf 3 verschiedene Arten keimfrei gemacht:

Kurzzeitpasteurisation

Während 15 Sekunden wird die Milch auf 72 °C erhitzt und sofort wieder abgekühlt. Durch diese Behandlung lassen sich Milch und Milchprodukte 10 Tage unter 4 °C aufbewahren.

Hochpasteurisation

Die Milch wird während 4-15 Sekunden auf 80-90 °C erhitzt und sofort wieder abgekühlt. Gekühlt aufbewahrt ist solche Milch 3-4 Monate haltbar.

Dauerpasteurisation

Während mind. 30 Min. wird die Milch auf 65 °C gehalten. Gekühlt aufbewahrt ist solche Milch 3-4 Monate haltbar.

UHT-Behandlung

Die UHT-Behandlung oder Uperisation ist ein Ultra-Hoch-Temperatur-Verfahren. Durch direkte oder indirekte Erwärmung wird die Milch in einem Vakuum sehr schnell auf 135 °C erwärmt und nach 2 Sekunden ebenso schnell wieder abgekühlt. Dadurch wird die Milch total »keimfrei« gemacht, so dass sie monatelang bei Raumtemperatur aufbewahrt werden kann, ohne dass sie sich verändert. Natürliche Lebensmittel würden bei einer solchen Aufbewahrung verderben!

Homogenisieren

Gleichzeitig mit dem Pasteurisieren wird die Milch auch homogenisiert, indem die Milch durch feine Düsen gepresst wird. Dabei werden die Fettkügelchen mechanisch zertrümmert. Dadurch rahmt die Milch nicht mehr auf.

Milchfett

Milchfett wird in konzentrischen Kreisen aufgebaut. Die äusserste Schutzschicht entsteht aus der Fettbildungszelle des Kuheuters.
Bei einer gesunden Kuh vermag das Milchfett die Schadstoffe zu binden und ist dadurch weniger schädlich. Eine gute Milch bleibt im Kühlschrank 8 Tage geruchfrei.
Ist eine Kuh krank, so kann sich diese Schutzschicht innerhalb kurzer Zeit auflösen. Die Milch riecht unangenehm, da die Fettkügelchen auseinanderfallen und die unangenehm riechenden Stoffe freigesetzt werden.
Dasselbe geschieht beim Homogenisieren oder Rahmschlagen mit einem Mixer mit Schneidemessern. Deshalb ist ein Schwingbesen oder Rührwerk empfehlenswert.
Für verdauungsempfindliche Kinder ist es empfehlenswert, die Milch immer von derselben Kuh zu verwenden.

Rahm-Sorten

Doppelrahm	Rahm mit höherem Fettgehalt
Vollrahm/Schlagrahm	aus süsser Milch zentrifugiert
Halbrahm	Rahm mit weniger Fettgehalt
Sauerrahm	mit Milchsäurebakterien angesäuerter Vollrahm

Saurer Halbrahm	mit weniger Fettgehalt angesäuerter Rahm
Halbrahm schlagbar	mit Bindemittel hergestellt
Saucenrahm	mit Bindemittel hergestellt
Kaffeerahm	UHT-behandelt und homogenisert, stark lichtempfindlich

Molke

Molkepulver mit heissem Wasser angerührt, neutralisiert freigewordene Säure im Körper und reguliert den Blutzuckerspiegel. Molke ist zudem ein wohltuendes Diätetikum bei morgendlicher Schwangerschaftsübelkeit, Kopfschmerzen oder Sportlerrheuma.

Butter

Butter ist dank der vielen, kurzkettigen Fettsäuren ein kostbares Grundnahrungsmittel und lässt sich durch nichts ersetzen. Einzig bei Lebererkrankungen wird Margarine anstelle von Butter empfohlen.
Zu beachten ist, dass Süssrahmbutter weniger wertvolle Inhaltsstoffe aufweist als angesäuerte Butter. Die gelbe Farbe erhält Butter durch das Carotin. Wichtige Inhaltsstoffe sind Vitamin A, D, E, K, B2, Linolsäure, Arachidonfettsäure und Cholesterin. Butter enthält 83 % Fett.

Wir unterscheiden **angesäuerte Butter** in:

Käsereibutter oder Molkereibutter	wird aus aus einem Gemisch von Rahm und Sirtenresten in örtlichen Käsereien und Butterzentralen hergestellt
Tafelbutter	ist eine gesetzlich geschützte Bezeichnung
Vorzugsbutter	wird aus Vorzugsmilch hergestellt
Süssrahmbutter	wird aus Rahm hergestellt und ist lichtempfindlich
Kochbutter	Ist je nach Preispolitik eine Mischung verschiedener Butterlieferanten. Dadurch kann der Verkaufspreis entsprechend niedriger gehalten werden. Vorgeschrieben sind 82 % Fettgehalt.
Eingesottene Butter	eignet sich durch Verdampfen des Wassers besonders zum Braten und Backen bis zu einer Temperatur von 160 °C

Käse

Einteilung nach dem Fettgehalt in der Trockenmasse

Doppelrahm-Käse	65 % Fett i.T.	¼-Fett-Käse	15 % Fett i.T.
Rahm-Käse	55 % Fett i.T.	Rahmquark	50 % Fett i.T.
Vollfett-Käse	45 % Fett i.T.	Vollmilchquark	40 % Fett i.T.
¾-Fett-Käse	35 % Fett i.T.	Magerquark	unter 15 % Fett i.T
½-Fett-Käse	25 % Fett i.T.	oder Speisequark	unter 15 % Fett i.T.

Einteilung nach der Weichheit des Laibes

Extra-Hartkäse	Sbrinz, Parmesan, Hobelkäse	
Hartkäse	Bel Paese, Bergkäse, Cheddar, Chester, Comté, Emmentaler, Fontina, Freiburger Vacherin, Greyerzer, Provolone, Pecorino (Schafkäse), St. Pauli, Taleggio	
Halbhartkäse	Appenzeller, Edamer, Gouda, Mutschli, Tilsiter, Tête de Moine, Walliser Raclettekäse	
Weichkäse	Weißschimmel:	Brie, Camembert, Rondena de Champagne
	Milchschimmel:	Tomme
	Bifidusbakterien:	Bifiduskäse
	Rotschmiere:	Vacherin Mont d'Or, Reblochon, Münster
	Blauschimmel:	Danablue, Gorgonzola, Roquefort (aus Schafmilch), Stilton
Frischkäse	Mozzarella ¼ fett, Hüttenkäse ¼ fett, Mascarpone, Doppelrahm, Boursin, Chavroux frais (aus Ziegenmilch), Ricotta, Feta (aus Schafmilch), Doppelrahm, Rahmquark mit Rahmzugabe, Speisequark oder Vollmilchquark, Magerquark aus entrahmter Milch, Speisequark ¼ fett	
Sauermilchkäse	Handkäse, Mainzerkäse, Ricotta	
Schotenkäse	Glarner Schabzieger (Schote bzw. Sirte)	
Käseprodukte	Schmelzkäse, Streichkäse mit oder ohne Zutaten von neu eingeschmolzenem Käse	

Wissenswertes über Käse

Fachgerechter Einkauf bürgt für eine gute **Qualität**! Zu beachten sind:

- Reifegrad
- feiner Laib
- reines Aroma
- gut gepflegte Rinde

Ideale **Lagerbedingungen** sind:

- 12-15 °C Lagertemperatur
- 90-95 % Luftfeuchtigkeit

Muss Käse im Kühlschrank aufbewahrt werden, so empfiehlt es sich, diesen vor dem Essen auf einem grossen Teller anzurichten und mit einer Klarsichtfolie oder Glasglocke zuzudecken, damit er etwas atmen kann. Wird Käse in einer Folie eingekauft, so muss diese mindestens eine halbe Stunde vor dem Essen entfernt werden. So kann der Käse sein volles Aroma entfalten. Nur Frischkäse wird kühl serviert.

Eine klassische **Käseplatte** besteht aus:

Appenzeller, Brie, Bel Paese, Camembert, Emmentaler, Gorgonzola, Greyerzer, Sbrinz, Tête de Moine, Tilsiter, Vacherin, Zieger, usw., garniert mit Birnenschnitzen und Nüssen oder Kapern, Oliven, Peterli, Radieschen, Rettich und Tomaten.

Sbrinz eignet sich als Würzkäse für Gratins und Saucen, da er keine Fäden zieht. Werden feine Fäden gewünscht, so kann reifer Greyerzer oder Emmentaler verwendet werden. Zum Kochen sollte immer reifer Käse verwendet werden, da dieser keine Fäden zieht.

Käsearten **für Kuchen, Soufflés oder Schnitten** sind:

Appenzeller, reifer Emmentaler, Greyerzer und Sbrinz.

Käse-Fondue

400-600	g	Pariserbrot	in Würfel schneiden, mit etwas Butter anrösten
5		Knoblauchzehen	Fonduetopf damit ausreiben, im Fondue mitkochen
3	dl	trockener Weisswein	zugeben
2/3		Greyerzer	
1/3		Freiburger Vacherin	
etwas		Camembert	insgesamt 600 g geriebener Käse zugeben, langsam schmelzen
wenig		Cayenne, Macis, Paprika, Piment	zugeben, abschmecken
1	Tlf	Marantamehl	
1	Lf	Kirsch	mischen, zugeben
1	Prs	Natron	zugeben

Brotwürfel im Fondue tunken.

Geschmolzener Käse **Unterwaldner Spezialität**

2	kg	Gschwellti	zubereiten
600	g	frischer Nidwaldner Mutschli oder anderer 5-8 Tage alter Käse	grob reiben

2-3 Gschwellti pro Teller in Scheiben schneiden,
auf Teller anrichten, würzen mit Paprika, Pfeffer, Salz.
Pro Teller 70-80 g vom grob geriebenen Käse
in einer Bratpfanne mit wenig Hitze zugedeckt schmelzen,
1 Lf Rahm, wenig Muskat, Paprika und Pfeffer zugeben,
sofort über die Kartoffeln anrichten, geniessen – en Guete!

Dazu: Birnenschnitze oder Rüeblisalat

Diätetische Hinweise:	Geschmolzener junger Käse ist leichter verdaulich wie Raclettekäse.

Pasteurisieren von Milch

1	l	Rohmilch	**für Sauermilch-Produkte:** unter Rühren so schnell wie möglich auf 64 °C erhitzen **als Milch-Produkt:** unter Rühren so schnell wie möglich auf 78 °C erhitzen
		kaltes Wasserbad	sofort auf die gewünschte Temperatur abkühlen

Sauermilch Herstellung

1,5	l	kuhwarme Milch oder Pastmilch	auf 40 °C anwärmen, in einen vorgewärmten Krug geben
3	Lf	Demeter-Sauermilch oder Migros-Sauermilch	zugeben, gut rühren, mit einer Gaze zudecken, ideal 6 Std. bis max. 12 Std. bei 24-27 °C stehenlassen, jeden Durchzug vermeiden, nach dem Dickwerden zugedeckt in den Kühlschrank stellen

Sauermilch so frisch wie möglich verwenden. Zur Neuherstellung kann die alte Kultur 4-6mal verwendet werden. Danach ist wieder eine frische Sauermilchkultur erforderlich. Die besten Milchsäurekulturen erhalten wir durch Spontangärung, indem kuhwarme Milch sofort in einen Gärschrank mit 44 °C gestellt wird. Milch, die im Vergleich schneller dick wird, enthält die besseren Kulturen.
Es existieren unzählig viel Bakterienkulturen, welche zu den verschiedensten Sauermilcharten verarbeitet werden können.
In Finnland gibt es z.B. eine wunderbar schmeckende Langmilch. Impft man normale Milch mit Langmilch, so zieht die geimpfte Milch nach 24 Std. lange Fäden. Nach mehrmaligem Impfen mit bereits geimpfter normaler Milch, verwildert diese Kultur bei uns und die Milch wird dadurch nicht mehr langfädig und fest. Für eine neue, reine Kultur schöpft man etwas frische Milch mit einem Gazetuch ab und lässt sie an der Luft trocknen. Diese Kultur kann auf Bestellung in einem Briefumschlag geliefert werden.

Diätetische Hinweise:

Im intermediären Stoffwechsel wird der Blutzucker stufenweise zu Wasser abgebaut. Der Kohlenstoff verbindet sich mit dem Sauerstoff zu CO_2 und wird ausgeatmet. Das Wasser bleibt in den Zellen als Zellwasser zurück.

Bei diesem Abbau entsteht aber oft linksdrehende Milchsäure, welche sich erst nach 3 Tagen langsam auflöst. Viele der heutigen Zivilisationskrankheiten werden durch dieses Stoffwechselprodukt gefördert.
Die rechtsdrehenden Milchsäuren, welche z.B. in einer frischen Molke, in der Sauermilch, im Molkepulver und auch im milchsauren Gemüse vorkommen, haben eine grosse heilende Wirkung, da diese die linksdrehenden Milchsäuren sofort neutralisieren. Deshalb ist die eigene Sauermilchherstellung mit einer guten Kultur sehr empfehlenswert!

Quark **Herstellung**

ca. 5	l	frisch hergestellte Sauermilch (aus Voll- oder Magermilch) in ein dünn gewobenes Leinentuch geben, zusammenbinden und so aufhängen, dass die Molke durch das Eigengewicht durch das Gewebe sickert. Der Quark bleibt im Tuch zurück. Damit der Quark nicht zu schnell übersäuert, muss dieser ca. 12 Std. gut abtropfen können.

Dicke Milch **Junket**

1½	l	frische, kuhwarme Milch	an warmen Abenden portionenweise in Dessertschalen verteilen

An einem warmen Ort stehenlassen (Durchzug vermeiden). Am folgenden Mittag die gesäuerte und eingedickte Milch mit Zuckerrübensirup servieren.

Durch Zugabe von wenig Käselab (erhältlich in Drogerien), wird das Eindicken beschleunigt.

Joghurt **Herstellung**

1	l	Rohmilch	bei 64 °C pasteurisieren, auf 44 °C abkühlen
2	Lf	frisches Naturjoghurt	darunterrühren
ev. 2	Lf	Milchpulver	zugeben, falls eine stichfeste Konsistenz gewünscht ist
ev. 2	Lf	Schoggipulver oder Schnellkaffee	
wenig		Vanille	als Aroma zugeben, in vorgewärmte Gläser oder Krug füllen, gut zudecken, mit Frottiertuch und Kaffeewärmer oder Wolldecke 6 Std. ruhig stellen, anschliessend in den Kühlschrank stellen zum Nachdicken

Mit Pastmilch kann Joghurt auch im Joghomat hergestellt werden. Diese Geräte arbeiten aber mit etwas höheren Temperaturen. Deshalb wird bei dieser Joghurt-Herstellung die Milch bereits nach 4 Std. fest und muss sofort in den Kühlschrank gestellt werden, da sich sonst Molke absetzt.

Eier

Eier als Sachbezeichnung bezieht sich hier nur auf Eier von Haushühnern.
Eier von anderen Vogelarten müssen entsprechend bezeichnet werden wie z.B. Enten-, Gänse-, Wachteleier. Gemäss gesetzlichen Bestimmungen werden Eier nach den Kriterien Gewicht und Alter wie folgt eingeteilt:

Grosseier über 65 g
Normaleier 50-60 g
Kleineier unter 50 g

Klasse Extra	mit Abpackdatum:	höchstens 5 Tage alt ab Legedatum
	Verkaufsdatum:	Eier dürfen max. 17 Tage alt sein
Klasse A	mit Abpackdatum:	bei Kühllagerung bis 8 Wochen ab Legedatum
	Verkaufsdatum:	Eier dürfen höchstens 74 Tage alt sein
Klasse B	ist nicht als Schalenei im Verkauf wird als «Aufschlagei» in der Industrie verwendet.	

Das Qualitätsmerkmal der Tierhaltung konnte erst durch den grossen Einsatz der Tierschutzverbände als zusätzliche Bezeichnung wie folgt durchgesetzt werden:

Freilandeier Inlandeier von Hühnern mit freiem Auslauf oder aus Bodenhaltung

Bodenhaltungseier sind Eier von Hühnern aus Bodenhaltung

Importeier müssen mit mind. 2 mm grossen Buchstaben den lateinisch abgekürzten Namen des Herkunftlandes oder die Bezeichnung »imp« tragen. Verschwiegen wird in der Deklaration der Importeier, dass diese Hühner in Batteriehaltungen leben, was ihrer artgerechten Haltung als Vogelart keineswegs entspricht.

Aus der Fütterung der Hühner mit Kraftfutter (aus Eiweissresten) und Fischmehl resultieren der deutlich unangenehme Geruch und die Salmonellengefahr.
Gefriereier, Trockeneier oder pasteurisierte Eier werden vor allem in Grossküchen verwendet.

Erkennungsmerkmal frischer Eier

Ältere Eier glucksen beim Schütteln. Frische aufgeschlagene Eier sind gallertartig, während ältere Eier dünnflüssiger werden. Faule Eier riechen äusserst unangenehm.

Gemäss einer alten Bauernregel sind Karfreitagseier sehr lange haltbar, da sie zwar eintrocknen, aber nicht faulen. So werden Karfreitagseier z.B. für Weihnachtsgebäck aufbewahrt. In China werden an bestimmten Tagen gelegte Eier aufbewahrt und als Delikatesse »100-jährige Eier« serviert.

Nährstoffgehalt

100 g essbarer Anteil enthält:

74,1 g Wasser
12,9 g Eiweiss (im Eiklar)
11,2 g Fett (im Eigelb)
0,7 g Kohlenhydrate
1,1 g Mineralstoffe
Vitamine A, D, E, K, B1, B2,
Nicotinamid, Pantothensäure,
Cholesterin (eines Tagesbedarfes),
Geschlechtshormone

Aufbau eines Hühnereis

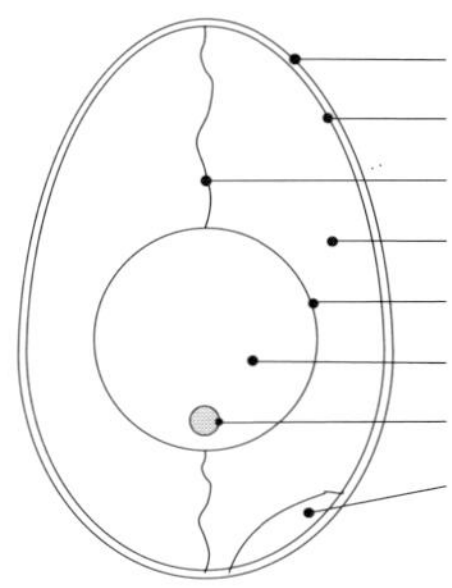

Das Eiweiss ist stark konzentriert. Ein Kücken schlüpft bereits nach 3 Wochen. Der Mensch kann für seinen Körperaufbau von diesem Eiweiss nur einen kleinen Teil verwerten. Der Rest wird über die Nieren ausgeschieden, deshalb auch die Empfehlung:

max. 1-2 Eier pro Person und Woche

Mengenvergleich	100 g Ei entsprechen ca. 2 Eiern 100 g Eigelb entpsrechen ca. 6 Eigelb 100 g Eiweiss entsprechen ca. 3 Eiweiss

Lebenslauf eines Huhnes

Ein im Frühling geschlüpftes Huhn beginnt an Weihnachten zu legen. Ab diesem Zeitpunkt legt es bis zur Mauser (Federkleidwechsel) im Herbst täglich ein Ei. Während der Zeit der Mauser und im Winter ist Erholungszeit. Im 2. Jahr kann man alle 2-3 Tage mit einem Ei rechnen. Mit 3 Jahren ist ein Huhn bereits alt.

Wie entwickelt sich ein Ei?

Im Eierstock eines Huhns befinden sich Eidotter in verschiedenen Stadien. Das Eiweiss und die Schale bilden sich erst im Eileiter um den Dotter herum. Erst wenn das Ei gelegt ist, wird die Kalkschale hart.

Das Ei symbolisert Fruchtbarkeit und neues Leben und wurde der Göttin Demeter geweiht.

Müesli und Breie

»De Brei«

Auf einem Kindergartenausflug sass beim Mittagsmahl ein kleiner Junge unter einer grossen Tanne und ass aus einem weissen Plastikbehälter einen grau aussehenden Brei. Ich wollte wissen, woraus er besteht und fragte den Kleinen: »Was isst Du da?« Erstaunt blickte er zu mir herauf und antwortete bestimmt: »De Brei«. Später, als nach ausgiebigem Essen und Spielen alle zum Aufbruch bereit waren, hatte auch er seinen Brei fertig. Er stand auf und schnürte seinen Rucksack. Als ich ihn fragte, ob der Brei geschmeckt habe, strahlte er über das ganze Gesicht und sagte ebenso klar: »Ja. Und beim nächsten Halt, da trinke ich noch etwas!«
Mit diesem Eindruck allein gelassen, probierte ich ein eigenes Brei-Rezept aus und bin sicher, dass jeder Familie ihr eigener Brei genauso schmeckt!

»De Brei« für 6-8 Personen

250	g	Dinkelschrot	
5	dl	Wasser	2 Std. einweichen, unter Rühren aufkochen, 30 Min. zugedeckt quellen lassen
1	Tlf	Dinkelmehl	frisch mahlen
200	g	Obst oder Beeren	
ev. 1	Lf	Dörrobst	fein schneiden
2	Lf	Nüsse	mahlen
½	Tlf	Zimt	
2	Lf	Birnel	
4	Lf	Rahm	
1	Lf	Mandelmus	
1	dl	Mineralwasser	
je 3	Prs	Salz, gem. Anis, gem. Fenchel, Koriander	sorgfältig mischen, zugeben

Bircher-Müesli

4	Lf	Getreideflocken	darren oder in Wasser einweichen
2	Lf	Birnel	
50	g	Nüsse	fein hacken oder mahlen
200	g	Quark	luftigschlagen
500	g	Früchte, z.B. Äpfel, Bananen, Birnen, reife Beeren, o.a.	alles fein schneiden oder raffeln, sorgfältig mischen

½		Zitrone	Saft auspressen, zugeben
1	dl	Mineralwasser	zugeben (intensiviert das Fruchtaroma)

Bircher-Müesli Original

pro Person:

3	Lf	Wasser	
1	Lf	Haferflocken	über Nacht einweichen
200	g	Äpfel oder andere Früchte	raffeln oder fein schneiden
1	Tlf	Honig	
1	Tlf	Vollrahm	
1	Tlf	Zitronensaft	
2	Lf	Joghurt oder Sauermilch	
1	Tlf	Haselnüsse oder Mandeln	sorgfältig mischen, zugeben

»De Brei«

Das Säure-Base-Gleichgewicht ist bei Müesli-Rezepten von ausschlaggebender Bedeutung! Orangen, Steinobst und unausgereifte Beeren sollten deshalb für Müesli sehr sparsam verwendet oder gemieden werden, da ihr Fruchsäuregehalt sehr hoch ist. Bei säureüberschüssigen Rezepten können sonst die Mineralstoffe durch die Nieren nicht genügend resorbiert werden.

Diätetische Hinweise:

Gemäss Originalrezept wird dem Bircher-Müesli Kondensmilch beigegeben, um Blähungen zu vermeiden.
Milchzucker allein ist ein verdauungsförderndes Hausmittel, führt aber bei leichter Unverträglichkeit zu Durchfall. Deshalb wird Milchzucker mit Fett verabreicht.
Milchzucker mit Mandelpüree (Fett) kombiniert, ist ein ideales Diätetikum bei Blähungen im Dickdarm und bei Milchunverträglichkeit.

Genaue Rezeptangaben sind enthalten in der Broschüre:

Beratung zur Säuglingsernährung
Dr. med. René Madeleyn
Gemeinschaftskrankenhaus
Kinderabteilung
Herdecke/Deutschland

zu beziehen durch: Verein für erweitertes Heilweisen e.V.
Johannes-Keplerstr. 58
Bad Liebenzell 3/Deutschland

Für Kleinkinder ist Durchfall sehr gefährlich, da der Körper schnell austrocknet. Darum ist es ratsam, sofort den Arzt aufzusuchen. Mit einer entsprechenden Menge physiologischer Traubenzuckerlösung kann der Körper vor dem Austrocknen bewahrt werden.
Bei starkem Erbrechen und Durchfall wird der Körper sehr geschwächt. Eine erste Hilfe ist mit einem Einlauf möglich, bestehend aus einer physiologischen Kochsalz-Traubenzuckerlösung.

Kochsalzlösung	9 g	Salz auf 1 l Wasser
Traubenzuckerlösung	6 g	Traubenzucker auf 1 l Wasser

Je 6 dl Kochsalz-Traubenzucker-Lösung innert 2 Std. 1-3mal langsam einlaufen lassen. Einläufe dieser Art verleihen dem Menschen sofort neue Kraft.

Flocken-Streusel

250	g	gemischte Getreideflocken	in einer Guss-Bratpfanne sorgfältig gleichmässig rösten, leicht auskühlen lassen. Das Rösten gelingt besser mit kleineren Mengen!
2	Lf	Nüsse	mahlen
2	Lf	Nüsse	fein hacken
4	Lf	Dörrfrüchte	fein schneiden
2	Lf	Honig	alles zugeben, mischen

Flockenstreusel kann im voraus zubereitet und luftdicht aufbewahrt werden. Portionenweise mit Milchprodukten und frischem Obst vermischt, erhalten wir ein schnell zubereitetes Frühstücksmüesli.

Fraser-Müesli **nach Gordon Fraser**

100	g	Apfelmus	
1,5	dl	Sauermilch	mischen
¼	Tlf	Agar	
1,5	dl	Muttersaft von schwarzen Beeren, z.B. Heidelbeeren, Holunderbeeren, Johannisbeeren, Kirschen	
oder:		von frischen Beeren, ausser Holunder	
oder:		von gedämpften Beeren	
1	Tlf	Sanddornmark	
½		Zitrone	Saft auspressen, zugeben
ev. etwas		Honig oder Ahornsirup	alle Zutaten sorgfältig mischen
Dazu:		Kräutertee, etwas Knäckebrot mit Butter, ev. etwas Naturkäse.	

Lakto-Bakterien-Kulturen aus Drogerien oder Apotheken können dem Müesli als Ergänzung zugegeben werden. **»Le virus n'est rien, le terrain c'est tout!«** Louis Pasteur

Kollath-Müesli

pro Person:

5	Lf	Wasser	
3	Lf	Weizen	abends frisch schroten, einweichen
3	Lf	Wasser	
1-3		süsse Trockenfrüchte	abends einweichen, morgens fein schneiden, den Flocken zugeben
1		kleiner Apfel oder andere Früchte	fein reiben
1	Lf	Mandeln	frisch mahlen
oder			
1	Tlf	Mandelpüree	
1	Tlf	Zitronensaft	
2	Lf	Rahm	sorgfältig mischen, zugeben

Was Frischkost enthält:

- sonnengereifte Rohkost
- genügend vollwertige Nährstoffe (Eiweisse, Fette, Kohlenhydrate)
- Vitamine, Enzyme, Spurenelemente (garantiert durch kontrollierten Anbau)
- Gewürz- und Duftstoffe
- genügend Flüssigkeit
- Faserstoffe

Das Verhältnis des Frischkostanteils zur Gesamtnahrungsmenge ist abhängig von dem Grad des Gesundheitwunsches des Einzelnen. M.O. Brucker

»Ein intelligenter Mensch versteht es, sich in Krankheitsfällen durch eigene Kenntnisse zu helfen und sich bewusst zu sein, dass für uns Menschen die Gesundheit das wertvollste Gut ist.« Hippokrates

Morgen-Müesli

1	Tlf	Hafer	
1	Tlf	Roggen	frisch mahlen oder quetschen
4	Lf	Wasser	
½		Banane	zerdrücken
1		kleiner Apfel	fein reiben
1	Tlf	Zitronensaft	
1	Tlf	Honig	
1	Lf	Rahm	
oder			
1	Tlf	Mandelpüree	sorgfältig mischen, zugeben
1	Tlf	Sonnenblumenkerne	zum Garnieren

Mus-Mehl »Briemehl« **Brühteig aus Vollkornmehl**

		pro Person:	
40	g	Vollkornmehl (4 Lf), z.B. Dinkel, Gerste, Hafer, Roggen oder Weizen	frisch mahlen
10	g	Butter oder wenig Öl	in einer Pfanne erhitzen, Vollkornmehl anrösten, bis es nach Brot duftet
2	Prs	Salz	zugeben
1	dl	kaltes Wasser	ablöschen, tüchtig rühren, bis der Brei einen Klumpen um die Kelle bildet, gut zugedeckt 10 Min. nachquellen lassen, »Breikugel« formen, auf einen Teller geben, eine leichte Vertiefung eindrücken

10	g	Butter	in der Pfanne schmelzen, in die Vertiefung giessen
		kalte oder warme Milch, Dickmilch, Rahm, oder Sauermilch	rundherum verteilen
		Früchte, Beeren oder Nüsse	zum Garnieren und Verfeinern

Roggenbrei Norddeutsche Art

4,5	dl	Wasser	
150	g	grober oder feiner Roggenschrot	
2	Lf	Rosinen	4-6 Std. einweichen, unter Rühren kurz aufkochen
1		Apfel	dazureiben, über Nacht an der Wärme langsam auskühlen lassen. Die Stärke dextriniert und der Brei erhält eine angenehme Süsse.
1/3	Tlf	Salz	
1/3	Tlf	gem. Fenchel, gem. Anis, gem. Kümmel	würzen
4		getrocknete Aprikosen oder Zwetschgen	fein schneiden, alles zugeben
		Mineralwasser	zum Lockern zugeben, mischen, Brei am Tisch portionenweise auf den Teller servieren,
1		Apfel	darüberreiben,
1	dl	Sauermilch	darübergeben

Roggenmehlflupp Norddeutsche Art

1	l	Wasser	kochen
20	g	Butter	
1	Prs	Salz	zugeben
100	g	Roggenmehl	einrühren, 3 Min. vorsichtig kochen lassen, auf Tellern anrichten
		Buttermilch Zuckerrübensirup	darübergeben

Roggengrütze »Roggengött« mit Thermo-Roggen

4	dl	Wasser	
200	g	Thermo-Roggenschrot	5 Min. kochen, 15 Min. nachquellen lassen
1	Lf	Roggenmehl	frisch mahlen, unter den ausgekühlten Brei geben
1		grosser Apfel	fein reiben
1		reife Banane	zerdrücken
4	Lf	Sauerrahm	
1	Lf	Rosinen	
2	Lf	Nüsse	mahlen
¼	Tlf	Zimt	
3	Prs	Salz	
½		Zitrone	Saft auspressen
1		Zitronenschale	abreiben
je 1	Prs	Ingwer, Koriander	zugeben, sorgfältig mischen

Dessert, Nachspeisen, süsse Abendgerichte

Caramel-Birnen

2	Lf	Zuckerrübensirup	
2	Lf	Malzextrakt	
2	Lf	Ahornsirup	
oder:			
4	Lf	Birnel	in einer Pfanne langsam einkochen lassen, bis ein leichter Carameldu ft aufsteigt
3	dl	Wasser	ablöschen
4		Birnen	schälen, halbieren, Kerngehäuse entfernen, im Sirup glasig kochen, herausnehmen
1	Tlf	Marantamehl	
2	Lf	Wasser	
1/3	Tlf	Agar	anrühren, dem Jus zugeben, kurz aufkochen, über die Birnen verteilen
2	dl	Rahm	schlagen zum Garnieren

Für Fruchtsalat können die geschnittenen Früchte ebenfalls in diesem Sirup kurz gekocht werden.

Da sich die Bindefähigkeit des Marantamehls innerhalb kurzer Zeit aufhebt, wird die Creme wieder flüssig. Durch Zugabe von Agar wird dies verhindert.

Ahornsirup, Birnel, Dattelgold, Zuckerrübensirup usw. enthalten die gleiche Zuckerart (Saccharose) wie Weisszucker. Deshalb eignen sich diese ebensogut zum Caramelisieren. Da sie jedoch noch andere wertvolle Stoffe enthalten, dürfen sie nicht zu hoch erhitzt werden.

Diätetische Hinweise:

Birnen regen die Nierentätigkeit an, stärken die Leber, das Herz und schonen die Galle. Teigig gewordene Birnen gären im Darm und verursachen dadurch Blähungen.

Dörrobst-Füllung **für Omeletten**

200	g	Dörrobst	fein schneiden
1	Lf	geschälte Mandeln	halbieren, zugeben, über Nacht in Schwarztee einweichen
2	Lf	Birnel	caramelisieren (zur Hälfte einkochen)

1	Lf	Pistazien	
1	Lf	Rosenelexier	
7	Trpf	Mandarinenwürzöl	
1		Granatapfel	Kernen zugeben, sorgfältig mischen, gut durchziehen lassen

Dörrobst-Kompott

150-200	g	versch. Dörrobst, z.B. Ananas, Äpfel, Aprikosen, Birnen, Datteln, Feigen, Papaya, Zwetschgen	
2	l	heisser Schwarztee	Dörrfrüchte überbrühen, über Nacht stehenlassen, Früchte in Schälchen anrichten, Saft zu Eistee weiter verarbeiten
wenig		Zimt	
wenig		Honig	
2	dl	Sauerrahm	zum Abschmecken, garnieren
		Schwarztee	zu Eistee weiter verwenden

Osterbrauch:

Zum Frühstück den Tisch mit Ostergebäck und einer Kette aus Dörrobst schmücken, als Symbol für Brot und Wein.

Frucht-Gelee mit Agar

Grundrezept für 6-8 Personen:

1	l	kalter Cassis-, Heidelbeer-, oder Aprikosensaft	
12	g	Agar (3 Tlf)	unter Rühren erhitzen, vor dem Siedepunkt 5 Min. auflösen lassen
½		Zitrone	Saft und Schale
2-3	Lf	Honig	zugeben, verfeinern

Je nach Saison einige Früchte fein schneiden, in Dessertschalen anrichten, Flüssigkeit darübergiessen, nach dem Erkalten stürzen, mit geschlagenem Rahm garnieren.

Apfelmus oder Obst-Kompott mit Tapioka

2	dl	kaltes Wasser	
2	Lf	Tapioka	ca. 2 Std. einweichen, geschrotetes Tapioka kann sofort verwendet werden
750	g	Obst, z.B. Äpfel, Aprikosen, Rhabarber, Zwetschgen	schneiden, zufügen, weichkochen, ev. Wasser zugeben
3	Lf	Ahornsirup oder Birnel	
½		Zitrone	Saft und Schale
wenig		Vanille	
1	Prs	Salz	abschmecken, erkalten lassen
2	dl	Rahm	schlagen, darunterziehen

Apfelmus garniert und Apfelmusdessert

Tapioka kann auch durch eine geriebene Kartoffel ersetzt werden.
Mit Tapioka ist Apfelmus leichter verdaulich, da Tapioka die Fruchtsäuren bindet.
Apfelmus kann mit verschiedenen Zutaten abwechslungsreich zu feinsten Desserts kombiniert werden.

Apfelmus-Dessert

500	g	Apfelmus gekocht	
2		Bananen	zerdrücken
180	g	Joghurt oder Quark	luftigschlagen, dazumischen
oder:			
500	g	Apfelmus gekocht	
2	Lf	Datteln	
1	Lf	kandierter Ingwer	
1	Lf	getrocknete Ananas	Früchte fein schneiden
2	dl	Rahm	schlagen, zugeben, mischen

Frucht-Gelee mit Apfelpektin

Dessert für 6-8 Personen:

1	l	Sauerkirschensaft oder andere Fruchtsäfte	
2		getrocknete Ananasscheiben	fein schneiden
40	g	Apfelpektin (Unigel)	dazumischen, 10 Min. leicht kochen
1-2	Lf	Honig	
wenig		Vanille	abschmecken
500	g	versch. Früchte, z.B. Heidelbeeren, Pfirsiche	in 6-8 Portionenschälchen verteilen, Saft darübergeben, abkühlen lassen
1-2	dl	Rahm	schlagen
1	Tlf	Ahornsirup	
1/3	Tlf	Zimt	dazumischen, zum Garnieren verwenden

Fruchtsaftdessert's schmecken ausgezeichnet mit leicht gesüsstem Aprikosen-, Beeren-, Cassis-, Heidelbeer-, Pfirsich-, Sauerkirschen- oder Zwetschgensaft. Orangensaft wird bitter und ist deshalb nicht zu empfehlen.

Kinderschmaus Gummibärli-Ersatz

7	dl	Kinderfruchtsaft	
12	g	Agar (3 Tlf)	unter Rühren aufkochen, vor dem Siedepunkt 5 Min. auflösen lassen
½		Zitrone	Saft und Schale
2-3	Lf	Honig	nach Belieben zugeben, Masse 1 cm dick in eine mit Backpapier ausgekleidete Form geben, abkühlen lassen, Gelee mit dem Papier aus der Form nehmen, kleine Formen ausstechen und in wenig Puderzucker wenden

Quitten-Mus

2	kg	Quitten	waschen, schälen, vierteln, Kerngehäuse entfernen, in feine Scheiben schneiden, Schalen und Kerngehäuse in Pfanne geben,
		Wasser	Quitten mit Wasser gut decken, 30 Min. auskochen, absieben
4	Lf	Birnel	
1		roter Apfel z.B. Berner Rose	
alle		Quittenscheiben	zugeben, im Absud langsam weichkochen, bis der Absud schön rot ist, Sud pürieren

Quitten vor dem Verarbeiten einige Tage bei Zimmertemperatur lagern, bis sich ein intensiver Quittenduft verbreitet.
Quittenmus ist beliebig weiter verarbeitbar, z.B. zu Quittenpaste oder Quittenschaum.

Diätetische Hinweise:

Die heilende Wirkung der Quitten entsteht erst durch den Kochprozess. Der hohe Pektingehalt sowie die Gerb- und Schleimstoffe machen sie zu einem idealen Diätetikum bei Darmerkrankungen, Schleimhautentzündungen des Rachens, Magens und der Bronchien. Beim Wundliegen kleiner Kinder und kranker Menschen hilft das Einreiben mit dem Absud.

Quitten-Paste Quittenpäschli

	gekochtes Quittenmus	
wenig	Zitronensaft	

½ Quittenmenge		Zucker	alles langsam einkochen, ständig rühren, Masse auf einem beölten Pergamentpapier ausstreichen, abkühlen lassen, in beliebige Formen schneiden, 1-2 Tage nachtrocknen lassen

Quitten-Schaum

500	g	gekochtes Quittenmus	
2-3		kandierte Marroni	fein schneiden, zugeben
2		Eiweiss	zu Eischnee schlagen
2	Lf	Birnel	darunterziehen
2	dl	Rahm	schlagen, daruntermischen

Rhabarber-Gratin

1,5	kg	Rhabarber	zartes Stielende schräg anschneiden, vom Blattansatz her schälen, zarte Haut teilweise stehenlassen, dicke Stengel halbieren, 2 ¼ cm lange Würfel schneiden, in eine Auflaufform geben
4	Lf	Birnel	
40	g	Butterflocken	darübergeben
Backen:		20 Min. in zweitunterster Rille bei 180 °C	

Bananen-Creme

1	Tlf	Roggenmehl	frisch mahlen
2		reife Bananen	zerdrücken
4-6	Lf	Mineralwasser	
250	g	Quark	luftigschlagen
2	Lf	Birnel	
1	Prs	Vanille	zugeben, mischen, kühl servieren

Butterfly-Creme

750	g	entsteinte Sauerkirschen, Früchte oder Beeren mit Saft	

2	Lf	getrocknete Ananas	fein schneiden
1	Tlf	Marantamehl	
2	Lf	Rohrzucker	
1		Zitronenschale	abreiben
wenig		Vanille	
1	Tlf	Agar	alles unter Rühren aufkochen, vor dem Siedepunkt 5 Min. auflösen lassen, in einer Schüssel abkühlen lassen
2	dl	Rahm	unter die Masse rühren, bis sie cremig wird und ein Phantasiebild entsteht, welches uns an Schmetterlingsflügel erinnert

Erdbeer-Creme

1	kg	Erdbeeren	kurz in eine Schüssel mit Wasser eintauchen, Blätter entfernen, fein schneiden
60	g	Syramenazucker	
1		Zitrone	Saft auspressen, zugeben, Erdbeeren mit einer Gabel zerdrücken oder pürieren
5	dl	Wasser	
¼		Zimtstange	
wenig		Linden- oder Holderblüten	
1	Tlf	Agar (5 g)	unter gelegentlichem Rühren aufkochen, 5 Min. ziehen lassen in die Erdbeermasse absieben, gut rühren, abkühlen lassen, bis die Masse geliert
3	dl	Rahm	schlagen, leicht darunterziehen, schön anrichten, kühlstellen

Erdbeer-Glacé

		Erdbeercreme	herstellen gem. Rezept
100	g	Syramenazucker oder Honig	anstelle 60 g zugeben, während des Tiefkühlvorganges ein paar Mal rühren, um die Kristallbildung zu verhindern und geschmeidige Glacé zu erhalten

Für die Glacé-Zubereitung eignen sich auch andere Früchte wie z.B. Bananen, Heidelbeeren, Mandarinen, Melonen oder 80 g geschmolzene Schokolade. Anstelle von Wasser können auch 2 Eigelb und 2 Eischnee zugegeben werden.

Fruchtsaft-Creme

1	l	Sauerkirschensaft oder anderer Fruchtsaft	
2	Lf	Tapiokamehl oder Marantamehl	
3	Lf	Trockenfrüchte, z.B. Ananas, Äpfel, Datteln, kandierter Ingwer, usw.	kalt mischen, 3 Min. leicht kochen lassen
2-3	Lf	Honig	
ev. 1		Zitrone	Saft und Schale
wenig		Vanille oder Zimt	in eine Schüssel geben erkalten lassen
100	g	Quark	luftigschlagen
1-2	dl	Rahm	schlagen
ev. 1	Tlf	Mandelpüree	darunterziehen, alle Zutaten leicht mischen

Gersten-Dattel-Creme

4	dl	Wasser	
40	g	Gerstenmehl (4 Lf)	frisch mahlen
1	Lf	Mandelpüree	
2	Lf	Dattelgold	
60	g	Datteln	fein schneiden
¼	Tlf	Zimt	
wenig		gem. Anis, gem. Fenchel	
1	Prs	Salz	leicht rühren, 5 Min. kochen, gebundene Creme im kalten Wasserbad auskühlen lassen
1	dl	Rahm	schlagen
100	g	Quark	luftigschlagen
½		Zitrone	Saft und Schale
2	Lf	Mineralwasser mit Kohlensäure	zugeben, locker vermischen, garnieren und kühl stellen

Gerste nicht zu stark rühren, da sonst die Schleimstoffe austreten.
Anstelle von Datteln können auch Brombeeren und Bananen verwendet werden.
Quark in Demeter-Qualität wird während der Herstellung gut ausgepresst, um die Eigensäuerung stark zu reduzieren. Vor der Verwendung für Gerichte sollte Quark mit wenig Mineralwasser luftig geschlagen werden.

Hirse-Aprikosen-Creme

2	dl	Wasser	
6		ungeschwefelte, gedörrte Aprikosen	fein schneiden, einweichen
2	Lf	Korinthen	
50	g	Hirsemehl	frisch mahlen
3	dl	Aprikosensaft	
2	Lf	Ahornsirup oder Birnel	
1	Prs	gem. Nelken	
¼	Tlf	Zimt	
1	Prs	Salz	mischen, den eingeweichten Aprikosen zugeben, unter Rühren ca. 5 Min. kochen, bis die Creme gebunden hat, im Wasserbad abkühlen
2	dl	Rahm	schlagen
½		Zitrone	Saft und Schale
2	Lf	Mineralwasser	dazumischen, garnieren, kühlstellen

Um den bitteren Beigeschmack der Hirse zu vermeiden, ist es ratsam, diese vor dem Mahlen heiss zu waschen und zu trocknen.

Mais-Johannisbeer-Creme

2	dl	Wasser	
2	dl	Johannisbeersaft oder Himbeersaft	
40	g	weisses Maismehl	
1	Lf	getrocknete Kirschen	
4	Lf	Brombeeren, Himbeeren, Johannisbeeren, Heidelbeeren oder eingemachte Konfitüre	
1	Prs	gem. Nelken	
3	Prs	Ingwer	
3	Lf	Birnel	
1	Prs	Salz	zugeben, unter Rühren ca. 5 Min. kochen, bis die Creme gebunden hat, im Wasserbad abkühlen
1	dl	Rahm	schlagen
100	g	Quark	luftigschlagen
2	Lf	Mineralwasser	dazumischen, garnieren

Vanille-Creme

		Grundrezept:	
6	dl	Milch	
1	Tlf	Marantamehl	
2	Lf	Palmzucker	
1	Tlf	Agar	
		Vanillecreme:	
¼	Tlf	Vanille	alles unter Rühren bis vor den Siedepunkt aufkochen, 5 Min. bei dieser Temperatur ziehen lassen, in eine Schüssel abgiessen
2	Lf	getrocknete Ringelblumen	zugeben, abkühlen lassen
2	Lf	Rahm	unter die ausgekühlte Masse schlagen, bis die Creme die richtige Konsistenz aufweist

Dieses Grundrezept dient als Basis für verschiedene Cremen wie Caramel-, Mokka-, Schokoladencreme, usw.

Caramel-Creme

		Vanille-Grundrezept	zubereiten
1	dl	caramelisierter Ahornsirup, Birnel, Malzextrakt oder Zuckerrübensirup	den Sirup in einer Pfanne mit wenig Wärme und viel Geduld um die Hälfte eindicken, unter die ausgekühlte Vanille-Grundmasse schlagen, bis die Creme die richtige Konsistenz aufweist

Mokka-Creme

		Vanille-Grundrezept	zubereiten
2	Lf	Getreide-Kaffeepulver	zugeben, unter die ausgekühlte Vanille-Grundmasse schlagen, bis die Creme die richtige Konsistenz aufweist

Schokoladen-Creme

		Vanille-Grundrezept	zubereiten

5	dl	Wasser	aufkochen
80	g	Succanat-Schokolade	ohne rühren mit siedend heissem Wasser übergiessen, warten bis sie geschmolzen ist, Wasser sorgfältig abgiessen, Schokolade unter die ausgekühlte Vanille-Grundmasse schlagen, rühren bis die Creme die richtige Konsistenz aufweist

Schokolade schmelzen

Schokolade nicht über 30 °C erwärmen, da sie sonst in Kakao und Kakaobutter zerfällt.
Bewährt hat sich:
- Schokolade in ein tiefes Gefäss legen
- mit kochendem Wasser übergiessen
- nach 2-3 Min. das Wasser vorsichtig abgiessen

Wasser emulgiert nicht mit dem Fett, wenn nicht gerührt wird!

Vanillecreme

Vanille-Pudding

1	Tlf	Marantamehl	
6	dl	Milch	
1	Tlf	Agar	unter Rühren vor den Siedepunkt bringen, 5 Min. ziehen lassen
1	Prs	Salz	
1/5	Tlf	Vanille	
1	Lf	Rohrzucker	
1	Lf	Ahornsirup	zugeben
4	Tlf	Ahornsirup	in 4 kalt ausgespülte Schälchen verteilen, Milchmasse zugeben, abkühlen lassen, stürzen

Mit diesem Rezept können verschiedene Puddings hergestellt werden.
40 g fein gemahlenes Hirsemehl anstelle von Agar und Marantamehl auf 6 dl Milch gibt dem Pudding eine schöne gelbe Farbe.

Reis-Orangen-Creme oder Süssmost-Creme

2	dl	Wasser	
2	dl	Orangensaft	frisch pressen
50	g	Reismehl (5 Lf)	frisch mahlen
2	Lf	Ahornsirup oder Birnel	
wenig		Orangenschale, Ingwer, Vanille	
1	Prs	Salz	rühren, ca. 7 Min. kochen, gebundene Creme im kalten Wasserbad auskühlen lassen
1	dl	Rahm	schlagen
100	g	Quark	luftigschlagen
2		Orangen	fein schneiden
2	Lf	Mineralwasser mit Kohlensäure	vermischen, mit Orangenschnitzen garnieren, kühlstellen

Diätetische Hinweise:

Orangen sind leichter verdaulich, wenn sie als Einzelfrucht gegessen werden, z.B. als Z'nüni.

Weizen-Nuss-Creme

80	g	Haselnüsse	mahlen, leicht rösten
2	Lf	Ahornsirup oder Birnel	

40	g	Weizenmehl (4 Lf)	frisch mahlen
1	Lf	Haselnussmark	
30	g	Datteln	fein schneiden
4	dl	Wasser	
1	Prs	Salz	
1	Prs	Piment	
wenig		Korianderpulver	zugeben, unter Rühren ca. 5 Min. kochen bis die Creme gebunden hat, im Wasserbad abkühlen
1	dl	Rahm	schlagen
100	g	Quark	luftigschlagen
½		Zitrone	Saft und Schale
2	Lf	Mineralwasser	dazumischen, garnieren, kühlstellen

Zitronen-Creme

200	g	Quark	luftigschlagen
4	Lf	Birnel	zugeben
2	dl	Rahm	schlagen
½		Zitrone	Saft und Schale
4	Lf	Mineralwasser	
wenig		kandierter Ingwer	schneiden
wenig		Vanille, Ingwerpulver	alles gut mischen, kalt stellen

Apfel-Auflauf Apple-pie

150	g	Zwieback oder gekochter Schrotbrei	in ausgebutterte Auflaufform geben
750	g	Äpfel	grob raffeln
2	Lf	Nüsse	fein mahlen
½		Zitrone	Saft und Schale
1	Lf	Rosinen	
2	Lf	Honig oder Birnel	
1	Tlf	Zimt	zugeben, mischen, in die Auflaufform füllen
400	g	Mascarpone oder Sauerrahm	
2	Lf	Honig oder Birnel	
1	dl	Mineralwasser	
½		Zitrone	Saft und Schale
2	Prs	Vanille	zugeben, mischen, über dem Auflauf verteilen

Backen: 30 Min. in zweitunterster Rille bei 180 °C

Diätetische Hinweise:

Stark saure Äpfel sind besser verträglich, wenn 1-2 geschlagene Eiweisse zugegeben werden.
Gekochtes Pektin, welches vor allem im Kerngehäuse vorkommt, ist die Nahrung der Darmflora. Gekochtes Apfelmus, Quittenmus und Quittengelee helfen mit, die Darmflora aufzubauen.

Hagebutten-Soufflé **Auflauf-Pudding**

100	g	Rundkornreis	waschen
1	l	Wasser	Reis 10 Min. blanchieren, Wasser abgiessen
30	g	Butter	
5	dl	Milch	
wenig		Vanille	
1	Prs	Salz	mit dem Reis aufkochen, 30 Min. ziehen lassen, auskühlen lassen
200	g	leicht gesüsstes Hagebuttenmark	
4		Eigelb	verrühren, dem Reis zugeben
4		Eiweiss	zu Eischnee schlagen
2	Lf	Sucanat	dazuschlagen, locker unter den Reis mischen, in kalt ausgespülte Auflaufform bis auf ¾ der Höhe einfüllen

Backen: In ein Wasserbad stellen und im Backofen 30 Min. in zweituntersterster Rille bei 220 °C garen.

Sofort mit separat erwärmtem, flüssigem Hagebuttenmark servieren.

Hafer-Auflauf **mit Aprikosen**

4		Feigen	
6		Datteln	
9		getrocknete Aprikosen	fein schneiden
3	Lf	Haferflocken	
8		Weinbeeren	
7		Baumnüsse	fein hacken
5		Haselnüsse	fein hacken
5	dl	Wasser	
1	Tlf	Zimt	
2	Lf	Birnel	alles ein paar Std. einweichen,
200	g	Hafer	10 Min. darin weichkochen, nachquellen lassen

1	Prs	Salz	
1		Apfel	reiben
100	g	Mascarpone	dazumischen, in eine ausgebutterte Auflaufform geben

Backen: 30 Min. in zweitunterster Rille bei 200 °C

Dazu: Vanillesauce und Apfelmus

Hirse-Auflauf

150	g	Hirse	mit kochendem Wasser übergiessen, gut waschen
500	g	Apfel- oder Birnenschnitze	
1	Lf	Korinthen	
1		Zitrone	Saft und Schale
2	Lf	Birnel	
1/3	Tlf	Zimt	Zutaten mischen, in eine gut gebutterte Auflaufform füllen, Hirse darübergeben
4	dl	Mineralwasser mit Kohlensäure	
wenig		gem. Anis, gem. Fenchel, Ingwer	
3	Lf	Rahm	
2	Lf	Birnel	
¼	Tlf	Salz	mischen, darübergeben

Backen: 30 Min. in zweitunterster Rille bei 200 °C

Dazu: Sanddornsauce

Johannisbeer-Pie

Mürbeteigdeckel:

200	g	Vollkornmehl	
100	g	weiche Butter	verrreiben
6	Lf	Wasser	
½	Tlf	Salz	weichen Mürbeteig herstellen, 1 Std. kaltstellen

Füllung:

750	g	Johannisbeeren	
3	Lf	Kokosflocken	
2	Lf	Rohrzucker	
1	Port	Meringuage	
3		Zwieback	zerreiben, leicht vermischen, in ausgebutterte Auflaufform füllen

		Mürbeteig	3 mm dick auswallen, als Deckel auf die Auflaufform geben, Rand gut andrücken, mit Teigresten verzieren, Loch von 3 cm ø ausschneiden, Teig mit Milch anstreichen

Backen: 40 Min. in zweitunterster Rille bei 180 °C

Dazu: warme Vanillesauce

Dieses Rezept kann mit beliebigen Zutaten, Obst-, Gemüse- oder Beerenarten variiert werden.

Grüne Grütze

4		Pfirsiche	in kochendem Wasser 2 Min. blanchieren, Haut abziehen, halbieren, auf Dessertteller anrichten
500	g	reife Stachelbeeren oder Äpfel, Kiwi, Rhabarber	
2	dl	Süssmost	
1	Tlf	Agar	
1		Zitronenschale	abreiben
2	Lf	Honig	
wenig		Vanille	zusammen langsam aufkochen, 5 Min. vor dem Siedepunkt ziehen lassen, über die Pfirsiche anrichten
2	dl	Rahm	schlagen
		Pfefferminzblätter	zum Garnieren

Hirse-Beeren-Speise

40	g	Hirse	frisch mahlen
6	dl	Milch	
1	Tlf	Agar	
1	Prs	Salz	
2	Lf	Syramenazucker	
wenig		Vanille	alles mischen, unter Rühren aufkochen, 5 Min. leicht köcheln lassen
450	g	Beeren	möglichst nur verlesen, möglichst nicht waschen, ev. schneiden, in 4 Schälchen verteilen

ev. 1	Lf	Rohrzucker	
1	Lf	Zitronensaft	bei sehr sauren Beeren zugeben, Creme darüber verteilen, garnieren, kalt servieren

Eine ideale Nährstoffzusammensetzung ist Hirse mit Milch zu einem Brei gekocht, ergänzt mit Beeren und Zwetschgen-Latwerge oder Gemüse. Dies war die tägliche Mahlzeit der armen Bevölkerung in der deutschsprachigen Schweiz.

Kastanien-Omeletten **Fritelle di Castagnaccio**

150	g	Kastanienmehl	
¼	Tlf	Salz	
2	Lf	Honig	
4	dl	Mineralwasser	Omelettenteig, herstellen, 1 Std. ruhen lassen, kleine Omeletten backen
		Füllung:	
250	g	Quark	luftigschlagen,
3	Lf	Beerenkonfitüre	dazumischen, zwischen 2 Omeletten füllen

Diätetische Hinweise: (nach Hildegard von Bingen)

Edelkastanien, Quitten und Dinkel sind nach der hl. Hildegard von Bingen (1098-1179) ein Stärkungsmittel und die drei Universallebensmittel.

- Dinkel stärkt uns Menschen in harmonischer Weise an Haupt und Gliedern
- Kastanien sind ein Verjüngungsmittel, da sie das Säure-Base-Gleichgewicht wieder herstellen
- Quitten verbessern die Oberfläche der Lymphozyten und stärken dadurch das Abwehrsystem des Körpers

Polnische Omeletten

2	Lf	Ahornsirup oder Birnel	
4		Eigelb	
1	Prs	Salz	
4	Lf	Wasser	vermischen
4		Eiweiss	zu Eischnee schlagen, darunterziehen
100-120	g	Haushaltsmehl	dazusieben, leicht vermischen
40	g	Butter	in anbrennsicherer Bratpfanne schmelzen,

			Omelettenteig zugeben, zugedeckt bei wenig Hitze 10 Min. backen, wenden,
		nochmals 10 Min. backen	
Dazu:		Gekochter Kompott	

Preiselbeer-Kürbis-Auflauf

300	g	Kürbis	in Würfel schneiden
300	g	Preiselbeeren	
100	g	Hafermehl oder Haferflocken	
100	g	ungesüsster Zwieback	zerreiben
1	Prs	gem. Nelken	
150	g	Mascarpone	
3	Lf	Baumnüsse	fein hacken
2	Lf	Honig	
2	dl	Rahm	
½	Tlf	Zimt	
1	Prs	Salz	alle Zutaten mischen, in eine ausgebutterte Auflaufform geben

Backen: 40 Min. in zweituntester Rille bei 180 °C

Dazu: Mandelcreme

Reis-Bavaroise

5	dl	Wasser	
½	Tlf	Vanille	
½	Tlf	Salz	zusammen aufkochen
150	g	Rundkornreis	7mal gut waschen, einrühren, 10 Min. leicht kochen lassen
5	dl	Milch	zugeben, aufkochen, 20 Min. quellen lassen
20	g	Butter	
3	Lf	Rosinen oder Orangeat und Zitronat	
3	Lf	Syramenazucker	dazumischen
3	dl	Aprikosensaft	unter Rühren aufkochen, 5 Min. ziehen lassen, dem Brei zugeben, gut mischen
500	g	gut ausgereifte Früchte oder Beeren	ev. waschen, fein schneiden, dazumischen, auskühlen lassen bis die Masse geliert

3	dl	Rahm	schlagen, leicht darunterziehen, schön anrichten, kalt servieren

Rote Grütze aus Wien

7,5	dl	Himbeer- oder rote und schwarze Johannisbeer-, Kirschensaft, Schattenmorellen	
wenig		Salz	
100	g	Birnel	zusammen aufkochen
150	g	Vollweizengriess	langsam einrühren, 5 Min. kochen lassen, 15 Min. zugedeckt quellen, in kalt ausgespülte Förmchen füllen und nach dem Erkalten stürzen

Dazu: Sauermilch mit wenig Rahm vermischen, mit Mandelpüree und Vollrohrzucker abschmecken.

Rote Grütze klar

600	g	Himbeeren, und Johannisbeeren oder Erdbeeren und Rhabarber, Kirschen und Sauerkirschen, Brombeeren, Heidelbeeren, usw.	ev. schneiden, wenig Beeren zum Garnieren wegstellen
3	Lf	Rohrzucker	zugeben, einige Std. durchziehen lassen
1	Prs	Salz	
7	dl	Wasser	
1	Prs	gem. Anis, Ingwer, Vanille	
3	Lf	Tapioka	in einer Pfanne erhitzen, unter Rühren 10 Min. kochen lassen, Beeren zugeben
½		Zitrone	Saft auspressen, zugeben
1	Lf	Honig	abschmecken

Dazu:

1	dl	Sauermilch	
1	Lf	Honig	
2	dl	Rahm	schlagen
½	Tlf	Zimt	gut vermischen

Dies ergibt ein Abendessen oder mit der halben Menge einen Dessert.

Sauerkirschen-Knödel aus Canada

3		mittelgrosse, gekochte Kartoffeln (mehlige Sorte)	schälen, fein reiben
200	g	Dinkelmehl	
60	g	weiche Butter	
40	g	Vollweizengriess	
1	Prs	gem. Nelken	
1		Zitronenschale	abreiben
wenig		Zimt	
1/3	Tlf	Salz	alle Zutaten zu einem formbaren Teig mischen, 30 Min. ruhen lassen
300	g	entsteinte Sauerkirschen, Aprikosen, Zwetschgen, oder andere Früchte	Saft gut abtropfen lassen, Saft mit etwas Ahornsirup und Wasser abschmecken, kalt servieren
2	l	Wasser	aufkochen
1	Tlf	Salz	zugeben aus dem Teig ca. 4 cm grosse Knödel formen, in der Mitte die Sauerkirschen plazieren, alles im Sud 15 Min. vor dem Siedepunkt ziehen lassen
		Zimt und Ahornsirup	über die angerichteten Knödel geben

Dazu: Butterflycreme

Tapioka-Auflauf

100	g	Tapioka (10 Lf)	
70	g	Rohrzucker (6 Lf)	
3		Eigelb	
7	dl	Milch	
1		Zitronenschale	abreiben, gut mischen, in eine ausgebutterte Auflaufform füllen, den Rand freilassen
20	g	Butterflocken	darübergeben

Backen: ca. 40 Min. in zweitunterster Rille bei 200 °C, bis die Masse fest geworden ist. Die Masse während der Backzeit öfters gut umrühren.

In den letzten 10 Min. Meringuage über den Auflauf streichen oder mit Spritzsack garnieren, bei 220 °C überbacken.

Dazu: Einen »farbigen Kompott« servieren und warm geniessen.

Meringuage

3		Eiweiss	zu Eischnee schlagen
1	Prs	Salz	
3	Lf	Rohrzucker	dazuschlagen
3	Lf	Rohrzucker	dazumischen
2	Lf	Nüsse oder Kokosraspeln	mahlen, daruntermischen

Diese Meringuage ist für jede Art Auflauf, Dessert, Früchtekuchen, usw. zum Garnieren geeignet. Das Überbacken erfolgt 10 Min. bei 220 °C.

Leichte Quark-Creme

250	g	Quark	luftigschlagen
200	g	Saisonobst	fein schneiden
ev.		kandierter Ingwer	fein schneiden
2	Lf	Ahornsirup, Honig oder Birnel	
½		Zitronenschale	abreiben
wenig		Vanille	
1	Lf	Rahm	
1/3	Tlf	Zimt	locker vermischen
1	Tlf	Agar	
2	dl	Aprikosensaft oder Wasser	in eine Pfanne geben, vor dem Siedepunkt 5 Min. auflösen lassen, sofort unter die Quarkmischung ziehen

Anstelle von frischem Obst kann auch Konfitüre oder Fruchtmark verwendet werden.
Die Zugabe von Fruchtessenzen, z.B. ½ Tlf Mandarinen-Würzöl, ergibt ebenfalls eine interessante Komposition.

Quark-Knödel

4	Lf	Korinthen	
500	g	fester Quark	
100	g	Weizengriess	
3	Lf	Ahornsirup oder Birnel	
3	Prs	Vanille	
1	Lf	Rahm	
½	Tlf	Zimt	
1/3	Tlf	Salz	
2		Eier	verquirlen, alles vermischen, mind. 3 Std. stehenlassen
2	l	Wasser	
1	Lf	Haferflocken	zugeben, aufkochen

		Quarkmasse	mit einem Löffel portionenweise abstechen, 5 Minuten im heissen Wasser simmern lassen. Die Knödel müssen obenauf schwimmen
		Butter, Zimt, Ahornsirup oder Birnel	zum Anrichten

Sanddorn-Sauce

360	g	Joghurt natur (2 Becher)	
oder:			
2	Lf	Rahm	
4	dl	Sauermilch	
2	Lf	Mineralwasser	
3	Lf	Sanddorn- oder Schlehenelixier	
2	Lf	Ahornsirup oder Birnel	
wenig		Zimt oder Vanille	alles zusammen luftigschlagen, abschmecken
Passt zu:		Hirseauflauf	

Sauerkirschen-Dessert

500	g	Quark	luftigschlagen
3	Lf	Honig	
1	Lf	Mandelpüree	
1		Zitronenschale	abreiben
100	g	Haferflocken	
750	g	Sauerkirschen, Beeren oder Früchte	
100	g	Mandeln	mahlen
100	g	Zwieback oder Biskuits	zerreiben
wenig		Vanille, gem. Anis	alle Zutaten gut mischen, in Schälchen anrichten, kaltstellen
2	dl	Rahm	schlagen
		Sauerkirschen	zum Garnieren

Dattel-Konfekt **Osterkonfekt**

1	dl	Wasser	
300	g	Datteln	fein schneiden, weichkochen, abkühlen lassen

300	g	Haselnüsse	mahlen, leicht rösten
1		Zitrone	Saft und Schale
1	Prs	Salz	alle Zutaten vermischen, Kugeln oder andere Figuren formen
50	g	Haselnüsse	mahlen, Kugeln in den gem. Nüssen wenden, trocknen lassen

Kühl aufbewahrt ist der Dattelkonfekt ca. 5 Tage haltbar.

Dinkel-Konfekt

200	g	Dinkelmehl	ca. 10 Min. darren
2	Lf	Mandelmus	
3	Lf	Honig	
1	Prs	Salz	
1	Tlf	Zimt	
2	Lf	Kakao	
3	Prs	Vanille	
ev.		Wasser	vermischen, quellen lassen, Kugeln formen,
100	g	Mandeln	mahlen, Kugeln in den gem. Mandeln wenden, trocknen lassen

Halvah **Süßspeise indisch**

40	g	Hirsemehl (4 Lf)	
1	Stk	kandierter Ingwer	fein schneiden
4	dl	kaltes Wasser	
2	Lf	Dattelgold	
2	Lf	Rosinen	
2	Lf	Datteln	fein schneiden
3		Feigen	fein schneiden
1	Lf	Honig	
3	Prs	Salz	
¼	Tlf	Zimt	
1	Prs	gem. Nelken	alles zusammen unter Rühren aufkochen,
100	g	Vollweizengriess	langsam einrühren
4	dl	Milch	zugeben, Masse gut zugedeckt 15 Min. nachquellen lassen
1		Zitronenschale	abreiben
2	Lf	Kokosflocken	
3	Lf	Haselnüsse	fein hacken
1	Lf	Sesam	

2	Lf	Rahm	zugeben, abschmecken, Masse auf eine kalt abgespülte Platte 2 cm dick ausstreichen, abkühlen lassen, portionenweise anrichten
Dazu:		Zwetschgencreme	

Mais-Konfekt

1	Lf	Maiskeimöl	erwärmen
200	g	weisses Maismehl	ca. 10 Min. leicht anrösten
3	dl	Wasser	nach und nach beigeben, bis eine mittelfeste Masse entsteht, vom Feuer nehmen, folgende Zutaten zugeben:
50	g	Rosinen	
50	g	Mandelstifte	
50	g	Honigmarzipan in Stücken	
oder:			
2	Lf	Mandelpüree	
50	g	Datteln	fein schneiden
4	Lf	Honig	
wenig		Salz Kardamom, Koriander, Macis, Ingwer, Vanille	
¼	Tlf	Zimt	alle Zutaten vermischen, ruhen lassen, Würfel formen
2	Lf	Kokosraspeln	Würfel in Kokosraspeln wenden, einige Stunden kaltstellen

In Indien wird diese Speise im Tempel geweiht und als Prassad (geheiligte Speise) den Tempelbesuchern dargeboten.

Marzipan-Konfekt

		Grundmasse:	
400	g	Mandeln	5 Min. leicht kochen lassen, schälen, in einer Nussmühle 3mal mahlen
4	Lf	Honig	
1	Lf	Zitronensaft	
1	Lf	Rosenelixier oder Rosenwasser	
2-3	Trpf	Bittermandelöl	zugeben, Masse mit den Händen ca. 10 Min. kneten, bis das Öl heraustritt (geschieht

			nur durch die Körperwärme), Masse beliebig formen
		für rosa Marzipan:	
1	Tlf	Randensaft	der Grundmasse zufügen
		für dunkles Marzipan:	
2	Lf	Kakao	der Grundmasse zufügen
		Marzipan mit speziellen Aromen:	
½	Tlf	Mandarinen-Essenz oder andere Essenzen	der Grundmasse zufügen
		Marzipan verzieren:	
100	g	dunkle Schokolade	
2	Lf	Rahm	sorgfältig schmelzen, nicht über 30 °C erwärmen, zum Verzieren das geformte Marzipan eintauchen

Marzipankonfekt lässt sich beliebig kombinieren, z.B.:

- zwischen 2 Baumnüsse eine Marzipankugel geben
- entsteinte Datteln mit Marzipan füllen und in gemahlenen Nüssen wenden
- zwischen 2 Bananenscheiben oder Kiwi, Birnen, Ananas, usw. eine dünne Marzipanschicht geben und in flüssiger Schokolade wenden

Marzipanrezepte wurden erstmals im Jahre 1553 als »marzapan«-Rezepte, im ersten bekannten deutschen Kochbuch von Sabine Welserin in Augsburg, beschrieben.

Sesam-Konfekt

100	g	feine Haferflocken	
100	g	geschälter Sesam	in einer Guss-Bratpfanne leicht rösten
20	g	Butter	
wenig		Macis, Ingwer	
2	Lf	Mandelmus	
4	Lf	Wasser	
½	Lf	Sanddornelixier	alle Zutaten gut verkneten, quellen lassen, mit fettigen Händen Kugeln formen
80	g	Haselnüsse	mahlen, Kugeln in den gem. Nüssen wenden, trocknen lassen

Falls die Masse bröckelt, etwas heisses Wasser zugeben.

Gersten-Salat süss

200	g	gekochte Gerste	
200	g	Obst, z.B.	
		Birnen, Trauben, Beeren	mundgerecht rüsten
50	g	Datteln	fein schneiden
50	g	Mandeln	fein hacken
½		Zitrone	Saft und Schale
1	dl	Rahm	
¼	Tlf	Salz	alle Zutaten vermischen
ev. wenig		Mineralwasser	zugeben

Orangen-Salat

6		Orangen	5 Min. in heisses Wasser legen, schälen, fein schneiden
½	Tlf	Zimt	
8		Datteln	fein schneiden
½		Zitrone	Saft und Schale
1	Lf	Pistazienkerne	
wenig		Ingwer, Vanille	
2	Lf	Ahornsirup	
		oder flüssiger Honig	sorgfältig mischen, ev. mit Kiwis und Avocados garnieren

Wenn Orangen 5 Min. in heisses Wasser gelegt werden, dann lassen sich die weissen Häutchen gut entfernen.

Diätetische Hinweise:

Zu sauren Früchten Zitronensaft zugeben. Die schwächere Säure wirkt dann als Base und setzt die überschüssige stärkere Säure bis zum Säure-Base-Gleichgewicht frei.

Reis-Salat süss

200	g	gekochter Reis	
400	g	Obst, z.B. Äpfel,	
		Bananen, Birnen, Rüebli	mundgerecht rüsten
100	g	Quark	luftigschlagen
1		Zitrone	Saft und Schale
3	Prs	Ingwer	
1	Lf	Honig	
1	dl	Rahm	
1	dl	Most	
¼	Tlf	Zimt	
3	Prs	gem. Anis	
3	Prs	Salz	alle Zutaten vermischen, 30 Min. ziehen lassen

Dattel-Pudding

1	Tlf	Marantamehl	
6	dl	kalte Milch	
2	Lf	Honig	
wenig		Vanille	
1	Tlf	Agar	
1/3	Tlf	Zimt	
1	Prs	Salz	aufkochen, vor dem Siedepunkt 5 Min. leicht simmern lassen
½		Zitronenschale	abreiben
80	g	Walnüsse	fein hacken
80	g	Datteln	fein schneiden, dazumischen, in Schälchen abfüllen, kaltstellen

Johannisbeer-Parfait

2	dl	Weisswein	
60	g	Syramenazucker	zusammen aufkochen,
3		Eigelb	unter kräftigem Schlagen zugeben, im heissen Wasserbad vor dem Siedepunkt weiterschlagen bis die Masse fest wird, im kalten Wasserbad unter ständigem Rühren abkühlen lassen
1	dl	Johannisbeersirup	zugeben, gut mischen
2	dl	Rahm	darunterziehen, in Portionen abfüllen, tiefgefrieren

Zwetschgen-Sorbet

1	kg	frische oder eingemachte Zwetschgen	schneiden
3	dl	Wasser	
300	g	Sucanat	zusammen aufkochen, Zwetschgen zugeben, gut weichkochen, pürieren
¼	Tlf	Zimt	
½		Zitrone	Saft auspressen, zugeben, Masse unter öfterem Rühren einfrieren
ev. 1		Eiweiss	zu Eischnee schlagen

1	Lf	Sucanat	dazuschlagen, der Masse vor dem Festwerden zugeben, fertig gefrieren. Das Sorbet darf nicht ganz durchgefroren sein!

Eiweiss bindet die aggressiven Fruchtsäuren.

Griess-Brei

6	dl	Wasser	aufkochen,
200	g	Vollgriess	unter Rühren einrieseln lassen, 5 Min. kochen
1		Zitronenschale	abreiben
20	g	Butter	
6	dl	Milch	
1	Lf	Birnel	
½	Tlf	Salz	mischen, dem Brei zugeben, kurz aufkochen, 15 Min. nachquellen lassen
2	Lf	Rohrzucker	
¼	Tlf	Zimt	vermischen, über den Brei streuen

Griessköpfchen

2	Lf	Mandelsplitter	
1	Lf	Rohrzucker	
1	Lf	Dattelgold	
2	Lf	Rosinen	
6	dl	Wasser	
1/3	Tlf	Salz	Zutaten mischen, aufkochen
200	g	Hirsegriess oder Vollweizengriess	unter Rühren einrieseln lassen, 5 Min. kochen
1		Zitronenschale	abreiben
6	dl	Milch	zugeben, kurz kochen, 15 Min. nachquellen lassen, Masse in kalt ausgespülte Puddingförmchen geben, abkühlen lassen, stürzen

Dazu: pürierte Melonen, Beeren oder eine Sanddornsauce

Haferbrei **Porridge**

200	g	Hafergrütze	leicht rösten

8	dl	kaltes Wasser	
20	g	Butter	
½	Tlf	Salz	zugeben, 10 Min. kochen, 15 Min. nachquellen lassen

Dazu: Milch, Sauermilch, Früchte, Beeren, Kompott oder Rohrzucker

Milchreis

200	g	Rundkornreis	7mal gut waschen
1		Zimtstengel	
5	dl	Wasser	
2	Lf	Rahm	alles zusammen 5 Min. kochen
5	dl	Milch	nach dem Kochen zugeben, 20 Min. nachquellen lassen
wenig		Zitronenschale	abreiben
wenig		Vanille	
¼	Tlf	Salz	zum Abschmecken

Dazu: Rohrzucker mit Zimt vermischt.

Der Milchreis kann auch in einer ausgebutterten Auflaufform im Backofen wie folgt gebacken werden:

- 20 Min. in zweitunterster Rille bei 250 °C backen
- Milch zugeben und weitere 20 Min. backen

Teige, Kuchen, Guetzli

Praktische Backhinweise

Steifschlagen von Eiweiss zu Eischnee:

- Eiweiss vom Eigelb sauber trennen
- Eiweiss wird fest, indem Luft hineingeschlagen wird
- grosse, saubere, fettfreie Schüssel und Schwingbesen verwenden

Rahm schlagen:

- Idealtemperatur zum Rahmschlagen ist 12 °C
- Rahm wird fest durch die Aneinanderreihung der Fettkügelchen durch das Rühren
- Fettkügelchen nicht zerschlagen, deshalb das Rührwerk und nicht die Mixmesser verwenden

Reihenfolge beim Kuchen backen:

- Backblech vorbereiten, Ofen vorheizen
- Zutaten abmessen und bereitstellen

- Butter immer zuerst schaumigrühren
- Eigelb und Süßstoffe solange rühren, bis sich die Zuckerkristalle aufgelöst haben. Das Rühren macht den guten Kuchen aus!

- Aromen zugeben

- Backpulver wirkt nur mit der entsprechenden Menge Mehl
- Backpulver und Mehl durch Sieben lockern und ganz am Schluss leicht unter die Masse mischen, da sonst der Kuchen zäh wird

- Eischnee mit wenig Süßstoff zu einer festen Meringue-Masse schlagen, kurz vor dem Backen auf die Eigelbmasse geben, dann das Mehlgemisch dazusieben und alles sorgfältig mischen
- Teig sofort in die Form füllen, Ränder sauber halten und sofort backen
- Beachten: Eischnee fällt wieder zusammen, wenn er mit Fett in Berührung kommt

- während dem Backen den Ofen erst öffnen, wenn die Teigmasse fest ist
- Der Kuchen ist fertig, wenn er sich vom Formenrand leicht löst und angenehm duftet. Dieser Duft entsteht am intensivsten bei 150-180 °C.
- nur Eiweissgebäcke bei 200 °C backen, damit der Eischnee nicht zusammenfällt

- Kuchen nach dem Backen 5 Min. im ausgeschalteten Ofen lassen, dann 5 Min. auf dem Tisch auskühlen lassen, erst dann aus der Form heben, indem man den Kuchen mit dem Spachtel zuerst der Form entlang löst
- Kuchen auf einem Kuchengitter in Ofennähe abkühlen lassen, damit sich die Aromen voll entfalten können
- wird der Kuchen später glasiert, dann noch etwas Gelee auf die warme Oberfläche streichen, damit diese glatt wird

- Backtrennfolie ist ein bewachstes Pergamentpapier und kann bis 220 °C bedenkenlos verwendet werden. Erst wenn die Wachsschicht verbrennt, entstehen giftige Dämpfe. Diese Dämpfe sind aber weniger giftig wie beim Grillieren!

Mürbeteig geriebener Teig

Grundrezept:

250	g	Vollkornmehl	frisch mahlen
80	g	Butterflocken	verreiben
250	g	Magerquark	luftigschlagen
½	Tlf	Salz	
1	Lf	Essig	
ev. 2	Lf	Syramena	
1-2	Lf	Wasser nach Bedarf	einen sehr weichen Teig herstellen!

Teig auf ein bebuttertes Blech streichen oder einige Std. ruhen lassen, zwischen 2 Backtrennfolien auswallen, einstechen, mit 1 Tlf Öl bestreichen.

Vorbacken: 10 Min. in zweitunterster Rille bei 200 °C, ev. Blindbacken

Teig beliebig belegen

Blindbacken: 15 Minuten in zweitunterster Rille bei 220 °C

Für ein Blech mit 30 cm ø genügen 250 g Mehl. Für die Rezepte mit kleineren Formen ergibt sich aus dieser Menge ein grösserer Teigrand.
Essig verbessert die Flüssigkeitsaufnahme durch die Stärke im Mehl und macht den Vollkornteig dadurch leichter verdaulich.

Blindbacken wird angewendet, damit sich der Teig beim Backen nicht wölbt. Dazu legt man zum Backen ein Pergamentpapier in der Grösse der Backform auf den Teig. Auf das Pergamentpapier legt man getrocknete Bohnen, Kirschen- oder Zwetschgensteine zur Beschwerung.

Fruchtwähe »Fruchtkuchen, Fladen, Dünne«

1	Port	Mürbeteig	herstellen und vorbacken gem. Grundrezept

Belag:

4	Lf	Nüsse	mahlen, auf den Teigboden verteilen
2	Lf	Weizengriess zugeben	bei sehr saftigen Früchten
750	g	Apfelschnitze, halbierte Aprikosen, Früchte, Kirschen, Rhabarberstücke oder Zwetschgen	Teig belegen

Guss:

300-500	g	Quark	luftigschlagen
2	dl	Rahm	

2-3	Lf	Birnel	
1	Tlf	Agar	
ca. 4-6	Lf	Wasser	
wenig		Vanille	
1	Tlf	Marantamehl oder Tapioka	
1		Zitronenschale	abreiben, alles gut mischen, über die Früchte verteilen

Backen: mit Guss 15 Min. in zweitunterster Rille bei 220 °C

Netzmuster, anstelle eines Gusses:

2	Lf	Ahornsirup	
2	Lf	Zuckerrübensirup	
2	Lf	Malzextrakt	einzeln spinnennetzartig über die Früchte ziehen

Backen: 15 Min. in zweitunterster Rille bei 220 °C

Oster-Kuchen

1	Port	Mürbeteig	herstellen und vorbacken gem. Grundrezept, in eine ausgebutterte Springform 24 cm ø auslegen
3	Lf	Himbeergelee	auf den Teigboden verteilen

Füllung:

4	dl	Milch	aufkochen
4	Lf	Weizengriess oder Reismehl	unter Rühren vorsichtig in die Milch einrieseln lassen, 10 Min. leicht köcheln
30	g	Butter	
3	Lf	Rosinen	
3	Lf	Rohrzucker	
½		Zitronenschale	abreiben
3	Lf	gem. Mandeln	
1	Prs	Salz	alles zugeben, mischen, Masse abkühlen lassen
2		Eigelb	zugeben
2		Eiweiss	zu Eischnee schlagen, leicht daruntermischen, Füllung auf dem Tortenboden verteilen

Backen: 30 Min. in zweitunterster Rille bei 200 °C

Hasenschablone auf den Kuchen legen und Puderzucker darüberstreuen.

Potpourri

1	Port	Mürbeteig	herstellen und vorbacken gem. Grundrezept
		Belag:	
100	g	Bergkäse	
½		Gurke	
1		Tomate	
1		rote Peperoni	
1		mittlere Zucchetti	alles in kleine Würfel schneiden
2	Lf	Buchweizenmehl	
¼	Tlf	Salz	
wenig		Cayenne, Paprika, Piment	
je 1	Tlf	Basilikum, Oregano	leicht vermischen, auf den vorgebackenen Teig geben
oder			
250	g	Maiskörner (Gemüsemais) (aus Glas oder Dose)	
1	Lf	Oliven	
2		Essiggurken	schneiden
2		getrocknete Tomatenstücke	
2	Lf	Buchweizenmehl	
100	g	Bergkäse	in Würfel schneiden
¼	Tlf	Salz	
wenig		Cayenne, Paprika, Piment	
je 1	Tlf	Liebstöckel, Majoran	leicht vermischen, auf den vorgebackenen Teig geben
oder			
1		mittlerer Lauch	
½		Stangensellerie	
1		Fenchel	
200	g	Lattich, Mangold oder Spinat	schneiden, andünsten
3	Lf	Buchweizenmehl	
2	dl	Sauerrahm	
100	g	Bergkäse	in Würfel schneiden
¼	Tlf	Salz	
wenig		Cayenne, Paprika, Piment	
je 1	Tlf	Kerbel, Selleriekraut	leicht vermischen, auf den vorgebackenen Teig geben
Backen:		15 Min. in zweitunterster Rille bei 220 °C	

Rhabarber-Nuss-Torte

1	Port	Mürbeteig oder Mailänderliteig	herstellen und vorbacken gem. Grundrezept,

			in eine ausgebutterte Springform 24 cm ø auslegen
oder			
200	g	Dinkelmehl	
80	g	weiche Butter	miteinander verreiben
4	Lf	Syramenazucker	
½	Tlf	Zimt	
1		Eigelb	alles dem Mehl zugeben
3	Lf	Sauermilch	zugeben, zu einem Teig kneten, mind. 2 Std. kühl stellen, Teig in eine ausgebutterte Springform ausstreichen

Rhabarber-Füllung:

500	g	Rhabarber	in kleine Würfel schneiden
4	Lf	Syramenazucker	zugeben
1		Eiweiss	zu Eischnee schlagen, sorgfältig darunterziehen

Nuss-Masse:

3		Eigelb	
120	g	Honig	
½	Tlf	Orangenschale	alles zusammen schaumigschlagen, bis eine cremige Masse entsteht
4		Zwieback	zerreiben
100	g	Mandeln oder Haselnüsse	mahlen
3		Eiweiss	sehr steif schlagen
1	Prs	Salz	
1	Lf	Syramenazucker	zugeben, alles leicht unter die Nuss-Masse ziehen

Rhabarber-Füllung auf dem Teigboden verteilen, Nussmasse darübergeben, sofort backen.

Backen: 45 Min. in zweitunterster Rille bei 180 °C

Trauben-Torte

1	Port	Mürbeteig	herstellen und vorbacken gem. Grundrezept in einer ausgebutterten Springform 22 cm ø

Mascarpone-Sauce:

400	g	Mascarpone oder Sauerrahm	
1	dl	Rahm	schlagen, darunterziehen

wenig		Vanille	
1		Zitronenschale	abreiben
3	Lf	Ahornsirup oder Birnel	zugeben, abschmecken, auf den Kuchenboden verteilen
500	g	Trauben	halbieren, darauf verteilen
1	dl	Rahm	schlagen zum Garnieren

Es können auch Beeren oder Bananen verwendet werden.

Zürcher Pfarrhaus-Torte

1	Port	Mürbeteig	herstellen und vorbacken gem. Grundrezept in einer ausgebutterten Springform 24 cm ø
		Füllung:	
2		Eigelb	
4	Lf	Rohrzucker	zusammen schaumigrühren
½	Tlf	Zimt	
150	g	Haselnüsse	rösten und mahlen
½		Zitronenschale	abreiben, alles zugeben
2		Äpfel	dazuraffeln
2		Eiweiss	zu Eischnee schlagen, sorgfältig darunterziehen, Masse auf den Teigboden verteilen
3		Äpfel	schälen, halbieren, Kerngehäuse ausstechen, Äpfel in feine Scheiben schneiden, auf die Füllung legen
1	Lf	Malz	auf die Apfelscheiben verteilen

Backen: 35 Min. in zweitunterster Rille bei 200 °C

Vollkorn-Teig Grundrezept

250	g	Butter	in einer Pfanne schmelzen
500	g	Quark	luftigschlagen, unter Rühren die Butter zugeben
1	Tlf	Salz	
70	g	Buchweizenmehl	
400	g	Vollkornmehl	zugeben, Teig gut vermischen, zugedeckt über Nacht kaltstellen

Dieser Teig ist sehr schnell zubereitet und eignet sich für süsse und salzige Gebäcke.

Berliner Plunder

1 Port	Vollkornteig	herstellen gem. Grundrezept, Teig halbieren, Boden und Deckel je zwischen 2 Backtrennfolien auswallen

Backen: 20 Min. in mittlerer Rille bei 200 °C

Auf den noch warmen Boden Himbeerkonfitüre streichen und Deckel darauf legen.
Den Deckel mit einer Zitronen- oder Mandelglasur überziehen.
Plunder noch warm in die gewünschte Guetzliform schneiden und auf einem Kuchengitter abkühlen lassen.

Quark-Blätterteig **Grundrezept**

300 g	feines Dinkelmehl	
100 g	Butter	verreiben
200 g	Quark	luftigschlagen, zugeben, gut vermischen, kalt stellen

Teig zu einem 2 cm dicken Rechteck auswallen,
je 1/3 von links und rechts einschlagen, wieder kaltstellen.

Teig wie ein Buch zum Lesen vor sich hinlegen, nochmals längs zu einem kleineren Rechteck auswallen, wieder je 1/3 einschlagen, Teig erneut kaltstellen.

Diesen Vorgang noch 1-2mal wiederholen. Den Teig vor jeder Weiterverarbeitung gut ruhen lassen und kühlstellen.

Boerek **Spinatkuchen Türkei**

1 Port	Quarkblätterteig	herstellen gem. Grundrezept, oder beim Vollkornbäcker beziehen, ¾ cm dick auswallen, auf ein kalt abgespültes Blech legen,
½ Lf	Maiskeimöl	auf dem Teig verteilen
	Füllung:	
500 g	blanchierter Lattich, Spinat oder geschnittene Krautstiele	
1 Lf	Maiskeimöl	Gemüse andämpfen
2 Lf	Buchweizenmehl	
1 Lf	Majoran oder Oregano	
1	Knoblauchzehe	
¼ Tlf	Salz	

wenig		Cayenne, Piment	
1	Prs	Macis	
100	g	Feta	in wenig Milch einlegen, in Würfel schneiden, zugeben, abschmecken, Füllung auf eine Teighälfte verteilen, mit anderer Hälfte zudecken, im Carré bis auf den Blechboden durchschneiden
1	Lf	Marantamehl	
1	dl	Sauerrahm	
oder			
1		Ei	
1	Prs	Salz	
je 1	Prs	Macis, Paprika, Piment	alles vermischen, darübergeben
Backen:		20 Min. in zweitunterster Rille bei 220 °C	

Strudel-Teig **Grundrezept**

1		Ei	verquirlen
2	Lf	Öl	
½	Tlf	Salz	
1	dl	lauwarmes Wasser	alles verrühren
150	g	Haushaltsmehl	
100	g	Dinkelmehl	dazusieben, mind. 10 Min. tüchtig kneten, Teig zugedeckt ruhen lassen

Strudelteig nach Rezept zu Apfelstrudel u.a. weiter verarbeiten.
Beim Kneten den Teig nur soviel dehnen, dass er nicht reisst!

Apfel-Strudel

1	Port	Strudelteig	herstellen gem. Grundrezept, Teig rechteckig dünn auswallen, auf ein Tuch legen und dünn ausziehen
		Strudel-Füllung:	
50	g	Butter	schmelzen, auf dem Teig verstreichen
80	g	Haselnüsse	mahlen, darüberstreuen
1,5	kg	Äpfel	in feine Scheiben schneiden
60	g	Korinthen	
100	g	Rohrzucker	
oder			

3	Lf	Birnel	
wenig		Zimt	alles über den Teig verteilen, allseitig einen 1 cm breiten Rand überschlagen, Tuch einseitig hochziehen und so den Teig zu einem Strudel rollen, auf ein Backblech legen
50	g	Butter	schmelzen, auf den Strudel streichen

Backen: 40 Min. in mittlerer Rille bei 180 °C

Dazu: warme Vanillesauce

oder: **Gemüse-Füllung:**

1	kg	Broccoli	in kleine Röschen schneiden, Stiel in kleine Würfel schneiden
1	l	Wasser	zum Kochen bringen
1	Tlf	Salz	zufügen, Gemüse darin weichkochen, Wasser abgiessen, Broccoli mit einer Gabel fein verdrücken
ev. 4	Lf	gekochter Roggen	zugeben
2	Lf	Reis- oder Buchweizenmehl	mahlen
wenig		Cayenne, Ingwer, Koriander, Macis, Piment, gem. Senf	
2	Lf	frische Kräuter	fein schneiden
2	Lf	Pinienkerne	
1	Tlf	Tamari	
20	g	Butter	
1	dl	Rahm	zu einer Füllung vermischen, wie Apfelstrudel fertigstellen

Dazu: Zitronensauce mit getrockneten Ringelblumen

Baklava **Nussgebäck Türkei**

½	Port	Strudelteig	herstellen gem. Grundrezept, Teig dünn auswallen, auf einem Tuch dünn ausziehen
50	g	Butter	schmelzen

Butter auf dem Teig verstreichen, etwas antrocknen lassen. Teig in ca. 10 Teile schneiden (Cakeform-Bodengrösse), Cakeform mit Backtrennfolie auskleiden, lagenweise wie folgt einschichten:

3 Lagen Teig, ½ Füllung,
3 Lagen Teig, ½ Füllung,
4 Lagen Teig

Füllung:

300	g	Mandeln oder Haselnüsse	mahlen, leicht rösten
100	g	Korinthen	
1		Zitrone	Saft und Schale
1		Apfel	fein reiben
4	Lf	Birnel	
1	Tlf	Zimt	leicht vermischen

Backen: 40 Min. in zweitunterster Rille bei 200 °C

Noch heisser Baklava mit Zitronenglasur bestreichen und im abgeschalteten Ofen abkühlen lassen.

Maultaschen

1	Port	Strudelteig	herstellen gem. Grundrezept

Füllung 1:

500	g	ev. wenig Bärlauch, Brennesseln, Mangold, Sauerampfer, Spinat	im Salzwasser blanchieren, gut abtropfen lassen
1	Lf	Sonnenblumenkerne	
2	Lf	Buchweizenmehl	
5	Lf	Gerstenflocken	
1	Lf	Roggenkörner	keimen
200	g	Mozzarella	in Streifen reissen
½	Tlf	Liebstöckel	
wenig		Salz	
1	Tlf	Ysop	
1	Lf	Tamari	
1	Lf	frische Kräuter	fein schneiden
wenig		Cayenne, Piment	alles mischen, abschmecken

Füllung 2:

½		Aubergine	in Würfel schneiden, mit Salz bestreuen, ½ Std. ziehen lassen, dann das aus den Zellen austretende Wasser abtupfen
1		Zwiebel	fein schneiden
20	g	Butter	schmelzen, Zwiebel andünsten Aubergine zugeben und knusprig braten
8	Lf	Haferflocken	mitrösten

300	g	Wirsing	in feine Streifen schneiden, im Salzwasser kurz blanchieren, mit den übrigen Zutaten vermischen
1/3	Tlf	Salz	
wenig		Kümmel	darren
wenig		Cayenne, Curry, Koriander, Macis, Piment, gem. Senf	
1	Lf	getrocknete Holunderblüten	
1	Lf	frischer Kerbel	fein schneiden
1	Prs	gem. Nelken	
2	Lf	Rahm	zugeben, abschmecken

Zubereitung: Teig dünn auswallen, in Rechtecke 8 x 13 cm schneiden. Füllung auf die Hälfte des Teiges verteilen. Die andere Hälfte gut mit Wasser bepinseln, darüberschlagen und gut andrücken. In kochendem Salzwasser 10 Min. garen.

Anrichten: Füllung 1 mit einer Käsesauce
Füllung 2 mit einer Pilzsauce

Ofenküchlein süss

Brühteig-Grundrezept:

2	Prs	Salz	
3	Lf	Birnel	
70	g	Butter	
2	dl	Wasser	zusammen aufkochen
70	g	Haushaltsmehl	
70	g	Buchweizenmehl	auf ein Papier sieben, Mehl der aufgekochten Masse im Sturz zugeben, tüchtig rühren, bis sich ein Teigkloss bildet, der sich von der Pfanne löst, etwas auskühlen lassen
2-3		Eier	verquirlen, stufenweise dazumischen, Häufchen auf ein Blech setzen, sorgfältig backen

Backen: 30 Min. in zweitunterster Rille bei 180 °C. Den Ofen zwischendurch nicht öffnen.

Ofenküchlein auskühlen lassen, aufschneiden und mit Füllung belegen.

		Füllung:	
2	dl	Rahm	schlagen
2	Lf	Honig	
200	g	Beeren	mit Honig süssen, alles leicht mischen, Ofenküchlein damit füllen
oder			
4	dl	Rahm	schlagen
2	Lf	Ahornsirup	
1	Lf	Malzextrakt	
wenig		Vanille	
1	Lf	Zuckerrübensirup	alles mischen, Ofenküchlein damit füllen

Ofenküchlein salzig

1	Port	Brühteig	herstellen gem. Grundrezept
anstelle		Birnel	
2	Lf	geriebener Sbrinz	verwenden
		Füllung:	
2	Lf	Weizenkörner	keimen
2		Artischockenböden	fein schneiden
2	Lf	schwarze Oliven	fein schneiden
100	g	Hüttenkäse oder Ricotta	dazumischen
je 1	Tlf	Kerbel, Peterli	
wenig		Cayenne, Piment	zugeben, abschmecken, Ofenküchlein damit füllen
oder		**Füllung:**	
		Mascarpone-Baumnuss-Sauce	

Lasagne verde

		Nudelteig-Grundrezept:	
250	g	Vollweizengriess	
oder ev.			
100	g	Vollkornmehl	
150	g	Weizengriess	
1/3	Tlf	Salz	
1		Ei	verquirlen
1	Tlf	Öl	
1	dl	Wasser	
1	Lf	Kräuter	alles zu einem Teig vermischen, gut durchkneten, mind. 1 Std. ruhen lassen,

			Teig dünn auswallen, Lasagne schneiden, vor dem Kochen von Hand ein wenig ziehen, 2 Min. kochen lassen, auf einem Tuch ausbreiten
		Spinat-Gemüse:	
1	kg	Spinat	
oder			
je 1/3		Brennessel, Melde, Spinat	ev. blanchieren
½		Zwiebel	fein schneiden
1 Lf		Öl	erwärmen, Zwiebel andünsten, Gemüse mitdünsten
½	Tlf	Salz	
2		Paranüsse	dazureiben
wenig		Cayenne, Piment	
1	Lf	Kräuter, z.B. Majoran, Oregano	
1	Tlf	Tamari oder Bouillonpaste	zugeben, abschmecken
		Weisse Sauce:	
2	Lf	Butter	erwärmen
3	Lf	Mehl	dünsten bis es angenehm duftet
2	dl	Sauerrahm	
5	dl	Bouillon	
¼	Tlf	Salz	
1	Prs	Macis	
1	Tlf	Tamari	
wenig		Cayenne, Piment	zugeben, 10 Min. köcheln lassen
			Lasagne, Gemüse und Sauce lagenweise in eine ausgebutterte Auflaufform einschichten
2	dl	Sauerrahm	
50	g	geriebener Sbrinz	vermischen, darüber verteilen
Backen:		40 Min. in zweitunterster Rille bei 200 °C	

Anstelle von Spinatgemüse kann 750 g blanchiertes Gemüse frei gewählt werden. Spinat enthält Oxalsäure. Der Oxalsäureabbau bildet Eiweissgiftstoffe. Eiweiss verstärkt den Oxalsäureabbau. Deshalb darf ein mit Milchprodukten oder Rahm gekochter oder verfeinerter Spinat nicht aufgewärmt werden!

Tortelloni aus der Nudelwerkstatt »la martina« Wetzikon

		Nudelteig	herstellen gem. Grundrezept
1	Tlf	Tomatenpüree	
oder			

1	Tlf	Mohnsamen	
oder			
2	Lf	Brennessel, Mangold oder Spinat	blanchieren, fein schneiden, dem Teig zugeben

Füllung 1:

2	Lf	Quark	luftigrühren
2	Lf	Spinat oder Bärlauch, Brennessel, Basilikum, Kerbel, Quendel	ev. blanchieren alles fein schneiden
1	Lf	Haselnüsse	mahlen
1	Lf	geriebener Käse	
3	Lf	Grissini oder Zwieback	zerreiben
ev. 1		Knoblauchzehe	mit Vollmeersalz zerdrücken
wenig		Salz	
wenig		Cayenne, Piment	

Zubereitung: Teig dünn auswallen, Quadrate von 7 cm Seitenlänge aus schneiden, Ränder mit Wasser bestreichen, je 1 Tlf Füllung 1 oder 2 darauf verteilen, zu Tortelloni formen, in kochendem Salzwasser 5 Min. ziehen lassen.

Sauce:

20	g	Butter	
1	dl	Rahm	
2	Lf	frische Kräuter, z.B. Ringelblumenblätter, Rosmarin, Safranblüten	fein schneiden leicht würzen, gekochte Tortelloni zugeben, 5-10 Min. ziehen lassen

Anrichten: Mit flüssigem Salbei-Knoblauchbutter, Parmesan und ev. gehackten Nüssen.

Tortelloni ist ursprünglich ein »Arme-Leut-Gericht«, da verschiedene Speiseresten als Füllung verwendet werden können.

Weitere mögliche Füllungen sind fein geschnittenes Gemüse, Kürbismus mit Baumnüssen, Linsenpaste mit Oliven, Pesto, Ricotta, Steinpilze, usw.

Raviuls da Trin Ravioli

1		Portion Nudelteig	herstellen gem. Grundrezept

Birnen-Füllung:

300	g	Dörrbirnen (Speckbirnen)	Fliege und Stiel entfernen, in eine Pfanne geben
20	g	Butter	
1	dl	Wasser	
2	Lf	Rohrzucker	
3	Lf	Birnentrester	
½	Tlf	Zimt	zugeben, zu einem dicken Brei einkochen

Zubereitung: Teig dünn auswallen. Füllung häufchenweise auf die Hälfte des Teiges geben. Restliche Teigfläche mit kaltem Wasser bepinseln, überschlagen und gut andrücken. Mit einem Teigroller Ravioli ausstechen. In kochendem Salzwasser 5 Min. ziehen lassen.

Anrichten: Flüssige Butter und Parmesan darübergeben.

Pizochel **Restengericht Puschlav**

Pizochel ist eine fast vergessene Alltagsmahlzeit aus dem Bündnerland (Puschlav). Sie wurde von den Frauen jeweils am Samstag aus den wöchentlichen Resten zubereitet und von daher auch »cuschigna frugnale = einfache Küche« genannt. Bei diesen Rezepten sind den Zutaten und Kombinationen keine Grenzen gesetzt.

Pizochel cun blanetta

300	g	Mehl	
3	dl	Bergwasser oder Mineralwasser	
¾	Tlf	Salz	alles mischen

Zubereitung: Teig tüchtig klopfen bis er zähflüssig ist und schwer von der Kelle fällt = Klopfteig (Spätzliteig). Mindestens 1 Std. ruhen lassen. Teig portionenweise auf ein heiss abgespültes Holzbrett geben, mit einem Messer dünn nach vorne ziehen, Dreiecke über die Ecken abstechen, so dass es an den Enden dünner wird. Die Grösse der Pizochel darf unterschiedlich sein.

2	l	Wasser	aufkochen
2	Tlf	Salz	zugeben, Pizochel je nach Grösse 5-20 Min. darin ziehen lassen, herausnehmen, auf einer vorgewärmten Platte anrichten
40	g	Parmesan	darüberstreuen
3		Knoblauchzehen	mit Vollmeersalz zerdrücken

60	g	Butter	erwärmen
2	Prs	Zimt	
1	Prs	gem. Nelken	
1	Tlf	getrockneter oder frischer Salbei	fein schneiden, zum Duften bringen, über die Pizochel geben

Dazu: Salat, gedämpftes Gemüse oder Birnenschnitze

zum Trinken: Gerstenwasser

Das Mehl muss gut gelagert sein.
Die Bergruchmehl-Mischung besteht aus 70 % Weizen-, 10 % Triticale-, 10 % Roggen- und 10 % Gerstenmehl.
Anstelle von Salzwasser können die Pizochel auch in Milchwasser (½ Milch, ½ Wasser), in einer Gemüsebouillon oder im Gerstenwasser gekocht werden. Das Wasser wird am Schluss mit etwas Butter und Kräuter abgeschmeckt und als Suppe gegessen.
Als Holzbrett diente ein längliches Rechteck mit einem handlichen Griff. Das Messer dazu schnitzte der Vater oder der Sohn.

Pizochel cun erva tschorra

300	g	Mehl	
2	dl	Bergwasser oder Mineralwasser	
2		Eier	
etwas		Wasser	
¾	Tlf	Salz	
2	Lf	frische Apfel-, Krause-, Orangen-, Zitronen- oder Pfefferminze	fein schneiden, einen Klopfteig herstellen, mind. 1 Std. ruhen lassen, Pizochel im Salz-, Gemüse- oder Gerstenwasser garkochen, anrichten
40	g	geriebener Bergkäse	darübergeben
		Zwiebelschwitze	zum Garnieren

Pizochel da bun gust

Teig:

300	g	Mehl	10 Min. leicht darren, bis es nach Getreide duftet

2		Eier	
wenig		Wasser	
¾	Tlf	Salz	einen Klopfteig herstellen, mind. 1 Std. ruhen lassen, im Gerstenwasser kochen

Kefen-Gemüse:

2	Lf	Butter	erwärmen
100	g	kleine Saatzwiebeln oder Frühjahrszwiebeln	andünsten
500	g	Kefen	fein in schräge Streifen schneiden, mitdünsten,
3	dl	Bouillon	zugeben, 15 Min. dämpfen, Pizochel anrichten
30	g	Butter	erwärmen
1	Tlf	Curry	
3	Lf	Baumnüsse	fein hacken
		oder Kokosflocken	zugeben, zum Duften bringen, über die Pizochel geben

Pizochel excellenta

Teig:

3	dl	Wasser	
300	g	Mehl	
¾	Tlf	Salz	
1	Lf	Kerbel	
wenig		Cayenne, Piment	
½	Tlf	gem. Anis, gem. Fenchel, gem. Kümmel	einen Klopfteig herstellen, mind. 1 Std. ruhen lassen, gem. Anis, gem. Fenchel, Pizochel in Bouillon kochen, anrichten

Sellerie-Mousse:

1		mittelgrosser Sellerie	in Würfel schneiden, in Salzwasser weichkochen, Wasser abgiessen, den Sellerie 2 mal durch ein Sieb streichen
30	g	Butter	erwärmen
2	Lf	geschälte Mandeln	mahlen, andünsten
1	dl	Sauerrahm	
1	dl	Rahm	den Selleriemousse zugeben

½	Tlf	Salz	
wenig		Cayenne, Ingwer, Koriander, Piment, gem. Senf	
½		Zitrone	Schale abreiben, abschmecken, tüchtig rühren, die luftig-samtige Mousse über die Pizochel anrichten
		Peterli	
		Mandelscheiben	zum Garnieren

Pizochel picanta

Teig:

2	dl	Sauermilch oder Joghurt	
etwas		Wasser	
300	g	Mehl	
2		Eier	
¾	Tlf	Salz	
je 1	Lf	Beinwell, Borretsch, Salbei	einen Klopfteig herstellen, mind. 1 Std. ruhen lassen, im Salzwasser Pizochel kochen

Gemüse:

1		Zwiebel	fein schneiden
1	Lf	Butter	erhitzen, Zwiebel andünsten
1		Peperoni	in Streifen schneiden
2		Zucchini	in Scheiben schneiden
2		geschälte Tomaten	in Würfel schneiden, alles 10 Min. mitdämpfen
1	Lf	schwarze Oliven	
2		Knoblauchzehen	mit Vollmeersalz zerdrücken
½	Tlf	Salz	
wenig		Cayenne, Paprika, Piment	
1	Tlf	Tamari	abschmecken, mit den Pizochel vermischen
3	Lf	Basilikum, Oregano, Peterli	fein schneiden, garnieren

Pizochel povera

Teig:

300	g	Mehl	
3	dl	Bergwasser oder Mineralwasser	
50	g	Schrot	einweichen
1	Tlf	Salz	einen Klopfteig herstellen,

mind. 1 Std. ruhen lassen,
im Gersten- oder Salzwasser
kochen

Gemüse:

500	g	Brennessel, Giersch, Spinat, Kohlblätter oder Mangold, junge Traubenblätter	im Salzwasser blanchieren, Pizochel darauf anrichten
40	g	geriebener Bergkäse	darüberstreuen
50	g	Butter	erwärmen,
2	Lf	Bergkräuter	sorgfältig darin wenden, das duftende Bouquet über die Pizochel verteilen

Pizoccheri Puschlav

Teig:

50	g	Weizenmehl	
150	g	Buchweizenmehl	
2	dl	Mineralwasser	
2	Lf	frische Kräuter	fein schneiden
½	Tlf	Salz	alles zu einem Knöpfliteig mischen, tüchtig klopfen, ruhen lassen

Gemüse:

2	l	Gemüsebouillon	aufkochen
1	kg	verschiedene grüne und weisse Gemüse, z.B. Bohnen, Broccoli, Lauch, Rüebli, Sellerie, Spinat, Stangensellerie, Blumenkohl, Brennessel, Fenchel, Kohl, Krautstiel	rüsten, der Kochzeit entsprechend zugeben, al dente kochen. Nicht verkochen lassen!

Mit heiss abgespültem Messer und Holzbrett
aus dem Teig Pizochel formen, 5 Min. mitkochen lassen.

		Zwiebelschwitze	vorbereiten
100	g	geriebener Käse	bereithalten

Pizochel, Gemüse und geriebenen Käse lagenweise in eine ausgebutterte Gratinform einfüllen, mit der Zwiebelschwitze überdecken, ev. im Ofen überbacken.

		frische Kräuter	fein schneiden, in die Gemüsebouillon geben, diese als Vorspeise trinken

Pizochel da rasaina **ausgewallt**

300	g	Mehl	
2	dl	Bergwasser oder Mineralwasser	
¾	Tlf	Salz	
¼	Tlf	Mohnsamen	alle Zutaten vermischen, den Teig gut durchkneten, mind. 1 Std. ruhen lassen
2	l	Wasser	zum Kochen bringen
2	Tlf	Salz	
1	Lf	Öl	zugeben
			bis das Siedewasser kocht, den Teig portionenweise dünn auswallen, einrollen, dünne Streifen abschneiden und sofort 3 Min. sieden lassen
40	g	Butter	erwärmen
2		Knoblauchzehen	mit Vollmeersalz zerdrücken
wenig		Macis oder Muskat	zugeben, zum Duften bringen, über die Pizochel geben

»Rasanar la pasta, volveraint plat elle duas toccan quatter jedas, siva taglier e metter aintaen ava gicuia. Ti fegn tg' in taglia, a pi bugns eni!«

Quintessenz: »Je feiner ausgewallt und geschnitten, desto besser sind die Pizochel!«

Blinis **Buchweizenschobers**

Omelettenteig:

100	g	Buchweizenmehl	
100	g	Weizenmehl	
¾	Tlf	Salz	
2	dl	Wasser	
2	Lf	Kräuter	
2	dl	Sauermilch	
ev. 5	g	Hefe	leicht mischen, ruhen lassen

Zubereitung: Etwas Pflanzenfett in ein dünngewobenes Stoffstück geben, zusammenbinden und damit eine Bratpfanne leicht einfetten. Den Teig ev. mit Wasser verdünnen.
4-5 Löffel Teig in die Bratpfanne geben, Blinis beidseitig knusprig backen. Diese Teigmenge ergibt ca. 20 Blinis.

Dazu: Tomatensauce

Buchweizen hat einen ausgeprägten Eigengeschmack. Deshalb muss er mit anderen Gewürzkomponenten ausgeglichen werden. So unterstützt z.B. Sauermilch das Knusprigbraten des Teiges. Kräuter und Weizenmehl dienen als Geschmackskomponente. Eine Tomatensauce wirkt ausgleichend.

Blinis, Buchweizen mit Tomatensauce

Chapati Gersten-Omelette

250	g	Gerstenmehl	
2,5	dl	Mineralwasser	
2	dl	Sauermilch	
¾	Tlf	Salz	Omelettenteig herstellen, mind. 2 Std. stehenlassen
2	Lf	Maiskeimöl	in einer Bratpfanne erhitzen, Teig löffelweise hineingeben, wenden, sobald eine Seite goldgelb gebacken ist. Der Teig muss dünn fliessen. Die Küchlein dürfen sich nicht berühren.

Dazu: Rüebli-Pastinaken-Gemüse

Auf einer Himalayareise konnten sich einmal übermüdete Europäer in einer abgelegen Bauernhütte ausruhen. Zur Stärkung erhielten sie Buttermilch und Chapati. Eine Frau drückte ihre Dankbarkeit aus und die Bäuerin erwiderte diesen Dank mit einem geheimnisvollen Winkzeichen. Darauf gingen die beiden Frauen in die Schlafkammer und voller Stolz hob die Bauersfrau das Strohbett auf. Darunter lagen Gerstenfladenbrote zwischen 2 sauberen Tüchern kunstvoll angeordnet.

Galette bretonisch Buchweizen-Omelette

300	g	Buchweizenmehl	in eine Schüssel geben, in der Mitte eine Vertiefung machen
1		Ei	verquirlen
¾	Tlf	Salz	
1	dl	Milch	
3	dl	Wasser	zugeben, sorgfältig von innen nach aussen mit dem Mehl vermischen, 3 Std. ruhen lassen
ca. 2	dl	Wasser	zugeben, bis der Teig leicht fliesst
wenig		Bratfett	Bratpfanne leicht einfetten, stark erhitzen, wenig Teig hauchdünn auf dem Pfannenboden verteilen, ca. 2 Min. backen, wenden, nochmals 1-2 Min. bräunen, bis ein nussartiger Geruch aufsteigt

Dazu:		Buttermilch, Apfelmus, in Streifen geschnittene Eschalotte und geriebener Käse.	

Reis-Pfannkuchen

200	g	Reismehl	
3	dl	Wasser	
½	Tlf	Salz	alles vermischen, mindestens 2 Std. ruhen lassen
2	Lf	Zucchettiblüten oder Salbeiblätter	zugeben
2	Lf	Maiskeimöl	in einer Bratpfanne erwärmen, kleine Küchlein formen, beidseitig braten
Dazu:		Käsesalat garniert	

Roggen-Pfannkuchen

150	g	Roggenmehl	
150	g	Weizenmehl	leicht rösten
1,5	dl	Sauermilch	
1,5	dl	Wasser	
¾	Tlf	Salz	dazumischen, mind. 2 Std. ruhen lassen
2	Lf	Maiskeimöl	in einer Bratpfanne erhitzen, kleine Pfannkuchen formen, beidseitig backen
300	g	Heidelbeermus oder Preiselbeermus	nach Bedürfnis auf die Pfannkuchen verteilen
wenig		Zuckerrübensirup	zum Süssen darübergeben

Roggenpfannkuchen sind ein herrliches Abendgericht!

Apfelschrot-Torte

250	g	Vollkornmehl	in einer Bratpfanne hellbraun rösten
50	g	Buchweizenmehl	zugeben
80	g	weiche Butter	dazureiben
2	Lf	Malzextrakt	
1	dl	Sauermilch	
2	Lf	Birnel	
¼	Tlf	Salz	leicht vermischen

Masse zu einem Teig zusammendrücken, einige Stunden ruhen lassen.
Teig zwischen 2 Backtrennfolien auf ca. 26 cm ø rund auswallen, Deckfolie entfernen, Teig in eine Kuchenform mit 22 cm ø legen, einstechen, mit 1 Tlf Öl bestreichen.

100	g	Korinthen	
750	g	Äpfel	grob raffeln, ev. in feine Scheiben schneiden
½	Tlf	Zimt	
2-3	Lf	Birnel	
½		Zitrone	Saft und Schale
ev. 2		Eiweiss	zu Eischnee schlagen, vermischen, auf den Teig geben
		Streusel:	
100	g	Butter	in einer Pfanne schmelzen
60	g	Haselnüsse	mahlen
3	Lf	Malzextrakt	
60	g	Vollkornmehl	zugeben, mitdünsten, Streusel über die Torte verteilen

Backen: 30 Min. in unterster Rille bei 200 °C

Bananen-Cake

120	g	weiche Butter	schaumigrühren
2		Eier	
1	Prs	Salz	
3	Lf	Vollrahm	
200	g	Syramenazucker	alles tüchtig rühren, bis alle Zuckerkristalle aufgelöst sind
100	g	Datteln	fein schneiden
3		reife Bananen	zerdrücken
1		Zitronenschale	abreiben
1	Lf	Zitronensaft	
150	g	Baumnüsse	fein hacken
300	g	Dinkelmehl	
100	g	Buchweizenmehl	
2	Tlf	phosphatfreies Backpulver	alles sorgfältig mischen
ca. 1	dl	Mineralwasser	zum Lockern des Teigs zugeben, eine Cakeform 30 cm ø mit Backtrennfolie auskleiden, Kuchenteig einfüllen

Backen: 75 Min. in zweitunterster Rille bei 180 °C

Gugelhopf

4	Lf	heisses Wasser	
250	g	weiche Butter	schaumigrühren
6	Lf	Honig	im warmen Wasserbad flüssig machen
4		Eigelb	
1	Prs	Salz	
wenig		Vanille	
1		Zitronenschale	abreiben, alles gut mischen
200	g	Dinkelmehl	
100	g	geschälte Mandeln	
1	Tlf	phosphatfreies Backpulver	mischen, zu obigem zugeben
4		Eiweiss	zu Eischnee schlagen

Eischnee sorgfältig und locker unter die Masse mischen. Gugelhopfform gut ausbuttern, kaltstellen, nochmals mit Butter ausstreichen, leicht bemehlen.
In die Rillen der Form je eine geschälte Mandel legen, dann die Masse einfüllen.

Backen: 40 Min. in zweituntersterster Rille bei 200 °C

Haselnuss-Kuchen **aus Payerne**

300	g	Haselnüsse	mahlen, leicht rösten, die Hälfte für die Füllung wegstellen

Teig:

200	g	feines Dinkelmehl	leicht rösten bis es fein duftet
1	Prs	Salz	
1/3	Tlf	Zimt	
100	g	Vollrohrzucker	
50	g	Buchweizenmehl	
150	g	vorbereitete Haselnüsse	mit dem Mehl gut mischen
150	g	weiche Butterflöckchen	zugeben, verreiben
wenig		Mineralwasser	
2-3	Lf	Sauermilch	
1	Lf	Essig	zugeben, zu einem weichen Teig vermischen, mind. 2 Std. kaltstellen,

Zubereitung: Die Hälfte des Teiges in eine ausgebutterte Springform streichen, den restlichen Teig zwischen 2 Backtrennfolien mit dem Spachtel zu einem Deckel ausstreichen.

Füllung:

2	dl	Rahm	schlagen
60	g	Vollrohrzucker	

wenig		Vanille, Orangenschalen	
150	g	vorbereitete Haselnüsse	alles zugeben, mischen, auf den Teigboden verteilen bis auf 2 cm Randabstand, den Rand mit Wasser benetzen, Teigdeckel darüberlegen, Rand mit einer Gabel gut andrücken

Backen: Backofen auf 220 °C vorheizen.
10 Min. in zweitunterster Rille bei 200 °C und
30 Min. in zweitunterster Rille bei 180 °C backen.

Den Backofen nicht zu früh öffnen, damit der Kuchen aufreisst und uns an das Gemäuer der romanischen Abteikirche in Payerne erinnern kann.

Lebkuchen

ohne Füllung:

2	dl	Milch	
1	Tlf	Natron	in der Milch auflösen
2	dl	Sauerrahm	
100	g	Rohrzucker	
2	Lf	Lebkuchengewürz	
2	Lf	Honig	alles gut verrühren
200	g	Vollkornmehl	zugeben, bis der Teig schwer von der Kelle fällt, ein paar Std. kaltstellen, auf einem bebutterten Blechrücken 5 mm dick auswallen

Gefüllte Lebkuchen:

			eine Hälfte des Teiges 3 mm dick auswallen,
1	Port	Marzipanmasse	darüber verteilen, zweite Hälfte auswallen, über die erste Hälfte legen

Backen: 15 Min. in zweitunterster Rille bei 180 °C

Noch warm in Stücke schneiden,
mit einer Zitronenglasur bestreichen.

Luzerner Lebkuchen

5	Lf	Birnendicksaft
100	g	Rohrzucker
2	dl	Sauerrahm

2	Lf	Sternanis	
1	Lf	Zimt	
1	Prs	Salz	alles gut mischen
3	Lf	Milch	
1	Tlf	Natron	in der Milch auflösen
250	g	Ruchmehl	
250	g	Dinkelmehl	dazusieben, leicht mischen, in eine ausgebutterte Cakeform geben

Backen: 50 Min. in zweituntersterster Rille bei 200 °C

Für dieses Rezept muss echter Birnendicksaft verwendet werden.

Nidle-Kuchen

3	dl	Rahm »Nidle«	schlagen
100	g	Rohrzucker	dazumischen
1	Lf	Zimt	
½		Zitrone	Saft und Schale zugeben
200	g	Dinkelmehl	dazusieben
1	Tlf	phosphatfreies Backpulver	alles leicht vermischen, in eine ausgebutterte Cakeform geben

Backen: 40 Min. in zweitunterster Rille bei 180 °C

Revani Mandelkuchen

1	Lf	Mineralwasser	
300	g	weiche Butter	
150	g	Rohrzucker	
4		Eigelb	gut schaumigschlagen
1		Orangenschale	abreiben
80	g	Mandelsplitter	
200	g	Weizengriess	
250	g	Dinkelmehl	
100	g	Rohrzucker	
2	dl	Joghurt nature	
20	g	phosphatfreies Backpulver	alles zugeben
4		Eiweiss	zu Eischnee schlagen, sorgfältig darunterziehen, in eine ausgebutterte Cakeform geben

Backen: 40 Min. in unterster Rille bei 180 °C

Auskühlen lassen, dann schneiden.
Vor dem Servieren den warmen Sirup darübergeben.

Sirup:

1	dl	Wasser	
100	g	Honig	erwärmen

Rüebli-Torte Aargauer-Art

4		Eigelb	
150	g	Syramenazucker	
1	Prs	Salz	
2	Lf	warmes Wasser	alles tüchtig rühren
250	g	Rüebli	fein raffeln, zugeben
½	Tlf	Zimt	
½		Zitrone	Saft auspressen, zugeben
250	g	Mandeln	mahlen
1	Prs	gem. Nelken	alles leicht dazumischen
4		Eiweiss	zu Eischnee schlagen
60	g	Dinkelmehl	
40	g	Buchweizenmehl	
1	Tlf	phosphatfreies Backpulver	
2	Lf	Mineralwasser	alles sorgfältig darunterziehen, in eine ausgebutterte Springform geben

Backen: 45 Min. in zweitunterster Rille bei 180 °C

Rüeblitorte vor dem Servieren 2 Tage kühl lagern.

Vermicelles-Cake ohne Mehl

400	g	Vermicelles	
3		Eier	verquirlen
150	g	weiche Butter	
100	g	Rohrzucker	zusammen schaumigrühren
1	Prs	Salz	
wenig		Vanille	
200	g	Haselnüsse	mahlen
1	Tlf	phosphatfreies Backpulver	alles zugeben, gut mischen, in eine Cakeform füllen

Backen: 1 Std. in zweitunterster Rille bei 180 °C

Vermicelles sind weichgekochte, passierte oder pürierte Kastanien.

Vlaamse Vlaai Brotresten-Gericht

2	l	Milch	erhitzen, in eine grosse Steingutschüssel leeren
400	g	Lebkuchen	
400	g	Brotresten, Guetzli oder Zwieback	in Würfel schneiden, zugeben
1	Lf	Malz	
1	Lf	Zuckerrübensirup	
400	g	Rohrzucker	
100	g	Rosinen	
½	Tlf	Zimt	
wenig		Ingwer, Kardamom	
1		Orangenschale	fein reiben, alles zugeben, Masse gut durchkneten mind. 12 Std. ruhen lassen, in 2 ausgebutterte Cakeformen verteilen

Backen: 70 Min. in zweituntерster Rille bei 200 °C. Mindestens 1 Tag ruhen lassen.

Zitronen-Kuchen nach Paul Bocuse

Teig:

125	g	Butter	ca. 1½ Std. vorher aus dem Kühlschrank nehmen
75	g	Syramenazucker	
1		Ei	alles in eine Schüssel geben, schaumigrühren
250	g	Haushaltsmehl oder feines Dinkelmehl	dazusieben

Alles zu einem homogenen Teig vermengen, mit einem sauberen Küchenhandtuch bedecken, ca. 1 Std. kühlgestellt ruhen lassen.

Eine flache Kuchenform 28 cm ø ausbuttern und bemehlen, Teig mit einer bemehlten Teigrolle ca. 6 mm dick ausrollen, die Form mit dem Teig auskleiden, den Rand glattschneiden und den Teig mit einer Gabel mehrmals einstechen, damit sich der Kuchen beim Backen nicht wölbt, oder den Teig blindbacken.

Vorbacken: 15 Min. in zweituntерster Rille bei 180 °C

3	ungespritzte Zitronen	waschen, sorgfältig trocknen, Schale abreiben, Saft auspressen

Zitronencreme:

100	g	Butter	
125	g	Syramenazucker	
3		Eier	
2	Lf	Rahm	alles gut mischen, Zitronenschale und Saft zugeben, nochmals gut mischen, auf dem vorgebackenen Teig verteilen

Backen: 30 Min. in zweituntersterster Rille bei 120 °C

Den Kuchen nach dem Abkalten vorsichtig aus der Form lösen.

Biskuit-Roulade

4		Eiweiss	zu Eischnee schlagen
2	Lf	Honig	dazuschlagen, bis eine Meringue-Masse entsteht
3	Lf	warmes Wasser	
4		Eigelb	
3	Lf	Honig	
½		Zitrone	Saft und Schale, mischen separat gut schaumigrühren
120	g	Haushaltsmehl	zur Meringue-Masse sieben, mit der Eigelbmasse sorgfältig vermischen, auf einer Backtrennfolie viereckig ausstreichen, sofort backen

Backen: 12 Min. in mittlerer Rille bei 220 °C

Das Biskuit muss gut gebacken sein!
Nach dem Backen das Biskuit mit der Backtrennfolie auf den Tisch legen, sofort mit dem Blech 2 Min. zudecken, anschliessend eine lange, dünne Rolle formen, abkühlen lassen, Biskuit aufrollen, Papier entfernen und Biskuit füllen mit:

Füllung:

1-2		Äpfel	raffeln
2	Lf	Birnel	
2,5	dl	Rahm	schlagen
1		Zitronenschale	abreiben
etwas		Vanille oder Zimt	gut mischen

Füllung auf das Biskuit verteilen, (gegen den Aussenrand dünner werden), Teig aufrollen, mit einem Brotmesser schräg anschneiden (sägen, nicht drücken).

Früchte-Biskuit

1	Port	Biskuitroulade	herstellen
250	g	Haushaltsmehl	anstelle 120 g
Backen:		20 Min. in zweitunterster Rille bei 220 °C	
		Belag:	
2		Bananen	schälen, der Länge nach halbieren, auf den ausgekühlten Kuchenbodenrand legen
300-500	g	frische Erdbeeren, Johannisbeeren, Himbeeren oder andere Früchte nach Wahl	auf dem Kuchenboden verteilen
		Guss:	
4	dl	Aprikosen-, Cassis-Saft, o.a. passender Saft	
5	g	Agar (1 knapper Tlf)	unter Rühren aufkochen lassen
1	Lf	Zitronensaft	
1-2	Lf	Rohrzucker oder Honig	nach Bedarf zugeben, Guss auskühlen lassen bis er geliert, nochmals gut durchrühren, über die Früchte verteilen
1	dl	Rahm	schlagen zum Garnieren

Weisse Glasur

1	Lf	Mandelpüree	
1	Lf	Ahornsirup	
1	Tlf	Zitronensaft	
2	dl	kaltes Wasser	alles gut mischen
2	dl	kaltes Wasser	
2	Tlf	Agar	unter Rühren vor den Siedepunkt bringen, 5 Min. auflösen lassen, Mandelmilch langsam dazurühren, bis die Masse gleichmässig ist

Zum Glasieren warm weiterverarbeiten.

Zitronen-Glasur klar

2	dl	Mineralwasser	aufkochen

1	Tlf	Marantamehl	
½		Zitrone	Saft und Schale
1	Lf	Honig	alles zugeben, mischen

Die Glasur über das Gebäck geben.

Zitronen-Glasur anstelle Puderzucker-Glasur

1	Tlf	Agar	
1	Tlf	Marantamehl	
3	dl	kalte Milch	vor dem Siedepunkt 5 Min. auflösen lassen
2	Lf	Honig	
½		Zitrone	Saft auspressen, zugeben
1		Zitronenschale	abreiben, zugeben

Hafer-Stengel gesalzen

60	g	Vollkornmehl	
100	g	feine Haferflocken	
6	Lf	Sauermilch	
2	Lf	Baumnüsse	fein hacken
1	Lf	Kümmel	darren
60	g	Butter	verreiben
3	Prs	Salz	alles zu einem festen Teig vermischen, kaltstellen, zwischen 2 Backtrennfolien 5 mm dick auswallen, mit Sauerrahm bestreichen

Backen: 15 Min. in zweitunterster Rille bei 200 °C

Noch warm in Stengel schneiden und abkühlen lassen.

Käse-Kekse gesalzen

250	g	Vollkornmehl	
100	g	geriebener Käse	
6	Lf	Sauermilch	
100	g	Butter	verreiben
1	Prs	Salz	
wenig		Curry	
1	Prs	gem. Kümmel	dazumischen, Rollen formen, ruhen lassen, Rondellen schneiden, mit Sauerrahm bestreichen, Mohnsamen darüberstreuen

Backen: 15 Min. in zweitunterster Rille bei 180 °C

Mandel-Kekse gesalzen

120	g	Vollkornmehl	
60	g	geriebener Sbrinz	
80	g	Mandeln	mahlen
100	g	Butter	verreiben
3	Prs	Salz	
3	Prs	Paprika	
ev. wenig		Sauermilch	zugeben, zu einem festen Teig vermischen, Rollen formen, kalt stellen, Rondellen schneiden, mit Sauerrahm bestreichen, mit Kürbiskernen bestreuen

Backen: 15 Min. in zweitunterster Rille bei 200 °C

Caramel-Hörnchen

50	g	Buchweizenmehl	
1		Zitronenschale	abreiben
200	g	Vollkornmehl	
120	g	Butterflocken	verreiben
150	g	Mandeln	mahlen
1	Prs	Salz	
1	Prs	Vanille	zugeben, alles gut mischen
2	dl	Ahornsirup oder Birnel	in einer Pfanne bis zur Hälfte eindicken lassen
1	dl	Sauermilch	alles zu einem Teig verarbeiten, mit beölten Händen kleine Hörnchen formen
1	dl	Sauerrahm	Hörnchen-Oberseite bestreichen

Backen: 12 Min. in mittlerer Rille bei 200 °C

Dinkel-Guetzli Hildegard v. Bingen

125	g	Mandeln	mahlen
250	g	Dinkelmehl oder frische Dinkelfocken	fein mahlen
125	g	Butterflocken	verreiben
120	g	roher Rohrzucker	
1	Prs	Salz	
1	Tlf	Zimt (46 %)*	
1	Tlf	Muskat (46 %)*	
1/3	Tlf	gem. Nelken (8 %)*	

ev. 1		Ei	verquirlen
oder:			
3-6	Lf	Mineralwasser	zugeben, leicht vermischen,
ev. wenig		Wasser	zugeben, (frisch gemahlenes Mehl braucht mehr Wasser), Rollen formen, 2-3 Std. kalt stellen, ¾ cm dicke Plätzchen schneiden
Backen:		10 Min. in zweitunterster Rille bei 200 °C	

Diätetische Hinweise:

* Diese spezielle Zimt-Muskat-Nelken-Mischung hat eine nervenstärkende Wirkung! Für Kinder sollte man anstelle von Muskat Macis wählen. Macis ist die Faser, welche die Muskatnuss umschliesst.

Muskatnuss

Der Muskatnussbaum wächst in tropischen Gebieten. In seinen walnussgrossen Früchten befinden sich die steinharten Samen, die Muskatnüsse. Diese enthalten reichlich Phenole und Myristicin. Beide sind in grösseren Mengen giftig. Der die Muskatnuss umhüllende Samenmantel enthält viele ätherischen Öle. Dieser Samenmantel ist ungiftig und wird Muskatblüte oder Macis genannt (für Kinder empfehlenswert). In der Natur dienen die Aromen des Samenmantel als Anlockungsmittel für die Verbreiter der Pflanze, die Tauben.

Nelken

Die Heimat der Nelke ist Asien. Sie ist eine geschlossene Blüte, welche Öle mit desinfizierender Wirkung enthält. Diese können wir nutzen, um unangenehme Gerüche in Küche oder Wohnung zu beseitigen. Indem wir Nelken auf die ausgeschaltete aber noch heisse Herdplatte legen, verbinden sich die entstömenden Öle mit den unangenehmen Geschmacksstoffen. Bei göffnetem Fenster ist die Wohnung so in 5 Min. gelüftet. Gute Düfte schaffen eine gute Atmosphäre.

Zimt

Den wertvollsten Zimt findet man auf Ceylon. Die getrocknete und eingerollte Rinde wird Kaneel genannt. Aus den weniger wertvollen Sorten wird durch Destillation Kampfer gewonnen, welcher bei Herz-, Lungenerkrankungen und Nervenleiden als Arzneimittel dient. Aus den Destillationsrestfasern wurde das rauchschwache Schiesspulver hergestellt.

Hafer-Guetzli

3	Lf	Honig	
3	Lf	Wasser	
150	g	weiche Butter	
100	g	roher Rohrzucker	schaumigrühren

300	g	feine Haferflocken	zugeben, quellen lassen, ¾ cm dick auf ein Blech streichen

Backen: 10 Min. in zweitunterster Rille bei 200 °C

Noch warm schneiden, aus dem Blech nehmen und abkühlen lassen.

Anstelle von Haferflocken kann auch Haferkleie, mit Haferkeimlingen vermischt, verwendet werden. Dies hat eine sehr gute, verdauungsfördernde Wirkung!

Hirse-Makrönchen

Nachfolgende Weihnachtsgebäcke sind aus der Vollkornbäckerei Scharrenberg in Maur/ZH

120	g	weiche Butter	schaumigrühren
1	dl	Orangensaft	frisch pressen
1		Orangenschale	
60	g	Syramenazucker	
1	Prs	Salz	
1		Ei	alles zugeben, tüchtig rühren bis sich alle Zuckerkristalle aufgelöst haben
70	g	Hirsemehl	
70	g	Dinkelmehl	
70	g	Kokosflocken	alles zugeben, gut mischen, zu einem Teig verarbeiten, zugedeckt 1 Std. kaltstellen, mit 2 Teelöffel Guetzli formen
1		getrocknete Ananasscheibe	in Stücke schneiden zum Garnieren

Backen: 12 Min. in mittlerer Rille bei 200 °C

Kokos-Makrönchen

125	g	Kokosflocken	
100	g	Rohrzucker	
75	g	Dinkelmehl	
1	Prs	Salz	
3		Eiweiss	in eine gerundete Metallschüssel geben, auf eine mit Wasser gefüllte Pfanne stellen, Masse bei hoher Hitze tüchtig rühren, luftig und halbfest schlagen, Häufchen aufs Blech setzen

Backen: 7 Min. in mittlerer Rille bei 220 °C

Mailänderli

200	g	weiche Butter	schaumigrühren
200	g	Rohrzucker	
2		Eier	
oder			
4		Eigelb	
1	Prs	Salz	
½		Zitrone	Saft und Schale
2	Lf	Mineralwasser	zugeben, 20 Min. tüchtig rühren bis keine Zuckerkristalle mehr sichtbar sind
300	g	Dinkelmehl	

2/3 der Mehlmenge zur Masse dazusieben,
mit einem Schaber gleichmässig vermengen, zu einem Teig verarbeiten, nach Bedarf restliches Mehl zugeben.
Teig mind. 2 Std. kaltstellen.
Teig 7 mm dick auswallen, mit einem Spachtel von der Tischfläche lösen, Formen ausstechen.

Eigelb oder Sauerrahm zum Bestreichen der Guetzli.

Backen: 12 Min. in mittlerer Rille bei 200 °C

Mandarinen-Gebäck

200	g	Reismehl	
100	g	Vollkornmehl	
1	Tlf	phosphatfreies Backpulver	
3	Prs	Vanille	
½	Tlf	Salz	alles gut mischen, in der Mitte eine Vertiefung machen
1,5	dl	Birnel	
6	Lf	Wasser	
10	Trpf	Mandarinen-Würzöl	in die Vertiefung geben

Zutaten von innen nach aussen vermischen,
bis ein gleichmässiger Teig entsteht, 2 Std. ruhen lassen,
Rolle formen von 5 cm ø, ¾ cm dicke Scheiben schneiden.

1	dl	Sauerrahm	Gebäck-Oberseite bestreichen
3	Lf	geschälte Mandeln	halbieren, garnieren

Backen: 15 Min. in zweitunterster Rille bei 200 °C

Mandelsterne

200	g	Dinkelmehl
50	g	Hafermehl

1	Prs	Vollmeersalz	
1	Tlf	phosphatfreies Backpulver	alles mischen
150	g	weiche Butterflocken	zugeben, zusammen verreiben
2	Lf	Honig	
oder			
40	g	Syramenazucker	
1	Lf	Mandelpüree	
2	Lf	Rahm	
2	Lf	Sauermilch	zugeben, zu einem Teig kneten, mind. 2 Std. kaltstellen, 3 mm dick auswallen, mit einem Spachtel lösen, Sterne ausstechen
1		Eigelb	zum Bestreichen
4	Lf	Mandelsplitter	zum Bestreuen

Backen: 12 Min. in zweitunterster Rille bei 200 °C

Zwischen jeweils 2 noch warme Sterne wenig Himbeergelee geben, zusammenkleben und abkühlen lassen.

Quitten-Schnitten

50	g	Buchweizenmehl	
150	g	Vollkornmehl	
200	g	Haselnüsse	mahlen
2	Lf	Honig	
120	g	Butter	verreiben
½	Tlf	Zimt	
1	Prs	Salz	
2	dl	Sauermilch	
3	Lf	Rübensirup	
1		Zitronenschale	abreiben
je 1	Prs	Ingwer, Koriander, gem. Nelken	alles gut mischen, zu einem Teig verarbeiten, auf ein bebuttertes Blech viereckig 1 cm dick ausstreichen
1	Port	Quittengelee	auf den Teig streichen
3	Lf	geschälte Mandeln	halbieren, garnieren

Backen: 20 Min. in zweitunterster Rille bei 200 °C

Noch warm in Rechtecke schneiden.

Anstelle von Quittengelee kann Hagebutten- oder Dattelkonfitüre verwendet werden.

Dattel-Konfitüre

1	dl	Wasser	
300	g	Datteln	fein schneiden, in einer Pfanne aufkochen, bis eine sämige Masse entsteht
½		Zitrone	Saft auspressen, zugeben

Riegel

150	g	weiche Butter	
120	g	flüssiger Honig	
1	Prs	Salz	
½	Tlf	Zimt	alles gut mischen
100	g	Haferflocken	
150	g	Weizenmehl	zugeben, zu einem Teig kneten, 1 Std. an der Kälte ruhen lassen, ein Backblech mit Backtrennfolie auslegen, Teig 1 cm dick ausstreichen

Vorbacken: 10 Min. in mittlerer Rille bei 200 °C

Belag:

300	g	Haselnüsse	mahlen, rösten bis es fein duftet
100	g	Butter	
100	g	Honig	
¼	Tlf	Vanille	
2	Lf	Rahm	alles zugeben, mischen, auf den vorgebackenen Teig verteilen

Fertigbacken: 10 Min. in mittlerer Rille bei 200 °C

Gebäck leicht auskühlen lassen, in Riegel schneiden.

Als Belag können beliebige weitere Zutaten verwendet werden wie z.B. Äpfel, Aprikosen, Bananen, Dörrobst, Papaya oder eine dünne Schicht Aprikosenkonfitüre. Ebenso lassen sich verschiedene Gemüse frei variieren.

Schoggi-Guetzli

3		Eiweiss	zu Eischnee schlagen
70	g	Rohrzucker	dazuschlagen
70	g	Rohrzucker	
100	g	Succanat-Schoggi	reiben
4		getrocknete Aprikosen	fein schneiden
1/3	Tlf	Zimt	

250	g	Mandeln	leicht unter die Masse mischen und mind. 2 Std. kaltstellen, Teig auf Rohrzucker 7 mm dick auswallen, ausstechen, über Nacht stehenlassen

Backen: 15 Min. in mittlerer Rille bei 180 °C

Die Guetzli müssen innen noch weich sein.

Schwabenbrötchen

300	g	weiche Butter	schaumigrühren
250	g	Rohrzucker	
3		Eigelb	
1/3	Tlf	Zimt	
½		Zitronenschale	abreiben
1	Lf	Mineralwasser	zugeben, gut schaumigrühren
200	g	Haselnüsse	mahlen
200	g	Dinkelmehl	

2/3 der Mehlmenge zur Masse dazusieben, mit einem Schaber gleichmässig vermengen, zu einem Teig verarbeiten, nach Bedarf restliches Mehl zufügen.
Teig mind. 2 Std. kaltstellen.
Teig 7 mm dick auswallen, mit einem Spachtel von der Tischfläche lösen, Formen ausstechen.

Eigelb oder Sauerrahm zum Bestreichen der Guetzli.

Backen: 12 Min. in mittlerer Rille bei 200 °C

Sesam-Platten

100	g	Honig	
80	g	Butter	
3	Lf	Rahm	
1	Prs	Salz	
2	Prs	Vanille	in einer Pfanne kurz aufkochen lassen
160	g	Sesam	
30	g	Dinkelmehl (3 Lf)	dazumischen, die Masse auf ein bemehltes Blech 7 mm dick ausstreichen

Backen: 15 Min. in mittlerer Rille bei 200 °C

Noch lauwarm in Platten schneiden.

Spekulatius

120	g	Rohrzucker	
120	g	Butter	weichschlagen
1		Ei	
1	Lf	Honig	
1	Tlf	Kakao	
1		Zitronenschale	abreiben, alles schaumigrühren
1	Tlf	phosphatfreies Backpulver	
60	g	geschälte Mandeln	fein hacken
250	g	Vollkornmehl	
1	Prs	Natron	
1	Tlf	Zimt	
2	Prs	Kardamom	
1	Prs	gem. Nelken	alles zugeben, gut mischen, zu einem Teig verarbeiten, ruhen lassen

Teig auswallen, mit Formen verschiedener Motive ausstechen (Spekulatius-Motiv-Formen), kaltstellen.

Backen: 15 Min. in zweitunterster Rille bei 180 °C

Waffeln

Zutaten: (ergibt 8 - 10 Waffeln)

4	dl	Milch	
100	g	Butter	schmelzen
1	Tlf	Zimt	
1	Prs	Salz	mit Schwingbesen gut verrühren
200	g	Vollkorn- oder Dinkelmehl	langsam dazumischen, Teig 1 Std. ruhen lassen, im Waffeleisen backen (kann man in einem Elektrogeschäft mieten)

Anreicherung:

2	dl	Rahm	schlagen
2	Lf	Zuckerrübensirup	dazumischen, auf die Waffeln streichen

Anstelle von Zimt kann 1/3 Tlf Vanille, ½ Zitronenschale oder je 1 Tlf gem. Anis, gem. Fenchel, Koriander und gem. Kümmel gewählt werden.
Eine salzige Komponente erhalten wir durch Zugabe von 2 Lf frisch gehackten Kräutern und 1 Lf Sonnenblumenkerne oder Sesam.

Zimtsterne

4		Eiweiss	zu Eischnee schlagen
200	g	Rohrzucker	dazuschlagen, 3 Lf der Masse für die Glasur wegnehmen
5		getrocknete Aprikosen	fein schneiden
½		Zitronenschale	abreiben
50	g	Rohrzucker	
2	Lf	Zimt	
je 200	g	Haselnüsse, Mandeln	mahlen
100	g	Dinkelmehl	daruntermischen, kaltstellen, Teig auf Rohrzucker auswallen, mit Spachtel von der Tischfläche lösen, Sterne ausstechen

Backen: 5 Min. in mittlerer Rille bei 220 °C

Die noch warmen Sterne mit der Glasur bestreichen. Mit einem Rüstmesser die Glasur in die Sternspitzen hinausziehen.

Brot

Brot ist sichtbar gewordenes Licht,
welches durch das Feuer gegangen ist.

Brot-Grundrezept

Teig-Ausbeute / Misch-Verhältnis aus 160 Teilen:

100 Teile Mehl
60 Teile Wasser

Grundrezept:

1	kg	Mehl	
6	dl	lauwarmes Wasser	
8-12	g	Hefe oder entsprechend Sauerteigansatz	
2	Lf	Salz (12 g)	für Vollkornmehl
oder: 3	Tlf	Salz (18 g)	für Haushaltsmehl

Vollkornbrot mit Hefe für 2 Brote

Zutaten-Hauptteig:

200-900	g	Vollkornfeinschrot	zusammen 1,1 kg
900-200	g	Haushaltsmehl	
5	dl	Buttermilch oder Molke	zusammen 7 dl
2	dl	kaltes Wasser	
3	Tlf	Salz (18 g)	

Schrot einweichen:

200	g	Vollkornfeinschrot	
2	dl	kaltes Wasser	von der Gesamtmenge mischen, ca. 2 Std. einweichen

Hebel = Vorteig:

12	g	Hefe	
1/5	Tlf	Honig	
1	Tlf	Malz	
1	dl	lauwarmes Wasser	zusammen verrühren
100	g	Haushaltsmehl	dazumischen, an der Wärme ½-2 Std. gehenlassen.

Zubereiten des Hauptteiges:

Mehlmischung, Salz, eingeweichter Schrot, Hebel und die Buttermilch zu einem weichen Teig vermischen.

Den Teig mit nassen Händen 20 Min. kneten, an der Wärme 1-2 Std. gehenlassen.

2 Brote formen, in die vorbereiteten Backformen geben, einscheiden und an der Wärme nochmals 1 Std. gehenlassen.

Vorbereiten der Tonform:

Bis die Tonform gut eingebrannt ist, sollte diese vor jedem Backen wie folgt gut ausgebuttert werden:

1. Form mit flüssiger Butter einstreichen und kalt stellen.
2. Nochmals mit flüssiger Butter bestreichen und bemehlen.

Backen: ohne Tonform

vorheizen	10 Min. bei 250 °C	
backen	40 Min. bei 220 °C	mit Dampfstössen
weitere	30 Min. bei 180 °C	

Backen: mit Tonform

vorheizen	10 Min. bei 250 °C
zugedeckt	40 Min. bei 220 °C und
ohne Deckel	weitere 20 Min. bei 200 °C
	oder 30 Min. bei 180 °C

Dampfstösse: Auf den Backofenboden ein rundes Kuchenblech legen. Während 40 Min. 8-12mal ½ dl kaltes Wasser hineinleeren.

Dampfstösse verhindern ein zu frühes Verdunsten des Wassers. Die Brote werden dadurch luftiger und leichter verdaulich.

Butterzopf

Hebel = Vorteig:

12	g	Hefe	Zutaten der Reihe nach zu einer weichen Teigmasse vermischen, an der Wärme 20 Min.-1 Std. zugedeckt gehenlassen, oder über Nacht kühl stellen
1/5	Tlf	Honig	
1	Tlf	Malz	
3	Lf	handwarmes Wasser	
5	Lf	Mehl	

Hauptteig:

1	kg	Mehl	sieben oder mit Schwingbesen lockern
3	Tlf	Salz (18 g)	
80-120	g	weiche Butterflöckli	zugeben, zusammen verreiben
6	dl	handwarme Milch	
		Hebel	zugeben

Alles zu einem weichen Teig vermischen, ca. 20 Min. lang sorgfältig kneten.

Darauf achten, dass der Teig nicht reisst. Gut gelagertes Mehl ermöglicht einen gut dehnbaren Teig.

Den Teig mit einem feuchten Tuch zudecken, ca. 1-3 Std. an der Wärme gehenlassen.

15 Min. vor dem Formen den Teig nochmals kurz durchkneten, Teig ruhen lassen, Zopf formen, min. 30 Min. (ev. über Nacht) kühl stellen.

Vor dem Backen 2mal mit einem gequirlten Ei oder mit Milch bestreichen.

Backen: 35-45 Min. in zweitunterster Rille bei 180-200 °C. Ist der Zopf unterschiedlich dick geflochten, so ermöglicht eine Backtemperatur von 180 °C ein gleichmässiges Durchbacken. Den Zopf langsam auskühlen lassen.

Gipfeli

Teig:

		Hebel mit 20 g Hefe	gem. Butterzopf-Rezept herstellen
1	kg	Mehl	sieben oder mit Schwingbesen lockern
40	g	weiche Butterflöckli	
6	dl	lauwarme Milch	
3	Tlf	Salz (18 g)	
2	Lf	Malz	
1	Lf	Honig	alle Zutaten inkl. Hebel dem Mehl zugeben, leicht aufgreifen, 1 Std. an der Wärme gehenlassen
120	g	kalte Butter	zum Einschlagen bereitstellen

Teig rechteckig auf 40x60 cm (ca. 4 mm dick) auswallen. Die Hälfte der Butter auf 2/3 der Teigfläche verteilen. Teig von links und rechts je 1/3 einschlagen, mind. 20 Min. kühl stellen.

Teig nochmals rechteckig auf 40x60 cm (ca. 4 mm dick) auswallen, die restliche Butter darüber verteilen, Teig einschlagen, über Nacht kühlstellen.

Teig so dünn wie möglich auswallen, mit scharfem Messer gleichseitige Dreiecke schneiden, Gipfeli formen, an der Kälte gehenlassen. Zum Backen muss die Butter fest sein.

Backen: 15-20 Min. in mittlerer Rille bei 200 °C

Laugen-Brötli

Teig:

		Hebel mit 20 g Hefe	gem. Butterzopf-Rezept herstellen
1	kg	Mehl	sieben oder mit Schwingbesen lockern
6	dl	lauwarmes Wasser	
25	g	weiche Butter	
3	Tlf	Salz (18 g)	alle Zutaten inkl. Hebel dem Mehl zugeben, leicht aufgreifen, 40 Brötchen oder Bretzeln formen (= 2 Backbleche voll)

Lauge:

1	l	Wasser	
50	g	Natron	
1	Lf	Salz (6 g)	alles in einer Pfanne bis kurz vor den Siedepunkt erhitzen

Keine Alupfanne verwenden!
Lauge darf nie schäumend kochen!

Brötchen kurzeZeit (ca. 1 Min.) in der Lauge ziehen lassen, auf das Blech legen, einschneiden, 20 Min. gehenlassen.

Backen: 15-20 Min. in mittlerer Rille bei 200 °C.
Darauf achten, dass die Brötchen rundherum eine durchgebackene Kruste aufweisen.

Die noch heissen Brötchen mit kaltem Wasser bestreichen, ev. mit wenig grobkörnigem Salz bestreuen.

Pizza 6-8 Portionen

Hebel = Vorteig:

15	g	Hefe	
1/5	Tlf	Honig	
1	Tlf	Malz	gut vermengen
1	dl	lauwarmes Wasser	
100	g	Haushaltsmehl	dem Hebel zugeben, ½-2 Std. an der Wärme gehenlassen

Pizzateig:

500	g	Mehl	sieben oder mit Schwingbesen lockern, in der Mitte eine Vertiefung machen

1,5	Tlf	Salz (9 g)	am Rand entlang zugeben
1,5	dl	Milch	
2	Tlf	Olivenöl	
1	dl	lauwarmes Wasser	mit dem Hebel in die Vertiefung geben

Alles zu einem weichen Teig vermischen, nicht kneten, dann mit einem Messer wie ein Brot aufschneiden.

Den Teig wieder leicht zusammenfügen und nach einer Vierteldrehung erneut aufschneiden.

Diesen Vorgang ca. 15-20 mal wiederholen.
Teig zudecken und an der Wärme gehenlassen.

Den Teig ganz oder portionenweise mit öligen Händen auf ein Backblech dünn ausstreichen.
Wenn sich der Teig zusammenzieht, diesen nach kurzer Zeit nochmals ausziehen.

Belegen: Sugo auf dem Teigboden verteilen.

Nach Belieben belegen mit:
Kapern, Peperonistreifen, Pilze
Artischocken, Muscheln, Tintenfische
Schinken, Salami, Mortadella, Sardellen
Salbeiblätter, italienische Kräutermischung
Mozzarella

Backen: 12-15 Min. zweituntersten Rille bei 250 °C

Mehlmenge total für 1 Backblech = 3-4 Personen = 300 g.
Oliven erst am Schluss zugeben,
da diese beim Erhitzen über 180 °C bitter werden.
Mozzarella in kleinere Stückchen reissen, nicht schneiden, da dieser sonst zäh wird.
Vor dem Essen einige Tropfen Chiliöl und Oliven zugeben.

Focaccia **Brotkuchen**

300	g	Haushaltsmehl	sieben oder mit Schwingbesen lockern, in der Mitte eine Vertiefung machen
¾	Tlf	Salz	am Rand entlang zugeben
12	g	Hefe	
½	Tlf	Malz	
1,2	dl	lauwarmes Wasser (7 Lf)	anrühren, in die Vertiefung geben
3	Lf	Olivenöl	mit dem Mehl mischen

Zubereitung:	Teig leicht kneten, 30 Min. gehenlassen, Teig nochmals leicht kneten, weitere 30 Min. gehenlassen, Teig ½ cm dick auswallen, in ein Backblech legen, 30 Min. gehenlassen, Teig mit 2 Lf Olivenöl bestreichen.
Belegen:	Nach Belieben belegen und würzen mit: Basilikum, Käse, Knoblauch, gekochten Oliven, Nüssen, Peperoni, Salz, Tomaten, Zucker, Zwiebeln.
Backen:	25 Min. in zweitunterster Rille bei 180-200 °C

Pita **Brottaschen**

		Hebel mit 20 g Hefe	gem. Butterzopf-Rezept herstellen
		Hauptteig:	
400	g	Haushaltsmehl	
100	g	Maismehl	in eine Schüssel sieben, in der Mitte eine Vertiefung machen
1,5	Tlf	Salz	am Rand entlang zugeben
3	dl	lauwarmes Milchwasser	
½	Tlf	Olivenöl	mit dem Hebel in die Vertiefung geben, alles gut vermischen und kneten

Teig 1-2 Std. an der Wärme gehenlassen, öfters durchkneten.

Teig auswallen, runde Brötchen ca. 14 cm ø ausstechen, 1 Std. gehenlassen, dabei die Brötchen antrocknen lassen.

Backen: 20 Min. in unterster Rille bei 200 °C

Die noch warmen Brötchen zum Auskühlen und Nachdämpfen in einen gut verschlossenen Plastiksack geben.

In einer Granitpfanne können diese Brottaschen unter 2-3maligem Wenden gebacken werden. Dazu die Pfanne gut zudecken, den Deckel ev. mit einem nassen Tuch umwickeln. Die fertigen Brötchen zum Nachdämpfen ebenfalls in einen Plastiksack geben.

Backferment-Brot

		Ansatz:	
3	dl	lauwarmes Wasser	
1	Tlf	Backferment	
gut 1	Tlf	Grundansatz	alles zusammen vermischen

300	g	Feinschrot	zugeben, einen weichen Teig herstellen

Bei Zimmertemperatur gut zugedeckt 12 Std. ruhen lassen. Auf dem Teig darf sich kein Wasser absetzen.

Hauptteig:

700	g	Feinschrot	
3	dl	gut warmes Wasser	
3	Tlf	Salz (18 g)	dem Ansatz zugeben

Den Teig mit nassen Händen leicht kneten, gut zugedeckt ½-1 Std. bei 30 °C ruhen lassen, ein Brot formen und wieder zugedeckt ½-1 Std. bei 30 °C ruhen lassen.

Backen: 40 Min. bei 220 °C mit Dampfstössen und weitere 20 Min. in zweitunterster Rille bei 180 °C

Früchte-Brot **mit Sauerteig oder Backferment**

Ansatz:

3	dl	lauwarmes Wasser	
1	Tlf	Backferment	
gut 1	Tlf	Grundansatz	alles zusammen vermischen
300	g	Feinschrot	zugeben, einen weichen Teig herstellen

Bei Zimmertemperatur gut zugedeckt 12 Std. ruhen lassen. Auf dem Teig darf sich kein Wasser absetzen.

Hauptteig:

1	kg	Feinschrot	
6	dl	Einweichwasser	von den Dörrfrüchten
3	Lf	flüssiger Honig (100g)	
1	Prs	Nelkenpulver	
2	Tlf	Salz (12 g)	
1	Tlf	Zimt	mit Ansatz oder Sauerteigansatz mischen, mit nassen Händen einen weichen Teig herstellen
500	g	Feigen o.a. Dörrobst	fein schneiden,
250	g	Datteln	fein schneiden, alles in 6 dl Wasser einweichen
250	g	Korinthen	mit wenig Mehl bestreuen
200	g	Haselnüsse	fein hacken, alles zusammen mit dem Teig vermischen

2 Brote formen, zugedeckt ca. 2 Std. gehenlassen.

Backen: 40 Min. bei 220 °C und weitere 40 Min. in zweitunterster Rille bei 180 °C

Sauerteig-Brot für 2 Brote

Auffrischsauer:

z.B. Do abends			Anstellgut	siehe weiter unten und separates Rezept
	150	g	Roggen	grob und frisch gemahlen (ist sehr wichtig)
	2,5	dl	kaltes Wasser	alles mischen, zudecken, in Herdnähe stellen

Grundsauer:

z.B. Fr abends	300	g	Roggen oder Weizen	Feinschrot
	3,5	dl	kaltes Wasser	alles unter den Auffrischsauer mischen, zudecken, in Herdnähe stellen, ev. mit Tuch warmhalten (ideal bei 20 °C)

Vollsauer:

z.B. Sa morgens	300	g	Roggen oder Weizen	Feinschrot
	3	dl	lauwarmes Wasser	alles unter den Grundsauer mischen, bei 24 °C gehenlassen. Die Teigtemperatur beträgt 22 - 24 °C.

Nach ca. 3 Std. hat eine intensive Belebung stattgefunden.

Anstellgut:

z.B. Sa 11^{00} Uhr	3	Lf	Vollsauer	in ein Joghurtglas geben, bei 24 °C etwas gehenlassen, verschlossen kalt stellen

Das Anstellgut ist für das nächste Brotbacken gedacht und ist im Kühlschrank 2 - 3 Monate haltbar.

Hauptteig:

500	g	Vollkornfeinschrot	
3 - 4	Tlf	Meersalz (18 - 24 g)	ev. weniger verwenden
nach Bedarf		lauwarmes Wasser	alles dem Vollsauer zugeben, mit nassen Händen in gleichmässigen Bewegungen einen weichen Brotlaib herstellen

Zum Aufgehen 2 Brote formen, in eine Tonform oder in einen formgerecht aus Roggenstroh geflochtenen Gärkorb, damit der Laib nicht in die Breite aufgeht.

Teig an der Wärme ca. 2 Std. gehenlassen (kein Durchzug).

Backen:	10 Min. auf 250 °C vorheizen, 40 Min. bei 220 °C mit Dampfstössen backen und weitere 30 Min. bei 180 °C ausbacken

Anstellgut herstellen

1.Tag morgens:

3	Lf	Roggenschrot	grob und frisch mahlen
4	Lf	kaltes Wasser	
1	Prs	Meersalz	alles mischen, in ein 1 l Schraubglas geben, zugeschraubt 12 Std. bei 18 °C ruhen lassen

1.Tag abends:

Vorgehen vom Morgen wiederholen und beide Ansätze miteinander mischen.

2.Tag jeweils morgens + abends:

Vorgehen wie am 1.Tag wiederholen, aber Temperatur auf 24 °C erhöhen.

Wenn sich keine Blasen gebildet haben, dieses Vorgehen am 3. Tag wiederholen.

Der Teig muss in einem aktiven Gärstadium sein und Blasen aufwerfen.

Vor der Weiterverarbeitung muss der Teig zur Beruhigung min. 1 Tag im Kühlschrank kalt gestellt werden.

Das Anstellgut ist im Kühlschrank 2-3 Monate oder tiefgekühlt bis 6 Monate haltbar.

Sauerteig regulieren

Der Sauerteig muss einen angenehmen Geruch aufweisen. Andernfalls wie folgt regulieren:

1. Grob und frisch gemahlener Roggenschrot zugeben.
2. Teigtemperatur von 24-27 °C einhalten.
3. Teig gut umrühren.

Honig-Salz-Brot

1. Ansatz abends:

5	dl	handwarmes Wasser	
¼	Tlf	Salz	
1	Tlf	Honig	zusammen im Wasser auflösen

500	g	Demeter-Roggen	frisch mahlen, dazumischen
		Ansatz mit einem Tuch zudecken, bei 20 °C über Nacht stehenlassen.	

2. Ansatz morgens:

5	dl	warmes Wasser	
1	Tlf	Salz (6 g)	
1	Tlf	Honig	zusammen im Wasser auflösen
500	g	Demeter-Weizenschrot	dazumischen

2. Ansatz mit dem 1.Ansatz vermengen,
mit einem Tuch zudecken,
bei ca. 20 °C während 3-4 Std. gehenlassen.

3. Ansatz mittags:

500	g	Demeter-Weizenschrot	
1	Tlf	Salz (6 g)	
1	Lf	Öl	
je ½	Tlf	gem. Anis, gem. Fenchel, Koriander, gem. Kümmel	
ein paar		Haselnüsse	fein hacken, alles zusammen zum anderen Ansatz zugeben

Einen Brotlaib formen und in eine ausgebutterte Backform geben (Römertopf oder Glasform mit Deckel), einschneiden, mit geschlossenem Deckel 3-4 Std. an der Wärme gehenlassen.

Backen: Backform mit Deckel in den kalten Ofen schieben.

7 Std. bei 120 °C oder
3 Std. bei 150 °C zugedeckt backen.

Brot bis zum nächsten Tag im Backofen auskühlen lassen.
Nach 1-2 Tagen ist das Brot essbereit.

Dieses Brot lässt sich auch gut in einem Sonnenofen backen. Bei entsprechend geringeren Temperaturen verlängert sich die Backzeit. Damit das Brot nicht austrocknet, sollte es in einer Form gut zugedeckt gebacken werden.

Brot-Mischungen

Anteile:

ev.		1 Teil Gerste		
1 Teil Soyamehl	—	2 Teile Weizen	—	1 Teil Hafer
enthält Lezithin und		2 Teile Dinkel		oder
lockert dadurch den Teig		2 Teile Roggen		1 Teil Hirse
		|		
		1 Teil Buchweizenmehl		

z.B. für 2 Brote = 1,2	**kg**	**Mehl:**
120	g	Gerste
240	g	Weizen
240	g	Dinkel
240	g	Roggen
120	g	Hafer oder Hirse
120	g	Buchweizen
120	g	Soyamehl
		Flocken, Gewürze, Kerne, Nüsse, Samen nach Bedarf
Teigausbeute: 160	Teile	(100 Teile Mehl, 60 Teile Flüssigkeit)
1	kg	Mehl
6	dl	Wasser
3	Tlf	Salz (18 g)
ca. 300	g	Ansatz oder Vorteig

Brotback-Hinweise

- Baum- oder Haselnüsse geben dem Brot einen feinen Eigengeschmack
- Wasser kann durch Sauermilch, Molke oder Buttermilch ersetzt werden
- für Gewürzbrote eignen sich Kräuter, Knoblauch, Oliven und ganzer Kümmel
- Flocken, Sesam, Sonnenblumenkerne und Mohn eignen sich sehr gut zum Ausmehlen der Backform
- Leinsamen verhindern das zu starke Austrocknen der Krume und ist das älteste Konservierungsmittel
- Gewürze wie Anis, Fenchel, Koriander und Kümmel können mit den Getreidekörnern zusammen vermahlen werden
- für Olivenbrot gibt man dem Brotteig je 200 g grüne und schwarze Oliven sowie 2 Lf Olivenöl zu

Mais-Brot

200	g	Haushaltsmehl	
200	g	Vollweizenmehl	
200	g	Maismehl	sieben oder mit Schwingbesen lockern
3,5	dl	Sauermilch	
3	Lf	Rosinen	
1	Lf	Malz	
1¾	Tlf	Salz (10 g)	
		Hebel mit 15 g Hefe	alle Zutaten leicht aufgreifen, gut mischen
Backen:		40 Min. in zweitunterster Rille bei 200 °C	

Sechs-Korn-Brot

100	g	Roggenfeinschrot
100	g	Weizenfeinschrot
100	g	Dinkelfeinschrot
100	g	Haferfeinschrot
100	g	Hirsefeinschrot
100	g	Reisfeinschrot
400	g	Ruchmehl

Graham-Brot

900	g	Weizenfeinschrot
100	g	Roggenmehl

Hus-Brot

100	g	Gerstenfeinschrot
100	g	Roggenfeinschrot
100	g	Weizenfeinschrot
100	g	Haferfeinschrot
600	g	Ruchmehl

Kloster-Brot

100	g	Roggenfeinschrot
100	g	Weizenfeinschrot
100	g	Dinkelfeinschrot
100	g	Roggenschrot
600	g	Ruchmehl

Die Mischung richtete sich jeweils nach den Anteilen, welche die Bauern den Klöstern abgeben mussten: Jeweils der »Zehnte« (1/10).

Triopan-Brot

100	g	Roggenschrot
100	g	Weizenschrot
100	g	Dinkelschrot
700	g	Ruchmehl

Büürli

Hebel mit 15 g Hefe	gem. Butterzopf-Rezept herstellen

600	g	Ruchmehl	
400	g	Haushaltsmehl	sieben oder mit Schwingbesen lockern
8	dl	lauwarmes Wasser	
3	Tlf	Salz	alle Zutaten inkl. Hebel dem Mehl zugeben, tüchtig kneten, ca. 30 Min. an der Wärme gehenlassen, mit Mehl ca. 16 Büürli formen, je 4 Büürli zu einem Schild (quadratisch) zusammenfügen, nochmals ca. 1 Std. an der Wärme gehenlassen

Backen: 15-20 Min. in mittlerer Rille bei 200 °C

Semmeli

		Hebel mit 15 g Hefe	gem. Butterzopf-Rezept herstellen
1	kg	Halbweissmehl	sieben oder mit Schwingbesen lockern
6	dl	lauwarmes Wasser	
3	Tlf	Salz	
1	Lf	Öl	alle Zutaten inkl. Hebel dem Mehl zugeben, leicht aufgreifen, ca. 30 Min. an der Wärme gehenlassen, Semmeli formen, einschneiden, nochmals ca. 1 Std. an der Wärme gehenlassen

Backen: 15-20 Min. in mittlerer Rille bei 200 °C

Weggli

		Hebel mit 15 g Hefe	gem. Butterzopf-Rezept herstellen
1	kg	Halbweissmehl	sieben oder mit Schwingbesen lockern
6	dl	lauwarme Milch	
3	Tlf	Zucker	
3	Tlf	Salz	alle Zutaten inkl. Hebel dem Mehl zugeben, leicht aufgreifen, ca. 30 Min. an der Wärme gehenlassen,

Weggli formen, nochmals ca. 1 Std. an der Wärme gehenlassen, mit Kellenstiel in der Mitte leicht eindrücken

Backen: 15-20 Min. in mittlerer Rille bei 200 °C

Tischgebet

Das Brot allein ernährt uns nicht,
was uns im Brote speist,
ist Gottes ew'ges Wort,
ist Leben und ist Geist.

Das Brot ernährt uns wohl,
wenn wir es recht empfangen,
so werden wir durch Ihn
das Leben selbst erlangen. Angelus Silesius

Annegret-Brot

Konservieren

Berücksichtigen wir den Jahresrhythmus, so ist es uns sicher ein Bedürfnis, vom Erntesegen für die Zeiten einen Vorrat anzulegen, in denen die Natur ruht.

Konservieren ist ein Kultivierungsprozess, der mit Liebe und Bewusstsein vollzogen werden will! Durch das Konservieren können wir ein Nahrungsmittel zu einem Heilmittel veredeln oder zu einer Totkonserve machen! Deshalb ist folgendes wichtig:

- grösste Sauberkeit beachten
- gesundes Einmachgut in guter Qualität verwenden
- Einmachgut zum Heilmittel veredeln, durch die schonendste, einfachste Konservierungsart

Mit den natürlichen Konservierungsmethoden ahmen wir die Lebenskräfte des Jahreskreislaufes nach. Dadurch erhalten wir Qualitäten mit entsprechend heilender Wirkung. Ein Beispiel ist das Getreide, welches die naturgegebenen Kräfte so nutzt, dass die Samen konserviert werden. Rhabarber ist zum richtigen Zeitpunkt geerntet einfach konservierbar, indem er roh zerkleinert in Gläser eingefüllt und ev. mit Wasser bedeckt wird.

Vier Elemente innig gesellt,
bilden die Erde, bauen die Welt! F. Schiller

Die 4 Lebenskräfte:	Erde	Wasser	Feuer	Luft
symbolisiert durch:	Stier	Engelmensch	Löwe	Adler
Tierkreiszeichen:	Stier	Wassermann	Löwe	Skorpion

Das Wirken der Äther- oder Bildekräfte und ihr Erscheinen in Pflanze und Jahreskreis

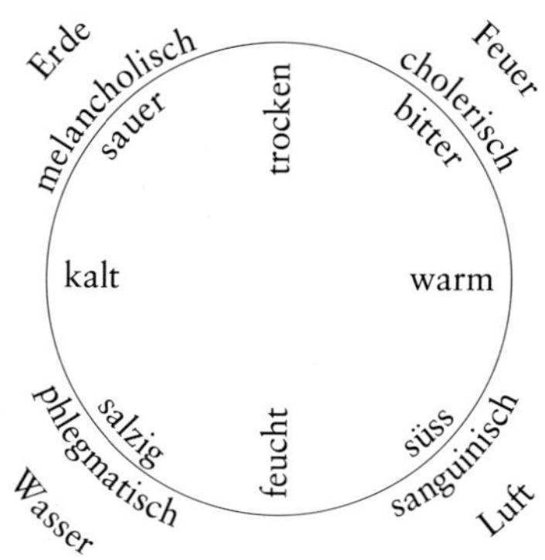

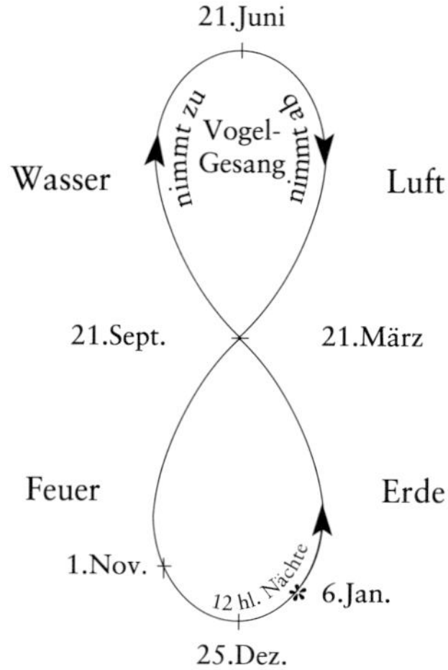

In der Nacht vom 24. auf dem 25. Dezember wird das Licht in der Finsternis geboren. Darauf folgen die 12 heiligen Nächte.

Das Prinzip der Urpflanze

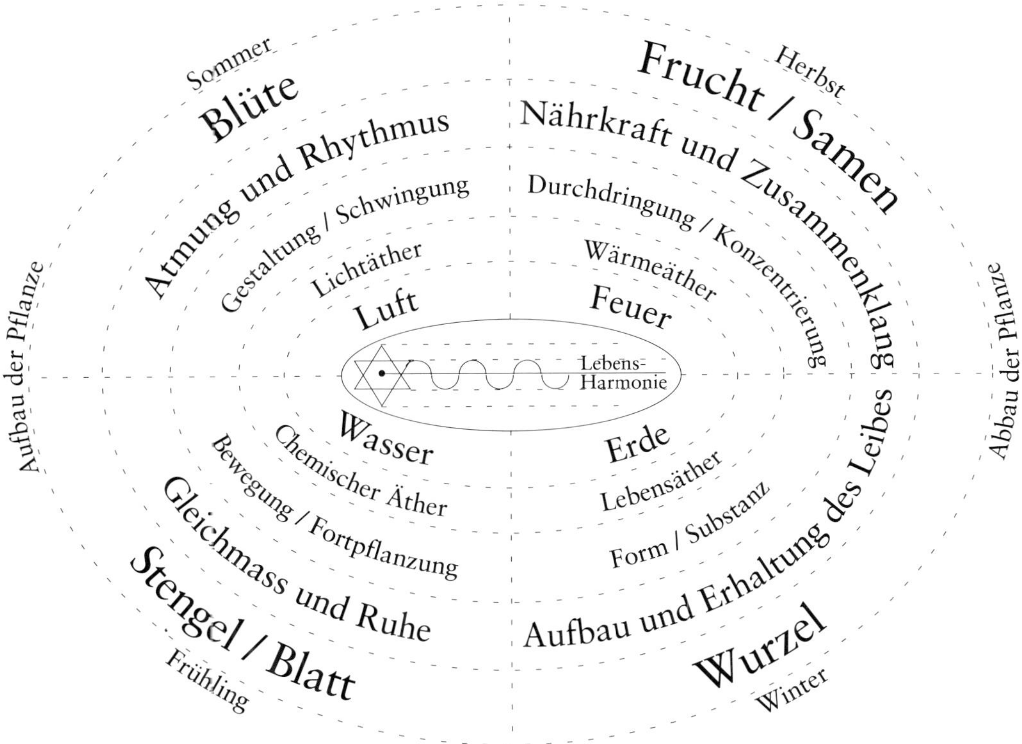

Dieses Schema lässt ein geistiges Grundprinzip der Pflanzen erkennen, wie es Goethe in der Urpflanze dargestellt hat. In Wirklichkeit hat jede Pflanze ihre eigene Individualität im Werden und Vergehen.

Mohn	Die Mohnpflanze entwickelt sich parallel mit dem Jahreskreislauf. Sie zeigt uns, wo wir uns im Jahreskreislauf befinden.
Wilde Frühjahrskräuter	enthalten stark regenerierende und aufbauende Wirkstoffe, da sie ihren Aufbau und Abbau im Jahreskreislauf früh durchleben.
Frühes Obst und Gemüse	ist zum sofortigen Gebrauch bestimmt.
Herbst-Gemüse und Obst	eignet sich gut zum Lagern und Konservieren.

Natürliche Konservierungsarten

Die
Pflanze wächst,
blüht und duftet.

Die Sonne
erwärmt die Erde.

Der
Regen setzt ein.

Der
»Werde-Impuls«.

Die Planung
in den Wurzeln.

Mineralisierungs-
Prozess

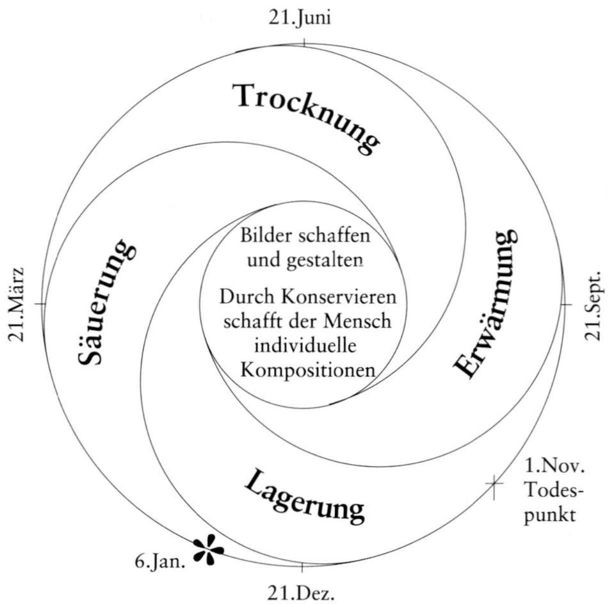

Die Erde
reflektiert
die Wärme.

Die Wärme
reift die Frucht
der Pflanzen und
deren Samen.

Die Bildekräfte
Erde, Wasser,
Feuer, Luft
ziehen sich
zurück.

Der
»Sterbeprozess«
der Pflanze
beginnt.

Ruhephase

Luft	**Trocknung**	Sprühtrocknung dörren von Früchten an luftiger Wärme bei 50 °C dörren von Blüten und Blättern an luftiger Wärme bei 20-30 °C
Feuer	**Erwärmung**	Saft und Sirup herstellen sterilisieren, heiss einfüllen Gelees, Konfitüren, Marmeladen einkochen
Erde	**Lagerung**	einsalzen Frischlagerung tiefkühlen bzw. gefrieren Kellerlagerung bei 90 % Luftfeuchtigkeit und 2-7 °C
Wasser	**Säuerung**	Essigkonserven Milchsäuregärung

Urpflanze / Element	Lebenskräfte der Pflanze	Substanzbildung	Konservierungsart
Frucht Feuer	Frucht- und Samen- bildung im Wärmeäther	Eiweiss, Wachse und Öle, Fruchtsäure wird zu Fruchtzucker, Vit. B, Enzyme, Spurenelemente	Erwärmung
Blüte Luft	verduften, verströmen, verblühen im Lichtäther	Eiweiss, äth. Öle, Fruchtzucker wird zu Alkohohl, Vit. C, Enzyme, Spurenelemente	Trocknung
Stiel **Blätter** Wasser	Assimilation Atmung im chem. Äther	Eiweiss, Harze, Stärke <-------------- Traubenzucker <---- (Pfeile verbunden) Vit. D, Enzyme, Spurenelemente	Säuerung
Wurzeln Erde	Substanzbildung im Lebensäther	Aromen, Zellulose Vit. A, Enzyme, und Mineralstoffe	Lagerung

Siehe dazu auch: Die Pflanze zwischen Erde und Kosmos, M. Martin, Novalis Verlag

Fachkompetente Angaben über natürliches Konservieren, Lagern, usw. sind zu finden in guten Broschüren der:

Schweiz. Zentralstelle für Obstverwertung (ZfO)
Seewadelstrasse 5
CH-8910 Affoltern am Albis

Bestrahlte Nahrungsmittel

Den natürlichen Konservierungsmethoden gegenüber stehen die technisch-industriellen Konservierungsarten wie z.B. das Bestrahlen.
Ziel des Bestrahlens ist es, die Nahrungsmittel »wesenlos« zu machen. Lebensmittelverderbende Organismen werden abgetötet und das Auskeimen von Lagergemüse wird verhindert. Die Bestrahlung erfolgt mit Kobalt 60. Dieses Kobalt 60 stammt aus dem Atommüll, ist radioaktiv und sendet Gammastrahlen aus, ohne die Lebensmittel radioaktiv zu belasten.
Durch die Bestrahlungsenergie werden die Elektronen in den Atomen so verändert, dass die positiv und negativ geladenen Ionen umgepolt werden und die Moleküle auseinanderfallen. Es bilden sich neue Formationen, sogenannte freie Radikale, deren Auswirkungen auf den menschlichen Organismus nicht absehbar sind.
In den Ländern Belgien, Dänemark, Finnland, Frankreich und Ungarn ist die Bestrahlung erlaubt, in Deutschland, Norwegen, Österreich, Schweden und in der Schweiz hingegen verboten.

Die Bedenken verantwortlicher Persönlichkeiten betreffen die Qualitätsverluste der bestrahlten Nahrungsmittel. Der Ausdruck der Fachleute: »Bis ein Nahrungsmittel wesenlos geworden ist«, erinnert an das Gedicht von Angelius Silesius:

Mensch werde wesentlich,
denn wenn die Welt vergeht,
so fällt der Zufall weg.
– Das Wesen, das besteht. –

Notvorrat

In Krisensituationen gilt es ganz besonders, unseren Lebenskräften Sorge zu tragen. Das erfordert, dass wir uns auf das Wesentliche beschränken und auf alles, was an diesen Kräften zehrt, verzichten. Deshalb sind isolierte Zucker, raffinierte Öle und alle Totkonserven als Notvorrat ungeeignet.

Wichtige Überlegungen und Notvorräte sind:
- Wasservorrat abklären, ev. anlegen
- eine Handmühle und 1 Sack entspelztes Korn
- Vollmeersalz, um medidative Gedanken im Körper umsetzen zu können
- schulen des Urvertrauens, damit wir aus dem Moment heraus erkennen, was für uns bestimmt und geeignet ist
- ev. Saatgut und Kulturen mit Torf und dickem Plastik vor Strahlen schützen

Das Füllhorn als Ausdruck der ewigen Fruchtbarkeit oder der Wassermann als grosser Hoffnungsträger mit dem Füllhorn unter dem Arm, aus dem ewiges Wasser fliesst, zeigen uns neben der Sicherung der körperlich-materiellen Grundbedürfnisse die Wichtigkeit einer vertrauenden seelisch-geistigen Grundhaltung.

Gelees, Marmeladen, Konfitüren

Gelees werden aus Fruchtsäften hergestellt.
Für **Marmeladen** werden die Früchte püriert.
Zur **Konfitüren**-Herstellung werden geschnittene Früchte verwendet.

Wie werden Konfitüren und Gelees haltbar?

Konfitüren und Gelees sind Fruchtkonserven, deren Haltbarkeit durch reichliche Zuckerzugabe und Hitzeeinwirkung (sprudelndes Kochen), erreicht wird.
Um den mikrobiologischen Verderb zu verhindern, muss eine 60 %-ige Fruchtzuckerkonzentration erreicht werden. Dies geschieht durch Zugabe von 600 g Zucker auf 1 kg Früchte, anstelle eines Wasserentzugs aus den Früchten. Diese Zuckerzugabe reduziert den relativen Wassergehalt der Früchte.
Bildet sich bei einer Konfitüre mit 60 %-iger Zuckerkonzentration Schimmel, so kann dieser grosszügig entfernt werden. Die restliche Konfitüre ist weiterhin essbar.

Bei zuckerreduzierten Konfitüren funktioniert dieses Prinzip nicht. Deshalb müssen solche Konfitüren in Einmachgläser oder Gläser mit Schraubdeckeln heiss eingefüllt werden. Dieser vakuumdichte Verschluss schützt den Inhalt vor Luftzutritt, also auch vor Neuinfektion und vor dem Austrocknen.

Bildet sich bei zuckerreduzierten Konfitüren Schimmel, so gelangen die Schimmelpilzsporen bis zum Boden. Solche Konfitüren sind nicht mehr geniessbar.

Lässt man geschnittene Früchte mit Zucker vermischt eine Zeitlang ziehen, z.B. über Nacht, so werden Enzyme aktiviert, welche den Zucker zu Invertzucker abbauen und die intensiven Fruchtaromen entfalten. Dieser biochemische Prozess geht auch dann noch weiter, wenn die Enzyme durch das Kochen abgetötet wurden. Nach ca. 3 Monaten ist dieser Abbauprozess beendet.

Gelieren

Die Fähigkeit einer Fruchtmasse, »fest zu werden«, nennt man gelieren. Die Gelierfähigkeit wird durch das Säure-Pektin-Zucker-Verhältnis bestimmt. Durch Zugabe von Geliermittel oder Gelierzucker wird die Gelierfähigkeit erhöht. Geliermittel sind keine Konservierungsmittel.

Geliermittel

Pulverförmige oder flüssige Geliermittel sind wasserlösliche Pektine aus pflanzlicher Herkunft, z.B. Uni-Gel, Agar-Agar (nur für Fruchtgelee verwenden). Die Verbindung von Gelierstoff, Zucker und Fruchtsäure bewirkt das schnelle Gelieren.

Gelierzucker ist eine Mischung aus Pektin, Zitronensäure und Zucker. Gelierzucker süsst und fördert zugleich das Gelieren.

Verwendet werden Geliermittel oder Gelierzucker vor allem bei schlecht gelierenden Früchten, wie z.B. bei Erdbeeren, Kirschen, Holunder. Sie verkürzen die Kochzeit, sparen dadurch Zeit und schonen die Farben, Aromen und Geschmackstoffe.

Ohne Geliermittel kann man auskommen, wenn man gut und schlecht gelierende Früchte miteinander mischt. Durch langsames Erwärmen und Abkühlen des Kochgutes gelieren die Früchte optimal.

Grundsätzlich gilt: **Je saurer eine Frucht ist, desto besser geliert sie.**

Frucht-Kombinationen

Apfelschnitze - Heidelbeeren
Äpfel - Rosenwasser, rote Äpfel - Quitten
Äpfel - Kumquat, Äpfel - Hagebutten - Rosinen
Aprikosen - gelbe Pfirsiche
Cassis - Kokosnussraspel
Datteln - Brombeeren
Feigen - Kürbis, Feigen - Grapefruits
Erdbeeren - Johannisbeeren - Himbeeren
Erdbeeren - Rhabarber, Erdbeeren - Stachelbeeren
Holunderblüten - Stachelbeeren
roter oder schwarzer Holundergelee - Ananasstücke
Pfirsiche - Melonen
Pflaumen - Granatäpfel
rote Trauben - Birnen, rote Trauben - grüne Tomaten
Stachelbeeren - Kirschen, Stachelbeeren - Weichsel

Wildfrüchte

Berberitzengelee, Bitterorangen
Hagebutten, Heidelbeeren, roter und schwarzer Holunder
Judenkirschen, Kornelkirschen
Moosbeeren, Preiselbeeren
Sanddorn, Schlehen
Vogelbeeren, Weissdornbeeren

Beachten: Wildbeeren muss man genau kennen, da es auch sehr giftige Wildbeerenarten gibt.
Bittere Beeren sind erst nach dem 1. Nachtfrost geniessbar.
Hagebutten sind nach 2-3 Tagen Tiefkühlung besser verarbeitbar.

Allgemeines zur Konfitüren-Herstellung

Menge

Grundsätzlich nur soviel Früchte ernten oder kaufen, wie man an einem Tag verwerten und in 2 Jahren essen kann.

Arbeitsmaterial

Sauberes und gutes Arbeitsmaterial sind Voraussetzung für ein gutes Gelingen.

Benötigt werden:
- genügend grosse Pfanne
- Suppenkelle, ev. flache Kelle
- Pfanne sollte nur zur Hälfte gefüllt werden
- Emailpfannen dürfen nicht beschädigt sein
- gut schliessende Schraubdeckel

Vorbereitung

Konfitürengläser Gut reinigen und mit kochend heissem Wasser nachspülen.
Gläser nicht abtrocknen, um Bakterienübertragung zu vermeiden.
Zum Schutz vor Bakterien, die Gläser entweder bis zum Abfüllen mit heissem Wasser gefüllt stehenlassen oder kopfüber auf ein sauberes Küchentuch stellen.

Früchte Gut waschen, ausgenommen saubere Beeren.
Je nach Art entsteinen und gut zerkleinern, damit sich der Zucker mit dem Fruchtfleisch gut vermischt. Dies beeinflusst die Haltbarkeit der Konfitüre.

Zucker Früchte abwägen (Nettogewicht).
Bei Schraubverschlussgläsern auf 1 kg Früchte 300-450 g Zucker.
Bei Gläsern mit Cellophanabdeckung auf 1 kg Früchte 1 k Zucker zugeben, um eine gute Haltbarkeit und Qualität zu erreichen.

Geliermittel

Mit Geliermittel verringert sich nur die Kochzeit.
Die Angaben auf der Packung genau beachten.

Nimmt man weniger Gelierzucker wie angegeben, z.B. auf 1 kg Früchte nur 300 g Gelierzucker, so muss zusätzlich 1 Tlf Agar zugegeben werden.

Kochen

Früchte mit Zucker in einer breiten, flachen Pfanne unter ständigem Rühren kochen:

- mit Gelierzucker 4 Min.
- ohne Geliermittel 10-20 Min., je nach Frucht bzw. Gelierfähigkeit
- als Kochzeit zählt nur die Zeit, in der die Masse sprudelnd kocht

Gelierprobe

Die Gelierung ist gut, wenn von der Kelle herabfliessende Tropfen an der Luft verdicken und an der Kelle hängen bleiben.

Einfüllen, Verschliessen

- Kochschaum mit einem Löffel entfernen, da er viel Verunreinigungen enthält
- vorgewärmte Gläser zum Einfüllen auf ein feuchtes Tuch stellen, vermeidet Spannungsrisse
- Gläser mit Schraubdeckel randvoll füllen
- Gläser gut verschliessen
- überquollene Konfitüre heiss abwaschen und Gläser kurze Zeit auf den Kopf stellen
- Gläser auf isolierender Unterlage, z.B. Holzbrett, auskühlen lassen, vor Zugluft schützen, mit einem Tuch abdecken
- Gläser beschriften, ev. mit Neocolor bemalen
- Gläser während dem Fertiggelieren (dauert einige Tage) nicht schütteln

Aufbewahren

An trockenem, kühlem, möglichst dunklem Ort aufbewahren.
Regelmässig kontrollieren. Haltbarkeit 1-2 Jahre.

Schimmelbildung

Schimmelbildung kann mehrere Ursachen haben, z.B.:

- undichter Verschluss
- ungeeigneter Aufbewahrungsort
- unsauberes oder unsachgemässes Vorgehen bei der Zubereitung

Eintrocknen

Mit Cellophanpapier verschlossene Konfitüre kann leicht eintrocknen. Eingetrocknete Konfitüre ist unschädlich und kann mit wenig Wasserzugabe nochmals kurz aufgekocht werden.

Selbstgemachte Konfitüren, mit einer farbigen Masche, einer Blume oder einem bunten Stoffüberzug, sind stets ein willkommenes, persönliches Geschenk.

Mehrfrucht-Konfitüre

		Zutaten:	
1	kg	gemischte Früchte	rüsten, dann wägen
entweder:		Erdbeeren, Himbeeren oder Stachelbeeren, Kirschen	verlesen waschen, Kirschen entsteinen, zerkleinern
oder:		Äpfel, Birnen oder Pfirsiche, Aprikosen	waschen, schälen, Kerngehäuse entfernen, waschen, Pfirsiche ev. schälen, entsteinen, zerkleinern
2	Lf	Wasser	zugeben
ca. 1	kg	Gelierzucker	über die gerüsteten Früchte geben, über Nacht stehenlassen
Einkochen:		Unter Rühren 5 Min. sprudelnd kochen, abschäumen.	
1-2		Zitronen	Saft auspressen, je nach Geschmack und verwendeten Fruchtsorten unter die Konfitüre rühren
Einfüllen:		Noch heisse Konfitüre in vorgewärmte Gläser einfüllen und sofort verschliessen.	

Pfirsich-Melonen-Konfitüre

600	g	Pfirsiche	entsteinen, zerkleinern
400	g	Melonen	grosszügig schälen, entkernen, zerkleinern
1	kg	Gelierzucker	unter die Früchte mischen, 1 Tag zugedeckt im Kühlschrank ziehen lassen
1		Zitrone	Saft und Schale zugeben, alles zusammen unter Rühren aufkochen, 4 Min. sprudelnd kochen, abschäumen
Einfüllen:		Noch heisse Konfitüre in vorgewärmte Gläser einfüllen und sofort verschliessen.	

Birnel-Konfitüre

1	kg	reife Beeren	rüsten
200	g	Birnel (Birnendicksaft)	
30-80	g	Uni-Gel (Apfel-Pektin)	alles zusammen aufkochen, 3-15 Min. weiterkochen

Einfüllen:	Konfitüre luftdicht in vorbereitete Schraubgläser abfüllen.
Lagerung:	Offene Konfitüre wird gern schimmlig, deshalb im Kühlschrank aufbewahren und schnell aufbrauchen.

Birnel verändert leicht das Fruchtaroma und ist nicht für alle Fruchtarten geeignet.

200 g Birnel ersetzt 1 kg Zucker.

Vorzüglich geeignete **Birnel-Frucht-Kombinationen** sind:
- Kirschen mit Rosinen
- Rhabarber mit Datteln
- Erdbeeren mit getrockneten Ananas
- Stachelbeeren mit getrockeneten Pfirsichen
- Zwetschgen mit kandiertem Ingwer oder Zimtstangen

Kaltgerührte Konfitüre **ein Heilmittel**

1	kg	Beeren, wie z.B. Erdbeeren, Heidelbeeren, Sandddorn	auf 30 °C erhitzen, langsam abkühlen lassen diesen Vorgang 2 mal wiederholen
500	g	Honig	unter die Beeren mischen
		20 Min. bis 1 Std. gleichmässig rühren, bis die Konfitüre sämig ist.	

Einfüllen:	Konfitüre luftdicht in kleine, sauber vorbereitete Schraubgläser abfüllen.
Haltbarkeit:	im Kühlschrank bis zu 1 Jahr haltbar

Kaltgerührte Konfitüren nach Bedarf und in kleinen Mengen herstellen. Sie dienen vorwiegend als Heilmittel. Bei Allergien können sie im Rahmen der Rotations-Diät eingesetzt werden.

Latwerge **Obstbutter/Obsthonig**

6	kg	Zwetschgen	
4	kg	Birnen	rüsten und in einen Topf geben
		Wasser	zugeben bis die Früchte knapp bedeckt sind, weich kochen, durch das Passe-vite treiben, bis zur gewünschten Konsistenz einkochen, heiss einfüllen

Latwerge wurde schon im Mittelalter als Konservierungs- und Süssungsmittel verwendet. Grosse Mengen Obst werden lange eingekocht. Dies erhöht die Zuckerkonzentration und Haltbarkeit.

Löwenzahn-Latwerge

1	l	Löwenzahnblüten	Menge 1 l gem. Messbecher
1½	l	Wasser	5 min. kochen, absieben
1½	kg	Zucker	zugeben, gut auflösen, einkochen bis zu einer Honigkonsistenz

Chutneys **gewürztes Fruchtmark**

- zur Chutney-Herstellung eignen sich Chromstahl- oder Emailpfannen, ungeeignet sind Alu- oder Kupferpfannen
- für dunkles Chutney roten Essig verwenden
- für helles Chutney weissen Essig verwenden
- für eher süsse Chutneys etwas mehr Zucker zugeben
- für eher pikante Chutneys 1 Esslöffel Senf zugeben
- das Einhalten der angegebenen Essig- und Zuckermengen garantiert die Haltbarkeit
- die Chutney-Mischung bei nicht zu hoher Temperatur und ohne Deckel köcheln, damit die Flüssigkeit verdampft und die Masse dickflüssiger wird, ohne anzubrennen
- für Chutneys möglichst kleine, gut gereinigte und vorgewärmte Gläser verwenden
- Chutneys an kühlen, dunklen Orten lagern
- Chutneys schmecken erst nach einigen Wochen Lagerung gut
- ein einmal geöffnetes Glas im Kühlschrank aufbewahren
- die Haltbarkeit ist durchschnittlich 1 Jahr
- Chutneys eignen sich als Beilage wie z.B. Pasten, Saucen und zu vielen Hauptgerichten

Tomaten-Chutney

1	kg	Tomaten	ev. schälen, in Würfel schneiden
500	g	Zwiebeln	
3		Knoblauchzehen	fein schneiden
100	g	Dörraprikosen	über Nacht einweichen, abtropfen lassen, fein schneiden alles zusammen andämpfen
2,5	dl	weisser Weinessig	
2,5	dl	roter Weinessig	
100	g	Zucker	
1	Tlf	Salz	
½-1	Tlf	Oregano	
		Pfeffer aus der Mühle	alles zugeben, mischen

		Alles unter gelegentlichem Rühren 1 - 1½ Std. kochen, bis die Masse breiartig dick ist.	

Einfüllen: Heisses Chutney randvoll in vorgewärmte, kleine Einmachgläser einfüllen und sofort verschliessen.

Lagerung: kühl und dunkel lagern

Haltbarkeit: ca. 6 Monate haltbar

Kürbis-Chutney

1	kg	Kürbis	in 2 cm grosse Würfel schneiden
2		Zwiebeln	fein schneiden
2		Knoblauchzehen	mit Vollmeersalz zerdrücken
1	cm	Meerrettichwurzel	fein reiben
400	g	leicht säuerliche Äpfel	in Würfel schneiden
½	Tlf	Sambal Oelek	
1		Zimtstange	
3	dl	Weinessig	
300	g	Birnel	
1	Tlf	Curry	
1	Tlf	Salz	alles zugeben, mischen

Alles unter gelegentlichem Rühren 1 - 1½ Std. kochen, bis die Masse breiartig dick ist.

Einfüllen: Heisses Chutney randvoll in vorgewärmte, kleine Einmachgläser einfüllen und sofort verschliessen.

Lagerung: kühl und dunkel lagern

Haltbarkeit: ca. 6 Monate haltbar

Paprika-Chutney

2		Knoblauchzehen	mit Vollmeersalz zerdrücken
4		rote Pepperoni	in Würfel schneiden
2		Aubergines	in Würfel schneiden
200	g	Zwiebeln	in Streifen schneiden
2	dl	Wasser	
5	dl	Essig	alles zusammen in Pfanne geben und langsam weich kochen
2		Äpfel	schälen, Kerngehäuse entfernen, in Scheiben schneiden
½	Tlf	Salz	
1	Prs	Curry	
1	Prs	Safran	
1	Prs	Ingwer	

150	g	Sultaninen	
nach Bedarf		Essigwasser	alles zugeben

Auf kleinem Feuer unter gelegentlichem Rühren 1 - 1½ Std. kochen, bis die Masse breiartig dick ist.

Einfüllen: Heisses Chutney randvoll in vorgewärmte, kleine Einmachgläser einfüllen und sofort verschliessen.

Lagerung: kühl und dunkel lagern

Haltbarkeit: ca. 6 Monate haltbar

Zitronen-Chutney

1	kg	Zitronen	10 Min. in heisses Wasser legen, schälen, in feine Scheiben schneiden, weisse Haut und Kernen entfernen
1	dl	Wasser	
50	g	Pistazien	fein hacken
100	g	Succanat	
1	dl	Obstessig	
100	g	Sultaninen	
1	Prs	gem. Nelken	
2	Prs	Koriander	
2	Prs	Piment	
1	Lf	Zimt	alle Zutaten mit den Zitronen 20 Min. leicht einkochen lassen

Einfüllen: In saubere Gläser füllen, Gläser sofort verschliessen, 2 Min. auf den Deckel stellen.

Süss-saure Früchte **heiss eingefüllt**

1	kg	Früchte, ev. gemischt, z.B. Aprikosen, Kirschen	
		Pflaumen, Trauben	ganz lassen
		ev. Zwetschgen	halbieren
		Äpfel, Birnen	schälen, Kerngehäuse entfernen, Stücke schneiden
		Melonen	grosszügig schälen, entkernen, mit Ausstechlöffel Kugeln ausstechen
		Pfirsiche	schälen, Schnitze schneiden

Sirup:

500	g	Zucker	
5	dl	Obstessig	
1		Zimtstange	
ev. 1		Lorbeerblatt	
ev. 6		Pfefferkörner	zerdrücken
1		Zitronenschale	dünn abschälen, alles zusammen aufkochen
ev. 1	Stk	getrockneter Ingwer	in ein Gazetuch einbinden, dem Sirup zugeben, 15 Min. ziehen lassen

Kochen: Jeweils eine Portion Früchte für 1 Glas im Sirup schonend köcheln, bis die Früchte völlig durchgewärmt sind.

Einfüllen: Heisse Früchte ohne Saft in ein vorgewärmtes Glas mit Schraubverschluss einfüllen.

Gewürzbeutel und Zitronenschale aus der Flüssigkeit herausnehmen.

Glas mit Flüssigkeit siedend heiss randvoll auffüllen, sofort verschliessen, kurze Zeit auf den Kopf stellen.

Scharfe Senf-Früchte

1,3	kg	Birnen, Kürbis, Mirabellen	schälen mehrmals einstechen, damit sie nicht platzen, alles in kleine Stücke schneiden
4	dl	Wasser	
1		Zitrone	Saft auspressen, zugeben
300	g	Zucker	aufkochen, Früchte darin portionenweise knapp weichkochen, in 2 ¾ l-Gläser füllen, Saft auf 3 dl einkochen
3	dl	eingekochter Fruchtsaft	
3	dl	Obstessig	
1	dl	Weisswein	
1	Tlf	Senfkörner	
2		Lorbeerblätter	
50	g	helles Senfpulver	
1	Tlf	Wacholderbeeren	
wenig		frischer Meerrettich	alles im eingekochten Saft kurz aufkochen, zu den Früchten in die Gläser giessen, im Wasserbad 10 Min. erhitzen

Essig

Essig-Arten

Biona Apfelessig	enthält 4,41 % Essigäure	pH-Wert 3,4
Kressi Kräuteressig	enthält 4,73 % Essigäure	pH-Wert 3,3
Volg Rotweinessig	enthält 4,79 % Essigsäure	pH-Wert 2,8
Doppel-/Essenzessig	enthält bis zu 14 % Essigsäure	pH-Wert 2,3
Magensäfte als Vergleich	enthalten 0,1 - 0,4 % Magensäure	pH-Wert 1,5 - 0,9

Traditionell hergestellter Rotweinessig wie Balsamico, Aceto, usw. enthält noch weniger Essigsäure, da Biopufferstoffe die Wirkung der Essigsäure abschwächen. Ihre kunstvolle Zubereitung hat aber auch ihren Preis.

Das Geheimnis eines kultivierten, guten Essigs liegt in der Kunst des Abbaus der naturgegebenen Essigsäure nach überliefertem Wissen.

Die Umrechnung des Massenanteils (%) der Essigsäure in den pH-Wert erfolgt über die Stoffmengen-Konzentration (mol/l). Der Massenanteil in Volumenprozent entspricht dem Gewicht in Gramm pro 100 ml.

Essig-Herstellung im Essigtopf

Während der Essigzubereitung ist eine Temperatur von mind. 18 °C notwendig.

Zubereitung:

- Essigtopf mit Wasser füllen, 24 Std. ziehen lassen
- Wasser ableeren, Essigmutter in den Topf legen
- mit Wein oder vergorenem Süssmost auffüllen
- Topf mit einer Gaze zudecken, 6 Wochen stehenlassen
- den fertigen Essig abfüllen und neuen Essig ansetzen

Der Süssmost muss gut vergoren sein, bevor er zur Essigzubereitung verwendet wird. Ein über den Flaschenhals gestülpter Luftballon zeigt, ob der Gärprozess beendet ist. Dieser dauert ca. 7 Monate und kann durch die Zugabe von 1 - 2 Würfelzucker beschleunigt werden.

Ein Tip aus Grossmutter's Rezeptbuch:
Die Essigmutter einmal im Jahr, am Karfreitag, in kaltem Wasser waschen, damit sie nicht verdirbt. Die harte Schicht der Essigmutter entfernen und nur die weiche Haut weiter verwenden, dann neu ansetzen.

Dem fertigen Essig kann immer wieder Wein beigegeben werden, bis zu einer Verdünnung von ¾ Essig zu ¼ Wein.

Essig-Sorten

Kräuter-Essig

2	Lf	Kerbel	
2	Lf	Quendel	
2	Lf	Estragon	
2	Lf	Brennessel	
1	Lf	Liebstöckel	
2	Lf	Pimpernell	Kräuter entstielen, grob hacken
2	l	Obstessig	alles in eine Flasche geben

Zubereitung: Angesetzter Kräuteressig während 1 Woche an einen sonnigen Platz stellen, absieben und zum Gebrauch an einem kühlen Ort aufbewahren.
Bei regenreichem Wetter den Essig kurz aufkochen, über die Kräuter leeren, 1 Tag lang stehenlassen und abgiessen.

Blüten-Essig

Blüten, z.B. Holunder, Lavendel, Quendel, Rosen, Salbei, Waldmeister	ein 1 l-Gefäss mit ca. 1 dl Blüten füllen
Obstessig	zugeben und Gefäss auffüllen, 1-2 Tage an die Sonne stellen, absieben, an einem kühlen Ort aufbewahren

Himbeer-Essig

1	l	Weinessig	
300	g	November-Himbeeren	einlegen, 1 Woche lang durchziehen lassen

Himbeer-Essig ist ideal für alle bitteren Wintersalate.

Ebereschen, Hagebutten, Sanddorn und Schlehen nach dem ersten Frost pflücken und trocknen lassen.

Beeren-Essig

100	g	getrocknete Früchte, z.B. Ebereschen, Hagebutten, Schlehen, Sanddorn	gut zerquetschen

1	l	Obstessig	zugeben, aufkochen, 1 Tag lang stehenlassen, durch ein Tuch abgiessen, kühl aufbewahren

Molkosan

Molkosan ist ein ausgezeichnetes Diätetikum, hilft Rohkost optimal zu verdauen und behebt Magenschwäche, Magenbeschwerden, Sodbrennen, Mundgeruch, Schweregefühl, usw., da die Zusammensetzung der Milch- und Essigsäure im Molkosan dem Idealverhältnis im Magenmillieu entspricht.

Misch-Gemüse **in Essig eingelegt**

500	g	Gemüse wie z.B. Blumenkohlröschen, junge, zarte Bohnen, Champignon, Gurken, Pepperoni, Perlzwiebeln, Rübli, Sellerie, Zucchetti	je nach Art klein schneiden, ev. mit Buntschneidmesser

Kochen:

1	l	Wasser	
1	Tlf	Salz (6 g)	zum Sieden bringen

Gemüse der Kochzeit entsprechend knapp weich kochen, herausnehmen, abtropfen lassen, zum Trocknen auf ein sauberes Tuch auslegen.
Zartes Gemüse kann auch ungekocht verwendet werden.

Sud:

5	dl	Essig
1-2	dl	Wasser
1	Prs	Zucker
1	Tlf	Salz (6 g)
1-2		Lorbeerblätter
6-8		Pfefferkörner
1	Tlf	Senfkörner
ev. 1	Tlf	Koriander
3-5		Nelken

Alles zusammen aufkochen, kurze Zeit ziehen lassen.

Einfüllen: Gemüse gemischt in kleine Gläser mit Schraubverschluss einfüllen, den heissen Sud bis 1 cm unter den Rand über das Gemüse giessen, Gläser sofort verschliessen.

Sterilisieren: Die Gläser in eine gefüllte Pfanne stellen und Pfanne bis zum Flüssigkeitsstand der Gläser mit Wasser füllen.

Alles zusammen auf 80 °C erwärmen (z.B. mit dem Fleischthermometer messen).

Gläser während 20 - 30 Min. auf 80 °C halten, herausnehmen, zugedeckt abkühlen lassen.

oder: Duromatic mit 1 cm Wasser füllen, Gläser auf den Einsatz stellen, so dass sie sich gegenseitig nicht berühren.

Einmachgut 2 Min. beim 2. Druckanzeiger kochen lassen, Dampfkochtopf wegstellen, Druck langsam abbauen, Dampfkochtopf ohne Druck öffnen.

oder: Grössere Mengen im Backofen sterilisieren.

Milchsaures Gemüse

Vorbereiten:

Gemüse, wie z.B. Blumenkohl, Broccoli, Fenchel, Randen, Rübli, Sellerie, blanchierte Bohnen	rüsten, fein schneiden, gut weichdrücken
Schraubgläser	mit engem Hals steril auskochen
kaltes Wasser	aufkochen, abkühlen lassen
Gewürze wie z.B. Dillspitzen, Estragon, Koriander, Senfkörner, Salz, Wacholderbeeren	bereitstellen, nicht zerkleinern
Impfmolke	bereitstellen

oder:

Molke herstellen wie folgt:

Buttermilch auf 30 °C erwärmen, abfiltrieren (Trinkmolke ist nicht geeinget)

Vorgehen: Gemüse in Gläser bis 4 cm unter den Rand einfüllen, ganze Gewürze zugeben.

Pro 1 kg Gemüse = 1 Tlf Salz (6 g) und 2 Lf Molke

Gemüse mit Wasser bis 2 cm unter den Rand überdecken.

Gläser zuschrauben und an die Wärme stellen:

– während	2 Tagen	bei	22 - 27 °C	Abbauphase
– während	5 Tagen	bei	18 °C	Aufbauphase
– mind.	6 Wochen	unter	14 °C	Reifung

Milchsaures Gemüse entwickelt in grösseren Gläsern eine bessere Kultur und intensivere, vielfältigere Aromen.

Gemüse-Allerlei

200	g	Pastinaken	
500	g	Sellerie	in dünne, lange Fäden schneiden
500	g	Rübli	
300	g	Pilze	in kleine Würfel schneiden
oder:			
1	kg	Schalotten	schälen, in dünne Ringe schneiden
oder:			
1	kg	Pilze	kurz im Wasser schwenken, fein schneiden, kurz weichkochen, Wasser abgiessen

Vorgehen: siehe »Milchsaures Gemüse«

Beachten: Fällt der pH-Wert im Pilzwasser unter 4.7, dann werden die Pilze bitter/sauer und somit ungeniessbar.

Sauerkraut

8-9	kg	Weisskohl	Wintersorte mit hohem Stärkegehalt
80-120	g	Salz	
1	Lf	Wacholderbeeren	
2	Lf	Dill, Estragon, Kümmel, Koriander, Lorbeeren, Meerrettich, Nelken, Piment, Senfkörner	alles gut mischen
ca. 2	dl	Molke	bereitstellen

Zubereitung:

Ein paar grosse Weisskohlblätter weglegen.

Übrigen Kohl ganz fein hobeln,
in einen 10 l Gärtopf ca.10 cm hoch einfüllen und gut stampfen, bis das Wasser aus den Zellen austritt.

Wenig Salz und Gewürze zugeben.

Vorgang wiederholen, bis der ganze Kohl eingestampft ist.

Molke zugeben.
Die Flüssigkeit sollte jetzt etwas über das Stampfgut reichen, andernfalls entsprechend Wasser zugeben.

Den Gärtopf über der Flüssigkeit von Kohlfasern reinigen.

Blattrippen der ganzen Kohlblätter einschneiden, Stampfkohl damit zudecken und mit sauberen Steinen beschweren.

Gärtopfdeckel aufsetzen und Wasser in die Rinne geben.

Gären: 14 Tage an der Wärme bei 22-27 °C gären. Gärgase müssen hörbar aufsteigen.

Reifen: 6 Wochen im kühlen Keller unter 14 °C reifen.

Beachten: Bei jeder Sauerkrautentnahme den Gärtopf gut reinigen und das Kraut unter Wasser halten, sodass sich keine Kahmhefe bilden kann. Dieser graue Schimmel ist zwar nicht giftig, hat aber einen unangenehmen Eigengeschmack.

Reinigung des Gärtopfs: Die August-Sonne hat eine desinfizierende Wirkung. Deshalb eignet sich diese Zeit zum Reinigen der Gärtöpfe inkl. Zubehör mit Sodawasser, anschliessend mit kochend heissem Wasser spülen und an der Sonne trocken.

Sirups, Limonaden, u.a.

Ungekochter Sirup

2	dl	Goldmelissen, Holderblüten, Lindenblüten, Pfefferminz, Rosenblätter oder Waldmeisterblüten	Menge 2 dl gem. Messbecher
2	l	Wasser	aufkochen, darübergiessen
1-2	kg	Zucker	zugeben
40	g	Zitronensäure	
oder: 8		Zitronen	Saft auspressen, zugeben
oder:			
1	l	Cassis-, Erdbeer-, Himbeer-, Johannisbeer-, Orangen-, Sanddorn- oder Zitronensaft	zugeben
1	l	Wasser	aufkochen, zugeben
1-2	kg	Zucker	zugeben
40	g	Zitronensäure	
oder 8		Zitronen	Saft auspressen, zugeben

Zubereitung: 1-2 Tage stehenlassen, gelegentlich rühren. Sirup absieben, abfüllen und gut verschliessen.

Gekochter Sirup

1	l	Brombeer-, Cassis-, Heidelbeer-, Himbeer-, Holderbeer-, Rhabarber- oder Schlehensaft	

1	kg	Zucker	zugeben

Zubereitung: Alles zusammen kurz aufkochen, Zucker zugeben, gut auflösen, sofort heiss in vorbereitete Flaschen einfüllen.

Beeren-Limonade

2	kg	reife Beeren wie z.B. Himbeeren, Stachelbeeren	zerdrücken
oder:			
2	l	Orangen-, Zitronensaft	
oder:			
2	dl	Waldmeisterblüten	Menge 2 dl gem. Messbecher
2	l	heisses Wasser	überbrühen
1	l	Weisswein-Essig	zugeben
1	kg	Zucker	darunterrühren

Zubereitung: In Mostflaschen abfüllen, gut verschliessen, 2 Wochen an die Sonne stellen, Limonade durch ein Tuch sieben und in Flaschen abfüllen.

Holderblüten- oder Goldmelissen-Limonade

2	l	kalkfreies Wasser	
1		Bergkristall	mit kaltem Wasser abspülen, ins kalkfreie Wasser legen
2		Zitronen	in Scheiben schneiden
1	dl	Obstessig	
200	g	Rohrzucker	alles gut verrühren
		Holunderblüten	von 4 Dolden
oder:			
2	Lf	Goldmelissenblüten	zugeben, leicht zudecken, 2-3 Tage an die Sonne stellen, absieben, kaltstellen

Holunder-Wein

2	l	Holundersaft	kalt gepresst
400	g	Zucker	
10	g	Hefe	
wenig		Nelken, Zimtstangen	zugeben

Zubereitung: Alles zusammen anstellen und ca. 1 Monat gären lassen, bis 12%-iger Alkohohl entsteht und der Gärprozess abgeschlossen ist.
Fertigen Holunderwein sorgfältig in Flaschen abfüllen.

Beeren-Likör

1	kg	Brombeeren, Himbeeren, Holunder, Weichseln oder schwarze Johannisbeeren	reinigen, gut abtropfen lassen
2-3		grüne, geviertelte Baumnüsse	bis 20. Juni gepflückt
5	dl	Wasser	abkochen, abkühlen lassen
3	dl	Rotwein	
5	dl	Trester	
400	g	Zucker	

Zubereitung: Beeren, Nüsse, Alkohol und Wasser in grosse Flaschen füllen und gut verschliessen.
5-6 Wochen an die Sonne stellen. Gelegentlich schütteln.
Beerensaft absieben.

Rotwein, Trester (Beerensatz) und Zucker zusammen aufkochen, abkühlen lassen, mit dem Beerensaft vermischen, in saubere Flaschen abfüllen und verschliessen.

Holunderblüten-Sekt

2	dl	Holderblüten, Löwenzahnblüten, Rosenblätter oder Waldmeisterblüten	Menge 2 dl gem. Messbecher
3	l	Wasser	
1	kg	Zucker	
5	dl	Weissweinessig	bereitstellen
2		Zitrone	in Scheiben schneiden

Zubereitung: Alle Zutaten in ein grosses Gefäss geben, 2 Tage ruhen lassen, bis sich der Zucker aufgelöst und die Gärung begonnen hat.
Absieben, in Sektflaschen abfüllen, gut verkorken. Nach 2 Wochen wirkt der Sekt prickelnd, moussierend und ist trinkbereit.

Konservierte Spezialitäten

Meerrettich

	Meerrettichwurzeln	waschen, schälen, ganz fein reiben, in kleine Gläser füllen, gut andrücken
wenig	Salz,	
	Cayenne, gem. Senf	zugeben
wenig	Essig	kurz aufkochen, abkühlen lassen

Meerrettich mit Essig übergiessen, bis er gut bedeckt ist. Glas gut verschliessen und kühl aufbewahren.

Meerettichwurzeln in den **Monaten mit »r«** ernten, d.h. von Oktober bis April, ohne September, um das voll entwickelte Aroma zu erhalten.

Kapern in Olivenöl

1	Glas	Kapern	kalt abspülen
4		Knoblauchzehen	mit Vollmeersalz zerdrücken
1	Lf	angetrockneter oder getrockneter Basilikum	
wenig		Cayenne, Piment	alles vermischen, in ein Glas satt einfüllen,
		Olivenöl	auffüllen, kühlstellen

Passt zu: Gschwellti (Pellkartoffeln)

Deutsche Kapern

5	dl	Obstessig	kurz aufkochen
200	g	geschlossene Scharbockskrautblüten, Löwenzahnknospen oder Kapuzinerfrüchte	zugeben, 5 Min. ziehen lassen, in Schraubgläser füllen, mit Essig bedecken

Oliven eingelegt

500	g	Oliven	in Salzwasser eingelegte Oliven zuerst im Kreuz einschneiden, 3 Tage lang in kaltem Wasser wässern, Wasser öfters erneuern

1		Knoblauchzehe	mit Vollmeersalz zerdrücken
2	Lf	Basilikum	fein schneiden
½	Tlf	Vollmeersalz	zugeben, mit Basilikum mischen
½		Zitrone	in feine Scheiben schneiden
1		Paprikaschote	fein schneiden
wenig		Sambal Oelek und	
		Oliven- oder Distelöl	zugeben, gut durchziehen lassen

Alles zusammen mit den Oliven in ein Glas geben, mit kaltgepresstem Oliven- oder Distelöl auffüllen. Nach 3 Tagen sind die Oliven essbereit.

Oliven sind im Handel essbereit oder im Salzölgemisch konserviert erhältlich. Im Salzölgemisch konservierte Oliven müssen zuerst z.B. nach obigem Rezept zubereitet werden.

Will man frische Kräuter in Öl einlegen, so müssen diese entweder angetrocknet oder zerschnitten und mit Salz vermischt werden, damit das Zellwasser austreten kann. Wasserhaltige Zellen beginnen sehr schnell zu faulen.

Oliven-Pasta

500	g	schwarze Oliven	entsteinen

Zubereitung:

In Salzwasser eingelegte Oliven zuerst 3 Tage lang in kaltem Wasser wässern, Wasser öfters erneuern.

Fein schneiden, mit einer Gabel zerdrücken oder pürieren.

Paste in kleine Gläser einfüllen, mit Olivenöl überdecken.

Tomaten eingelegt

200	g	gedörrte Tomaten	
3	Lf	Basilikum	fein schneiden
1	Tlf	Salz	zugeben, mit Basilikum mischen

Zubereitung:

Gedörrte Tomaten 20 Min. in Essig einlegen.

Essig abgiessen und weiter verwenden.

Tomaten in ein Glas legen, Basilikum zugeben, alles mit Olivenöl überdecken.

Glas gut verschliessen und im Vorratsraum aufbewahren.

Tomaten dörren

grössere Mengen	Pelati oder	
	Fleischtomaten	in Scheiben schneiden

Dörren:

Im Backofen mit Umluft bei 50 °C über Nacht oder im Dörrex über 3-4 Tage (Niedertarif beachten).

Pesto

200	g	frischer Basilikum	im Wasserbad waschen, auf einem Tuch trocknen, fein schneiden
100	g	Pinienkerne	fein hacken
2		Knoblauchzehen	mit Vollmeersalz zerdrücken
100	g	ger. Parmesan	
20	g	weiche Butter	
60	g	ger. Pecorino	
ca. 1	dl	Olivenöl	alles unter Rühren langsam zugeben und gut mischen

Pesto satt in Gläser füllen, mit Olivenöl bedecken, gut verschliessen, kalt aufbewahren.

Vor dem Servieren den Pesto mit etwas kochend heissem Wasser sämig anrühren.

Pinienkerne können durch gemahlene Haselnüsse ersetzt werden. Zusätzlich kann auch Peterli und wenig Spinat verwendet werden. Gutes Olivenöl und frischer Knoblauch sind wichtige Voraussetzungen.

Randen gekocht aufbewahren

Aufbewahrung von gekochten Randen:

	Randen	schälen, fein schneiden, in ein Schraubglas dicht einfüllen,
2/3	Essig	
1/3	Wasser	zum Auffüllen
	Salz, Cayenne Piment, Senfkörner, Wacholderbeeren	zugeben

Haltbarkeit im Kühlschrank ca. 4 Wochen.

Gekochter Randen kann so später als Salat verwendet werden.

Tomaten-Ketchup

2	kg	Tomaten	in Viertel schneiden
500	g	Zwiebeln	fein schneiden
2		saure Äpfel	raffeln
2		Lorbeerblatt	
2		ganze Nelken	alles zusammen weichkochen, Masse durch ein Sieb streichen
3	Lf	Birnel	leicht caramelisieren, abkalten lassen

2	Tlf	Salz	
½	Tlf	Curry	
½	Tlf	Paprika	
1	dl	Obstessig (6 Lf)	
4		Knoblauchzehen	mit Vollmeersalz zerdrücken
wenig		Cayenne, Piment	
je 1	Lf	Basilikum, Oregano, Rosmarin, Thymian	
½	Tlf	Tamari	alles dazumischen, mit der Masse dickflüssig einkochen
ca. 2	Lf	Tomatenpüree	zum Regulieren der Konsistenz

Masse in heiss ausgespülte Gläser kochend heiss randvoll einfüllen, luftdicht schliessen.

Orangeat

500	g	Honig	
10		Orangenschalen	ohne weisse Haut fein schneiden in ein 1 l-Einmachglas geben, mit dem Honig gut vermischen

In der Orangen-Saison im Februar herstellen.

Zitronat

10		Zitronenschalen	ohne weisse Haut fein schneiden, dem bereits eingelegten Orangeat zugeben, gut mischen

Zitronat in der Zitronen-Saison im Juni herstellen.

Zitrusfrüchte vor dem Schälen in den Händen leicht walken, damit sich die leicht bittere, weisse Unterschale besser entfernen lässt.

Orangen 5 Min. in heisses Wasser legen, damit sich die weissen Häutchen besser entfernen lassen.

Gut verschlossen lässt sich Orangeat und Zitronat bis an Weihnachten aufbewahren. Während der Weihnachtsvorbereitungen wecken die Düfte des Orangeat, Zitronat, Kardamom und Zimt Erinnerungen und Vorfreude, welche uns diese dunklere Jahreszeit besser überwinden helfen.

Jede Jahreszeit erkennt man an ihren eigenen Düften, welche aus der Küche aufsteigen!

Heilmittel

Leinsamen-Tee

1	l	Wasser	
1-2	Lf	Leinsamen	über Nacht einweichen oder 15 Min. ganz leicht köcheln, absieben, über den Tag verteilt trinken

Leinsamentee kann als Kochflüssigkeit dienen.
In Nahrungsmitteln gilt Leinsamen als ältestes Konservierungsmittel, z.B. im Brot.
Zu lange gelagerter Leinsamen oder Leinsamenschrot sowie Leinöl mit ranzigem Geschmack sind giftig. Deshalb Leinöl nur in kleinen Mengen einkaufen und sofort verbrauchen.

Leinsamen

Frisches Leinöl aktiviert die Lebensprozesse. Empfehlenswert ist die Budwig-Creme.
Leinsamenschleim hat eine heilende Wirkung, schützt die Magen- und Darmwand und verhindert die Giftstoffablagerung im Verdauungstrakt. Dies entlastet die Leber und Nieren.

Verdauungsförderung

Die verdauungsfördernde Wirkung von Leinsamen wird auch durch seine Giftstoffe erzielt. In ca. 1400 Pflanzenarten gibt es in der Samenschale Biogifte, welche das Leben darin schützen, so z.B. in Leinsamen, Sonnenblumenkerne, Hagebutten, Apfelkerne, Dinkel, Weizenkleie usw.
Im Rheuma-Sanatorium Badenweiler wurden überhöhte Thiozyanat-Werte im Blut jener Patienten festgestellt, welche diese Erzeugnisse in grösseren Mengen oder über längere Zeiträume hinweg gegessen hatten. Dieselben Werte traten auch bei erhöhtem Tabakkonsum auf.

Verdauungs-Aktivierung **Verstopfung lösen**

2	Lf	Haferkleie und Haferkeimlinge	mit viel Wasser morgens oder abends trinken

Leinen

Das Leinen begleitet uns durch das ganze Leben. Neugeboren werden wir in Leinewindeln gehüllt. Als Leintuch schützt es uns in dunkler Nacht und mit dem Totenhemd werden wir dereinst zu Grabe getragen.

Leinsamen heilt, aktiviert und stärkt dort, wo wir wenig Lebenskraft haben und stärkende Hilfe benötigen. Selbst die feinen, zartblauen Blüten vermitteln uns Trost, wenn wir von trüben Gedanken gejagt werden. Leinsamen kann einfach in den Garten ausgestreut werden und benötigt wenig Pflege.

Für Schwerkranke oder verdauungsempfindliche Säuglinge sind nachfolgende Rezepte und Heilmittel in der angegebenen Reihenfolge wertvolle Helfer:
- schützender Leinsamentee für Verdauungsempfindliche, Kranke oder Sterbende
- Heilöe zum leichten Einreiben oder Massieren des Körpers
- Rosenelixiere aktivieren die Lebensenergien
- Leberwickel zur Leberentgiftung

Leber

Ein Leberwickel mit Leinsamenschleim nach dem Essen, 20 Min. aufgelegt, unterstützt die Leberentgiftung.
Schafgarbentee zum Trinken oder Zinnsalbe zum regelmässigen Einreiben der Leber, unterstützen die Leberaktivität.

Leberwickel

Eine Gazewindel auf die benötigte Grösse zusammenlegen, an den Ecken zusammenhalten und in den warmen Leinsamenschleim eintauchen. Zum Auswringen eine Kelle in die Schleife legen, Gazewindel auswringen und so warm wie möglich auf die Leber legen. Leber und Wickel mit einem Frottiertuch zudecken, mit einer Bettflasche warmhalten und 15-20 Min. Bettruhe halten.
Wer einmal nach dem Essen einen solchen Leinsamenschleimwickel erhalten hat, weiss um die wohltuende Wirkung.

Blauer Leinen

Sterben – Ernährung in den letzten Lebenstagen

Einem Abschiednehmenden hilft teelöffelweise eingeflöster Leinsamentee. Mit ein wenig Butter wird das Austrocknen der Schleimhäute verhindert.

Leinsamen-Tee **für Verdauungsempfindliche, Kranke, Sterbende**

2	dl	Leinsamentee	
¼	Tlf	Mandelpüree	
1	Tlf	Milchzucker	mischen, löffelweise oder mit der Flasche eingeben

Dieser Leinsamentee ist für Verdauungsempfindliche und Kranke nährend und heilend und für Sterbende geeignet.

Heil-Öle

z.B.	Arnika-, Ringelblumen-, Johannisbeerkraut-, Schlehenblüten-Öl oder Solum-Uliginosum	Körper mit Heilölen leicht einreiben oder massieren

Rosen-Elixier

½	Tlf	Rosenelixier	
3	Lf	lauwarmes Wasser	mischen, löffelweise oder mit der Flasche eingeben

Budwig-Creme **Frühstücks-Müesli**

pro Person:

2	Tlf	Leinöl	
50	g	Quark	luftigschlagen
3	Lf	Wasser	
2	Tlf	Zitronensaft	alles mit einer Gabel schaumigschlagen
½		Apfel	reiben
½		reife Banane	zerdrücken
1	Tlf	Mandeln	frisch mahlen
1	Tlf	Honig	
ev. ½	Tlf	Hafer	frisch quetschen, sorgfältig mischen, zugeben

Diätetische Hinweise:

Die Budwig-Creme, nach Frau Dr. Johanna Budwig, ist ein Frühstücksmüesli mit grosser Heilwirkung.
Da Leinöl aus hochwirksamen ungesättigten Fettsäuren aufgebaut und dadurch leicht verderblich ist, sollte Leinöl nur in kleinen Mengen eingekauft und durch täglichen Müsligenuss rasch aufgebraucht werden.

Fieberwasser

1		Glas warmes Wasser	
1	Tlf	Zitronensaft	
1	Tlf	Honig	mischen, trinken

Erkältungswasser

1	Tlf	Wasser	
1	Tlf	Zitronensaft	ca. 3 Min. lang im Mund bewegen

Therapeutische Empfehlung:

Zitronen haben eine bakterientötende und fiebersenkende Wirkung.
– bei Fieber hilft ein Glas »Fieberwasser«
– bei Erkältung und beginnenden Halsschmerzen hilft »Erkältungswasser«

Vorsicht: Zuviel Zitronensaft und zu lange Anwendung schädigt den Kalkhaushalt!

Sonnenblumenöl-Therapie **zur Entgiftung und Heilung**

mind. 1	Tlf		morgens vor dem Frühstück
max. 1	Lf	Sonnenblumenöl	oder bis zu 3mal täglich vor dem Essen mit leerem Magen 15-20 Min. lang im Mund bewegen

Das Öl bei geschlossenem Mund ruhig bewegen, schlürfen, spülen, durch die Zähne saugen und anschliessend in eine Zeitung ausspucken.
Beim Ausspucken in ein Waschbecken (wegen der Wasserverschmutzung nicht zu empfehlen), dieses von dem bakterienhaltigen Öl gründlich reinigen.
Die ausgespuckte Flüssigkeit sollte so weiss sein wie Milch. Bei gelber Farbe wurde zuwenig gespült.
Nach dem Ausspucken den Mund und die Zähne gründlich spülen und reinigen.

Dieses altbewährte Hausmittel wurde an der Tagung des Allukrainischen Verbandes der Onkologen und Bakteriologen, im November 1989, von dem russischen Arzt Dr. F. Karach bekanntgegeben. Für diese »Öltherapie« mit gutem Pflanzenöl, am besten Sonnenblumenöl (Araschid), hat Dr. F. Karach an sich selber z.B. seine 15 Jahre dauernde Blutkrankheit, eine 3 Tage dauernde chronische Arthroseerkrankung geheilt und folgende Wirkungen angegeben:

heilend für:	Arthrose, chronische Blutkrankheiten, Bronchitis, Darmerkrankungen, Ekzeme, Enzephalitis, Frauenkrankheiten, Herzbeschwerden, Kopfschmerzen, Magengeschwülste, Nierenbeschwerden, Paralyse, Trombosen, Zahnfleischbluten, Zahnschmerzen
vorbeugend gegen:	chronische Blutkrankheiten, Lähmungen, Leber-, Lungenkrankheiten, Magenbeschwerden, Nervenerkrankungen, epidemisch auftretende Schlafkrankheit
beobachtbare Wirkungen:	ungestörtes Erinnerungsvermögen, körperliche und geistige Frische und Kraft, gesunder Appetit, guter, ruhiger Schlaf, ausgeruhtes Erwachen, Stoffwechsel-Aktivierung, keine Tränensäcke unter den Augen, Zahnfleischfestigung, weisse Zähne

Generell wirkt diese Ölspülung wohl auch über die Lymphknoten und hilft somit den gesamten Körper entgiften.
Heftige Erkrankungen sollen meist innerhalb von 2-4 Tagen geheilt werden können.
Bei chronische Krankheiten dauert die Heilung meist länger, manchmal bis zu 1 Jahr.
Eine anfangs scheinbare Verschlechterung des Gesundheitszustandes ist bei Personen mit mehreren Krankheiten möglich. Dies ist besonders dann beobachtbar, wenn sich die einzelnen Krankheitsherde verflüchtigen. Eine solche Verschlechterung, auch erhöhte Temperatur sind gute Hinweise, dass sich der Organismus erholt und keine beängstigenden Zeichen zum Abbruch.

Salben-Herstellung

4	Teile	Butter
5	Teile	Pflanzenöl
1	Teil	Bienenwachs
9	Teile	frische oder getrocknete Kräuter

Herstellung:	Butter bei wenig Wärme langsam auflösen und durch sterile Gaze absieben, damit sich das Eiweiss abscheidet. Bienenwachs mit wenig Wärme auflösen und mit dem Pflanzenöl der Butter zugeben. Kräuter in die Masse hineinpressen, 4 Tage bei 38-40 °C Idealtemperatur stehenlassen.
Blütensalben:	Am 4.Tag leicht aufwärmen, sieben und abfüllen.
Wurzelsalben:	Jeden Tag 4mal leicht aufwärmen. Am 4.Tag nochmals leicht aufwärmen, sieben und in sterile Salbentöpfe abfüllen.
Cremen:	Am 4.Tag in die kalte Salbe die Essenz der entsprechenden Pflanze in 5-10%-iger Konzentration mit dem Schwingbesen einrühren und abfüllen.

Calendula-Salbe

28	g	Butter
35	g	Mandelöl
30	g	Lavendel
30	g	Calendula
7	g	Bienenwachs

Zubereitung: siehe Salbenherstellung

Johannis-Öl

5	dl	Olivenöl	in ein 1 l-Schraubglas einfüllen
		Johannisblüten	ab Mitte August jeden Tag die sich neu öffnenden Blüten ins Öl geben

Das Glas bis Ende November an der Sonne stehenlassen. Wenn es kälter wird, das intensiv weinrote Johannisöl absieben.

Leinsamen

Dank an die Natur

Strohgeflechte von Elisabeth Spinnler

Strohgeflechte sind eine Möglichkeit des Menschen, über ein kunstvolles Schaffen seinen Dank an die Natur sichtbar auszudrücken. Erst wenn zwischen Mensch und Natur wieder ein Gleichgewicht besteht, offenbaren sich die Worte des Franz von Assisi: »Es schreit die Kreatur nach der Erlösung durch den Menschen!«

Bildnachweis

Ernst-Wernecke, Gertrude	Dettighofen-Eilberg	Seite 285
Fröhlich, Elisabeth	Schwyz	Seite 251 (links)
Gränicher, Thomas	Zürich	Seite 264
Haller-Bernhard, Margrit	Rothrist	Seite 276, 277
Haller, Tobias	Zürich	Seite 246
Hädrich, Jürg	Worb	Seite 185 (links, mitte), 198 (links)
Laauser, Alfred	Zürich	Seite 255
Meili, Armin	Rapperswil	Seite 128, 134, 158, 214, 218, 223, 235, 242, 247, 257, 273, 287, 289, 334, 342, 350, 389
Michael, Adrian	Zollikon	Seite 322
Moergeli, Heinz A., Dr.	Zollikon	Seite 112
Orlando, Antonio	Zürich	Seite 194, 202
Pedetti, Romano	Rothenbrunnen	Seite 198 (unten), 211, 239, 260, 261, 281, 284, 455
Seeholzer, Armin	Hämikon-Berg	Umschlagfoto, Seite 20, 56, 69, 76, 198 (oben), 203
Sebitel (Verband griechischer Olivenhersteller)		Seite 46
Spinnler, Elisabeth	Mettmenstetten	Seite 456
Spitzli, Robert u. Margret	Gossau/SG	Seite 280
Werner, Hans	Zollikon	Seite 230
Zilioli, Christiana	Zürich	Seite 423
Zumsteg, Max	Turgi	Seite 185, 227, 238, 251 (rechts), 268, 272, 451

Literatur-Verzeichnis

Abehsera, Michael:	Zen-Kochkunst, 1972, vergriffen
Aihara, Herman:	Säuren und Basen, Mahajiva Verlag, Holthausen, 1988
Anemueller, Helmut:	Das Grunddiät-System Hippokrates Verlag, Stuttgart, 1987
Arbeitskreis für Ernährungsforschung:	Merkblätter, Rundbriefe, Die Zubereitung von Getreide Arbeitskreis für Ernährungsforschung, Zwerweg 19 D-75378 Bad Liebenzell-Unterlengenhardt
Beck, Dr. med. dent.:	Durch Entsäuerung zu seelischer und körperlicher Gesundheit, 1983
Belitz, Hans Dieter u. Grosch, Werner:	Lehrbuch der Lebensmittelchemie Springer Verlag, Berlin, 1987
Bircher-Benner, M.:	Der Menschenseele Not Bircher-Benner Verlag, Bad Homburg, 1953
Brandel Fernand:	Der Alltag, Kindler Verlag, München, 1985
Burgerstein, Lothar:	Heilwirkung von Nährstoffen K. F. Haug Verlag, Heidelberg, 1988
Christen, Hans Rudolf:	Allgemeine Chemie, Sauerländer Verlag, 1983
Cotterell, Yong Yapi:	Die Kultur der chinesischen Küche, 1987
Despopoulos, A. u. Silbernagel, S.:	Taschenatlas der Physiologie Thieme Verlag, Stuttgart, 1979
Edlin, H. L.:	Mensch und Pflanze, F. A. Brockhaus, Wiesbaden, 1969
Elmadfa, Ibrahim u. Leitsmann, Claus:	Ernährung des Menschen (UTB) E. Ulmer Verlag, Stuttgart, 1990
Erasmus, Udo:	Der orthomolekulare Kurier: Der Wert von Leinsamenöl
Souci; Fachmann u. Kraut:	Der kleine »Souci/Fachmann/Kraut«, Lebensmitteltabelle für die Praxis, Hrsg.: Deutsche Forschungsanstalt für Lebensmittelchemie, Wissenschaftliche Verlagsgesellschaft, Stuttgart, 1991
Falbe, Jürgen u. Regitz, Manfred, Hrsg.:	Römpp Chemie Lexikon, 4. erweiterte Auflage Thieme Verlag, Stuttgart, 1992
Feuz, Monica:	Semesterarbeit: Richtlinien für biologische Anbaumethoden, 1991 Schule für Naturheilkunde, Zürich
Fischer, Susanne:	Himmlische Düfte, 1989

Forschungsinstitut des biologischen Landbaus:	Richtlinien über Verkaufsprodukte aus biologischem Landbau, aus der Zeitschrift »zB:«, Nr. 17-13.11.85 Forschungsinstitut des biologischen Landbaus Bernhardsberg CH-4101 Oberwil
Franke, Wolfgang:	Nutzpflanzenkunde, Thieme Verlag, Stuttgart, 1976
Fraser, Gordon:	Optimal gesund sein, Eigenverlag
Frawley, D. u. Lad, V.:	Die Ayurweda Pflanzen-Heilkunde, 1987
Furtmayr-Schuh, Dr.rer.nat Annelies:	Postmoderne Ernährung Thieme Verlag, Stuttgart, 1993
Gamerith, Anni:	Ehrfurcht vor Korn und Brot, Verlag Neues Leben, Stadelmann, Alberschwende, 1976
Glaesel, Karl:	Heilung ohne Wunder und Nebenwirkungen Glaesel Verlag, Konstanz, 1986
Goethe, J. W.:	Metarmorphose der Pflanze Verlag Freies Geistesleben, 1960
Hauschka, Rudolf:	Ernährungslehre Klostermann Verlag, Frankfurt a.M., 1989
	Substanzlehre Klostermann Verlag, Frankfurt a.M., 1976
	Heilmittellehre Klostermann Verlag, Frankfurt a.M., 1974
Heintze, Thomas u. Monika:	Original Haysche Trenn-Kost K. F. Haug Verlag, Heidelberg, 1990
Hoppe, Heinz A.	Taschenbuch der Drogenkunde Verlag de Gruyter, Berlin, 1981
Hübner, Barbara:	Aus Barbara Hübners feiner Würzküche Verlag Freies Geistesleben, Stuttgart, 1983
Imfeld, Al u. Merzenich, B.:	Tee, Gewohnheit und Konsequenz Edition diá, St. Gallen, 1986
Johari, Harish:	Das Ayurweda Kochbuch Windpferd Verlag, Aitrang, 1988
Josst, G.; Schenker, D.; Sturm, W.; Vollmer, G.; Vreden, N.:	Lebensmittelführer I + II Thieme Verlag, Stuttgart, 1990
Kasper, Heinrich:	Ernährungsmedizin und Diätetik Urban & Schwarzenberg, München, 1991
Keller, Fritz u. Lüthi, Jürg:	100 Gemüse, Verlag Landwirtschaftliche Lehrmittelzentrale Zollikofen, 1986
Kettenring, Maria:	Paradies Aromaküche, Joy Verlag, Sulzberg, 1989

Kieffer, Dr. Felix:	Wissenschaftlicher Informationsdienst Wander AG, Postfach 2747, CH-3001 Bern
Klopfleisch, Reinhard u. Maywald, Armin:	Es ist angerichtet! Verlag Rasch u. Röhring, Hamburg, 1989
Kofrany, E. u. Wirths, W.:	Einführung in die Ernährungslehre Umschau Verlag, Frankfurt a.M., 1987
Kollath:	Die Ordnung unserer Nahrung K. F. Haug Verlag, Heidelberg, 1992
Kousmine, Catherine:	Gesundheit auf dem Teller, 1984
Kühne, Petra:	Lebensmittelqualität und bewusste Ernährung Verlag Freies Geisteleben, Stuttgart, 1985
Kushi, Michio:	Der makrobiotische Weg Verlag Hermann Bauer, Freiburg i.Br., 1988
Lewerenz, Hans Joachim u. Macholz, Rainer:	Lebensmitteltoxikologie Akademie Verlag, Berlin, 1989
Loeckle, Werner:	Bewusste Ernährung und gesunde Lebensführung Novalis Verlag, Schaffhausen, 1983
Martin, Maurice:	Die Pflanze zwischen Erde und Kosmos Novalis Verlag, Schaffhausen
Moser, Heiner:	Der schweizerische Getreideanbau und seine Geräte Haupt Verlag, Bern, 1988
Neff, Bernadette:	Diätetikarbeit über Honig Schule für Naturheilkunde, Zürich, 1991
Okakura, Kakuzo:	Das Buch vom Tee, Insel Verlag, Frankfurt a.M., 1979
Ökomedia Verlag:	Medienspiegel Umwelt Verlag Ökomedia, Postfach, 4001 Basel
Onfray, Michel:	Der Bauch der Philosophen, Campus Verlag, 1990
Opitz, Christian:	Die Gesundheitsrevolution, 1990
Ostertag, W.:	Lebende Makro-Moleküle, 1981
Pauli, Philip:	Lehrbuch der Küche, Fachbuchverlag, 1992
Paungger, Johann u. Poppe, Thomas:	Vom richtigen Zeitpunkt Verlag Irisiana, 1993
Pavey, Paul:	Warenkunde für den Fruchthandel, 1969, vergriffen
Pelikan, Wilhelm:	Heilpflanzenkunde Bd. I, II u. III, 4.Auflage Verlag am Goetheanum, Dornach, 1980
Recht, Ute:	Der gekochte Frosch Novalis Verlag, Schaffhausen , 1990
Reinhardt, Dr. Ludwig:	Kulturgeschichte der Nutzpflanzen Verlag Ernst Reinhardt, Basel, 1911

Renzenbrink, Udo: Die 7 Getreide, Verlag am Goetheanum, Dornach, 1981

Zeitgemässe Getreideernährung
Verlag am Goetheanum, Dornach, 1979

Römpp Chemie Lexikon: 4. erweiterte Auflage
Falbe, Jürgen u. Regitz, Manfred, Hrsg.:
Thieme Verlag, Stuttgart, 1992

Schmeil-Seybold, Otto: Lehrbuch der Botanik, Quelle u. Meyer Verlag, 1950

Schmidt, Gerhard: Dynamische Ernährungslehre Band I + II
Proteus Verlag, Stuttgart, 1979

Schurgast, Hugo: Orthomolekulare Medizin (Einführung)
Adresse: Antistress
Postfach CH-8640 Rapperswil

Selawry, Allu: Metall-Funktionstypen, Haupt Verlag, 1991

Simonis, Werner: Die Ernährung des Menschen,
Milch und Honig, Korn und Brot, 1966

Steiner, Rudolf: Naturgrundlagen der Ernährung
Verlag Freies Geistesleben, Stuttgart, 1981

Ernährung und Bewusstsein
Verlag Freies Geistesleben, Stuttgart, 1981

Ernährungsfragen über das Verhältnis
der Nahrungsmittel zum Menschen

Stiefvater, E. W.: Die Organuhr, K. F. Haug Verlag, Heidelberg, 1990

Stobart, Tom: Gewürzlexikon, 1972, vergriffen

Stori, Wolf-Dieter: Der Garten des Mikrokosmos, Sauer Verlag, 1982

Strassmann, René Anton: Heilpflanzen I + II, 1982

Strehlow, Wighard: Die Ernährungstherapie der heiligen Hildegard
Verlag Hermann Bauer, Freiburg i.Br., 1992

Vasey, Christopher: Das Säure-Base-Gleichgewicht
Midena Verlag, Küttigen, 1992

Vogel, Alfred: Der kleine Doktor, Verlag A.Vogel, Teufen, 1977

Willfort, Richard: Gesundheit durch Heilkräuter
Rudolf Trauner Verlag, 1986

Wiswe, Hans: Kulturgeschichte der Kochkunst, 1970, vergriffen

Worlitschek, Michael: Praxis des Säure-Base-Haushaltes
K. F. Haug Verlag, Heidelberg, 1991

Bemerkung zur Handhabung des Stichwortverzeichnisses

Die beschränkten technischen Möglichkeiten, mit denen der Satz dieses Buches hergestellt wurde, hat im Stichwortverzeichnis zu folgendem Kuriosum geführt:

Begriffe, die sich in einem Abschnitt befinden, der auf der folgenden Seite ausläuft, werden im Stichwortverzeichnis mit derjenigen Seitenzahl beziffert, in der der Abschnitt endet. Dies ist demnach auch dann der Fall, wenn der Begriff am Anfang eines Abschnittes, also auf der vorherliegenden Seite steht.
Zum Beispiel: Tatsächlicher Stand des Begriffes ist Seite 70, wird aber im Stichwortverzeichnis auf Seite 71 geführt, weil der Abschnitt auf dieser Seite ausläuft.

Für diese Unzulänglichkeit bitten wir die Leser um Nachsicht.

Ihr Novalis Verlag

Rezeptverzeichnis

Stichwortverzeichnis